Gütliche Streitbeilegung
zivilrechtlicher Verfahren

Europäische Hochschulschriften Recht

European University Studies in Law

Publications Universitaires Européennes de Droit

Band/Volume 6094

Felix Stoecker

Gütliche Streitbeilegung zivilrechtlicher Verfahren

Analyse und Würdigung des Gesetzes zur Förderung der Mediation und anderer Verfahren der außergerichtlichen Konfliktbeilegung

PETER LANG

Bibliografische Information der Deutschen Nationalbibliothek
Die Deutsche Nationalbibliothek verzeichnet diese Publikation in der Deutschen Nationalbibliografie; detaillierte bibliografische Daten sind im Internet über http://dnb.d-nb.de abrufbar.

Zugl.: Göttingen, Univ., Diss., 2018

D 7
ISSN 0531-7312
ISBN 978-3-631-79302-2 (Print)
E-ISBN 978-3-631-79538-5 (E-PDF)
E-ISBN 978-3-631-79539-2 (EPUB)
E-ISBN 978-3-631-79540-8 (MOBI)

Peter Lang – Berlin · Bern · Bruxelles · New York · Oxford · Warszawa · Wien

Diese Publikation wurde begutachtet.

www.peterlang.com

Für Carolin und Friederike

Vorwort

Die vorliegende Arbeit wurde im Sommersemester 2018 von der Juristischen Fakultät der Georg-August-Universität Göttingen als Dissertation angenommen. Das Manuskript wurde im Oktober 2015 beim Dekanat eingereicht. Über diesen Stand hinaus wurden Rechtsprechung und Literatur bis zum Zeitpunkt des Rigorosums (Juli 2018) berücksichtigt, soweit möglich und inhaltlich sinnvoll.

Für die Anregung zu dem Thema und für die Betreuung meiner Arbeit danke ich Herrn Professor Dr. Martin Ahrens. Mein besonderer Dank gilt meiner liebevollen Familie, insbesondere meinen Eltern, die mich während meines Lebensweges stets unterstützten und förderten. Meine Ehefrau Carolin und meine Schwester Friederike haben durch Rückhalt und Korrektur den Abschluss dieses Projekts ermöglicht. Ihnen ist diese Arbeit gewidmet.

Inhaltsverzeichnis

Abkürzungsverzeichnis

a. A.	anderer Ansicht
ABl.	Amtsblatt
Abs.	Absatz
ADR	Alternative Dispute Resolution
AEUV	Vertrag über die Arbeitsweise der Europäischen Union
a. F.	alte Fassung
AG	Amtsgericht
Alt.	Alternative
Anh.	Anhang
AnwBl	Anwaltsblatt
AO	Abgabenordnung
ArbGG	Arbeitsgerichtsgesetz
Art.	Artikel
Aufl.	Auflage
BAFM	Bundes-Arbeitsgemeinschaft für Familien-Mediation
BAG	Bundesarbeitsgericht
BAGE	Entscheidungen des Bundesarbeitsgerichts
BBG	Bundesbeamtengesetz
Bd.	Band
BeamtStG	Beamtenstatusgesetz
BFH	Bundesfinanzhof
BGB	Bürgerliches Gesetzbuch
BGBl.	Bundesgesetzblatt
BGH	Bundesgerichtshof
BGHSt	Entscheidungssammlung des BGH in Strafsachen
BGHZ	Entscheidungssammlung des BGH in Zivilsachen
BORA	Berufsordnung für Rechtsanwälte
BR-Drucks.	Bundesratsdrucksache
BRAO	Bundesrechtsanwaltsordnung
bspw.	beispielsweise
BT-Drucks.	Bundestagsdrucksache
BUJMediatAusbV	Verordnungsentwurf über die Aus- und Fortbildung von zertifizierten Mediatoren vom Bundesministerium der Justiz und für Verbraucherschutz vom 31.01.2014, abrufbar unter www.mediationsakademie-berlin.de/fileadmin/mab2010/user-upload/documents/RVO-MedG.pdf

BVerfG	Bundesverfassungsgericht
BVerfGE	Entscheidungssammlung des Bundesverfassungsgerichts
BVerfGG	Bundesverfassungsgerichtsgesetz
BVerwGE	Entscheidungssammlung des Bundesverwaltungsgerichts
bzgl.	bezüglich
CCBE	Conseil des Barreaux De La Communaute Européenne
Diss.	Dissertation
DÖV	Die Öffentliche Verwaltung, Zeitschrift für öffentliches Recht und Verwaltungswissenschaft
DRiG	Deutsches Richtergesetz
DRiZ	Deutsche Richterzeitung
DS	Fachzeitung „Der Sachverständige"
DVBl	Deutsches Verwaltungsblatt
EG	Europäische Gemeinschaft
EGGVG	Einführungsgesetz zum Gerichtsverfassungsgesetz
EGV	Vertrag zur Gründung der Europäischen Gemeinschaft
EGZPO	Einführungsgesetz zur Zivilprozessordnung
Einl.	Einleitung
EU	Europäische Union
EuGH	Gerichtshof der Europäischen Gemeinschaft
EuGVVO	Verordnung über die gerichtliche Zuständigkeit und die Anerkennung und Vollstreckung von Entscheidungen in Zivil- und Handelssachen
EuRAG	Gesetz über die Tätigkeit europäischer Rechtsanwälte in Europa
EuVTVO	Verordnung (EG) Nr. 805/2004 des Europäischen Parlaments und des Rates vom 21. April 2004 zur Einführung eines europäischen Vollstreckungstitels für unbestrittene Forderungen
EuZVR	Europäisches Zivilverfahrensrecht
EuZW	Europäische Zeitschrift für Wirtschaftsrecht
f.	folgende (einschließlich der nächsten Seite)
FamFG	Gesetz über das Verfahren in Familiensachen und in den Angelegenheiten der freiwilligen Gerichtsbarkeit
FamRZ	Zeitschrift für das gesamte Familienrecht
Fn.	Fußnote
ff.	fortfolgende (einschließlich der nächsten Seiten)
FGG	Gesetz über die Angelegenheiten der freiwilligen Gerichtsbarkeit
für	Zeitschrift Familie Partnerschaft Recht

GBO	Grundbuchordnung
GG	Grundgesetz für die Bundesrepublik Deutschland
GKG	Gerichtskostengesetz
Grdz	Grundzüge
GVG	Gerichtsverfassungsgesetz
HRV	Handelsregisterverordnung
HS.	Hauptsatz
IZVR	Internationales Zivilverfahrensrecht
JR	Juristische Rundschau
JZ	Juristenzeitung
Lfg.	Lieferung
LG	Landgericht
lit.	littera (= Buchstabe)
Ls.	Leitsatz
LSG	Landessozialgericht
MDR	Monatsschrift für Deutsches Recht
MediationsG	Mediationsgesetz
Mediationsrichtlinie	Richtlinie 2008/52/EG des europäischen Parlaments und des Rates vom 21. Mai 2008 über bestimmte Aspekte der Mediation in Zivil- und Handelssachen, ABl. EU 2008, Nr. L 136, abrufbar unter http://eur-lex.europa.eu/LexUriServ/LexUriServ.do?uri=CELEX:32008L0052:DE:HTML
MüKo-BGB	Münchener Kommentar zum BGB
MüKo-FamFG	Münchener Kommentar zum FamFG
MüKo-ZPO	Münchener Kommentar zur ZPO
NJ	Neue Justiz
NJW	Neue Juristische Wochenschrift
NJW-RR	Neue Juristische Wochenschrift – Rechtsprechungsreport
Nr.	Nummer
NVwZ	Neue Zeitschrift für Verwaltungsrecht
NZA	Neue Zeitschrift für Arbeitsrecht
NZG	Neue Zeitschrift für Gesellschaftsrecht
NZS	Neue Zeitschrift für Sozialrecht
OLG	Oberlandesgericht
OVG	Oberverwaltungsgericht
PsychThG	Psychotherapeutengesetz
RabelsZ	Rabels Zeitschrift für ausländisches und internationales Privatrecht

RDG	Rechtsdienstleistungsgesetz
Reg	Regierungsentwurf
Rn.	Randnummer
RuP	Zeitschrift „Recht und Politik“
Rz.	Randziffer
S.	Satz
SchiedsVZ	Zeitschrift für Schiedsverfahren
SchlHA	Schleswig-Holsteinische Anzeigen
SGG	Sozialgerichtsgesetz
StGB	Strafgesetzbuch
stopp	Strafprozessordnung
SubvG	Subventionsgesetz
u. a.	unter anderem
UMA	Uniform Mediation Act
UNCITRAL	United Nation Commission on International Trade Law
Univ.	Universität
URL	Uniform Resource Locator
USA	United States of America
VerwArch.	Verwaltungsarchiv, Zeitschrift für Verwaltungslehre, Verwaltungsrecht und Verwaltungspolitik
vgl.	vergleiche
Vorb.	Vorbemerkungen
VVDStRL	Veröffentlichungen der Vereinigung der Deutschen Staatsrechtslehrer
VwGO	Verwaltungsgerichtsordnung
VwVfG	Verwaltungsverfahrensgesetz
WRP	Zeitschrift für Wettbewerb in Recht und Praxis
z. B.	zum Beispiel
ZEuP	Zeitschrift für Europäisches Privatrecht
ZEuS	Zeitschrift für europarechtliche Studien
ZG	Zeitschrift für Gesetzgebung
zit.	zitiert
ZKM	Zeitschrift für Konfliktmanagement
ZPO	Zivilprozessordnung
ZRP	Zeitschrift für Rechtspolitik
ZZP	Zeitschrift für Zivilprozess

Einleitung

Die Idee, dass ein neutraler Vermittler Parteien dabei hilft, ihre Konflikte selbst zu lösen, wurde in Europa nach dem Zerfall des Römischen Reiches zu einer wesentlichen Grundlage des Rechts.[1] Er spielte u. a. bei Handelskonflikten eine wichtige Rolle.[2] Auch der Dreißigjährige Krieg wurde durch den Westfälischen Frieden mithilfe einer Vermittlung von Alvise Contarini beendet, welcher damals ausdrücklich als Mediator bezeichnet wurde.[3] Mit dem Aufkommen der einzelnen europäischen Rechtsstaaten wurde jedoch das Recht und damit die Streitentscheidung durch die Gerichte zur Grundlage von Konfliktlösungen, was zunächst mit einer Abkehr von dem Vermittlungsgedanken einherging.[4]

In Deutschland hat die Mediation durch die Konfliktlösungsentwicklung in den USA wieder an Bedeutung gewonnen.[5] Anlass für die Suche nach einer Alternative zu dem Zivilprozess in den 1960/70er-Jahren waren die Mängel in den amerikanischen Zivilgerichtsverfahren.[6] Ein Verfahren dort ist langwierig und kostspielig.[7] Jede Partei trägt ihre eigenen Ausgaben unabhängig vom Ausgang des Verfahrens und das bei einer sehr langen Verfahrensdauer sowie Unvorhersehbarkeit des Ergebnisses.[8] Insbesondere durch Juryentscheidungen im amerikanischen Gerichtsverfahren ist das Ergebnis oftmals nicht prognostizierbar.[9] Zudem können im Zivilprozess Strafen verhängt werden.[10] Entwickelt

---

1 Haft/Schlieffen/*Hehn*, § 8, Rn. 8, 9; *Weiler/Schlickum*, 1. Schon in dem antiken Griechenland wurden von einzelnen Stadtstaaten Streitigkeiten zwischen anderen Städten vermittelt, vgl. *Hehn/Rüssel*, NJW 2001, 347 [347]; *von Marcard*, 3. Auch im Antiken China (*Gerke, 20; Hopt/Steffek*, 602 ff.) wurden Konflikte überwiegend mit Schlichtungs- beziehungsweise Mediationsverfahren gelöst, siehe *Gloor*, 31 f.

2 Haft/Schlieffen/*Hehn*, § 8, Rn. 8, 9; *Weiler/Schlickum*, 1.

3 Haft/Schlieffen/*Hehn*, § 8, Rn. 13: Rapp/*Leutheusser-Schnarrenberger*, 5; *Steffek*, RabelsZ 2010, 841 [842 f.]; *Weiler/Schlickum*, 2.

4 Haft/Schlieffen/*Hehn*, § 8, Rn. 28; *Weiler/Schlickum*, 1.

5 Aschke/Hase/Schmidt-De Caluwe/*Schenke*, 130 f.; *Bader*, 20; *Hehn/Rüssel*, NJW 2001, 347 [347]; *Steffek*, RabelsZ 2010, 841 [842]; vgl. auch *Weiler/Schlickum*, 3.

6 *Duve*, 434 ff.; Haft/Schlieffen/*Haft*, § 2, Rn. 13.

7 Haft/Schlieffen/*Haft*, § 2, Rn. 13.

8 Haft/Schlieffen/*Haft*, § 2, Rn. 13.

9 *Birner*, 25; Haft/Schlieffen/*Haft*, § 2, Rn. 13; *Horstmeier*, Rn. 5.

10 *Duve*, 437; Haft/Schlieffen/*Haft*, § 2, Rn. 13.

wurden daher die sogenannten ADR-Verfahren,[11] welche heutzutage in den USA sowohl außergerichtlich als auch bei Gericht fester Bestandteil der Rechtskultur sind.[12] Sie haben sich schnell als die beliebteste und am ehesten zur Lösung eines Konfliktes geeignete Variante etabliert.[13] Das führte dazu, dass in Amerika nunmehr über 90 % aller streitigen Verfahren, allein 20 000 im Jahr im Bundesstaat New York, vor einem Urteil beendet werden.[14] Viele dieser Konflikte werden durch Mediationsverfahren gelöst.[15]

Die genannten Mängel im Zivilprozess, welche in den USA zu einer steigenden Beliebtheit der ADR-Verfahren führten, gibt es in Deutschland nicht.[16] Der Ruf nach einem neuen Konfliktlösungsverfahren wurde in Deutschland demgemäß nie besonders laut. Erst durch Rechtssoziologen, welche sich mit Alternativverfahren befassten, wurde die Mediation in Deutschland populärer.[17] Diesbezüglich hat das Familienrecht in Deutschland eine Vorreiterrolle übernommen.[18] Durch den 1999/2000 eingeführten § 15a EGZPO wurden die Länder dazu ermächtigt, ein obligates Güteverfahren als Sachurteilsvoraussetzung für einige kleine Bereiche vorzusehen.[19] Besonders erfolgreich war diese Reform jedoch nicht, da von dieser Möglichkeit kaum Gebrauch gemacht wurde.[20]

In den Zivilprozess hat das Mediationsverfahren schließlich durch diverse Verfahrensmodelle, welche seit dem Jahr 2002 in einzelnen Bundesländern

---

11 ADR steht für Alternative Dispute Resolution. Dies sind außergerichtliche Verfahren der Streitschlichtung, die unter Einschaltung eines neutralen Dritten gelöst werden, siehe Grünbuch über alternative Verfahren zur Streitbeilegung im Zivil- und Handelsrecht, KOM(2002), 196 endgültig, Seite 6, abrufbar unter http://eur-lex.europa.eu/LexUriServ/site/de/com/2002/com2002_0196de01.pdf.

12 *Duve*, 69 ff.; Wolff/Bachof/Stober/Kluth/*Kluth*, § 63, Rn. 60.

13 Haft/Schlieffen/*Yarn*, § 53, Rn. 1.

14 *Von Daniels*, AnwBl 2011, 453 [453 f.].

15 *Vgl. Von Daniels*, AnwBl 2011, 453 [453 f.]. Eine Vorreiterrolle nahm die USA auch auf internationaler Ebene ein. Sie führte mit dem UNCITRAL-Modellgesetz international und mit dem UMA national Modellgesetze ein, die teilweise sogar von anderen Staaten übernommen wurden, siehe *Eidenmüller/Prause*, NJW 2008, 2737 [2738]. Mit den 1999 geänderten Civil Procedure Rules ermöglichte England als erstes Land in Europa die gerichtliche Einleitung eines außergerichtlichen Konfliktbeilegungsverfahrens., siehe *Greger*, JZ 2002, 1020 [1023]; *Wagner*, ZKM 2004, 100 [100].

16 *Bader*, 20.

17 Blankenburg/Gottwald/Strempel/*Röhl*, 16; Haft/Schieffen/*Haft*, § 2, Rn. 14.

18 *Horstmeier*, Rn. 6.

19 *Horstmeier*, Rn. 6.

20 *Horstmeier*, Rn. 6; vgl. auch Ahrens/Lipp/Varga/*Ahrens*, 41.

erprobt worden sind, Eingang gefunden.[21] In diesen Modellen konnten Parteien nach Rechtshängigkeit des Gerichtsverfahrens bei einem in Verhandlungstheorie und Kommunikationstechnik geschulten, nicht entscheidungsbefugten Richter als Mediator eine gerichtsinterne Mediation durchführen.[22] Eine ausdrückliche Rechtsgrundlage existierte dafür nicht.[23] In diesen Verfahren wurden hervorragende Ergebnisse erzielt.[24] In Göttingen zum Beispiel wurden 18 % aller erstinstanzlichen Streitigkeiten einer Gerichtsmediation zugeführt.[25] 88,5 % davon wurden erfolgreich abgeschlossen.[26] Von 1 108 Mediationsverfahren wurden im Jahr 2010 in Schleswig-Holstein 871 Verfahren mit einer einvernehmlichen Lösung erfolgreich beendet.[27] Die Parteien in den Gerichtsmodellen ließen eine hohe Zufriedenheitsquote erkennen.[28]

Aber auch mithilfe der Gerichtsmodelle konnte sich die Mediation in der gesamten Bundesrepublik nicht als bevorzugtes Konfliktlösungsinstrument etablieren, obwohl die Verfahren der konsensualen Streitbeilegung intensiv rechtspolitisch diskutiert wurden.[29] Ein Grund dafür ist sicherlich in dem inhaltlich großen Abstand zwischen der methodenoffenen Mediation und der tradierten Rechtsschutzvorstellung zu sehen.[30] Bei Juristen führte das zu einer geringen Anerkennung des Verfahrens.[31] Zusätzlich war die Meditation in weiten Teilen der Bevölkerung zwar durchaus bekannt.[32] Ohne Rechtsrahmen könnten die Konfliktbeteiligten befürchtet haben, dass durch die Mediation ein Nachteil entsteht. Zusätzlich korrespondierte die Geringschätzung der außergerichtlichen

---

21 *Greger*, NJW 2007, 3258 ff.; *Spindler*, Rn. 16.

22 Gläßer/Schroeter/*von Bargen*, 30; *Isermann*, RuP 2011, 9 [10]; *Spindler*, Rn. 11 f.

23 Vgl. Kapitel 3, G., I.

24 Gläßer/Schröter/*Röthemeyer/Trümper*, 343 ff.; *Greger*, ZKM 2007, 180 [180 ff.]; Greger/Unberath/*Greger*, Die Zukunft der Mediation in Deutschland, 91 f.; *Zenk/Strobl/Böttger*, ZKM 2006, 43 [43 ff.]; Zöller/*Greger*, § 278, Rn. 25a; vgl. auch *Greger*, AnwBl 2013, 504 [504 ff.]; *Greger*, ZKM 2013, 9 [9 ff.].

25 *Hess*, ZZP 2011, 137 [141]; *Horstmeier*, Rn. 8; *Matthies*, SchlHA 2007, 130 [131 f.].

26 *Hess*, ZZP 2011, 137 [141]; *Horstmeier*, Rn. 8; *Matthies*, SchlHA 2007, 130 [131 f.].

27 *Horstmeier*, Rn. 6; *Schmalfuß*, SchlHA 2011, 253 [253].

28 Vgl. *Spindler*, Rn. 582, 591, 618; *Zenk/Strobl/Böttger*, ZKM 2006, 43 [45].

29 Vgl. Verhandlungen des 67. Deutschen Juristentags 2008, Gutachten von *Burkhard Hess* in *Prütting*, JZ 2008, 847 [848 f.]; Gutachten zum 67. Deutschen Juristentag, Band I Teil F, München 2008 vgl. auch *Prütting*, ZZP 2011, 163 [169]; vgl. auch *Engel/Hornuf*, ZZP 2011, 505 [507]; *Greger*, NJW 2007, 3258 [3261].

30 Ahrens/Lipp/Varga/*Ahrens*, 12.

31 Ahrens/Lipp/Varga/*Ahrens*, 12.

32 *Prütting*, ZZP 2011, 163 [169]; vgl. auch *Engel/Hornuf*, ZZP 2011, 505 [507].

Konfliktbeilegungsverfahren mit der von der Bevölkerung gefragten Autorität staatlicher Gerichte.[33] Erst mit der Mediationsrichtlinie 2008/52/EG erfolgte in Deutschland der Anstoß zu einer einheitlichen Regelung des Mediationsverfahrens.[34]

Die Umsetzung der Richtlinie mit dem am 26. Juli 2012 verabschiedeten Gesetz zur Förderung der Mediation und anderer Verfahren der außergerichtlichen Konfliktbeilegung eröffnet die Möglichkeit, dass Deutschland durch die Hinwendung zur alternativen Konfliktlösung den Anschluss an eine weltweite Entwicklung findet.[35] Das Gesetz besteht aus acht Artikeln.[36] Die entscheidenden Neuerungen, welche es mit sich bringt, sind ein neues Mediationsgesetz und ein neues Güterichterverfahren im Zivilprozess. Dabei wurde insbesondere die gerichtsinterne Mediation aus den Gerichtsmodellen nicht, wie ursprünglich im Regierungsentwurf vorgesehen,[37] im Gesetz verankert, sondern in ein ‚neues' Güterichterverfahren überführt. Zusätzlich wurden Änderungen in den Verfahrensvorschriften des Zivil-, Arbeits- und Sozialgerichtsprozesses und in dem Gesetz über das Verfahren in Familiensachen und in den Angelegenheiten der freiwilligen Gerichtsbarkeit vorgenommen.

Das im Bundestag als Meilenstein angepriesene Gesetz[38] wird in der vorliegenden Dissertation untersucht, wobei der Fokus auf dem neuen Mediationsgesetz und den Änderungen in der Zivilprozessordnung ruht. Das Ziel besteht darin, das Mediationsgesetz und die gesetzlichen Änderungen in den Verfahrensordnungen zu analysieren und Unklarheiten, welche sich aus Formulierungen bzw. Interaktionen mit anderen gesetzlichen Regelungen ergeben, zu beseitigen.

Um die einzelnen Regelungen an den Zielen der Gesetzgeber auslegen und einordnen zu können, wird als Ausgangspunkt der Untersuchung zunächst die

---

33 *Koch*, NJ 2005, 97 [98].

34 Richtlinie 2008/52/EG des europäischen Parlaments und des Rates vom 21. Mai 2008 über bestimmte Aspekte der Mediation in Zivil- und Handelssachen, AB1. EU 2008, Nr. L 136.

35 *Greger*, ZRP 2010, 209 [209].

36 Vgl.: BT-Drucks. 17/8058.

37 Ausweislich § 278a Abs. 1 RegZPO sollte der Richter in geeigneten Fällen den Parteien eine gerichtsinterne Mediation vorschlagen können, vgl. BT-Drucks. 17/5335, Seite 7. Die Art und Weise der Durchführung der gerichtsinternen Mediation sollte sich dabei nach dem Mediationsgesetz richten.

38 Ahrendt, Deutscher Bundestag, Stenographischer Bericht, 149. Plenarsitzung, Plenarprotokoll 17/149, Seite 17838; abrufbar unter http://dipbt.bundestag.de/dip21/btp/17/17149.pdf.

europäische Mediationsrichtlinie 2008/52/EG und anschließend der Prozess der Umsetzung der Richtlinie, welcher mit dem Gesetz zur Förderung der Mediation und anderer Verfahren der außergerichtlichen Konfliktbeilegung erfolgte, im ersten Kapitel untersucht.

Vor diesem Hintergrund wird in den drei darauffolgenden Kapiteln das Gesetz zur Förderung der Mediation und anderer Verfahren der außergerichtlichen Konfliktbeilegung analysiert und dabei Unklarheiten, welche sich aus dem Gesetzestext selbst oder durch die Interaktionen mit anderen Gesetzen ergeben, beseitigt. Im zweiten Kapitel wird dabei ausschließlich das Mediationsgesetz analysiert. Gegenstand der Untersuchung sind insbesondere die Fragen, wann das Mediationsgesetz Anwendung findet, welche Verträge zwischen den am Mediationsverfahren beteiligten Personen typischerweise geschlossen werden, welche Pflichten und Aufgaben der Mediator bzw. welche Befugnisse die Mediationsparteien nach dem Mediationsgesetz haben. Daran anschließend wird die staatliche finanzielle Förderung der Mediationsverfahren geklärt. Abgeschlossen wird das Kapitel in einer Gesamtwürdigung des Gesetzes. Der Maßstab dieser Gesamtwürdigung richtet sich nach dem Ziel des Gesetzgebers – der Förderung des Mediationsverfahrens.

Im dritten Kapitel werden die Gesetzesänderungen im Zivilprozessrecht analysiert. Im Rahmen dieser Analyse wird der Fokus auf die gerichtsinterne Mediation in den sogenannten Gerichtsmodellen gerichtet. Damit verbunden ist insbesondere die Frage, ob die Tätigkeit des Richters in der gerichtsinternen Mediation während eines Gerichtsverfahrens, wie zum Teil in der Literatur vertreten, verfassungswidrig und die Nichtumsetzung dieses Modells im Gesetz schon deshalb begründet gewesen ist. Der zweite Schwerpunkt des Kapitels wird auf das neu im Gesetz geregelte Güterichterverfahren gelegt. Gegenstand der Untersuchung ist insbesondere die Lösung einfachgesetzlicher Probleme, welche durch die Gesetzesänderungen in der Zivilprozessordnung entstanden sind.

Im vierten Kapitel werden weitere unterstützende Gesetzesänderungen in anderen Prozessordnungen vorgestellt. Da diese Änderungen mit den Änderungen in der Zivilprozessordnung vergleichbar sind, werden insbesondere die Unterschiede herausgearbeitet. Um feststellen zu können, ob die Mediation in Deutschland etabliert ist und ob durch das ‚neue' Gesetz ein Anstieg der Mediationsverfahren zu vermerken ist, folgt anschließend im fünften Kapitel eine Empirie über die Verfahrensanzahl von außergerichtlichen Mediatoren in den Jahren 2011 bis 2013.

Im sechsten Kapitel wird das Gesetz zur Förderung der Mediation und anderer Verfahren der außergerichtlichen Konfliktbeilegung abschließend in einem Ausblick beurteilt.

Kapitel 1 – Entwicklung des Förderungsgesetzes

Nachfolgend wird die Entwicklung des heutigen Gesetzes zur Förderung der Mediation und anderer Verfahren der außergerichtlichen Streitbeilegung analysiert, um darauf aufbauend in den folgenden Kapiteln das Gesetz hinsichtlich der Vorgaben der Richtlinie und des Willens des Gesetzgebers einordnen zu können.

A. Mediationsrichtlinie 2008/52/EG

Anstoß für die Entwicklung des Gesetzes zur Förderung der Mediation[39] und anderer Verfahren der außergerichtlichen Konfliktbeilegung in Deutschland war die europäische Mediationsrichtlinie 2008/52/EG über „bestimmte Aspekte der Mediation in Zivil- und Handelssachen“[40] welche am 21. Mai 2008 durch das EU-Parlament und den Rat verabschiedet wurde. Gestützt wurde sie auf Art. 61 lit. c EGV a. F., konkretisiert durch Art. 65 lit. c und Art. 67 Abs. 5 EGV a. F.[41] Am 13. Juni 2008 ist die Richtlinie in Kraft getreten. Die Richtlinie stellt inhaltlich Vorgaben für die gesetzliche Umsetzung in den einzelnen Ländern auf und erläutert deren Ziele. Die Richtlinie ist für jeden Mitgliedstaat, an den sie gerichtet wird, hinsichtlich des zu erreichenden Ziels verbindlich. Die Richtlinie überlässt den innerstaatlichen Stellen dabei jedoch die Wahl der Form und Mittel, Art. 288 Abs. 3 AEUV.[42] Um beurteilen zu können, ob das vom deutschen Gesetzgeber verabschiedete Gesetz die Vorgaben und Ziele der europäischen Richtlinie erfüllt, wird dessen Inhalt nachfolgend dargestellt.

---

39 Die Mediation ist eine Form außergerichtlicher Streitbeilegung, bei der Konflikte unter Einschaltung eines neutralen Dritten gelöst werden, auch Alternative Dispute Resolution genannt, siehe Grünbuch über alternative Verfahren zur Streitbeilegung im Zivil- und Handelsrecht, KOM(2002), 196 endgültig, Seite 6, abrufbar unter http://eur-lex.europa.eu/LexUriServ/site/de/com/2002/com2002_0196de01.pdf.

40 Nachfolgend ‚Mediationsrichtlinie‘.

41 Mit Inkrafttreten des Lissabon-Vertrags zum 01. Dezember 2009 ist der ‚Vertrag zur Gründung der Europäischen Gemeinschaft‘ in ‚Vertrag über die Arbeitsweise der Europäischen Union‘ umbenannt wurden. Art. 61, 65 und 67 EGV waren bis zum 30 November 2009 gültig. Vgl. zu der Ermächtigungsgrundlage auch *Eidenmüller/Prause*, NJW 2008, 2737 [2737].

42 Vgl. auch *Herdegen*, § 8, Rn. 42.

I. Anwendungsbereich

Die Richtlinie gilt für grenzüberschreitende Streitigkeiten in Zivil- und Handelssachen.[43] Öffentlich-rechtliche Streitigkeiten sind damit nicht inkludiert.[44] Nach Art. 2 Abs. 1 der Mediationsrichtlinie 2008/52/EG liegt eine grenzüberschreitende Streitigkeit dann vor, wenn mindestens eine Partei ihren Wohnsitz im Sinne der Art. 59, 60 EuGVVO oder ihren gewöhnlichen Aufenthalt in einem anderen Mitgliedstaat als dem der anderen Parteien hat. Bei juristischen Personen ist gemäß Art. 2 Abs. 3 Mediationsrichtlinie in Verbindung mit Art. 60 Abs. 1 EuGVVO auf den Ort ihres satzungsmäßigen Sitzes, ihrer Hauptverwaltung oder ihrer Hauptniederlassung abzustellen. Obwohl es verschiedene Formen der alternativen Streitbeilegung gibt[45] und diese auch auf europäischer Ebene diskutiert worden sind, erstreckt sich der Regelungsgehalt der Richtlinie nur auf die Mediation.[46] Bei der Mediation handelt es sich laut Richtlinie um „ein strukturiertes Verfahren unabhängig von seiner Bezeichnung, in dem zwei oder mehr Streitparteien mithilfe eines Mediators auf freiwilliger Basis selbst versuchen, eine Vereinbarung über die Beilegung ihrer Streitigkeiten zu erzielen".[47]

II. Vorgaben der Richtlinie

Die Richtlinie regelt einzelne relevante Aspekte der Mediation. Sie gibt primär Regelungen zum Schutz der Vertraulichkeit, zur Hemmung der Verjährung und zur Vollstreckbarkeit von Mediationsvereinbarungen vor.[48] Sie regelt aber keinen umfassenden rechtlichen Rahmen für die Mediation, definiert keine Rechte und Pflichten der Mediationsparteien und gibt auch nicht den Ablauf des Mediationsverfahrens vor.

---

43 Erwägungsgrund 8 der Mediationsrichtlinie 2008/52/EG; Art. 1 Abs. 2 S. 1 der Mediationsrichtlinie 2008/52/EG.

44 *Eidenmüller/Prause*, NJW 2008, 2737 [2739].

45 Vgl. Ahrens/Lipp/Varga/*Ahrens*, 18; Haft/Schlieffen/*Risse/Wagner*, § 23, Rn. 97 ff.

46 Ahrens/Lipp/Varga/*Ahrens*, 18; Baetge/von Hein/von Hinden/*Wagner/Thole*, 917. Auch in den der Richtlinie vorangestellten Erwägungsgründen 2 bis 5 wird zwar vorerst allgemein auf die alternative Streitbeilegung abgestellt, anschließend aber zum Begriff der Mediation gewechselt, Ahrens/Lipp/Varga/*Ahrens*,18; vgl. Erwägungsgrund 6 der Mediationsrichtlinie 2008/52/EG.

47 Art. 3 a) der Mediationsrichtlinie 2008/52/EG.

48 Art. 6, 7 und 8 der Mediationsrichtlinie 2008/52/EG; *Risse*, SchiedsVZ 2012, 244 [244]; *Wozniewski*, NZG 2008, 410 [411].

III. Ziele der Richtlinie

Gemäß Erwägungsgrund 1 der Richtlinie ist es das Ziel der Gemeinschaft, für das reibungslose Funktionieren des Binnenmarkts erforderliche Maßnahmen auch im Bereich der justiziellen Zusammenarbeit in Zivilsachen zu erlassen. Zu der justiziellen Zusammenarbeit in Zivilsachen gehört ausweislich Art. 81 Abs. 2 lit. g) AEUV die Sicherstellung, dass alternative Methoden für die Beilegung von Streitigkeiten entwickelt werden. Da das Mediationsverfahren eine alternative Methode für die Beilegung von Streitigkeiten darstellt und dieses durch die Mediationsrichtlinie innerhalb der EU entwickelt wird, begründet Art. 81 AEUV die Kompetenz der Europäischen Union.[49] Die auf Art. 81 AEUV gestützte Mediationsrichtlinie 2008/52/EG hat zum Ziel, dass Privatpersonen und Unternehmen von ihren Rechten Gebrauch machen können und nicht durch unvereinbare oder komplexe Rechtsordnungen sowie Verwaltungssysteme in den Mitgliedstaaten daran gehindert werden.[50] Insbesondere das Mediationsverfahren solle dabei gestärkt werden, da das Verfahren auf die Bedürfnisse der Parteien zugeschnitten sei.[51] Es biete eine kostengünstige und rasche außergerichtliche Streitbeilegung in Zivil- und Handelssachen.[52] Ziel ist es daher gemäß Art. 1 Abs. 1 der Mediationsrichtlinie 2008/52/EG, den Zugang zu dieser alternativen Streitbeilegung zu erleichtern. Die gütliche Streitbeilegung soll gefördert werden, indem zur Inanspruchnahme von Mediationen angehalten und für ein ausgewogenes Verhältnis zwischen Gerichts- und Mediationsverfahren gesorgt wird. Inhaltlich soll die Förderung durch einen in den Mitgliedstaaten harmonisierten Rechtsrahmen, wodurch Rechtssicherheit garantiert wird, durch Maßnahmen der Qualitätssicherung und durch eine stärkere Vernetzung von Gerichts- und Mediationsverfahren erreicht werden.[53]

B. Gesetz zur Förderung der Mediation und anderer Verfahren der außergerichtlichen Streitbeilegung

In Umsetzung der Richtlinie 2008/52/EG hat der Bundestag das Gesetz zur Förderung der Mediation und anderer Verfahren der außergerichtlichen

49 Siehe auch von der Groeben/Schwarze/Hatje/*Lenzing*, Art. 81 AEUV, Rn. 17.

50 Vgl. dazu die Schlussfolgerungen des Europäischen Rates in Tampere vom 15./16. Oktober 1999, Rn. 28 ff., abrufbar unter www.europarl.europa.eu/summits/tam_en.htm.

51 Erwägungsgrund 6 der Mediationsrichtlinie 2008/52/EG.

52 Erwägungsgrund 6 der Mediationsrichtlinie 2008/52/EG.

53 *Eidenmüller/Prause*, NJW 2008, 2737 [2737].

Konfliktbeilegung verabschiedet. Dabei hat der Gesetzgeber auf umfassendes Expertenwissen zurückgegriffen. Um das Gesetz vorzubereiten, wurde das Max-Planck-Institut in Hamburg damit beauftragt, ein rechtsvergleichendes Gutachten zur Mediation in ausgewählten Ländern zu erstellen.[54] Zusätzlich berief das Bundesministerium der Justiz eine interdisziplinäre Expertenkommission ein, welche die Vorbereitungsarbeiten unterstützte.[55] Zudem hat der 67. Deutsche Juristentag 2008 Beschlüsse zum Regelungsbedarf im Verfahrens- und Berufsrecht verfasst.[56] Die wissenschaftliche Begleitforschung hat, veranlasst durch die Bundesregierung, zusätzlich ein rechtsstaatliches Gutachten über einen Vergleich zwischen familiengerichtlichen Verfahren und Familienmediation eingeholt.[57] Am 26. Juli 2012 trat das Gesetz in Kraft.[58]

I. Rechtmäßigkeit des Gesetzgebungsverfahrens

Der Gesetzgeber hat seine gesetzlichen Änderungen nicht, wie von der Mediationsrichtlinie 2008/52/EG vorgegeben, auf grenzüberschreitende Streitigkeiten beschränkt. Das Gesetz bezieht sich auch auf innerstaatliche und öffentlich-rechtliche Streitigkeiten und verhindert so eine zergliederte Verfahrenslandschaft in Deutschland.[59] Das Gesetz durfte – obwohl gemäß Art. 288 AEUV die Mediationsrichtlinie für jeden Mitgliedstaat verbindlich ist – inhaltlich über die Vorgaben der Mediationsrichtlinie hinausgehen. Die Mediationsrichtlinie bezweckt lediglich eine sogenannte Mindestharmonisierung. Die sogenannte Mindestklausel in Erwägungsgrund 8 legt fest, dass es den Mitgliedstaaten vorbehalten bleibt, über die Vorschriften der Richtlinie hinausgehende Regelungen, also sowohl räumlich als auch sachlich,[60] zu erlassen.[61]

---

54 BT-Drucks. 17/5335, Seite 10; siehe *Hopt/Steffek.*

55 BT-Drucks. 17/5335, Seite 10.

56 BT-Drucks. 17/5335, Seite 10.

57 BT-Drucks. 17/5335, Seite 10; siehe *Reinhard Greger*, Mediations- und Gerichtsverfahren in Sorge- und Umgangsrechtskonflikten – Pilotstudie zum Vergleich von Kosten und Folgekosten, Januar 2010, abrufbar unter: http://www.reinhard-greger.de/dateien/ikv3.pdf.

58 Bundesgesetzblatt 2012, I., Seite 1577, abrufbar unter http://www.bgbl.de.

59 Vgl. *Bundesrechtsanwaltskammer*, Stellungnahme, 4; *Graf-Schlicker*, ZKM 2009, 83 [84].

60 *Eidenmüller/Prause*, NJW 2008, 2737 [2738]; vgl. auch *Sujecki, EuZW 2010, 7 [7];* für eine innerstaatliche Regelung: Gutachten von *Burkhard Hess* in *Prütting*, JZ 2008, 847 [848 f.].

61 Vgl. zu der Mindestharmonisierung Schulze/Zuleeg/Kadelbach/*Remien*, § 14, Rn. 42. Durch die Mediationsrichtlinie 2008/52/EG wird dadurch in Europa nur

Der Bund hatte für das Mediationsgesetz die Gesetzgebungskompetenz gemäß Art. 74 Abs. 1 Nr. 11 GG.[62] Gemäß Art. 74 Abs. 1 Nr. 11 GG erstreckt sich die konkurrierende Gesetzgebung des Bundes auf das Recht der Wirtschaft. Darunter fallen die Regelungen, die das wirtschaftliche Leben und die wirtschaftliche Betätigung insbesondere des privaten Rechts erfassen.[63] Der Bund kann danach Gesetze zum Verbraucherschutz[64] und Gesetze mit regulierendem Inhalt[65] erlassen.[66] Der Inhalt der beruflichen Tätigkeit im Bereich des Gewerberechts sowie die Voraussetzungen für die Berufsausübung kann somit vom Bund geregelt werden.[67] Unter den Begriff des Gewerbes fallen nach dem Bundesverfassungsgericht auch der Begriff der Dienstleistung und damit die Tätigkeit des Mediators im Mediationsverfahren.[68] Die im Mediationsgesetz geregelten Aufgaben, Pflichten und Zulassungsbeschränkungen des Mediators sowie die Regelung des Verfahrens dienen der Qualitätssicherung der Mediation sowie der Rechtssicherheit[69] und damit dem Verbraucherschutz.[70]

Der Bund war auch gemäß Art. 74 Abs. 1 Nr. 1 und Nr. 11 GG (gerichtliches Verfahren, Rechtsberatung und Recht der Wirtschaft) für die Änderungen der Prozessordnungen zuständig, hatte also die Bundesgesetzgebungskompetenz inne.[71] Die Änderungen der Prozessordnungen betreffen alle den Ablauf des jeweiligen Prozessverfahrens. Damit sind die Änderungen unproblematisch unter das gerichtliche Verfahren gemäß Art. 74 Abs. 1 Nr. 1 GG zu subsumieren.[72]

---

eine Mindest- und keine Höchstharmonisierung erreicht, siehe auch *Sujecki*, EuZW 2010, 7 [7].

62 Vgl. BR-Drucks. 60/11, Seite 15, abrufbar unter http://dipbt.bundestag.de/dip21/brd/2011/0060-11.pdf; Greger/Unberath/*Greger*, Teil 1, Rn. 119.

63 *Guckelberger*, NVwZ 2011, 390 [395].

64 BVerfGE 26, 246 [254].

65 BVerfGE 68, 319 [330]; 116, 202 [216].

66 *Guckelberger*, NVwZ 2011, 390 [395].

67 BVerfGE 26, 246 [255]; *Guckelberger*, NVwZ 2011, 390 [395].

68 Vgl. dazu nachfolgend Kapitel 2, B., II.

69 Vgl. *Eidenmüller/Prause*, NJW 2008, 2737 [2737].

70 Vgl. *Guckelberger*, NVwZ 2011, 390 [395].

71 Vgl. BR-Drucks. 60/11, Seite 15, abrufbar unter http://dipbt.bundestag.de/dip21/brd/2011/0060-11.pdf; Greger/Unberath/*Greger*, Teil 1, Rn. 119.

72 Vgl. Epping/Hillgruber/*Seiler*, Art. 74, Rn. 10; *Guckelberger*, NVwZ 2011, 390 [394].

II. Ziele des Mediationsgesetzes

Ausweislich des Gesetzesentwurfs der Bundesregierung war es das Ziel, mit der Schaffung des Mediationsgesetzes und den Änderungen in den Gerichtsverfahren die Mediation und andere Verfahren der außergerichtlichen Konfliktbeilegung zu fördern.[73] Diese Konfliktbeilegungsverfahren sollen in dem Bewusstsein der Bevölkerung und in dem Bewusstsein der Rechtspflege stärker verankert werden.[74] Durch das Schaffen von Anreizen soll die alternative Streitbeilegung vermehrt wahrgenommen werden.[75] Mithin sollen die Konfliktlösung beschleunigt, der Rechtsfrieden gefördert und die staatlichen Gerichte entlastet werden.[76]

73 BT-Drucks. 17/5335, Seite 1; BT-Drucks. 17/8058, Seite 1.
74 BT-Drucks. 17/5335, Seite 11.
75 BT-Drucks. 17/5335, Seite 11.
76 BT-Drucks. 17/5335, Seite 11.

Kapitel 2 – Mediationsgesetz

Kernbestandteil des Gesetzes zur Förderung der Mediation und anderer Verfahren außergerichtlicher Konfliktbeilegung ist das in Art. 1 enthaltene, aus neun Paragraphen bestehende Mediationsgesetz. Mit dem Gesetz gibt es erstmalig im deutschen Recht Regelungen über den Begriff, über die Beteiligten, über Evaluierungen und über eine finanzielle Förderung der Mediation sowie über das Mediationsverfahren selbst. Insbesondere wurden Aufgaben und Pflichten des Mediators gesetzlich geregelt. Die bereits existierenden Regelungen im Bürgerlichen Gesetzbuch ergänzen diese Bestimmungen. In diesem Kapitel werden die Regelungen des Mediationsgesetzes sowie die ergänzenden Gesetze analysiert und abschließend in einer Gesamtwürdigung bewertet.

A. Voraussetzungen für die Anwendbarkeit des Mediationsgesetzes

In dem Mediationsgesetz wurde erstmalig in einem deutschen Gesetz die Mediation legaldefiniert. Ausweislich § 1 Abs. 1 MediationsG[77] ist die Mediation ein „vertrauliches und strukturiertes Verfahren, bei dem Parteien mit Hilfe eines oder mehrerer Mediatoren freiwillig und eigenverantwortlich eine einvernehmliche Beilegung ihres Konflikts anstreben."[78] Danach ist es für die Anwendbarkeit des Gesetzes unerheblich, welchem Rechtsgebiet der zu vermittelnde Konflikt zuzuordnen ist und ob es sich um einen außerrechtlichen Bereich wie zum Beispiel die Verbesserung des Betriebsklimas innerhalb eines Unternehmens handelt.[79] Die Voraussetzungen des Mediators sind in § 1 Abs. 2 MediationsG geregelt.[80]

Der erste Paragraph im Mediationsgesetz ist von zentraler Bedeutung. Er regelt mit der Mediationsdefinition den Anwendungsbereich des gesamten Mediationsgesetzes[81] und grenzt die Rechte sowie Pflichten der am Mediationsverfahren

---

77 § 1 MediationsG orientiert sich sprachlich an die Legaldefinition von Art. 3 der Mediationsrichtlinie 2008/52/EG.

78 Vgl. zu den sogenannten Grundzügen der Mediation: Büchner/u. a./*Groner/Winograd*, 311 ff.; Richtlinie der BAFM für Mediation in Familienkonflikten, II; *Weiler/Schlickum*, 5 ff.; *von Bargen*, 17 ff.; vgl. auch Greger/Unberath/*Unberath*, Seite 12.

79 Greger/Unberath/*Greger*, § 1, Rn. 8 f.

80 Siehe dazu Kapitel 2, A., VIII.

81 Greger/Unberath/*Greger*, § 1, Rn. 1; *Risse*, SchiedsVZ 2012, 244 [245].

beteiligten Personen innerhalb einer Mediation ein. Diese Merkmale werden nachfolgend untersucht. Dabei wird insbesondere analysiert, welche Merkmale des § 1 Abs. 1 MediationsG positive Tatbestandsmerkmale in dem Sinne darstellen, dass sie für die Anwendbarkeit des Gesetzes vorliegen müssen. Aus dem Gesetzestext geht nicht hervor, welche Merkmale aus § 1 Abs. 1 MediationsG erfüllt sein müssen, damit das Mediationsgesetz Anwendung findet. Neben positiven Tatbestandsmerkmalen ist daher auch denkbar, dass einzelne Merkmale lediglich als Orientierungshilfe für die an der Mediation beteiligten Personen dienen, um eine erfolgreiche Mediation bestreiten zu können. Im Gegensatz zu positiven Tatbestandsmerkmalen können die Beteiligten derartige Merkmale durch eine Vereinbarung auch abbedingen, was dann keine Auswirkung auf die Anwendbarkeit des Mediationsgesetzes hätte.

I. Parteien

Gemäß § 1 Abs. 1 MediationsG suchen die Parteien nach einer Lösung ihres Konflikts. Die Mediation ist damit in ihrem Grundsatz höchstpersönlich[82] und uneinige Parteien evident notwendige Voraussetzung für die Anwendung des Mediationsgesetzes. Nach dem Wortlaut von § 1 Abs. 1 MediationsG ist es unerheblich, wie viele Parteien an der Mediation teilnehmen.[83] Der Plural ‚Parteien' geht von mindestens zwei – im Übrigen aber unbeschränkten Anzahl – von Personen aus.[84] Der Begriff ‚Partei' ist nach der Gesetzesbegründung untechnisch auszulegen.[85] Die Bezeichnung meint daher die an der Mediation zur Lösung ihres Konfliktes teilnehmenden Personen, also auch zum Beispiel die ‚Beteiligten' im Verwaltungs- oder Familiengerichtsverfahren.[86]

II. Eigenverantwortlichkeit

Gemäß § 1 Abs. 1 MediationsG handeln die Parteien im Mediationsverfahren eigenverantwortlich.[87] Das bedeutet, dass die Parteien während des gesamten Verfahrens ihre Interessen und Bedürfnisse selbst wahrnehmen und insbesondere auch selbst ihren Konflikt lösen.[88] Daraus folgt ebenfalls, dass prinzipiell

---

82 Greger/Unberath/*Greger*, § 1, Rn. 56.

83 BT-Drucks. 17/5335, Seite 13; Greger/Unberath/*Greger*, § 1, Rn. 54.

84 Fritz/Pielsticker/*Fritz*, § 1, Rn. 9.

85 BT-Drucks. 17/5335, Seite 13.

86 BT-Drucks. 17/5335, Seite 13; siehe auch MüKo-FamFG/*Ulrici*, § 2 MediationsG, Anh. 36a, Rn. 11.

87 *Weiler/Schlickum*, 7.

88 Büchner/u. a./*Groner/Winograd*, 312; *Weiler/Schlickum*, 7.

alle Maßnahmen und Absprachen der Disposition der Mediationsparteien unterliegen.[89] Fraglich ist, ob die Eigenverantwortlichkeit ein positives Tatbestandsmerkmal ist oder als Orientierungshilfe für das Mediationsverfahren dient. Sollte das Merkmal lediglich der Orientierung dienen, würde bei fehlender Eigenverantwortlichkeit das Mediationsgesetz trotzdem anwendbar sein.

Der zentrale Unterschied zwischen der Mediation und anderen Formen der Konfliktbeilegung besteht darin, dass die Parteien für das Verfahren und den Inhalt der abschließenden Vereinbarung allein verantwortlich sind. In anderen Verfahren, wie zum Beispiel beim Schiedsgerichtsverfahren oder bei einer Schlichtung, wird das Verfahren stärker von einem Dritten geführt bzw. von diesem auch entschieden.[90] Bei der Mediation hingegen wird die Entscheidungskompetenz bzw. die Hoheit über das Verfahren nicht auf eine dritte Person übertragen.[91] Sollte das Mediationsgesetz trotz fehlender Eigenverantwortlichkeit anwendbar bleiben, wäre das Gesetz theoretisch ebenfalls auf andere Streitbeilegungsmethoden anwendbar, in denen die Parteien ihre Konfliktlösung und ihr Verfahren nicht selbst bestimmen.

Gegen eine generelle Anwendung des Mediationsgesetzes auch auf andere Streitbeilegungsmethoden spricht daher zum einen, dass es sich bei dem vorliegenden Gesetz um das ‚Mediationsgesetz' handelt und eben nicht um ein ‚Gesetz zur Alternativen Streitbeilegung'. Zusätzlich ist es das Ziel der Mediationsrichtlinie 2008/52/EG, dass insbesondere das Mediationsverfahren gestärkt werden soll.[92] Daraus lässt sich schließen, dass, in Abgrenzung zu anderen alternativen Streitbeilegungsmethoden, die Eigenverantwortlichkeit als zentrales Mediationsmerkmal ein positives Tatbestandsmerkmal ist. Bei fehlender Eigenverantwortlichkeit ist das Mediationsgesetz daher nicht anwendbar.

III. Einvernehmliche Konfliktbeilegung

Mit dem Merkmal der einvernehmlichen Konfliktbeilegung hat der Gesetzgeber die Eigenverantwortlichkeit der Parteien konkretisiert. Damit stellt der Gesetzgeber sicher, dass die Mediationsparteien die Entscheidungsgewalt nicht

---

89 Vgl. Fritz/Pielsticker/*Fritz*, § 1, Rn. 22.

90 Der Mediator, der als solch ‚dritte Person' in Betracht kommt, hat nur eine lenkende Rolle. Ihm fehlt aber die Entscheidungskompetenz, siehe Kapitel 2, A., VII., 1. Vgl. zur Abgrenzung der Mediation von der Schiedsgerichtsbarkeit und der Schlichtung *Hopt/Steffek*, 17.

91 Vgl. BT-Drucks. 17/5335, Seite 14; *Risse*, NJW 2000, 1614 [1615].

92 Vgl. Kapitel 1, A., II.

‚eigenverantwortlich' einer dritten Person übertragen, sondern dass sie ihren Konflikt als Bestandteil der Eigenverantwortlichkeit in Übereinstimmung miteinander selbst lösen.[93] Fraglich ist, ob die einvernehmliche Konfliktbeilegung ein positives Tatbestandsmerkmal, also Voraussetzung für die Anwendbarkeit des Mediationsgesetzes, ist. Als Konkretisierung der Eigenverantwortlichkeit ist die einvernehmliche Konfliktbeilegung der Mediation der zentrale Unterschied zu den Verfahren, in denen ein Dritter über einen Konflikt entscheidet, sei es ein staatliches Gerichts- oder ein Schiedsgerichtsverfahren.[94] Um sich von diesen Verfahren abzugrenzen und dem Namen des ‚Mediationsgesetzes' gerecht zu werden, ist die einvernehmliche Konfliktbeilegung nicht disponibles, sondern positives Tatbestandsmerkmal des Mediationsgesetzes.

IV. Freiwilligkeit

Gemäß § 1 Abs. 1 MediationsG muss die Mediation freiwillig erfolgen. Der Grundsatz der Freiwilligkeit bedeutet, dass die Mediationsparteien selbst entscheiden, ob sie ein Mediationsverfahren durchführen wollen.[95] Die Freiwilligkeit knüpft dabei an die allgemeinen Zurechnungsregeln des Bürgerlichen Gesetzbuches und damit an die dort geregelten Willensdefizite an.[96] Die Teilnahme der Partei am Mediationsverfahren, vom Beginn bis zu einer Abschlussvereinbarung, darf weder Zwang noch Irrtum unterliegen.[97] Ein Ausdruck der Freiwilligkeit ist auch die eigenverantwortliche Gestaltung des Mediationsverfahrens. Fraglich ist, ob das Merkmal der Freiwilligkeit lediglich einer Orientierung dient oder positives Tatbestandsmerkmal des Mediationsgesetzes ist. Der Zwang zur Teilnahme an einem Mediationsverfahren würde einer eigenverantwortlichen Führung des Verfahrens und damit auch einer einvernehmlichen Lösung des Konflikts entgegenstehen.[98] Nur wer bereit ist, eigenverantwortlich einen Konflikt beizulegen, kann sich in einem Mediationsverfahren so einbringen und es so führen, dass eine endgültige und zufriedenstellende Lösung erreicht wird. Zusätzlich führen Willensdefizite sowohl bei einer Abrede mit dem Mediator,

93 Diese Besonderheit der Mediation, Konflikte zu lösen und nicht zu entscheiden, betonte auch die ehemalige Bundesjustizministerin Frau Leutheusser-Schnarrenberger: „Justitia kann Ihr Schwert zu Hause lassen", siehe http://www.tagesschau.de/inland/mediation100.html.

94 Vgl. Fritz/Pielsticker/*Fritz*, § 1, Rn. 15.

95 BT-Drucks. 17/5335, Seite 14.

96 Greger/Unberath/*Unberath*, § 2, Rn. 157.

97 Greger/Unberath/*Unberath*, § 2, Rn. 157; vgl. § 138 BGB.

98 Greger/Unberath/*Greger*, § 1, Rn. 29.

eine Mediation durchzuführen, als auch bei einer späteren Abschlussvereinbarung, die unter Anwendung des Bürgerlichen Gesetzbuchs[99] geschlossen wird, zu deren Nichtigkeit. Wie die einvernehmliche Konfliktbeilegung ist daher auch die Freiwilligkeit ein positives Tatbestandsmerkmal.

V. Vertraulichkeit

Das Gesetz regelt die Vertraulichkeit als Merkmal der Mediation. Vertraulichkeit bedeutet, dass alle Informationen, die im Rahmen einer Mediation bekannt gegeben werden, nicht gegen den Willen eines Beteiligten außerhalb der Mediation verwendet werden dürfen.[100] Das dient dem Schutz jeder Partei und ist die Grundlage für ein gutes Verhandlungsklima.[101] Der Schutz der Vertraulichkeit gewährleistet einen offenen Dialog.[102] Die Parteien können ihre wahren Interessen und Bedürfnisse offenlegen und sich dabei sicher sein, dass bei einem Scheitern der Mediation die genannten Informationen nicht in einem Prozess oder gegenüber dritten Personen zu ihrem Nachteil verwendet werden.[103]

Fraglich ist, ob ein Verzicht auf die Vertraulichkeit durch die Parteien im Mediationsverfahren etwa durch ein öffentliches Mediationsverfahren möglich ist oder ob es sich bei dem vertraulichen Mediationsverfahren um ein positives Tatbestandsmerkmal des Mediationsgesetzes handelt.[104] Gegen ein Orientierungsmerkmal spricht zumindest, dass das Mediationsgesetz nach dem Wortlaut die Mediation als generell vertrauliches Verfahren beschreibt und damit den Anwendungsbereich des Gesetzes begrenzen könnte.[105] Es wäre daher denkbar, dass der Gesetzgeber die Möglichkeit eines Verzichts auf die Vertraulichkeit ausschließen wollte. Die Konsequenz eines Vertraulichkeitsverzichts wäre, dass das Tatbestandsmerkmal nicht mehr erfüllt und eine Mediation im Sinne des Gesetzes nicht weiter gegeben ist. Das würde bedeuten, dass das Mediationsgesetz, das für die Mediationsparteien durch einen Rechtsrahmen Rechtssicherheit garantieren soll, für eine nichtvertrauliche Mediation keine Anwendung mehr fände.

---

99 Vgl. §§ 104 ff. BGB.

100 Büchner/u. a./*Groner/Winograd*, 314; Richtlinie der BAFM für Mediation und Familienkonflikten, II, 3 (5).

101 *Weiler/Schlickum*, 8 f.

102 Vgl. *Guckelberger*, NVwZ 2011, 390 [391]; *Risse*, SchiedsVZ 2012, 244 [250].

103 Vgl. *Koch*, NJ 2005, 97 [101].

104 Greger/Unberath/*Unberath*, Seite 12.

105 Vgl. *Guckelberger*, NVwZ 2011, 390 [393].

Gegen die Vertraulichkeit als zwingende Voraussetzung der Mediation sprechen jedoch zum einen die im Mediationsgesetz geregelten Ausnahmen der Verschwiegenheitspflicht des Mediators gemäß § 4 S. 3 MediationsG.[106] Wenn der Mediator von seiner Verschwiegenheitspflicht unter bestimmten Umständen gemäß Gesetz befreit ist, die Vertraulichkeit des Mediationsverfahrens also in diesen Fällen aufgehoben ist, kann sie keine zwingende Voraussetzung der Mediation sein. Zum anderen steht die Vertraulichkeit als zwingende Voraussetzung für die Anwendung des Mediationsgesetzes im Widerspruch zu den allgemeinen Merkmalen der Mediation, wonach sich das Mediationsverfahren durch die Eigenverantwortlichkeit der Mediationsparteien auszeichnet. Eigenverantwortlich handelnden Parteien müsste es selbst überlassen sein, ob sie die Vertraulichkeit abbedingen wollen, ohne auf den rechtlichen Schutz durch den Rechtsrahmen des Mediationsgesetzes verzichten zu müssen.

Das Merkmal ‚vertraulich' in § 1 Abs. 1 MediationsG sollte daher dahingehend ausgelegt werden, dass es lediglich der Orientierung für die am Mediationsverfahren beteiligten Personen dient, um einen offenen Dialog zu gewähren. Damit ist die Vertraulichkeit als abdingbares Merkmal der Mediation zwar ein typisches, nicht aber ein notwendiges Merkmal der Mediation im Sinne des Mediationsgesetzes.[107]

VI. Struktur – Mediation außerhalb des Mediationsgesetzes

Ausweislich § 1 Abs. 1 MediationsG ist die Mediation ein strukturiertes Verfahren. Fraglich ist zum einen, was unter dem Begriff ‚strukturiert' zu verstehen ist.[108] Zum anderen stellt sich die Frage, ob es sich bei dem Begriff um ein positives Tatbestandsmerkmal oder lediglich um eine Orientierungshilfe handelt.

---

106 Vgl. Kapitel 2, C., II., 3., b.

107 Vgl. Greger/Unberath/*Greger*, § 1, Rn. 45. *Risse*, SchiedsVZ 2012, 244 [246], schlägt vor, das Merkmal der ‚Vertraulichkeit' daher aus dem Gesetz herauszunehmen. Die Vertraulichkeit gehört jedoch zu den Grundsätzen der Mediation. Der Begriff der Vertraulichkeit sollte daher aus der Definition nicht entfernt werden. Unter Berücksichtigung des Grundsatzes der Eigenverantwortlichkeit wäre es optimal, als Voraussetzung für die Mediation gemäß § 1 Abs. 1 MediationsG ein *„im Grundsatz vertrauliches Verfahren"* zu fordern.

108 *Risse*, SchiedsVZ 2012, 244 [246].

1. *Bedeutung*

Fraglich ist, ob der Begriff ‚strukturiert' in dem Mediationsgesetz bereits definiert ist. Das Gesetz umfasst allgemeine Regeln zur Ausführung des Mediationsverfahrens. In Betracht kommt, dass diese Verfahrensregelungen die Vorgabe für ein ‚strukturiertes' Mediationsverfahren darstellen.[109] Sollte das Merkmal ‚strukturiert' auf die Vorgaben der Verfahrensregelungen im Mediationsgesetz Bezug nehmen, müssten die Mediationsparteien ausweislich § 2 Abs. 1 MediationsG den Mediator selbst auswählen. Der Mediator müsste sich anschließend gemäß § 2 Abs. 2 MediationsG vergewissern, dass die Parteien die Grundsätze und den Ablauf des Mediationsverfahrens verstanden haben und freiwillig an der Mediation teilnehmen. Während des Mediationsverfahrens muss der Mediator die Kommunikation der Parteien fördern und gewährleisten, dass sie in angemessener und fairer Weise in die Mediation eingebunden sind, § 2 Abs. 3 S. 2 MediationsG. Ausweislich § 2 Abs. 2 S. 3 MediationsG kann der Mediator, falls er es für förderlich hält, hierfür im allseitigen Einverständnis getrennte Gespräche mit den Parteien führen. Gemäß § 2 Abs. 4 MediationsG kann der Mediator dritte Personen ausschließlich mit Zustimmung aller Parteien einbeziehen. Die Mediation kann durch die Parteien oder den Mediator jederzeit beendet werden. Der Mediator benötigt aber, anders als die Parteien, für die Beendigung gemäß § 2 Abs. 5 und 6 MediationsG einen Grund. Ziel der Mediation ist die Streitschlichtung. Die Einigung selbst ist dabei Sache der Parteien.[110] Sie kann aber ausweislich § 2 Abs. 6 S. 3 MediationsG mit Zustimmung der Parteien in einer Abschlussvereinbarung dokumentiert werden.

In Betracht kommt auch eine weite Auslegung des Merkmals strukturiert. ‚Strukturiert' würde in diesem Fall nicht auf die allgemeinen Verfahrensregelungen aus dem Mediationsgesetz verweisen, sondern eine flexiblere Verfahrensgestaltung gestatten. In diesem Fall könnten die Parteien und die Mediatoren selbst über den Umfang und die Modalitäten der Mediation entscheiden und bspw. die Auswahl des Mediators einer dritten Person überlassen. In diesem Fall würde der Begriff damit grundsätzlich jedes Verfahren gestatten, welches irgendeine, also auch eine geringe Struktur aufweist.

---

109 Nachfolgend wird der Ablauf einer Mediation nach dem Mediationsgesetz vorgestellt. Mögliche individuelle Vereinbarungen der Parteien über das Mediationsverfahren werden hier nicht aufgeführt. Auf die einzelnen Bestimmungen wird in den nachfolgenden Abschnitten der Aufgaben, Befugnisse und Pflichten des Mediators und der Parteien eingegangen.

110 *Vgl. Hager*, Konflikt und Konsens, 76.

Für ein flexibles Verfahren sprechen alleine schon praktische Erwägungen. Allgemeinverbindliche Regeln können der Komplexität der Einzelfälle nicht gerecht werden.[111] Die Mediation kann in sehr vielfältigen Bereichen stattfinden, zum Beispiel im Familienrecht, Arbeitsrecht, Erbrecht oder bei unternehmensinternen Konflikten. Damit einhergehend sind oft unterschiedliche und individuelle Herangehensweisen für eine erfolgreiche Mediation erforderlich.[112] Des Weiteren gewährleistet der flexible Umgang mit den Verfahrensvorschriften des Mediationsgesetzes, dass die Mediation, die zumindest im deutschen Recht erst am Anfang ihrer Entwicklung steht, jederzeit bei neuen Erkenntnissen optimiert werden kann. Ein neues Gesetz wäre bei einem flexiblen Verfahren dafür nicht erforderlich. Für diese Sichtweise spricht auch die eigenverantwortliche Konfliktbeilegung der Parteien gemäß § 1 Abs. 1 MediationsG. Die Parteien sind für ihr Verfahren selbst verantwortlich und müssen ihr Verfahren auch dementsprechend gestalten können. Es wird eben kein festes Verfahrensmuster auferlegt, wie es etwa im Zivil- oder Strafprozess der Fall ist. Der Mediator kann daher grundsätzlich je nach Partei ein individuelles Verfahren verwenden. Er muss sich dabei nur an die positiven Tatbestandsmerkmale der Mediation halten. Damit ist unter dem Begriff ‚strukturiert' nicht das Verfahren nach dem Mediationsgesetz zu verstehen, sondern ein geringeres, flexibleres Verfahrensmuster. Im Ergebnis bedeutet das, dass die vorstehend genannten Verfahrensregelungen des Mediationsgesetzes grundsätzlich abdingbar sind. Diese Regelungen gelten somit grundsätzlich nur, wenn keine besonderen ausdrücklichen Vereinbarungen zwischen den am Mediationsverfahren beteiligten Personen existent sind.

Es stellt sich an dieser Stelle die Frage, ob alle Verfahrensregelungen im Mediationsgesetz abdingbar sind, das heißt, ob es auch eine Mediation außerhalb des Mediationsgesetzes gibt. Das wäre zumindest dann denkbar, wenn die Parteien mit dem Mediator das gesamte Mediationsgesetz vertraglich abbedingen. Für diese Möglichkeit spricht insbesondere der vorstehend dargestellte Umstand, dass die Parteien eigenverantwortlich ihren Konflikt lösen sollen und daher insbesondere das Mediationsverfahren selbst flexibel gestalten können. Gegen eine Mediation außerhalb des Mediationsgesetzes könnten jedoch zwingende Regelungen des Verfahrens im Mediationsgesetz sprechen, die von den Parteien trotz eigenverantwortlicher Verfahrensgestaltung nicht abdingbar sind. Das ist zumindest dann der Fall, wenn Regelungen des Mediationsgesetzes nicht allein dem Schutz der Parteien, sondern dem Schutz der Allgemeinheit dienen. Wie

---

111 Haft/Schlieffen/*Kracht*, § 12, Rn. 94.
112 Vgl.: *Grundmann*, SchiedsVZ 2012, 229 [229].

nachstehend ausführlich begründet ist zum einen die ‚absolute' Tätigkeitsbeschränkung gemäß § 3 Abs. 2 S. 1 MediationsG zwingend, wonach als Mediator nicht tätig werden darf, wer vor der Mediation in derselben Sache für eine Partei tätig gewesen ist.[113] Zusätzlich wollte der Gesetzgeber gemäß den nachfolgenden Ausführungen durch die Einführung des zertifizierten Mediators die Qualität des Mediationsverfahrens sichern, weshalb sich ein nicht gemäß § 5 Abs. 2 MediationsG in Verbindung mit § 6 MediationsG ausgebildeter Mediator sich trotz Einwilligung der Parteien bzw. Abbedingung des Mediationsgesetzes nicht zertifizierter Mediator nennen darf.[114] Diese Regelungen sind nicht disponibel. Im Ergebnis ist somit davon auszugehen, dass die Parteien aufgrund des Grundsatzes der Eigenverantwortlichkeit das Verfahren grundsätzlich flexibel gestalten können. Die Grenzen ziehen aber die zwingenden Bestimmungen des Mediationsgesetzes, die auch der Allgemeinheit dienen. Sobald alle positiven Tatbestandsmerkmale einer Mediation im Sinne des Mediationsgesetzes vorliegen, können die Parteien eine Mediation außerhalb des Mediationsgesetzes nicht mehr führen, wenn zwingende Regelungen des Gesetzes dadurch verletzt werden würden.

2. *Merkmal Struktur als Orientierungshilfe*

Fraglich ist, ob ein Mindestmaß an Struktur lediglich als Orientierungshilfe und Hinweis für die an der Mediation beteiligten Personen dient, das Mediationsverfahren möglichst zu strukturieren oder ob ein Verfahren ohne jegliche Struktur zu der Nichtanwendung des Mediationsgesetzes führt. Für ‚strukturiert' als positives Tatbestandsmerkmal spricht zunächst wieder der Wortlaut des Gesetzes, nachdem die Mediation ohne Einschränkungen strukturiert ist.

Dagegen spricht jedoch zum einen, dass der Begriff ‚strukturiert', wie vorstehend festgestellt, ein flexibles und damit nicht ein bestimmtes Verfahren beschreibt, weshalb die Grenzen zwischen strukturiertem und unstrukturiertem Mediationsverfahren fließend sein können. Die Anwendung des Mediationsgesetzes von diesem unbestimmten Rechtsbegriff ‚strukturiert' abhängig zu machen und es als positives Tatbestandsmerkmal festzulegen, würde zu einer massiven Rechtsunsicherheit führen. Das Mediationsgesetz bietet einen Rechtsrahmen und damit einen gewissen Schutz der Mediationsparteien.[115] Je weiter

113 Vgl. Kapitel 2, C., I., 1.

114 Vgl. Kapitel 2, C., IV., 2.

115 Vgl. z. B. die Pflichten und Aufgaben des Mediators in Kapitel 2, C. II, III den Ausbildungsstandard des Mediators in Kapitel 2, C., IV oder die Befugnisse der Mediationsparteien in Kapitel 2, D.

der Anwendungsbereich des Gesetzes und der damit einhergehende Schutz für Mediationsparteien ist, desto eher werden diese ein Mediationsverfahren in Erwägung ziehen. Das ist erklärtes Ziel des Gesetzes.

Zum anderen müssen die Mediationsparteien gemäß § 1 Abs. 1 MediationsG ihren Konflikt eigenverantwortlich lösen. Soweit das Mediationsgesetz nicht ausdrücklich die Parteien in ihrem Grundsatz der Eigenverantwortlichkeit einschränkt,[116] muss es den Mediationsparteien daher selbst überlassen sein, das Mediationsverfahren nach eigenen Vorstellungen zu gestalten. Damit dient das Merkmal ‚strukturiert' lediglich als Orientierungshilfe[117] für die an dem Mediationsverfahren beteiligten Personen und stellt kein positives Tatbestandsmerkmal dar.

3. *Zwischenergebnis*

Im Ergebnis ist zu konstatieren, dass ‚strukturiert' ein flexibles Verfahren[118] und nicht das Verfahren nach den Vorgaben des Mediationsgesetzes meint. Mit dem Gesetz zur Förderung der Mediation hat der Gesetzgeber auf das Vorschreiben eines bestimmten Verfahrensablaufs in der Mediation verzichtet. Es gibt damit keine zwingenden formalen Voraussetzungen im Mediationsverfahren.[119] Im Mediationsgesetz geregelt sind lediglich als Orientierungshilfe dienende Anhaltspunkte für die Beteiligten, welche für eine erfolgreiche Mediation erforderlich sind und nicht um positive Tatbestandsmerkmale. Bei den im Mediationsgesetz geregelten Verfahrensregelungen nach Beginn der Mediation handelt es sich damit grundsätzlich um Regelungen, von denen die Vertragsparteien einvernehmlich durch einen individuellen Mediationsvertrag abweichen können.[120] Kommunikations- oder Verhaltensregeln, Geheimhaltung und Beweisverwertung von Erkenntnissen, Vergütungsfragen oder das Einsichtsrecht in Mediationsakten können die Parteien in einem Mediationsvertrag selbst festlegen.[121] Die

---

116 Vgl. zur Einschränkung des Grundsatzes der Eigenverantwortlichkeit Kapitel 2, C., I., 1.

117 Üblicherweise ist das Mediationsverfahren in bestimmte Phasen gegliedert ist, wobei eine Phase auf die andere folgt, siehe z. B. Henssler/Koch/*Eidenmüller*, § 2, Rn. 58; vgl. auch *Greger/Weber*, MDR 2012, Sonderheft, 3 [15 f.]; *Rakowsky*, 28 ff.; *Schäfer*, 38; *Schmelz-Buchhold*, 48 ff.; *Trams*, 18 ff.; *von Marcard, 9 ff.*

118 Siehe auch *Kopp/Schenke*, § 1, Rn. 46; vgl. zum flexiblen Mediationsverfahren *Trenczek*, DS 2009, 66 [69]. Nach Vgl. *Risse*, NJW 2000, 1614 [1617] ist das flexible Verfahren auch ein Wesensmerkmal der Mediation.

119 BT-Drucks. 17/5335, Seite 14.

120 *Risse*, SchiedsVZ 2012, 244 [247]; vgl. zum Mediationsvertrag Kapitel 2, B., II.

121 BT-Drucks. 17/5335, Seite 15.

Grenzen der Eigenverantwortlichkeit setzen dabei die zwingenden Bestimmungen des Mediationsgesetzes. Fehlen detaillierte Regelungen in einer Mediationsvereinbarung, hat das Mediationsgesetz Auffangcharakter.[122] Ein nicht- bzw. weniger strukturiertes Verfahren führt damit nicht zur Unanwendbarkeit des Mediationsgesetzes.[123]

VII. Mediator

Gemäß § 1 Abs. 1 MediationsG ist die Mediation ein Verfahren, bei dem mithilfe eines oder mehrerer Mediatoren eine Konfliktbeilegung angestrebt wird. Fraglich ist zunächst, ob die Hilfe von mindestens einem Mediator ein positives Tatbestandsmerkmal ist und damit Voraussetzung für die Anwendbarkeit des Mediationsgesetzes oder lediglich als Orientierungshilfe für die an der Mediation beteiligten Personen dient.

Für die Auslegung als Orientierungshilfe sprechen die allgemeinen Merkmale der Mediation, wonach sich das Mediationsverfahren durch die Eigenverantwortlichkeit der Mediationsparteien auszeichnet. Sind die Parteien daher der Ansicht, zu zweit durch Gespräche oder ein bestimmtes Verfahren zu einer Lösung gelangen zu können, sollten sie nicht gezwungen werden, einen Mediator einschalten zu müssen und dadurch Kosten zu generieren.

Insbesondere zwei Argumente sprechen aber dafür, dass eine Mediation im Sinne des Mediationsgesetzes nur vorliegt, wenn ein Mediator mitwirkt. Zum einen beschreibt das gesamte Mediationsgesetz die Aufgaben und Pflichten des Mediators sowie das Verhältnis zwischen ihm und den Parteien. Ohne einen Mediator wäre das Gesetz für die Parteien inhaltsleer. Zum anderen ist der Einsatz eines vermittelnden Mediators, welcher die Parteien bei der Lösung ihrer Konflikte unterstützt, ein wesentlicher Unterschied zu anderen Streitschlichtungsmethoden und deshalb ein Wesensmerkmal der Mediation. Der Mediator ist daher positives Tatbestandsmerkmal der Mediation und insofern Voraussetzung für die Anwendung des Mediationsgesetzes.

In § 1 Abs. 2 MediationsG ist der Mediator als eine unabhängige und neutrale Person ohne Entscheidungsbefugnis legal definiert, welche die Parteien durch die Mediation führt. Nachfolgend werden die einzelnen Merkmale des Mediators untersucht und dabei analysiert, ob sie jeweils ein positives Tatbestandsmerkmal des Mediators darstellen und damit Voraussetzung für das Vorliegen

---

122 *Risse*, SchiedsVZ 2012, 244 [247].

123 Um Rechtssicherheit zu schaffen, schlägt *Risse*, SchiedsVZ 2012, 244 [246] vor, das Merkmal ‚strukturiert' aus der Definition zu entfernen.

einer Mediation sind oder lediglich als Vorschlag für die an dem Mediationsverfahren beteiligten Personen dienen, welche Eigenschaften ein Mediator haben sollte.

1. Keine Entscheidungsbefugnis

Ausweislich § 1 Abs. 2 MediationsG hat der Mediator hinsichtlich der Lösung des Konflikts der Parteien keine Entscheidungsbefugnis. Dadurch besitzt der Mediator lediglich eine vermittelnde Funktion. Der Mediator unterstützt die Parteien, sodass diese selbst ihre eigenen Interessen herausarbeiten und ihren Konflikt eigenverantwortlich lösen können.[124] Fraglich ist, ob die fehlende Entscheidungsbefugnis Voraussetzung für den Mediator und damit für die Anwendung des Mediationsgesetzes ist oder als Grundsatz lediglich der Orientierung dient. Die fehlende Entscheidungsbefugnis des Mediators ist Konsequenz der eigenverantwortlichen und einvernehmlichen Konfliktlösung der Parteien gemäß § 1 Abs. 1 MediationsG. Als Kehrseite der positiven Tatbestandsmerkmale ‚Eigenverantwortlichkeit' und ‚Einvernehmen' ist demzufolge auch die nicht vorhandene Entscheidungsgewalt bezüglich des Streitgegenstands zwingende Voraussetzung für einen Mediator und damit wesentliches Merkmal der Mediation.[125] Sollte dem Vermittler infolgedessen eine Entscheidungsgewalt in der Vermittlung zugesprochen werden, ist dieser kein Mediator, sodass das Mediationsgesetz keine Anwendung finden würde.

2. Unabhängigkeit

Gemäß § 1 Abs. 2 MediationsG ist der Mediator eine unabhängige Person. Unabhängigkeit meint ausweislich der Gesetzesbegründung in erster Linie die persönliche Unabhängigkeit von den Parteien und ist damit vor allem personenbezogen zu verstehen.[126] Mediatoren dürfen damit keinerlei Weisungen einer Partei unterliegen[127] oder ein zu starkes Interesse an den Verfahrensgegenständen aufweisen.[128]

Nach dem Wortlaut des § 1 Abs. 2 MediationsG ist das Merkmal der Unabhängigkeit Voraussetzung für den Mediator und damit gemäß § 1 Abs. 1 MediationsG für die Anwendbarkeit des Mediationsgesetzes. Fraglich ist, ob das

---

124 BT-Drucks. 17/5335, Seite 14.
125 Vgl. zur fehlenden Entscheidungsbefugnis des Mediators auch *Zenk*, 21.
126 BT-Drucks. 17/5335, Seite 14.
127 BT-Drucks. 17/5335, Seite 14.
128 BT-Drucks. 17/5335, Seite 14.

Mediationsgesetz auch auf abhängige Mediatoren Anwendung findet oder ob das Merkmal der Unabhängigkeit ein positives Tatbestandsmerkmal ist. Für einen zwingend unabhängigen Mediator spricht der Schutz der Parteien vor einem abhängigen Mediator, der Einfluss auf das Mediationsergebnis nimmt.

Der Schutz der Parteien könnte aber größer sein, wenn das Mediationsgesetz trotz abhängigen Mediators anwendbar bleibt. Neben der Verpflichtung des Mediators zur Allparteilichkeit[129] gemäß § 2 Abs. 3 S. 1 MediationsG und den damit verbunden Schutz vor abhängigen Mediatoren schützt das Mediationsgesetz die Parteien auch durch weitere geregelte Pflichten und Aufgaben[130] des Mediators. Sollte das Mediationsverfahren nur auf Mediationen mit unabhängigen Mediatoren Anwendung finden, könnte der Mediator durch seine persönliche Abhängigkeit für die Nichtanwendbarkeit des Gesetzes sorgen. Ob der Mediator unabhängig ist oder nicht, ist eine Eigenschaft des Vermittlers, die für die Parteien nicht immer offensichtlich ist. Sie kann leicht vom Mediator verschwiegen werden. Zusätzlich haben die Mediationsparteien auf die Abhängigkeit bzw. Unabhängigkeit des Mediators keinen Einfluss. Sollte die Unabhängigkeit des Mediators positives Tatbestandsmerkmal sein, könnte der Rechtsrahmen des Mediationsgesetzes und damit insbesondere auch differente Pflichten des Mediators, wie die Pflicht zur Verschwiegenheit gemäß § 4 MediationsG, den Parteien einseitig durch den Mediator genommen werden, ohne dass die Parteien davon wissen. In diesem Fall wären die Mediationsparteien, welche auf die Anwendung des Mediationsgesetzes und deren Schutzwirkung vertrauen, nur noch durch die allgemeinen Regelungen aus dem BGB geschützt. Da das Mediationsgesetz eine Vereinbarung aller Beteiligten voraussetzt, sollte die Anwendbarkeit des Gesetzes nicht nur von dem Mediator allein abhängen dürfen. Um Rechtssicherheit zu gewährleisten, muss die Anwendbarkeit des Mediationsgesetzes auch zur Disposition der anderen Vertragspartner, nämlich der Parteien stehen. Die Unabhängigkeit des Mediators ist demgemäß keine Voraussetzung für die Anwendbarkeit des Gesetzes.[131]

§ 1 Abs. 2 MediationsG ist so zu verstehen, dass der Mediator nicht unabhängig sein muss, sondern lediglich zur Unabhängigkeit verpflichtet ist. Das Fehlen der Unabhängigkeit in der Person des Mediators führt demzufolge zu einer mangelhaften Mediation mit haftungsrechtlichen Konsequenzen.[132]

---

129 Vgl. zur Allparteilichkeit Kapitel 2, C., II., 1.

130 Vgl. Kapitel 2, C.

131 Vgl. auch: Greger/Unberath/*Greger*, § 1, Rn. 47; Fischer/Unberath/*Greger*, 81, 83.

132 Greger/Unberath/*Greger*, § 2, Rn. 47; vgl. zu den haftungsrechtlichen Konsequenzen Kapitel 2, C., V.

3. *Neutralität*

Gemäß § 1 Abs. 2 MediationsG ist der Mediator eine neutrale Person. Neutralität benennt die persönliche Haltung des Mediators zu den Parteien, nicht parteiisch zu sein.[133] Er wird für alle Konfliktparteien gleichermaßen tätig und dient auch allen gleichermaßen.[134]

Nach dem Wortlaut des § 1 Abs. 2 MediationsG ist das Merkmal der Neutralität Voraussetzung für den Mediator und damit für die Anwendbarkeit des Mediationsgesetzes. Fraglich ist, ob das Mediationsgesetz auch auf nicht neutrale Mediatoren Anwendung findet oder ob das Merkmal der Neutralität lediglich eine Orientierungshilfe für an dem Mediationsverfahren beteiligte Personen darstellt.

Wie vorstehend erläutert bietet das Mediationsgesetz neben dem Schutz der Allparteilichkeit und damit auch dem Schutz vor einem nicht neutralen Mediator auch weitere Pflichten und Aufgaben des Mediators. Der Schutz der Parteien ist daher höher, wenn das Mediationsgesetz anwendbar bleibt. Zusätzlich haben die Parteien keinen Einfluss auf die Neutralität des Mediators. Der Mediator könnte daher, vorausgesetzt die Neutralität ist ein positives Tatbestandsmerkmal, allein über die Anwendbarkeit des Mediationsgesetzes disponieren. Der Mediator könnte dann sogar stillschweigend sowohl vor- als auch während des Mediationsverfahrens parteiisch agieren und damit das Mediationsgesetz unanwendbar machen. Da das Mediationsgesetz eine Vereinbarung aller Beteiligten bedingt, sollte die Anwendbarkeit des Gesetzes nicht nur von dem Mediator allein abhängen dürfen. Um Rechtssicherheit zu gewährleisten, muss die Anwendbarkeit auch zur Disposition der anderen Vertragspartner – nämlich der Parteien – stehen. Das Merkmal der Neutralität kann daher kein positives Tatbestandsmerkmal des Mediators und damit für die Anwendbarkeit des Mediationsgesetzes sein.[135] Das Merkmal der Neutralität gemäß § 1 Abs. 2 MediationsG ist daher dahingehend auszulegen, dass es keine zwingende Voraussetzung des Mediators ist, sondern sie lediglich eine zusätzliche Verpflichtung des Mediators darstellt.

---

133 Ebenso: *Risse*, SchiedsVZ 2012, 244 [246].

134 *Weiler/Schlickum*, 9.

135 Vgl. auch Greger/Unberath/*Greger*, § 1, Rn. 47.

4. *Führen durch die Mediation*

Gemäß § 1 Abs. 2 MediationsG führt der Mediator die Parteien durch die Mediation. Fraglich ist, ob das Führen des Verfahrens positives Tatbestandsmerkmal des Mediators ist oder ob auch die Parteien selbst die Führung des Verfahrens übernehmen könnten. Gegen ein positives Tatbestandsmerkmal spricht zumindest wieder die Eigenverantwortlichkeit der Parteien, selbst ihren Konflikt zu lösen. Damit sollten sie zumindest einer bestimmten Führungsweise des Mediators widersprechen können. Zusätzlich ist das Tatbestandsmerkmal nicht geeignet, den Anwendungsbereich des Gesetzes näher zu bestimmen.[136] Ein Mediator mit dem Merkmal ‚Mediation' zu erklären und eine Mediation mit dem Merkmal ‚Mediator' führt zu einem Zirkelschluss.[137] Die Mediation kann ohne den Begriff des Mediators nicht definiert werden und umgekehrt. Dieser Zirkelschluss lässt sich dadurch durchbrechen, indem das ‚Führen des Verfahrens' kein positives Tatbestandsmerkmal für den Mediator ist, sondern lediglich der Orientierung der Beteiligten in dem Mediationsverfahren dient. Der Gesetzgeber hat durch diese gesetzliche Regelung nur die Verantwortung des Mediators für die Verfahrensleitung und für die gelungene Kommunikation zwischen den Parteien verdeutlichen wollen.[138] Der Mediator muss somit als Voraussetzung nicht das Mediationsverfahren führen, sondern er kann gegebenenfalls flexibel von seiner Verfahrensgestaltung abweichen, um den jeweiligen Besonderheiten des Verfahrensablaufs gerecht zu werden.

5. *Zwischenergebnis zu dem Begriff des Mediators*

Das einzige positive Tatbestandsmerkmal des Mediators ist die fehlende Entscheidungsbefugnis. Wie und ob der Mediator durch die Mediation führt oder ob er unabhängig und neutral ist, ist keine unbedingte Eigenschaft des Mediators und spielt damit für die Anwendbarkeit des Mediationsgesetzes gemäß § 1 Abs. 1 MediationsG keine Rolle. Insbesondere die Unabhängigkeit und die Neutralität des Mediators stellen jedoch als Orientierungshilfe Grundsätze der Mediation dar, sodass ein Zuwiderhandeln haftungsrechtliche Konsequenzen nach sich zieht.

Durch das Fehlen zwingender Vorgaben verbleibt dem Mediator genug Spielraum, um ein Mediationsverfahren flexibel und erfolgreich zu gestalten. Diese

---

136 Greger/Unberath/*Greger*, § 1, Rn. 1; *Risse*, SchiedsVZ 2012, 244 [245].
137 *Risse*, SchiedsVZ 2012, 244 [245].
138 BT-Drucks. 17/5335, Seite 14, vgl. *Hager*, Konflikt und Konsens, 76.

sehr weit gefasste Definition des Mediators lässt Raum für unterschiedliche Herangehensweisen und Verfahrensarten in der Mediation.[139] Bewährte Modelle aus der Vergangenheit kann der Mediator nach wie vor anwenden.[140] Weitere praxistaugliche Formen können aber zusätzlich entwickelt werden.[141] Die Regelung trägt auch dem Umstand Rechnung, dass bislang der Mediator meist hauptberuflich einer anderen Tätigkeit nachgegangen ist. Der jeweilige Grundberuf soll aber keine Auswirkungen auf die Anwendbarkeit des Mediationsgesetzes haben.[142] Deshalb verdrängt das Mediationsgesetz als Berufsgesetz des Mediators auch nach der Gesetzesbegründung[143] im Wege der Spezialität entgegenstehende berufsrechtliche Regelungen anderer Berufe, wie z. B. die Berufsordnung des Rechtsanwalts oder das Psychotherapeutengesetz des Psychotherapeuten.[144]

VIII. Fazit zur Anwendbarkeit des Mediationsgesetzes

Im Ergebnis umfasst die Definition der Mediation in § 1 Abs. 1 MediationsG sowohl positive Tatbestandsmerkmale, die Voraussetzung für die Anwendung des Mediationsgesetzes sind, sowie weitere Grundsätze der Mediation, die lediglich der Orientierungshilfe dienen bzw. Pflichten des Mediators definieren. Damit das Mediationsgesetz Anwendung findet, müssen die Parteien mithilfe von mindestens einem, nicht zur Entscheidung befugten, Mediator freiwillig und eigenverantwortlich eine einvernehmliche Beilegung ihres Konflikts anstreben. Die Merkmale des vertraulichen und strukturierten Verfahrens hingegen sind als Orientierungshilfen für die am Mediationsverfahren beteiligten Personen zu verstehen. Zusätzlich muss der Mediator für die Anwendbarkeit des Mediationsgesetzes weder zwingend unabhängig oder neutral sein noch die Mediationsparteien ganz oder teilweise durch das Mediationsverfahren führen. Aufgrund des Grundsatzes der Eigenverantwortlichkeit lässt sich das Verfahren durch die jeweiligen Parteien grundsätzlich flexibel gestalten. Eine Mediation außerhalb des Mediationsgesetzes gibt es dabei nicht. Immer, wenn Parteien mithilfe von mindestens einem, nicht zur Entscheidung befugten, Mediator freiwillig und eigenverantwortlich eine einvernehmliche Beilegung ihres Konflikts anstreben,

---

139 Vgl. Ahrens/Lipp/Varga/*Ahrens*, 31.
140 Vgl. Ahrens/Lipp/Varga/*Ahrens*, 31.
141 Vgl. Ahrens/Lipp/Varga/*Ahrens*, 31.
142 BT-Drucks. 17/5335, Seite 14.
143 BT-Drucks. 17/5335, Seite 14.
144 Vgl. *Ahrens*, NJW 2012, 2465 [2466]; *Prütting*, AnwBl 2012, 204 [205].

findet das Mediationsgesetz zumindest hinsichtlich seiner zwingenden Regelungen Anwendung.

B. Verträge des Mediationsverfahrens

Eine erfolgreiche Mediation, sei es im schuld-,[145] im familien- oder im außerrechtlichen Bereich, setzt zumindest drei Vereinbarungen zwischen den an der Mediation beteiligten Personen voraus. Die erste Vereinbarung ist die Mediationsabrede, welche die Parteien untereinander schließen. Die zweite ist der Mediationsvertrag zwischen den Parteien und dem Mediator über die Verfahrensführung. Einigen sich die Mediationsparteien im Mediationsverfahren, treffen sie am Ende des Mediationsverfahrens eine Abschlussvereinbarung. Ob die gesetzliche Ausgestaltung der drei Vereinbarungen des Mediationsverfahrens ausreicht, um im Mediationsverfahren Rechtssicherheit zu gewährleisten, wird nachfolgend untersucht.

I. Mediationsabrede

Eine Mediationsabrede ist die Vereinbarung von mindestens zwei Parteien, einen Konflikt im Wege einer Mediation zu lösen.[146] Sobald die Parteien sich dabei rechtlich binden wollen, liegt ein zivilrechtlicher Vertrag gemäß § 311 Abs. 1 BGB vor.[147] Mit dieser Übereinkunft beginnt das Mediationsverfahren.[148] Für die schuldrechtlichen Verträge finden insbesondere neben dem Mediationsgesetz ergänzend die Regelungen des Bürgerlichen Gesetzbuchs Anwendung.

Die Bestimmungen im Bürgerlichen Gesetzbuch sind für die Mediationsabrede ausreichend. Spezielle Regelungen hinsichtlich einer Mediationsabrede im Mediationsgesetz sind damit nicht erforderlich. Durch die Anwendung des Bürgerlichen Gesetzbuches sind die Parteien in der Vertragsgestaltung frei.[149] Bei Bedarf können sie sich bspw. abstimmen, welcher Mediator ausgewählt werden soll, wer in welchen Teilen eine Vergütung an den Mediator zahlt und wie das Verfahren[150] ablaufen soll. Aufgrund der vielen differenten Mediationsverfahren

---

145 Vgl. Greger/Unberath/*Unberath*, § 2, Rn. 26; Seite 15; Fischer/Unberath/*Unberath*, 51; *Trams*, 6 f.

146 *Steffek*, RabelsZ 2010, 841 [849]; vgl. auch Fischer/Unberath/*Fischer*, 61.

147 Vgl. Fischer/Unberath/*Fischer*, 64 ff. und auch *Wenzel*, 48.

148 Fischer/Unberath/*Fischer*, 61, 71; Greger/Unberath/*Unberath*, Seite 15.

149 Vgl. *Steffek*, RabelsZ 2010, 841 [850].

150 Fischer/Unberath/*Unberath*, 55, vgl. auch Henssler/Koch/*Eidenmüller*, § 2, Rn. 62.

ist es angemessen, dass die Mediationsabrede durch das Mediationsgesetz nicht vorgegeben ist.

II. Mediationsvertrag

Der Mediationsvertrag wird zwischen dem Mediator und den Parteien vereinbart. Mit ihm wird der Mediator zur Führung des Mediationsverfahrens verpflichtet.[151] Damit das Mediationsgesetz, auf den Mediationsvertrag Anwendung findet und diesen ergänzt, müssen die Vertragsparteien, wie vorstehend erläutert, inhaltlich die freiwillige, eigenverantwortliche und einvernehmliche Konfliktbeilegung der Parteien mit Unterstützung von mindestens einem Mediator, welche grundsätzlich aber nicht zwingend vertraulich[152] und strukturiert sein muss, vereinbaren.[153] Es ist dabei erforderlich, dass der Mediator vertraglich mit der Durchführung eines Mediationsverfahrens beauftragt wird.[154] Das Gesetz findet damit dann keine Anwendung, wenn ein Dritter in einer anderen Funktion (zum Beispiel als Schlichter oder Rechtsanwalt), ohne von den Parteien dazu beauftragt zu sein, die Grundsätze des Mediationsverfahrens anwendet.[155] Den Ablauf des Mediationsverfahrens sowie alle wesentlichen Aspekte können die Vertragsparteien einvernehmlich regeln.[156]

Mangels spezialgesetzlicher Regelung im Mediationsgesetz finden bei schuldrechtlichen Mediationen durch freiberufliche, private Mediatoren zusätzlich die allgemeinen Vertragsregelungen gemäß §§ 311 ff. BGB Anwendung. Die besonderen vertraglichen Regelungen des Bürgerlichen Gesetzbuches und damit einhergehend die zwischen dem Mediator und den Parteien wechselseitig begründeten Rechte und Pflichten richten sich insofern auch nach dem Inhalt des jeweiligen Rechtsverhältnisses.[157] Die Anwendbarkeit der Regelungen wird damit dadurch bedingt, welchem Vertragstyp im Bürgerlichen Gesetzbuch der Mediationsvertrag zugeordnet werden kann. Es sind viele verschiedene vertragliche Ausgestaltungen des Mediationsverfahrens denkbar. Regelmäßig aber wird der Mediator das Führen der Mediation anbieten und dafür eine Vergütung

---

151 Fischer/Unberath/*Unberath*, 52.
152 Vgl. auch Greger/Unberath/*Unberath*, § 1. Rn. 1.
153 Siehe Kapitel 3, A., V. und VI.
154 Vgl. Greger/Unberath/*Greger*, § 1 Rn. 11.
155 Greger/Unberath/*Greger*, § 1 Rn. 11.
156 Greger/Unberath/*Unberath*, § 2, Rn. 10.
157 MüKo-FamFG/*Ulrici*, § 2 MediationsG, Anh. 36a, Rn. 30.

verlangen. Als Vertragstyp kommen dann sowohl ein Geschäftsbesorgungsvertrag gemäß § 675 BGB als auch ein Dienstvertrag gemäß §§ 611 ff. BGB in Betracht.

Der Mediationsvertrag wäre in seiner typischen Ausgestaltung dem Geschäftsbesorgungsvertrag im Sinne von § 675 BGB zuzuordnen, wenn insbesondere der Mediator den Parteien eine Tätigkeit wirtschaftlicher Art abnimmt, für die ursprünglich die Parteien selbst[158] zu sorgen hätten.[159] Die Aufgabe der Parteien ist es jedoch nicht, zwischen sich und einer anderen Partei als neutrale, unabhängige Person zu vermitteln.[160] Der Mediator hingegen ist den Parteien selbst zum Dienen verpflichtet.[161] Typischerweise wird der Mediationsvertrag daher keinem Geschäftsbesorgungsvertrag im Sinne von § 675 BGB zugeordnet werden können.[162]

Die Rechtsnatur des Mediationsvertrags könnte in seiner typischen Ausgestaltung als Dienstvertrag im Sinne des §§ 611 ff. BGB zu qualifizieren sein.[163] Charakterisierend für einen Dienstvertrag ist es, dass eine Person Dienste zusagt und, in Abgrenzung zum Werkvertrag gemäß § 631 BGB, dabei keinen Erfolg schuldet.[164] Diese Voraussetzungen liegen in einem typischen Mediationsvertrag vor. Der Mediator verpflichtet sich gegenüber den Parteien zur Führung der Mediation. Ein Erfolg, nämlich eine konfliktlösende Abschlussvereinbarung, ist dabei typischerweise nicht vereinbart.[165] Der Erfolg der Mediation hängt auch von der Einigungsbereitschaft der Parteien ab.[166] Die Rechtsnatur des Mediationsvertrags ist demgemäß in seiner typischen Ausgestaltung als Dienstvertrag im Sinne des §§ 611 ff. BGB zu qualifizieren.[167] Unter Beachtung

---

158 BGHZ 45, 223 [229]; Greger/Unberath/*Unberath*, § 2, Rn. 29; Müko-BGB/*Heermann*, Band 4, § 675, Rn. 3; Palandt/*Sprau*, § 675, Rn. 3, 4.

159 Greger/Unberath/*Unberath*, § 2, Rn. 26; *Hornung*, 68 f.

160 Im Ergebnis auch *Wenzel*, 50 f.

161 Vgl. Fischer/Unberath/*Unberath*, 58.

162 A. A. Fischer/Unberath/*Jost*, 124; Fritz/Pielsticker/*Pielsticker*, § 2, Rn. 19; Haft/Schlieffen/*Hess*, § 43, Rn. 30; Schiffer/*von Schubert/Haase*, 266; *Spindler*, Rn. 70.

163 Ebenso: Greger/Unberath/*Unberath*, § 2, Rn. 29; MüKo-FamFG/*Ulrici*, § 2 MediationsG, Anh. 36a, Rn. 31. Nach *Wenzel*, 51 ist der Mediationsvertrag ohne Ausnahme als Dienstvertrag zu qualifizieren.

164 Vgl. Erman/*Edenfeld*, § 611, Rn. 14.

165 So auch Haft/Schlieffen/*Prütting*, § 46, Rn. 33.

166 Greger/Unberath/*Unberath*, § 2, Rn. 26.

167 Ebenso: Greger/Unberath/*Unberath*, § 2, Rn. 29; MüKo-FamFG/*Ulrici*, § 2 MediationsG, Anh. 36a, Rn. 31. Nach *Wenzel*, 51 ist der Mediationsvertrag ohne Ausnahme als Dienstvertrag zu qualifizieren.

einzelner konkretisierender Regelungen[168] aus dem Mediationsgesetz richten sich Abschluss, Inhalt und Beendigung des Dienstverhältnisses damit regelmäßig auch nach den Regelungen des Dienstvertrags gemäß §§ 611 ff. BGB.[169] Damit schulden die Parteien dem Mediator für seine Dienstleistung ein Entgelt,[170] §§ 611, 612 BGB. Wurde ein Mediationsvertrag in Form eines Dienstvertrags vereinbart, kann die Mediation gemäß §§ 627 f. BGB fristlos beendet werden.[171] In diesem Fall muss der Mediator in der Regel gemäß § 628 Abs. 1 S. 3 BGB auf seine Vergütung verzichten, wenn die Parteien an einer Teilleistung kein Interesse haben. Der zur Mediation verpflichtete Mediator muss im Zweifel die Dienste in eigener Person erbringen, § 613 BGB.[172] Zusätzlich treffen dem Mediator gegenüber beiden Parteien Leistungs- und Schutzpflichten aus dem Mediationsgesetz.[173]

Neben dem Dienstvertrag sind zur Anwendung des MediationsG aber auch alle anderen Vereinbarungsformen denkbar, solange sie die positiven Tatbestandsmerkmale des § 1 Abs. 1 MediationsG erfüllen. Je nach Besonderheit der Vereinbarung besteht für die Parteien damit ein zusätzlicher Schutz. Sobald bspw. ein Dienstvertrag und damit auch eine Vergütung für den Mediator vereinbart sind, kann sich dieser in der Regel[174] nur unter den Voraussetzungen des Dienstvertragsrechts vom Vertrag lösen. Bei anderen Vereinbarungen hingegen, bei denen z. B. kein Entgelt gezahlt wurde – bspw. in einer Schülermediation – ist ein leichteres Lösen vom Vertrag ohne Schadensersatzansprüchen möglich.

III. Abschlussvereinbarung

Soweit das Mediationsverfahren erfolgreich war, schließen die Mediationsparteien eine Abschlussvereinbarung.[175] Die Abschlussvereinbarung ist die einvernehmliche, streitschlichtende Einigung der Parteien.[176] Sie wird ausweislich

---

168 Vgl. zum Beispiel die Tätigkeitsbeschränkungen des Mediators gemäß § 3 Abs. 1 bis 4 MediationsG in Kapitel 2, C., I.

169 MüKo-FamFG/*Ulrici*, § 2 MediationsG, Anh. 36a, Rn. 30.

170 Greger/Unberath/*Unberath*, § 2, Rn. 26.

171 Vgl. Fischer/Unberath/*Jost*, 123.

172 Greger/Unberath/*Unberath*, § 2, Rn. 40, 46.

173 Zu den Leistungs- und Schutzpflichten des Mediators siehe Kapitel 2, C.

174 Vgl. zur weiteren Beendigungsmöglichkeit der Mediation durch den Mediator nach dem Mediationsgesetz Kapitel 2, C., III., 6.

175 Fischer/Unberath/*Unberath*, 52.

176 Vgl. Greger/Unberath/*Unberath*, § 2, Rn. 276.

§ 6 Abs. 1 S. 1 MediationsG zwischen den Parteien in Kenntnis der Sachlage geschlossen.

Fraglich ist, ob eine Abschlussvereinbarung zwingend schriftlich geschlossen werden muss. Nach dem Wortlaut von § 2 Abs. 6 S. 3 MediationsG liegt eine Abschlussvereinbarung erst dann vor, wenn die Vereinbarung schriftlich vom Mediator dokumentiert ist. Da aber auch nichtschriftliche Vereinbarungen einen Konflikt beilegen können, ihn also abschließen, wird nachfolgend der Begriff Abschlussvereinbarung auch für nicht schriftlich fixierte Vereinbarungen verwendet.

Als Abschlussvereinbarung der Parteien ist damit jede Form einer vertraglichen Vereinbarung denkbar. Da bei der Mediation in der Regel ein Interessenausgleich als Konfliktlösung im Mittelpunkt steht, stellt die Abschlussvereinbarung regelmäßig einen materiell-rechtlichen Vergleich im Sinne des § 779 BGB dar.[177] Die Voraussetzung dafür ist das gegenseitige Nachgeben der Parteien, wobei ein geringes Abrücken von der eigentlichen Position ausreichend ist.[178] Die Wirksamkeit der Abschlussvereinbarung richtet sich nach den allgemeinen gesetzlichen Regelungen. Eine gelungene Abschlussvereinbarung ist nach den Regelungen des Bürgerlichen Gesetzbuches wirksam und kann vollstreckbar gemacht werden.[179] Eine schriftliche Form muss grundsätzlich nicht eingehalten werden. Je nach Gegenstand der Vereinbarung kann aber eine Schriftform – etwa bei einer in der Mediationsvereinbarung vereinbarten Bürgschaftserklärung gemäß § 766 BGB – oder sogar eine notarielle Beurkundung – z. B. bei einer in der Mediationsvereinbarung vereinbarten Übertragung eines Grundstücks gemäß § 311b BGB – Wirksamkeitsvoraussetzung sein, vgl. §§ 125,[180] 126, 128 BGB.

C. Auswahl, Verpflichtungen, Aufgaben, Qualifikation und Haftung des Mediators

Das Mediationsgesetz regelt in §§ 2 bis 5 MediationsG die Auswahl, die Verpflichtungen, die Aufgaben, die Qualifikation und die Haftung des Mediators, welche nachfolgend analysiert werden. Dabei werden einfachgesetzliche Probleme gelöst und – soweit erforderlich – die Vereinbarkeit mit der Verfassung geprüft.

---

177 Greger/Unberath/*Unberath*, § 2, Rn. 276, 278; Haft/Schlieffen/*Hess*, § 43, Rn. 58; *Tochtermann*, 215.

178 BGHZ 39, 60 [63]; Haft/Schlieffen/*Hess*, § 43, Rn. 58.

179 Siehe zur Vollstreckbarkeit der Abschlussvereinbarung Kapitel 3, F.

180 Siehe auch *Deutscher Notarverein*, 10.

I. Auswahl des Mediators

Der Einstieg in das Mediationsverfahren beginnt grundsätzlich mit der Kontaktaufnahme der Streitparteien mit einem Mediator und dem gemeinsamen Wunsch, den Streit mit Hilfe der Mediation beilegen zu wollen.[181] Gemäß § 2 Abs. 1 MediationsG wählen die Parteien den Mediator aus. Nachdem sich die Parteien auf einen oder mehrere Mediatoren geeinigt haben, schließen sie mit diesem regelmäßig einen Mediationsvertrag in Form eines Dienstvertrages.[182] Das Mediationsgesetz ist ab diesem Zeitpunkt anwendbar. Die Initiative muss jedoch nicht von den Parteien ausgehen. Die Regelung ist vielmehr Ausdruck des Selbstbestimmungsrechts der Parteien.[183] Denkbar ist daher auch, dass die Parteien Dritte bestimmen, welche den Mediator wählen, bzw. dass der Mediator selbst auf die Parteien zukommt.

Der Mediator unterliegt gemäß § 3 MediationsG wie die Anwaltschaft, die gemäß § 43a Abs. 4 BRAO nicht widerstreitende Interessen vertreten darf, Tätigkeitsbeschränkungen. Da die Regelung sich nicht auf eine bestimmte Berufsgruppe beschränkt, erfasst sie alle Berufszweige.[184] Diese Tätigkeitsbeschränkungen sind für die Vertrauensbildung der Bevölkerung in die Mediation von hoher Bedeutung. Sie sollen Unabhängigkeit und Neutralität des Mediators bewahren. Das Mediationsverfahren soll damit von vornherein mögliche, durch die Abhängigkeit bzw. fehlende Neutralität entstehende, Nachteile für die Parteien verhindern. Neben dem Schutz der Parteien werden dadurch auch die Funktionalität des Verfahrens sowie die Nachhaltigkeit des Mediationsergebnisses gesichert.[185] Diese Tätigkeitsbeschränkungen werden nachfolgend analysiert, um darauf aufbauend mögliche rechtliche Konsequenzen zu untersuchen.

1. Tätigkeitsbeschränkungen mit gesetzlich vorgesehenen Erlaubnisvorbehalt

Bei den nachfolgend analysierten Tätigkeitsbeschränkungen, die § 3 Abs. 2 BORA entsprechen, hängt das gesetzlich erlaubte Tätigwerden des Mediators davon ab, ob die Parteien im Mediationsverfahren dem Tätigwerden ausdrücklich zustimmen bzw. sich mit dem Mediator einverstanden erklären. Bei entsprechender Einwilligung bzw. Zustimmung der Parteien ist das Tätigwerden des

---

181 Vgl. etwa *Risse*, NJW 2000, 1614 [1615].

182 Vgl. zum Mediationsvertrag mit dem Mediator Kapitel 2, B., II.

183 BT-Drucks. 17/5335, Seite 14.

184 Vgl. Greger/Unberath/*Greger*, § 3, Rn. 51.

185 Greger/Unberath/*Greger*, § 3, Rn. 4.

Mediators trotzdem erlaubt. Das Gesetz sieht zwei dieser Tätigkeitsbeschränkungen vor.

Zum einen darf ein Mediator grundsätzlich nicht tätig werden, wenn seine Neutralität und seine Unabhängigkeit beeinträchtigt sein könnten, § 3 Abs. 1 S. 2 MediationsG. Ausweislich § 3 Abs. 1 S. 1 MediationsG muss der Mediator diese Umstände, welche seine Unabhängigkeit und Neutralität beeinträchtigen könnten, offenlegen. Eine zeitliche Begrenzung für die Offenlegung existiert nicht. Sollten während des Mediationsverfahrens neue Umstände hinzukommen, muss der Mediator diese ungefragt offenlegen.[186] In Kenntnis aller Umstände können die Parteien einem Tätigwerden trotzdem zustimmen.

Zum anderen darf eine Person nicht als Mediator tätig werden, wenn eine mit ihr in derselben Berufsausübungs- oder Bürogemeinschaft verbundene andere Person vor der Mediation in derselben Sache für eine Partei tätig gewesen ist, § 3 Abs. 3 S. 1 MediationsG.

Gemäß § 3 Abs. 4 MediationsG gelten diese Beschränkungen jedoch nicht, wenn sich die betroffenen Parteien im Einzelfall nach umfassender Information mit einem Tätigwerden einverstanden erklärt haben und Belange der Rechtspflege dem nicht entgegenstehen. Dies soll nach der Gesetzesbegründung zum Beispiel bei einer psychologischen Beratungsstelle der Fall sein, in der zumeist eine kontaktsuchende Person beraten worden ist und nachfolgend eine Mediation angeboten wird.[187]

Während die Parteien in § 3 Abs. 1 S. 2 MediationsG ausdrücklich zustimmen müssen,[188] ist ausweislich § 3 Abs. 4 MediationsG ein Einverständnis der Parteien erforderlich. Fraglich ist, was die Konsequenzen dieser sprachlichen Abweichungen sind.[189] Ob der Gesetzgeber durch die sprachliche Abweichung unterschiedliche Voraussetzung hinsichtlich einer Zustimmung und einer Einverständniserklärung vorgeben wollte, ist der Gesetzesbegründung nicht zu entnehmen.

Nach einer Wortlautauslegung könnte ein Unterschied dieser beiden Formulierungen darin bestehen, dass eine Zustimmung ausdrücklich formuliert werden muss, während die Parteien auch konkludent ihr Einverständnis mit der Fortführung oder dem Beginn der Mediation erklären können.[190] Zum Beispiel

---

186 *Risse*, SchiedsVZ 2012, 244 [249].
187 BT-Drucks. 17/5335, Seite 16.
188 Weniger streng: Greger/Unberath/*Greger*, § 3, Rn. 29.
189 *Ahrens*, NJW 2012, 2465 [2466].
190 *Ahrens*, NJW 2012, 2465 [2466].

wäre eine konkludente Einverständniserklärung denkbar, wenn das Mediationsverfahren ohne Einspruch fortgeführt wird. Dagegen sprechen jedoch Sinn und Zweck des Einverständnis- bzw. Zustimmungserfordernisses. Sinn und Zweck der Tätigkeitsbeschränkungen mit Erlaubnisvorbehalt ist eine Warnfunktion für die Parteien. Die Parteien sollen davor gewarnt werden, dass der Mediator möglicherweise nicht unabhängig oder neutral sein könnte. Die Einverständnisregelungen werden dieser Warnfunktion jedoch nur gerecht, wenn die Parteien sich konkret mit der Frage der Auswahl des Mediators unter den gegebenen Umständen beschäftigen müssen. Das ist nur gewährleistet, wenn eine ausdrückliche Zustimmung der Parteien Voraussetzung für das Fortführen oder den Beginn der Mediation erforderlich ist. Da in beiden Fällen das neutrale und unabhängige Mediationsverfahren gleichermaßen gefährdet ist, sollte in beiden Fällen auch eine ausdrückliche Zustimmung für die Fortsetzung der Mediation erforderlich sein.[191]

2. Tätigkeitsbeschränkung ohne gesetzlich vorgesehenen Erlaubnisvorbehalt

Gemäß § 3 Abs. 2 S. 1 MediationsG darf als Mediator nicht tätig werden, wer vor der Mediation in derselben Sache für eine Partei tätig gewesen ist. Mit dieser Tätigkeitsbeschränkung wird ausgeschlossen, dass der Mediator aufgrund seiner Vorbefassung befangen ist. Zusätzlich darf der Mediator auch nicht während oder nach der Mediation für eine Partei in derselben Sache tätig werden, § 3 Abs. 2 S. 2 MediationsG. Von ‚derselben Sache' ist auszugehen, wenn derselbe Lebenssachverhalt einer parteilichen Beratung und einer Mediation zugrunde liegt.[192] Damit wird in der Praxis vor allem der Rechtsanwalt betroffen sein, welcher als Interessenvertreter einer Partei nicht auch als Mediator in dieser Sache tätig werden darf.[193]

Fraglich ist, ob die Parteien durch ihre Einwilligung die pflichtwidrige Vertretung widerstreitender Interessen beseitigen können.

Gegen eine derartige Möglichkeit spricht der Gesetzeswortlaut – insbesondere im Vergleich zu den vorstehend vorgestellten im Mediationsgesetz geregelten Tätigkeitsbeschränkungen mit Erlaubnisvorbehalt, bei denen der Mediator nach der Einwilligung bzw. Zustimmung der Parteien ausdrücklich gemäß § 3 Abs. 1

191 *Ahrens*, NJW 2012, 2465 [2466 f.].
192 BT-Drucks. 17/5335, Seite 16.
193 BT-Drucks. 17/5335, Seite 16; vgl. Henssler/Prütting/*Henssler*, § 43a BRAO, Rn. 199 ff.; *Risse*, SchiedsVZ 2012, 244 [249].

S. 2, Abs. 4 MediationsG doch tätig werden darf.[194] Danach wäre das Tätigwerden ohne Ausnahmen gänzlich ausgeschlossen. In diesem Fall würden zwar der Grundsatz der Eigenverantwortlichkeit und damit das Selbstbestimmungsrecht der Parteien eingeschränkt werden, da die Auswahl des Mediators grundsätzlich zur Disposition der Parteien stehen soll, § 2 Abs. 1 MediationsG. Die Einschränkung der Eigenverantwortlichkeit der Parteien ließe sich aber dadurch rechtfertigen, dass neben den Belangen der Parteien auch Allgemeininteressen berührt sind. Das Vertrauen der Bevölkerung in die generelle Integrität und Zuverlässigkeit der Mediatoren[195] und die gemäß § 1 Abs. 2 MediationsG geregelte berufliche Verpflichtung des Mediators zur Unabhängigkeit[196] ist Voraussetzung für eine Qualitätssicherung der Mediation und damit für den Verbraucherschutz.

Für eine Möglichkeit der Einwilligung könnte jedoch neben dem Grundsatz der Eigenverantwortlichkeit, wonach die Parteien ihren Konflikt selbst lösen und daher über das Verfahren und über den Mediator auch disponieren können,[197] die rechtliche Konsequenz eines Verstoßes gegen die Tätigkeitsbeschränkungen sprechen. Konsequenz eines Verstoßes ist – wie nachfolgend unter Kapitel 2, C., I., 3. ausgeführt – nicht die Nichtigkeit des Vertrages, sondern allein Schadensersatzansprüche der Parteien gegen den Mediator sowie die Möglichkeit der Parteien, das Mediationsverfahren sofort zu beenden. Das Mediationsgesetz bleibt mithin weiterhin anwendbar. Da die Geltendmachung von Schadensersatzansprüchen bzw. die Beendigung des Mediationsverfahrens allein zur Disposition der Parteien steht, können sie auch mithin unter beiderseitigem Verzicht auf die Beendigung des Mediationsverfahrens dem Tätigwerden eines Mediators, der in derselben Sache für eine Partei tätig gewesen ist, zustimmen. Die Tätigkeit des Mediators ist beim Vorliegen der Voraussetzung des § 3 Abs. 2 S. 1 MediationsG damit nicht gänzlich untersagt.

3. *Rechtliche Konsequenzen*

Fraglich ist, was die rechtlichen Konsequenzen eines Verstoßes gegen die Tätigkeitsbeschränkungen sind. In Betracht kommt, dass der Mediationsvertrag zwischen dem Mediator und den Mediationsparteien wegen eines Gesetzesverstoßes gemäß § 134 BGB nichtig ist. Gemäß § 134 BGB ist ein Rechtsgeschäft grundsätzlich nichtig, wenn es gegen ein gesetzliches Verbot verstößt. Im Gegensatz

---

194 Vgl. nachfolgende Ziffer C. I. 2.

195 Vgl. zum Sinn und Zweck von § 3 BORA Hartung/*Hartung*, § 3, Rn. 38.

196 Vgl. Kapitel 2, A., VII., 2.

197 Siehe Kapitel 2, A., II.

zur anwaltlichen Tätigkeit existiert keine der Bundesrechtsanwaltsordnung oder Berufsordnung der Rechtsanwälte entsprechende Berufsordnung der Mediatoren. Während die Rechtsfolgen bei einem Verstoß gegen das anwaltliche Tätigkeitsverbot zwar zu der Nichtigkeit des zivilrechtlichen Anwaltsvertrags gemäß § 134 BGB führt,[198] bleiben die Pflichten des Anwalts aus seiner Berufspflicht bestehen.[199] Diese Berufspflicht inkludiert dann zum Beispiel auch seine Pflicht zur Verschwiegenheit gemäß § 43a Abs. 2 BRAO, § 2 BORA.

Gegen die Tätigkeitsbeschränkung des Mediators als gesetzliches Verbot und damit gegen die Nichtigkeit des Mediationsvertrags könnten mithin dessen Konsequenzen sprechen. Die Konsequenz eines von vornherein nichtigen Vertrages bestünde darin, dass die Regelungen des Mediationsgesetzes und damit auch die gesetzlich geregelten ‚Berufspflichten des Mediators' keine Anwendung mehr fänden. Diese sind nicht wie bei dem Rechtsanwalt in einer eigenen Ordnung geregelt und gelten unabhängig von dem Bestehen eines Vertrages, sondern sie sind Teil des Mediationsgesetzes und damit, da das Mediationsgesetz den Mediationsvertrag konkretisiert, auch Teil des Vertrages zwischen den Parteien. Die gesetzlichen Regelungen der Pflichten im Mediationsgesetz und insbesondere die Verschwiegenheitspflichten des Mediators[200] sollen aber die Parteien schützen. Deren Anwendung sollte daher nicht von dem einseitigen Verhalten des Mediators, nämlich das Führen der Mediation trotz seiner fehlenden Unabhängigkeit bzw. Neutralität, abhängig sein. Ansonsten könnte er sich selbst aus seinen aus dem Mediationsvertrag bestehenden Pflichten entbinden, indem er nicht weiter neutral agiert. In diesem Fall wäre der gesamte Mediationsvertrag gemäß § 134 BGB von Anfang an nichtig, und damit das Mediationsgesetz eben nicht anwendbar.

Die Nichtigkeit als Konsequenz des Verstoßes gegen die Tätigkeitsbeschränkungen kommt folglich nicht in Betracht. Es handelt sich bei dem Unabhängigkeits- bzw. Neutralitätserfordernis damit lediglich um eine Pflicht[201] des Mediators. Verletzt der Mediator diese Pflicht, könnten die Mediationsparteien gemäß § 2 Abs. 5 S. 1 MediationsG das Mediationsverfahren sofort beenden[202] und die bisher an den Mediator geleistete Vergütung als Schadenersatz[203] geltend

198 Vgl. BGHZ 141, 69 [79].

199 Vgl. Gaier/Wolf/Göcken/*Zuck*, § 4 BORA/§ 43a BRAO, Rn. 36.

200 Vgl. zu der Verschwiegenheitspflicht des Mediators Kapitel 2, C., II., 3.

201 Vgl. Kapitel 2, A., VII., 2., 3.

202 Zu der Möglichkeit der Parteien, das Mediationsverfahren zu beenden, siehe Kapitel 2, D., I.

203 Vgl. zu der Möglichkeit der Parteien, Schadensersatz zu fordern, siehe Kapitel 2, C., V., 1.

machen. Da die Mediationsvereinbarung damit nicht gemäß § 134 BGB von Anfang an nichtig war, bleibt das Mediationsgesetz für das gesamte Verfahren anwendbar, sodass der Mediator nach wie vor zur Verschwiegenheit verpflichtet bleibt.

4. *Fazit zu der Auswahl des Mediators*

Die Mediationsparteien können trotz gesetzlicher Tätigkeitsbeschränkungen jedermann als Mediator für das Mediationsverfahren auswählen. Ein Verstoß gegen das Unabhängigkeits- bzw. Neutralitätserfordernis des Mediators führt nicht zur Nichtigkeit des Mediationsvertrags, sondern ist eine Pflichtverletzung des Mediators.

II. Verpflichtungen des Mediators

Die Mediationsrichtlinie 2008/52/EG[204] schreibt weder konkrete Berufspflichten noch haftungsbewehrte Sorgfaltsstandards vor.[205] Eine Implementierung derartiger Vorschriften wurde damit ganz den Mitgliedsstaaten überlassen.[206] Nach der deutschen Umsetzung der Richtlinie im Mediationsgesetz ist der Mediator nunmehr zur Allparteilichkeit verpflichtet und hat gegenüber den Parteien eine Offenbarungs- und eine Verschwiegenheitspflicht. Hauptpflicht des Mediators aus dem Mediationsvertrag ist es, die Parteien durch die Mediation zu führen und die Parteien dabei zu unterstützen, selbst und eigenverantwortlich ihren Konflikt zu lösen, § 1 MediationsG. Die nachfolgend dargestellten Pflichten sind insofern Nebenpflichten, welche der Mediator während der Mediation nach dem Mediationsgesetz befolgen muss, sofern vertraglich nichts anderes mit den Parteien vereinbart ist.[207]

1. *Allparteilichkeit*

Gemäß § 2 Abs. 3 S. 1 MediationsG ist der Mediator allen Parteien gleichermaßen verpflichtet. Damit wird über die Neutralität hinaus ein aktives Element gesetzlich geregelt. Der Mediator soll gleichermaßen aktiv alle Parteien unterstützen,

---

204 Siehe zu dem Inhalt der Mediationsrichtlinie 2008/52/EG Kapitel 1, A.

205 Ahrens/Lipp/Varga/*Ahrens*, 23.

206 Ahrens/Lipp/Varga/*Ahrens*, 23.

207 Vgl. Kapitel 2, A., VI.

weshalb auch von einer Allparteilichkeit gesprochen wird.[208] Der Mediator darf dabei nicht eine Partei einseitig fördern,[209] auch wenn sie aus seiner Sicht strukturell unterlegen ist.[210] Die Verpflichtung des Mediators zur Allparteilichkeit schützt die Mediationsparteien vor Übervorteilung und sichert gleichzeitig das Funktionieren des Mediationsverfahrens sowie die Nachhaltigkeit des Mediationsergebnisses.

2. Offenbarungspflichten

Der Mediator hat gemäß § 3 Abs. 1 und 5 MediationsG zwei Offenbarungspflichten, die nachfolgend analysiert werden.

a. Offenbarung von Umständen, welche die Unabhängigkeit oder die Neutralität gefährden könnten

Gemäß § 3 Abs. 1 MediationsG hat der Mediator den Parteien alle Umstände offenzulegen, welche seine Unabhängigkeit und seine Neutralität beeinträchtigen können. Diese Regelung, die ausweislich der Gesetzesbegründung insbesondere persönliche oder geschäftliche Verbindungen bzw. finanzielle oder sonstige eigene Interessen umfasst, dient der Sicherung der Neutralität sowie der Unabhängigkeit des Mediators[211] und damit dem Schutz einer Partei vor Übervorteilung der jeweils anderen Partei.

Der Mediator muss ungefragt alle Umstände offenlegen, die seine Unabhängigkeit und Neutralität beeinträchtigen können.[212] Das ergibt sich bei einem Vergleich mit dem Wortlaut von § 3 Abs. 5 MediationsG. Danach muss der Mediator ausdrücklich nur auf Verlangen der Parteien Informationen preisgeben. Bei den Umständen kommt es nicht auf tatsächliche Beeinträchtigungen an. Nach dem Wortlaut der Regelungen – ‚können' – ist vielmehr maßgeblich, ob die Parteien einen Umstand als Befangenheitsgrund ansehen könnten.[213] Das entspricht auch der herrschenden Auslegung bei der Ablehnung eines Richters wegen Besorgnis der Befangenheit im Zivilprozessrecht gemäß § 42 Abs. 1 ZPO. Eine Besorgnis

---

208 Vgl. *Montada/Kals*, 63–65; *Risse*, SchiedsVZ 2012, 244 [247]; vgl. auch BT-Drucks, 17/5335, Seite 15; Haft/Schlieffen/*Kracht*, § 12, Rn. 24; Römermann/Paulus/*Dendorfer*, 263 f.; *Tochtermann*, 27; *Weiler/Schlickum*, 10 ff.

209 Greger/Unberath/*Unberath*, § 2, Rn. 127; *Risse*, SchiedsVZ 2012, 244 [247].

210 *Risse*, SchiedsVZ 2012, 244 [247].

211 BT-Drucks. 17/5335, Seite 16.

212 So auch *Risse*, SchiedsVZ 2012, 244 [249].

213 *Risse*, SchiedsVZ 2012, 244 [249].

besteht dann, wenn aus Sicht der Parteien ein vernünftiger Grund besteht, dass der Richter nicht unparteiisch sachlich entscheiden wird.[214] Anders als der Richter im Zivilprozess gemäß § 89 ZPO kann der Mediator sich nicht selber ablehnen, soweit er vertraglich gebunden ist. Grund hierfür ist, dass der Mediator, im Gegensatz zu einem Richter im staatlichen Gerichtsverfahren, zur Vertragstreue verpflichtet ist und ihm neben § 2 Abs. 5 MediationsG nicht die Möglichkeit gegeben werden soll, den Vertrag jederzeit beenden zu können. Der Mediator muss aber den Parteien Gründe für seine gewünschte Ablehnung offenbaren, sodass diese selbst entscheiden können, ob sie die Mediation fortsetzen wollen. Da eine zeitliche Beschränkung der Offenbarungspflicht nicht geregelt ist, bleibt der Mediator auch im Laufe des Verfahrens zur Offenbarung verpflichtet, wenn neue Umstände hinzukommen.[215]

Die Offenbarungspflicht kann zu einer beruflichen Pflichtenkollision führen.[216] In diesem Fall muss der Mediator sich zuerst durch die Person, mit deren Interessen das Mediationsverfahren kollidiert, von seiner Schweigepflicht entbinden lassen, bevor er seine Umstände offenlegt.[217] Sollte er das Einverständnis nicht erhalten, kann der Mediator zwar seine Umstände nicht exakt offenlegen. Er kann jedoch abstrakt von der Gefährdung seiner Neutralität oder Unabhängigkeit berichten. Die Mediationsparteien können dann immer noch entscheiden, ob sie trotz der wenigen Informationen davon ausgehen, dass die Neutralität bzw. Unabhängigkeit des Mediators gegeben ist und sie daher an ihm festhalten wollen.

b. Offenbarung der beruflichen Qualifikation

Der Mediator ist verpflichtet, die Parteien auf deren Verlangen über seinen fachlichen Hintergrund, seine Ausbildung und seine Erfahrung auf dem Gebiet der Mediation zu informieren, § 3 Abs. 5 MediationsG. Die Form der Aufklärung ist gesetzlich nicht reguliert und steht dem Mediator daher frei. Sie kann aber bspw. durch ein Informationsblatt oder durch Erläuterungen auf einer Internetseite

---

214 Baumbach//Lauterbach/Albers/*Hartmann*, § 42, Rn. 10; *BGH*, MDR 2012, [49]; *BVerfG*, NJW 2011, 3637 [3638].

215 *Risse*, SchiedsVZ 2012, 244 [249].

216 *Bundesrechtsanwaltskammer*, Stellungnahme, 10: Sollte in einer Mediation durch einen Rechtsanwalt als Mediator eine der Parteien ein ehemaliger Mandant des Mediators sein, müsste dieser nach § 3 MediationsG darauf hinweisen, ansonsten macht er sich gemäß § 203 StGB strafbar, da das Mandatsverhältnis der Verschwiegenheit unterliegt.

217 BT-Drucks. 17/5335, Seite 16.

erfolgen.[218] Diese Regelung sichert den Qualitätsstandard der Mediatoren[219] und fördert dadurch das Ansehen der Mediation.

Fraglich ist, ob das Verlangen aller Parteien für die Pflicht des Mediators erforderlich ist, über seinen fachlichen Hintergrund, seine Ausbildung und seine Erfahrung auf dem Gebiet der Mediation zu informieren. Der Plural „[…] die Parteien auf deren Verlangen" in § 3 Abs. 5 MediationsG deutet auf ein gemeinsames Verlangen als Voraussetzung für die Offenbarungspflicht hin. Das hätte negative Konsequenzen. Bekommt eine Mediationspartei keine Auskunft, weil die andere Partei nicht zustimmt, müsste sie das Mediationsverfahren mangels Vertrauen in die Ausbildung des Mediators beenden.[220] Eine Pflicht hätte der Mediator durch die Auskunftsversagung nicht verletzt, da eine Pflicht dem Wortlaut nach nur auf Verlangen beider Parteien besteht. Ein Schadenersatzanspruch in Höhe der Vergütung des Mediators kommt dann nicht in Betracht. Ein ausreichender Rechtsrahmen und damit Rechtssicherheit werden geschaffen, wenn eine Offenbarungspflicht nicht nur bei dem Verlangen aller Parteien besteht, sondern der Wunsch einer Partei ausreicht.[221] In diesem Sinne muss also das Gesetz ausgelegt werden.

3. *Verschwiegenheitspflicht*

Ausweislich § 4 MediationsG sind der Mediator und die in die Durchführung des Mediationsverfahrens eingebundenen Personen zur Verschwiegenheit verpflichtet, soweit gesetzlich nichts anderes geregelt ist.[222] Auch Hilfspersonen des Mediators werden von dieser Regelung als ‚eingebundene Personen' mit umfasst.[223] Der Mediator und seine Hilfspersonen verletzen die Pflicht zur Verschwiegenheit, wenn sie Informationen an Dritte weitergeben, ungeachtet dessen ob dieses

---

218 BT-Drucks. 17/5335, Seite 17.

219 Vgl. BT-Drucks. 17/5335, Seite 16 f.

220 Siehe dazu Kapitel 2, D., I.

221 Ahrens/Lipp/Varga/*Ahrens*, 31.

222 Durch die gesetzliche Regelung der Verschwiegenheitspflicht hat der Gesetzgeber über das von Art. 7der Mediationsrichtlinie 2008/52/EG für alle im Mediationsverfahren eingebundenen Personen geforderte Zeugnisverweigerungsrecht in einem Gerichtsverfahren hinaus eine Pflicht geschaffen, um den Grundsatz der Vertraulichkeit zu sichern.

223 Nach BT-Drucks. 17/5335, Seite 17 ist der Begriff der ‚eingebundenen Personen' eng zu verstehen, sodass darunter nur Hilfspersonen des Mediators fallen, nicht hingegen die von den Parteien einbezogenen Dritten, wie etwa Familienangehörige oder Sachverständige.

mündlich oder durch das Überlassen von Unterlagen erfolgt.[224] Da die Parteien über das Verfahren disponieren,[225] können sie die Verschwiegenheitspflicht auch auf andere Personen ausdehnen.[226]

Sinn und Zweck der Verschwiegenheitspflicht ist es, dass eine vertrauliche Atmosphäre während des Mediationsverfahrens geschaffen wird. Nur unter dem Schutz der Vertraulichkeit ist ein offener Dialog möglich.[227] Die Parteien sollen nicht befürchten, dass Aussagen von ihnen in der Mediation später vor Gericht durch eine Aussage des Mediators bzw. seiner Hilfspersonen gegen sie verwendet werden.[228] Sie sollen sich sicher sein, dass die ausgetauschten Informationen auch nicht an Dritte weitergegeben werden. Die Reichweite, Konsequenzen und die Ausnahmen der Verschwiegenheitspflicht werden nachfolgend untersucht.

a. *Reichweite und Konsequenzen der Verschwiegenheitspflicht*

Zur Gewährung der Vertraulichkeit bezieht sich die Pflicht zur Verschwiegenheit gemäß § 4 S. 2 MediationsG auf alles, was dem Mediator in Ausübung seiner Tätigkeit bekannt geworden ist.

Mit der Regelung zur Verschwiegenheit werden berufsspezifische Unterschiede der Verschwiegenheitspflicht beseitigt. Vor der gesetzlichen Regelung konnte es passieren, dass bei mehreren Mediatoren einer gesetzlich zur Verschwiegenheit verpflichtet war und ein anderer nicht. Das war zum Beispiel dann der Fall, wenn ein Mediator Rechtsanwalt war. Dann galt für ihn das anwaltliche Berufsrecht und damit auch die Verpflichtung zur Verschwiegenheit, § 18 BORA, § 43a Abs. 2 BRAO. Sollte der andere Mediator nicht berufsrechtlich zur Verschwiegenheit verpflichtet gewesen sein, musste die Verschwiegenheit des Mediators durch vertragliche Vereinbarungen abgesichert werden.[229] Als Lex specialis verdrängt § 4 MediationsG nunmehr die Verschwiegenheitspflicht aus anderen berufsrechtlichen Regelungen.[230] Damit wird sichergestellt, dass der Schutz der Vertraulichkeit bei allen Mediatoren gleich ist.[231] Bei einem Verstoß kommen haftungs- und berufsrechtliche Konsequenzen in Betracht.[232]

224 Greger/Unberath/*Greger*, § 4, Rn. 34.
225 Vgl. zur eigenverantwortlichen Mediationsgestaltung Kapitel 2, A., II.
226 Vgl. dazu Kapitel 2, D., II., 2.
227 Vgl. *Risse*, SchiedsVZ 2012, 244 [250].
228 *Peters*, JR 2009, 314 [314].
229 Vgl. *Schmelz-Buchhold*, 65 f.
230 BT-Drucks. 17/5335, Seite 17.
231 BT-Drucks. 17/5335, Seite 17.
232 Vgl. Kapitel 2, C., V., 2., 3.

Aufgrund der Verschwiegenheitspflicht könnten die Mediatoren zudem gemäß § 383 Abs. 1 Nr. 6 ZPO im Zivilverfahren – und in den auf diese Regelung bezugnehmenden Verfahren – zeugnisverweigerungsberechtigt sein.[233] Ausweislich § 383 Abs. 1 Nr. 6 ZPO sind Personen zur Verweigerung des Zeugnisses berechtigt, denen kraft ihres Amtes, Standes oder Gewerbes Tatsachen anvertraut sind, deren Geheimhaltung durch ihre Natur oder durch gesetzliche Vorschrift geboten ist. Einen bestimmbaren Berufsstand des Mediators gibt es nicht zwingend, da die Tätigkeit als Mediator nicht an einem bestimmten Beruf gebunden ist.[234] Zudem muss ein Mediator nicht notwendig auch ein Gewerbe betreiben.[235] Das Zeugnisverweigerungsrecht steht jedoch auch Angehörigen sonstiger Berufe zu, wenn deren Ausübung die Kenntnis von Geheimnissen Dritter bedingt, da durch § 383 Abs. 1 Nr. 6 ZPO ohne Eingrenzung auf bestimmte Berufsgruppen die durch eine berufliche Tätigkeit begründete Vertrauenssphäre uneingeschränkt geschützt werden soll.[236] Das Zeugnisverweigerungsrecht steht mithin auch der Berufsgruppe der Mediatoren zu, da diese in der vertraulichen Mediation[237] Kenntnis von Bedürfnissen und Interessen und folglich Geheimnissen der Mediationsparteien erlangen.[238]

Sollte der Mediator trotz seiner Schweigepflicht als Zeuge pflichtwidrig Tatsachen offenbaren, ist die Aussage für eine gerichtliche Entscheidung dennoch verwertbar.[239] Das Zeugnisverweigerungsrecht liegt nämlich nur im Interesse des Berufsgeheimnisträgers.[240] Nimmt der Mediator sein Zeugnisverweigerungsrecht nicht wahr, riskiert er, sich gemäß § 203 StGB strafbar zu machen.[241] Voraussetzung dafür ist lediglich, dass der Mediator den dort genannten Berufsgruppen angehört.[242]

---

233 BT-Drucks. 17/5335, Seite 17.

234 Vgl. *AGH Celle*, NJW RR 2003, 129 f; Stein/Jonas/*Berger*, Band 5, § 383, Rn. 54.

235 Stein/Jonas/*Berger*, Band 5, § 383, Rn. 54; a.A. *Groth/von Bubnoff*, NJW 2001, 338 [340].

236 OLG Hamm. NJW-RR 1992, 583 [584]; Stein/Jonas/*Berger*, Band 5, § 383, Rn. 49.

237 Vgl. Kapitel 2, A., V und § 4 MediationsG.

238 Baumbach//Lauterbach/Albers/*Hartmann*, § 383, Rn. 17; Stein/Jonas/*Berger*, Band 5, § 383, Rn. 55; Zöller/*Greger*, § 383, Rn. 20.

239 BGHSt 9, 59 [61 f.]; Greger/Unberath/*Greger*, § 4, Rn. 39; *Hofmann*, SchiedsVZ 2011, 148 [149].

240 BGHSt 9, 59 [61 f.]; *Hofmann*, SchiedsVZ 2011, 148 [149].

241 BGHSt 9, 59 [61 f.] zur generellen Gefahr der Strafandrohung; Greger/Unberath/*Greger*, § 4, Rn. 45. *Hofmann*, SchiedsVZ 2011, 148 [149].

242 Der Mediator hat im Strafprozess grundsätzlich kein Zeugnisverweigerungsrecht. Mediatoren dürfen ihr Zeugnis nur dann verweigern, wenn sie einer in § 53 Abs. 1

Die Verschwiegenheitspflicht allein kann insofern keinen ausreichenden Schutz garantieren. Für einen umfassenden Schutz in einem gerichtlichen Verfahren wäre es daher erforderlich, dass die Parteien durch einen Prozessvertrag die Benennung des Mediators als Zeugen ausschließen.[243] Ob ein solcher Prozessvertrag möglich ist, welche genauen Rechtsfolgen er hat und wie er ausgestaltet werden muss, wird bei den individuellen Vereinbarungsmöglichkeiten der Parteien in Kapitel 2 Abschnitt D behandelt.[244]

Die Verschwiegenheit ist neben der Hauptpflicht des Mediators, das Mediationsverfahren durchführen, eine Nebenpflicht. Bei einem Verstoß kommen haftungsrechtliche Konsequenzen aus einem Vertrag gemäß § 280 BGB aber auch eine deliktische Haftung gemäß § 823 Abs. 2 BGB in Verbindung mit § 203 StGB in Betracht.[245] Unterliegt der Mediator einem besonderen Berufsrecht, wird er zusätzlich bei einer Verletzung der Verschwiegenheit entsprechend sanktioniert.[246]

b. *Ausnahmen von der Verschwiegenheitspflicht*

§ 4 S. 3 MediationsG regelt drei Ausnahmen von der Verschwiegenheitspflicht. Zusätzlich kommen auch Ausnahmen von der Verschwiegenheit infrage, die nicht gesetzlich normiert sind. Nachfolgend werden diese Ausnahmen untersucht.

Nr. 3 StPO genannten Berufsgruppe angehören. Die Verschwiegenheitspflicht des Mediators ist deshalb für den Strafprozess kaum relevant. Insbesondere ist auch keine Begründung der Verschwiegenheitspflicht im Strafprozess durch Parteivereinbarung möglich, BT-Drucks. 17/5335, Seite 17. Deshalb ist auch die von *Deutscher Notarverein*, 4 anklingende befürchtete Missbrauchsgefahr im Strafprozess nicht gegeben. Es wurde befürchtet, dass der Mediator in Absprache mit dem Angeschuldigten wegen des offenen Begriffs der Mediation leicht behaupten kann, dass eine strafrechtliche Absprache während einer Mediation getroffen wurde und der Mediator ähnlich wie bei ‚Spontanverlöbnissen' deshalb nicht aussagen müsse.

243 Greger/Unberath/*Greger*, § 4, Rn. 26; *Eckardt/Dendorfer*, MDR 2001, 786 [790 f.]; *Volkmann*, 67 ff.; *Wagner*, NJW 2001, 1398 [1400]; zur allgemeinen Zulässigkeit: BGHZ109, 19 [28, f.]; *Wagner*, 683 ff.

244 Vgl. dazu unten, Kapitel 2, D., II.

245 Vgl. BT-Drucks. 17/5335, Seite 17; Greger/Unberath/*Greger*, § 4, Rn. 43; Klowait/Gläßer/*Gläßer*, § 2, Rn. 36.

246 Greger/Unberath/*Greger*, § 4, Rn. 46.

aa. Umsetzung der Vollstreckung

Nach § 4 S. 3 Nr. 1 MediationsG gilt die Verschwiegenheitspflicht nicht, wenn die Offenlegung des Inhalts der im Mediationsverfahren erzielten Vereinbarung zur Umsetzung oder Vollstreckung dieser Vereinbarung erforderlich ist. Falls eine Partei sich weigert, eine Pflicht aus der Abschlussvereinbarung zu erfüllen, darf deshalb der Mediator, von seiner Verschwiegenheitspflicht entbunden, als Zeuge aussagen.[247]

Die Formulierung lehnt sich an den Wortlaut des Art. 7 Abs. 1 der Mediationsrichtlinie 2008/52/EG an. Die Verschwiegenheitspflicht dient einer vertraulichen Atmosphäre und damit der Grundlage einer erfolgreichen Mediation. Eine aufgrund der Verschwiegenheitspflicht nicht vollstreckbare und damit nicht durchsetzbare Abschlussvereinbarung wäre ohne Wert.[248]

bb. Öffentliche Ordnung

Nach § 4 S. 3 Nr. 2 MediationsG gilt die Verschwiegenheitspflicht nicht, wenn die Offenlegung aus vorrangigen Gründen der öffentlichen Ordnung (ordre public) geboten ist, insbesondere aber um eine Gefährdung des Wohls eines Kindes oder eine schwerwiegende Beeinträchtigung der physischen oder psychischen Integrität einer Person abzuwenden. Geboten ist die Offenlegung, wenn eine Beeinträchtigung auf andere Weise nicht abzuwenden ist.[249]

Diese Regelung ist enger als die Vorgabe in Art. 7 Abs. 2 Mediationsrichtlinie und als die Eingriffsschwelle des § 1666 BGB.[250] Der Gesetzgeber konnte aber über die Vorgabe der Richtlinie hinausgehen.[251] § 4 S. 3 Nr. 2 MediationsG gebietet dann eine Durchbrechung der Verschwiegenheitspflicht, wenn diese Pflicht ansonsten mit den Grundwerten der deutschen Rechtsordnung nicht zu vereinbaren wäre.[252] Diese Ausnahme ist einer Abwägung von Gütern geschuldet, bei der die Mediation zurücktreten muss.

Problematisch an dieser Regelung ist der Begriff der öffentlichen Ordnung. Fraglich ist, was darunter zu verstehen ist, also wann die Ausnahme zur Verschwiegenheitspflicht des Mediators greift. Der Begriff der öffentlichen Ordnung ist ein unbestimmter Rechtsbegriff, welcher bereits im Gefahrenabwehrrecht

---

247 Greger/Unberath/*Greger*, § 4, Rn. 14.
248 Vgl. Fischer/Unberath/*Wagner*, 93.
249 BT-Drucks. 17/5335, Seite 17.
250 BT-Drucks. 17/5335, Seite 17.
251 Siehe Kapitel 1, B., I.
252 BT-Drucks. 17/5335, Seite 17.

verwendet wird.[253] Er wird als Gesamtheit der ungeschriebenen Regeln des Allgemeinwesens definiert, deren Befolgung innerhalb eines bestimmten Gebietes als sozialethisch notwendig und damit als unerlässliche Voraussetzung eines gedeihlichen Zusammenlebens angesehen wird.[254] Auch nach der Gesetzesbegründung stellt die öffentliche Ordnung die „Grundwerte der deutschen Rechtsordnung" dar.[255] Dieser Begriff ist damit sehr weit und ständig im Wandel. Mediatoren sollten jedoch mit Rücksicht auf die straf- und haftungsrechtlichen Konsequenzen im Einzelfall leicht erkennen, ob sie zur Verschwiegenheit verpflichtet sind.[256] Allzu große Anforderungen sollten dabei – zumal Mediatoren auch nicht notwendigerweise Rechtskenntnisse besitzen – nicht an sie zu stellen sein.[257]

Bagatelldelikte, wie Ordnungswidrigkeiten und Strafvergehen mit sehr geringem Ausmaß sowie moralische Vergehen, die sozialethisch fragwürdig sind, sollten von dem Schutz der Vertraulichkeit umfasst bleiben.[258] Die Offenbarung von diesen Vergehen könnte für eine offene Mediation erforderlich sein. Traut sich eine betroffene Partei nicht zur Offenbarung, obwohl es sich nur um eine Bagatelle handelt, wäre der Erfolg der Mediation in Gefahr. Neben dem bereits gemäß § 4 S. 3 Nr. 2 HS. 2 MediationsG geregelten Schutz vor physischer und psychischer Gewalt gegen körperliche Integrität und der Abwendung der Gefährdung eines Kindes sollten deshalb nur Taten mit einem ähnlich hohen Unrechtsgehalt von der Vertraulichkeitspflicht ausgenommen sein. Insbesondere auch nach einem Vergleich mit den anderen Ausnahmen, die Rechtsgüter von enormer Wichtigkeit schützen, ist der Begriff der öffentlichen Ordnung in diesem Sinne auszulegen.

---

253 Vgl. Gallwas/Lindner/Wolff/*Gallwas/Lindner*, 78; *Kugelmann*, Seite 7 f.; Pewestorf/Söllner/Tölle/*Pewestorf*, Seite 24 ff.; *Thiel*, § 8, Rn. 34.

254 BVerfGE 69, 315 [352], vgl. auch *Thiel*, § 8, Rn. 37.

255 BT Drucks. 17/5335, Seite 17.

256 *Deutscher Steuerberaterverband*, 3.

257 *Deutscher Steuerberaterverband*, 3.

258 *Deutscher Steuerberaterverband*, 3 schlug vor, den Begriff der ‚öffentlichen Ordnung' mit dem Begriff der ‚öffentlichen Sicherheit' zu ersetzen, da dieser bestimmt genug ist. Zu der öffentlichen Sicherheit gehört aber neben den Einrichtungen des Staats und der Individualrechtsgüter auch die geltende Rechtsordnung, vgl. *Pieroth/Schlink/Kniesel*, § 8, Rn. 3 ff.; *Schenke*, Rn. 53 ff. Die geltende Rechtsordnung umfasst jedes Bagatelldelikt. Die Ausnahme würde daher zu weit gehen.

cc. Offenkundige oder der Geheimhaltung nicht bedürfende Tatsachen

Nach § 4 S. 3 Nr. 3 MediationsG ist die Verschwiegenheitspflicht nicht gegeben, wenn es sich um Tatsachen handelt, die offenkundig sind oder ihrer Bedeutung nach keiner Geheimhaltung bedürfen. Eine Verschwiegenheitspflicht des Mediators hinsichtlich offenkundiger Tatsachen wäre sinnlos, da diese Tatsachen allgemein bekannt sind. Hinsichtlich derjenigen Tatsachen, die ihrer Bedeutung nach keiner Geheimhaltung bedürfen, besteht für die Parteien kein Schutzbedürfnis.

dd. Ausnahme bei Vorwürfen der Parteien beziehungsweise Honoraransprüchen

Bedauerlicherweise nicht geregelt ist die Ausnahme von der Verschwiegenheitspflicht, wenn es um schutzwürdige Interessen des Mediators geht. Dazu zählen zum einen die Verteidigung gegen Ansprüche der Parteien bzw. straf- und berufsrechtliche Vorwürfe und zum anderen die Durchsetzung eigener Honoraransprüche.[259] Es stellt sich somit die Frage, ob der Mediator trotzdem in diesen Fällen von seiner Pflicht zur Verschwiegenheit entbunden ist.

Für eine ungeschriebene Ausnahme sprechen eine Auslegung des Mediationsvertrags und der sich z. B. aus § 193 StGB ergebende Grundsatz der Wahrnehmung berechtigter Interessen.[260] Die Parteien können nicht mehr auf die Pflicht der Verschwiegenheit beharren, wenn die Verteidigung des Mediators in eigener Sache durch das Verhalten der eigenen Mandanten erforderlich wird.[261] Wenn also das Eigeninteresse des Mediators die Preisgabe beruflich erlangten Wissens rechtfertigt, findet seine Pflicht zur Verschwiegenheit ihre Grenzen.[262] Der Grundsatz ist insbesondere dann anzuerkennen, wenn der Mediator ohne Offenbarung seine Honorarforderung im Zivilprozess nicht geltend macht oder wenn er sich ohne Offenbarung in einem gegen ihn gerichteten Strafverfahren nicht sachgemäß verteidigen könnte.[263] In diesen Fällen muss der Mediator, um selbst seine berechtigten Eigeninteressen wahrnehmen zu können, die dafür notwendigen Tatsachen (er darf gerade nicht mehr

---

259 Greger/Unberath/*Greger*, § 4, Rn. 20.

260 Vgl. Feuerich/Weyland/*Böhnlein*, § 43a BRAO, Rn. 28.

261 Vgl. zu der Ausnahme der Verschwiegenheitspflicht beim Rechtsanwalt BVerfGE 110, 226 [259]; Henssler/Prütting/*Henssler*, § 43a BRAO, Rn. 101.

262 Vgl. *Kleine-Cosack*, § 43a, Rn. 56.

263 Siehe zum Grundsatz über die Abwägung widerstreitender Pflichten oder Interessen bei einem Rechtsanwalt auch *BGH*, NJW 1952, [151] und *Henssler*, NJW 1994, 1817 [1822 f.].

einführen als zur Begründung seiner Verteidigung bzw. seines Anspruchs erforderlich ist)[264] ohne die Zustimmung der Parteien offenbaren können. Das Interesse der Parteien an der Verschwiegenheitspflicht muss infolgedessen in diesen Fällen hinter das Verteidigungsbedürfnis des Mediators zurücktreten. Da die Pflicht zur Verschwiegenheit ein besonders hohes Gut ist und die Parteien darauf vertrauen sollen, muss der Mediator die Offenbarung, um von dieser Ausnahme Gebrauch machen zu können, mit seinem Eigeninteresse abwägen.

ee. Befreiung von der Pflicht zur Verschwiegenheit

Nicht gesetzlich geregelt ist eine mögliche Entbindung des Mediators von der Verschwiegenheitspflicht durch die Parteien. Fraglich ist insofern, ob der Mediator von seiner Pflicht zur Verschwiegenheit von den Parteien befreit werden kann. Für eine solche Möglichkeit der Befreiung sprechen zumindest Sinn und Zweck der Verschwiegenheitspflicht. Die Pflicht dient nicht dem Mediator, sondern ausschließlich dem Schutz der Parteien, welche daher die „Herren des Geheimnisses" sind.[265] Als solche sollten sie gemeinsam selbst festlegen können, inwiefern eine Verschwiegenheitspflicht bestehen soll. Zusätzlich spricht die Möglichkeit der Parteien, den Mediator auch im Zivilprozess von seiner Pflicht zur Verschwiegenheit gemäß §§ 383 Abs. 1 Nr. 6, 385 Abs. 2 ZPO entbinden zu können, dafür, dass die Pflicht zur Verschwiegenheit zur Disposition der Parteien stehen muss.[266] Des Weiteren resultiert diese Ausnahme von der Verschwiegenheitspflicht auch daraus, dass die Parteien eigenverantwortlich auf die Vertraulichkeit während des Mediationsverfahrens verzichten können.[267] Wenn jedoch nicht zur Verschwiegenheit verpflichtete Dritte an dem Mediationsverfahren teilnehmen dürfen, was die Vertraulichkeit des Verfahrens aufhebt, sollte auch der Mediator von seiner Verschwiegenheitspflicht befreit werden können. Die Parteien können daher als Dienstherren bzw. ‚Herren des Geheimnisses' den Mediator von der Verschwiegenheitspflicht gemeinsam entbinden.

---

264 Vgl. Henssler/Prütting/*Henssler*, § 43a BRAO, Rn. 102; *Kleine-Cosack*, § 43a, Rn. 60.

265 Vgl. zum Schutzweck der Verschwiegenheitspflicht beim Rechtsanwalt: *BGH*, NJW 1990, 510 [511 f.]; *Kleine-Cosack*, § 43a, Rn. 40.

266 Vgl. zur Entbindung des Rechtsanwalts von seiner Verschwiegenheitspflicht: *BGH*, NJW 1990, 510 [512]. Siehe auch Feuerich/Weyland/*Böhnlein*, § 43a BRAO, Rn. 24 ff.; Henssler/Prütting/*Henssler*, § 43a BRAO, Rn. 62 ff.

267 Vgl. Kapitel 2, A., V.

ff. Ergebnis zu den Ausnahmen der Verschwiegenheitspflicht

Der Mediator ist nicht zur Verschwiegenheit verpflichtet, wenn es der Umsetzung der Vollstreckung dient, die Tatsachen offenkundig oder nicht der Geheimhaltung bedürftig sind, wenn es dem Schutz von wichtigen Rechtsgütern dient und wenn es sich um Vorwürfe der Parteien gegen den Mediator bzw. Honoraransprüche des Mediators handelt. Die Parteien können gemeinsam den Mediator von seiner Verschwiegenheitspflicht entbinden.

4. Gesamtergebnis zu den Pflichten des Mediators

Insgesamt sind die gesetzlichen Regelungen zu den Pflichten des Mediators zu begrüßen. Die Grundsätze der Mediation, insbesondere die Neutralität, die Unabhängigkeit und die Verschwiegenheitspflicht des Mediators werden mit den gesetzlich geregelten Pflichten geschützt. Damit wird zum einen auf eine erfolgreiche Mediation hingewirkt. Zum anderen bietet die Manifestation der Pflichten auch eine vereinfachte Durchsetzung von Schadensersatzansprüchen.[268] Sollten die Pflichten nicht in einem Vertrag mit dem Mediator vereinbart sein, muss jetzt nicht mehr auf eine Auslegung nach §§ 133, 157 BGB zurückgegriffen werden.[269] Ungeachtet der vorstehend erläuterten kleineren Mängel im Gesetz sind damit der Schutz der Mediationsparteien und die Wahrscheinlichkeit einer erfolgreichen Mediation gestiegen.

III. Aufgaben des Mediators

In § 2 MediationsG sind die Aufgaben des Mediators normiert. Dabei handelt es sich um einige Kernelemente des europäischen Verhaltenskodex für Mediatoren,[270] welcher im Gegensatz zum Mediationsgesetz mangels gesetzlicher Umsetzung lediglich der Orientierung für Mediatoren dient. Durch die gesetzliche Regelung der Aufgaben des Mediators werden alle Mediationsverfahren angeglichen. Die Aufgabenregelung im Mediationsgesetz ist nicht abschließend geregelt. Zusätzlich kann er auch neue Methoden entwickeln.[271] Aufgrund des Prinzips der Eigenverantwortlichkeit der Mediationsparteien und der Vertragsautonomie der Beteiligten können dem Mediator ebenfalls vertraglich andere Aufgaben zugeteilt bzw. gesetzlich vorgesehene Aufgaben wieder entzogen

---

268 Vgl. dazu Kapitel 2, C., V., I.

269 Vgl. *Koch*, NJ 2005, 97 [101].

270 Vgl. http://ec.europa.eu/civiljustice/adr/adr_ec_code_conduct_de.pdf.

271 Vgl. Ahrens/Lipp/Varga/*Ahrens*, 31.

werden.[272] Wie vorstehend dargestellt führt es jedoch zu der Nichtanwendbarkeit des Mediationsgesetzes, sollte dem Mediator die Entscheidungsbefugnis des Konfliktes als neue Aufgabe auferlegt werden.[273] Ansonsten besteht hier Vertragsfreiheit. Der Mediator kann damit bisherige Konzepte anwenden.[274] Die nachfolgend beschriebenen Aufgaben sind lediglich diejenigen, welche für den Mediator nach dem Mediationsgesetz vorgenommen werden sollen. Diese inkludieren, die freiwillige Teilnahme der Parteien an der Mediation zu überprüfen und die Kommunikation im Verfahren zu fördern. Zusätzlich soll er sicherstellen, dass die Parteien den Ablauf des Verfahrens verstanden haben, auf die Sach- und Inhaltskenntnis der Parteien hinwirken sowie die Abschlussvereinbarung überprüfen und das Verfahren gegebenenfalls beenden.

1. Überprüfung der Kenntnis des Ablaufs und der Freiwilligkeit

Ausweislich § 2 Abs. 2 MediationsG vergewissert sich der Mediator, dass die Parteien die Grundsätze und den Ablauf des Mediationsverfahrens verstanden haben und freiwillig an der Mediation teilnehmen. Nach dem Wortlaut ‚sich vergewissern' wird ein aktives Tun des Mediators gefordert.

Es ist also die Aufgabe des Mediators, den Parteien das gesamte Verfahren zu erklären. Da das Verfahren nicht gesetzlich vorgeschrieben ist,[275] muss der Mediator den Parteien schildern, wie er sich das Verfahren vorstellt.[276] Um Missverständnisse zu vermeiden, sollte der Mediator die Grundsätze der Mediation und insbesondere die eigenverantwortliche Konfliktlösung der Parteien erörtern.[277] Zwingend muss der Mediator die Parteien jedoch über den Umfang seiner grundsätzlichen Pflicht zur Verschwiegenheit informieren, § 4 S. 4 MediationsG.[278]

Mit der Überprüfungspflicht des Mediators wird der Grundsatz der Freiwilligkeit wiederholt gesetzlich geregelt und geschützt. Mit dieser Aufgabe wird sichergestellt, dass die Parteien zu einer eigenverantwortlichen Konfliktlösung in der Lage sind.[279] Ansonsten bestünde die Gefahr, dass schon ab Beginn des

---

272 Vgl. Kapitel 2, A., I.
273 Siehe Kapitel 2, A., VI., 1.
274 Vgl. Ahrens/Lipp/Varga/*Ahrens*, 31.
275 Kapitel 2, A., VI.
276 *Risse*, SchiedsVZ 2012, 244 [248].
277 Vgl. Fischer/Unberath/*Tochtermann*, 117.
278 Vgl. zur Verschwiegenheitspflicht des Mediators Kapitel 2, C., II., 3.
279 Greger/Unberath/*Unberath*, § 2, Rn. 153.

Mediationsverfahrens ein drastisches Ungleichgewicht zwischen den Parteien vorläge, weil eine Partei zu dem Mediationsverfahren gezwungen würde. Sofern der Mediator bei Beginn der Mediation keine Anhaltspunkte feststellt, die auf eine unfreiwillige Teilnahme einer Partei hinweisen, wird er seiner Pflicht schon dann gerecht, wenn er die Parteien nach ihrer Freiwilligkeit fragt.[280] Eine Nachforschung ohne Anhaltspunkte kann alleine aus zeitlichen und damit praktischen Gründen nicht vom Gesetzgeber gewollt sein.

2. *Förderung der Kommunikation*

Gemäß § 2 Abs. 3 S. 2 MediationsG muss der Mediator die Kommunikation der Parteien fördern und gewährleisten, dass die Parteien in angemessener und fairer Weise in die Mediation eingebunden sind. Der Gesetzgeber stellt damit sicher, dass den Parteien die Lösung des Konflikts obliegt. Der Mediator sorgt lediglich dafür, dass den beiden Parteien gleiche Redeanteile zukommen und sie sich sämtlich an die Regeln der Mediation halten. Er moderiert die Verhandlungen und vermittelt zwischen den Parteien. Das stellt seine zentrale Aufgabe im Mediationsverfahren dar. Er soll nach dem Mediationsgesetz gerade nicht den Streit entscheiden oder sich mit eigenen Meinungen oder Lösungsvorschlägen einbringen.

Zu einer Förderung der Mediation kann der Mediator ausweislich der Gesetzesbegründung verschiedene Kommunikationsmethoden und -techniken einsetzen, soweit er die von den Parteien vereinbarten Verfahrensregeln beachtet.[281] Hierbei kommt es auf sein Verhandlungsgeschick an, um die Parteien zu einer ausführlichen Stellungnahme bezüglich der maßgeblichen Tatsachen und Interessen zu veranlassen.[282] Nachfolgend wird die Frage untersucht, was unter fördern, angemessen und fair zu verstehen ist. Zusätzlich wird die gemäß § 2 Abs. 3 S. 3 MediationsG eingeführte Möglichkeit des Mediators analysiert, auch Einzelgespräche zu führen.

a. *Angemessen und fair*

Unklar ist, was der Gesetzgeber mit der Aufgabe des Mediators gemeint hat, zu gewährleisten, dass die Parteien in angemessener und fairer Weise in die

280 Vgl. *Risse*, SchiedsVZ 2012, 244 [248].
281 BT-Drucks. 17/5335, Seite 15.
282 Ahrens/Lipp/Varga/*Ahrens*, 34.

Mediation eingebunden sind.[283] Die Gewährleistungsaufgabe könnte als Aufforderung an den Mediator verstanden werden, eine faire Verhandlung durch die Unterstützung einer schwächeren Partei herzustellen, ein Ungleichgewicht der Parteien also durch das Unterstützen der schwächeren Partei auszugleichen, damit sich die Parteien ebenbürtig, also fair, gegenüberstehen. Das würde aber im Widerspruch zu der Pflicht des Mediators zur Allparteilichkeit gemäß § 2 Abs. 3 S. 1 MediationsG stehen. Der Mediator soll danach gleichermaßen beide Parteien unterstützen und darf demgemäß nicht eine Partei einseitig fördern, auch wenn sie aus seiner Sicht unterlegen ist.[284]

Möglich ist auch, dass die Gewährleistung der fairen und angemessenen Einbindung eine Wiederholung der Allparteilichkeit gemäß § 2 Abs. 3 S. 1 MediationsG darstellt. Die Gewährleistung der Einbindung beider Parteien könnte bedeuten, dass der Mediator nach dem Grundsatz der Allparteilichkeit gleichermaßen aktiv beide Parteien unterstützen soll. Dann gewährleistet der Mediator die faire und angemessene Einbindung der Parteien, indem er sie nicht übervorteilt sondern jeden zu gleichen Teilen in die Mediation einbindet. Gegen diese Auslegungsvariante spricht jedoch, dass die Wiederholung der Allparteilichkeit im darauffolgenden Satz schon gesetzlich formuliert wird und somit die Gewährleistung der ‚fairen und angemessenen' Einbindung der Parteien eine inhaltsleere Phrase wäre.[285]

Vertreten wird hierzu auch, dass der Gesetzgeber lediglich ausdrücken wollte, dass die Mediationsparteien miteinander angemessen und fair umgehen sollen.[286] Gewährleisten kann der Mediator dies jedoch nicht, da ebendieses von den Parteien selbst abhängt. Er könnte nur versuchen, auf einen angemessenen und fairen Umgang der Mediationsparteien untereinander hinzuwirken. Eine solche Auslegung ist daher ebenfalls abzulehnen.

Damit die Gewährleistungsaufgabe des Mediators weder gegen die Allparteilichkeit verstößt noch inhaltsleer ist bzw. eine nicht zu bewerkstelligende Aufgabe des Mediators darstellt, ist davon auszugehen, dass der Gesetzgeber mit der Aufgabe der Gewährleistung der fairen und angemessenen Einbindung der Parteien in das Mediationsverfahren an das – aus dem Rechtsstaatsprinzip gemäß Art. 20 Abs. 3 GG in Verbindung mit dem Grundrecht der freien Entfaltung der

---

283 *Risse*, SchiedsVZ 2012, 244 [247] schlägt vor, den Satz aus dem Gesetz herauszunehmen, da aufgrund seiner Auslegungsbedürftigkeit die Aufgaben des Mediators nicht ausreichend konkretisiert werden.

284 Vgl. Kapitel 2, C., II., 1.

285 *Risse*, SchiedsVZ 2012, 244 [247].

286 So auch Fritz/Pielsticker/*Pielsticker*, § 2, Rn. 88.

Persönlichkeit, Art. 2 Abs. 1 GG – vom Bundesverfassungsgericht entwickelte Prozessgrundrecht[287] des fairen Verfahren im Sinne des Zivilprozesses gedacht hat. Aufgrund dieses Prozessgrundrechts ist der Richter zur Rücksichtnahme gegenüber den Verfahrensbeteiligten in ihrer konkreten Situation verpflichtet und darf sich nicht widersprüchlich verhalten.[288] Insbesondere soll der Richter das Verfahrensrecht so auslegen, dass der Rechtsuchende nicht unverhältnismäßig belastet wird und dass es mit rechtsstaatlichen Grundsätzen nicht in Widerspruch steht.[289] Die Aufgabe der Gewährleistung der fairen und angemessen Einbindung der Parteien ist dementsprechend so auszulegen, dass der Mediator gleich dem Richter das Mediationsverfahren so gestalten muss, wie die Parteien es von ihm erwarten dürfen, wobei er sich nicht widersprüchlich verhalten darf und zur Rücksichtnahme verpflichtet ist.

b. Einzelgespräche

Soweit die Parteien einverstanden sind, kann der Mediator auch Einzelgespräche mit den Parteien führen, § 2 Abs. 3 S. 3 MediationsG. Einzelgespräche bieten vor allem dann Vorteile, wenn die Parteien bei gegenseitiger Anwesenheit aus Furcht vor Kritik oder Gesichtsverlust keine Informationen preisgeben wollen.[290]

Mit dieser gesetzlichen Regelung wird das sogenannte Caucussing, eine umstrittene Frage des Mediationsrechts,[291] zugunsten der Einzelgespräche normiert.[292] Diese Möglichkeit stellt einen maßgeblichen Unterschied zu einem herkömmlichen Gerichtsverfahren und zum Schiedsgerichtsverfahren dar.[293] Die gesetzliche Regelung erleichtert einen entsprechenden Vorschlag, da Einzelgespräche mit der Gesetzeseinbindung vom Gesetzgeber als Instrument vorgegeben sind.[294] Mit den Informationen aus den Einzelgesprächen ist es dem Mediator oftmals möglich, das Verfahren besser zu leiten. Zusätzlich besitzt der Mediator die Möglichkeit, verzerrte Wahrnehmungen der Parteien zu korrigieren und damit die Grenzen des Einigungsbereichs zu erweitern.[295] Einzelgespräche ohne

287 Vgl. BVerfGE 52, 131 [14 ff.].
288 BVerfGE 78, 123 [126]; MüKo-ZPO/*Rauscher*, Band 1, Einl. Rn. 235.
289 *BVerfG*, NJW 2005, 814 [815]; Prütting/Gehrlein/*Prütting*, Einl., Rn. 40.
290 *Risse*, NJW 2000, 1614 [1616].
291 Vgl. *Leiss*, ZKM 2006, 74 [74 ff.]; *Risse*, NJW 2000, 1614 [1616]; *von Bargen*, 37 f.; vgl. auch *Raeschke-Kessler*, AnwBl 2011, 441 [443].
292 Vgl. Ahrens/Lipp/Varga/*Ahrens*, 32.
293 *Von Bargen*, 38.
294 *Risse*, SchiedsVZ 2012, 244 [248].
295 Vgl. Henssler/Koch/*Eidenmüller*, § 2, Rn. 64.

das Einverständnis der anderen Parteien führen zu einer Pflichtverletzung, die haftungsrechtliche Konsequenzen nach sich ziehen kann.[296] Das ist ebenfalls zu begrüßen, da in diesem Fall der Anschein der Befangenheit bestünde.[297]

3. *Aufklärung über die Sachlage*

Gemäß § 2 Abs. 6 S. 1 MediationsG wirkt der Mediator im Falle einer Einigung darauf hin, dass die Parteien die Vereinbarung in Kenntnis der Sachlage treffen. Nur dann sind sie sich der Konsequenzen ihrer Entscheidung bewusst, da jeder sämtliche entscheidungserheblichen Daten und Fakten erkennen und gewichten kann.[298] Eine faire Verhandlung ist lediglich bei einem Informationsstand auf gleichem Niveau gewährleistet.[299] Mit der Vereinbarung ist die konfliktbeilegende Abschlussvereinbarung[300] gemeint. Damit wird die Wichtigkeit der Informiertheit der Parteien für das Gelingen der Mediation zum Ausdruck gebracht.

Die Reichweite der Aufgabe des Hinwirkens auf die Sachkenntnis der Parteien, § 2 Abs. 6 MediationsG, bleibt unklar. Der Mediator hat selbst nur die Informationen, die ihm von den Parteien zugetragen worden sind. Durch eine Auslegung nach dem Wortlaut könnte man davon ausgehen, dass die Sachlage sämtliche relevante Tatsachen umfasst. Um die Parteien über die Sachlage aufzuklären, muss der Mediator die tatsächliche Situation aber selbst beurteilen können.[301] Das würde eine Pflicht zur selbstständigen Aufklärung des Sachverhalts durch den Mediator inkludieren.[302] Die Grenzen und der Umfang einer solchen Pflicht wären kaum zu ziehen. Eine Haftung bei einer Aufklärungspflicht wäre aber für den Mediator ausufernd. Eine solche Pflicht würde auch gegen die Grundsätze der Mediation verstoßen. Insofern die Parteien eigenverantwortlich agieren[303] und der Mediator zur Allparteilichkeit verpflichtet ist,[304] kann er nicht für eine Partei vorteilhafte Tatsachen offenlegen, die er eigenmächtig recherchiert hat, um eine unvorteilhafte Vereinbarung zu verhindern. Sinn und Zweck

---

296 Greger/Unberath/*Unberath*, § 2, Rn. 147. Siehe zu den haftungsrechtlichen Konsequenzen Kapitel 2, C., V.

297 *Risse*, SchiedsVZ 2012, 244 [247 f.].

298 *Vgl. Weiler/Schlickum*, 8; Richtlinie der BAFM für Mediation und Familienkonflikte, II, 3 (4).

299 Vgl. Ahrens/Lipp/Varga/*Ahrens*, 32.

300 Zu der Abschlussvereinbarung vgl. Kapitel 2, B., III.

301 Vgl. Ahrens/Lipp/Varga/*Ahrens*, 33.

302 Vgl. *Risse*, SchiedsVZ 2012, 244 [247].

303 Siehe Kapitel 2, A., II.

304 Vgl. Kapitel 2, C., II., 1.

dieser Regelung ist es vielmehr zu verhindern, dass beim Mediationsverfahren geistig unterlegene Parteien beeinflusst und eine für sie unvorteilhafte Vereinbarung geschlossen wird, die sie nicht richtig verstehen. Um diesen Umstand auszugleichen und die Parteien zu schützen und gleichzeitig der Pflicht zur Allparteilichkeit gerecht zu werden, muss der Mediator darauf hinwirken, dass die Parteien die dargelegte Sachlage und den Inhalt der Vereinbarung verstehen. Die Sachkenntnis sollte daher an den Streitstand im Gerichtsverfahren angelehnt sein. Es geht nur um die von den Parteien dargelegten Informationen. Zu der Sachlage gehören damit alle dargelegten Umstände und Interessen der Parteien. Um einen gleichen Informationsstand über die Sachlage zu gewährleisten, kann der Mediator dafür sorgen, dass alle Gespräche in Anwesenheit sämtlicher Parteien erfolgen bzw. die gesondert erhaltenen Informationen zugänglich gemacht werden.[305]

4. *Aufklärung über den Inhalt*

Der Mediator muss gemäß § 2 Abs. 6 S. 1 MediationsG darauf hinwirken, dass die Parteien den Inhalt der Abschlussvereinbarung verstehen. Das verpflichtet ihn, die Vereinbarung zu erläutern und Nachfragen zu beantworten.[306] Dabei darf der Mediator nicht seine Pflicht zur Neutralität[307] gemäß § 1 Abs. 2 MediationsG verletzen. Sobald der Mediator mit Nachdruck einer Partei den Inhalt erklärt und dabei andeutet, dass die Abschlussvereinbarung einen stark nachteiligen Inhalt enthält und er eine solche Vereinbarung nicht abschließen würde, verstößt er gegen seine Neutralitätspflicht.

Fraglich ist, welche Aufklärungspflicht durch § 2 Abs. 6 S. 1 MediationsG gefordert wird, da diese Regelung auslegungsbedürftig ist. In Betracht kommt, den Inhalt nur auf die kognitive Erfassung zu beziehen. Möglich ist allerdings auch, dass eine juristische Einordnung der Vereinbarung durch den Mediator gefordert ist.[308] Sollte der Mediator die kognitive Aufklärung schulden, müsste er lediglich den Inhalt erläutern und bei den Parteien nachfragen, ob Unklarheiten

---

305 Fritz/Pielsticker/*Pielsticker*, § 2, Rn. 32.

306 *Risse*, SchiedsVZ 2012, 244 [248]; um einiges umfangreicher sieht hier Fritz/Pielsticker/*Pielsticker*, § 2, Rn. 30 die Aufgabe des Mediators. Danach soll der Mediator dazu verpflichtet sein, die Parteien zu warnen, sofern eine Partei benachteiligt wird. Das ist jedoch nicht aus dem Gesetz zu entnehmen und im Hinblick auf die Allparteilichkeit des Mediators abzulehnen.

307 Vgl. Kapitel 2, A, VII., 3.

308 So *Ahrens*, NJW 2012, 2465 [2468].

bestehen.[309] Bei einer juristischen Einordnung müsste auf eine zutreffende rechtliche Würdigung hingewirkt[310] oder die Rechtslage dargestellt[311] werden.

Gegen eine juristische Einordnungsaufgabe des Mediators spricht zunächst eine systematische Auslegung. Der Mediator soll nach § 2 Abs. 6 S. 2 MediationsG vorschlagen, die Abschlussvereinbarung durch fachliche Berater überprüfen zu lassen. Wenn es die Aufgabe des Mediators wäre, fachliche, also auch rechtliche Aufklärungen wahrzunehmen, wäre der Vorschlag einer erneuten rechtlichen Überprüfung durch den Mediator ein Misstrauen in seine eigenen Fähigkeiten. Zudem ist die Aufgabe der juristischen Einordnung in der Praxis bislang noch nicht umzusetzen. Insbesondere bei Rechtsfolgenproblemen von Regelungen in der Abschlussvereinbarung wäre sie zwar wünschenswert. Jedoch ist bislang eine juristische Ausbildung für den Beruf des Mediators keine gesetzliche Voraussetzung. Rechtliche Evaluierungen und Beratungen dürfen gemäß § 3 RDG daher in der Regel von Mediatoren nicht vorgenommen werden.[312]

Es sind daher nicht alle Mediatoren in der Lage, eine Vereinbarung juristisch einzuordnen. Die Folge wäre demgemäß, dass nicht juristisch gebildete Mediatoren schnell haftungsrechtlichen Konsequenzen ausgesetzt wären, weil sie der Aufklärung über den Inhalt nicht nachkommen dürfen und bzw. oder können. Sollten sie Hilfe durch Rechtsanwälte herbeiziehen, würde das Mediationsverfahren nicht nur teurer werden sondern auch mehr Zeit in Anspruch nehmen. Im Hinblick auf § 2 Abs. 6 S. 2 MediationsG, wonach Parteien nach einem Vorschlag des Mediators selbst entscheiden können, ob sie rechtliche Beratung benötigen und diese Mehrkosten auch tragen wollen, erscheint eine rechtliche Aufklärungspflicht des Mediators auch nicht zwingend nötig. Zusätzlich sollen die Parteien gemäß § 1 Abs. 1 MediationsG eigenverantwortlich ihren Konflikt lösen, wobei es nicht immer auf die Rechtslage ankommen muss. Zur Eigenart der Mediation gehört es deshalb, dass der Mediator die Parteien zwar im Verfahren unterstützt, die getroffenen Entscheidungen aber grundsätzlich nicht evaluieren soll.[313] Damit ist es lediglich die Aufgabe des Mediators, darauf hinzuwirken, dass die Parteien kognitiv den Inhalt der Abschlussvereinbarung erfasst haben. Rechtliche Erwägungen gehören nicht zum Inhaltsverständnis.

309 So *Risse*, SchiedsVZ 2012, 244 [248].
310 So *Ahrens*, NJW 2012, 2465 [2468].
311 So Fritz/Pielsticker/*Pielsticker*, § 2, Rn. 31, 34.
312 Siehe ausführlich unter Ziffer C. III. 7.
313 Greger/Unberath/*Unberath*, § 2, Rn. 164, 174.

5. Überprüfung der Abschlussvereinbarung

Ausweislich § 2 Abs. 6 S. 2 MediationsG hat der Mediator die Parteien, welche ohne fachliche Beratung an der Mediation teilnehmen, auf die Möglichkeit hinzuweisen, die Vereinbarung bei Bedarf durch externe Berater überprüfen zu lassen. In Betracht kommen als externe Berater neben Rechtsanwälten auch technische Sachverständige, Psychologen oder Wirtschaftsberater.[314]

Fraglich ist, wann der Mediator den Hinweis geben muss. Das Gesetz bezieht sich nach seinem Wortlaut auf die Situation, dass eine Vereinbarung schon geschlossen worden ist, bevor der Hinweis des Mediators erfolgt.[315] Einen Berater für Rechtsfolgen zu konsultieren ergibt sicher Sinn, um zukunftsorientiert das weitere Vorgehen zu erörtern. Besser wäre es jedoch, sich hinsichtlich der Mediationsvereinbarung, also vor deren Abschluss, beraten zu lassen. Mit der Konsultierung eines Rechtsanwalts, sofern keiner bei der Mediationsverhandlung anwesend war, können Rechtsfolgenprobleme in der Abschlussvereinbarung vermieden werden. Auch sind schwächere Parteien durch einen externen Berater geschützt. Sie können sich damit dem Einfluss der anderen Partei entziehen und sich bei dritten Personen Rat holen. Wenn die Parteien aber eine nachteilige Vereinbarung schon getroffen haben, nützt ihnen eine Überprüfung durch einen externen Berater nicht mehr.[316] Es ist daher davon auszugehen, dass der Mediator vor der Abschlussvereinbarung eine Überprüfung vorschlagen muss.[317]

Es stellt sich des Weiteren die Frage, wem der Mediator gemäß § 2 Abs. 6 S. 2 MediationsG eine fachliche Beratung vorschlagen soll. Nach dem Gesetzeswortlaut soll der Mediator nur Parteien, die ohne fachliche Beratung an der Mediation teilnehmen, einen entsprechenden Hinweis geben. Die Konsequenz einer strikten Auslegung nach dem Wortlaut wäre, dass der Mediator einer Partei mit einem Wirtschaftsberater vor dem Abschluss der Vereinbarung keinen Hinweis auf die Konsultierung eines weiteren externen Beraters, zum Beispiel einen Rechtsanwalt, geben müsste, da sie bereits beraten wird. Es kommt daher für die Parteien vor der Mediation darauf an, ob sie einen für den Abschluss der jeweiligen Vereinbarung richtigen fachlichen Berater hinzugezogen haben. Ein Hinweis auf die Möglichkeit einer fachlichen Beratung erfolgt danach nicht mehr. Diese Konsequenz widerspricht jedoch dem Sinn und Zweck dieser Regelung.

---

314 BT-Drucks. 17/5335, Seite 15.
315 *Risse*, SchiedsVZ 2012, 244 [248].
316 *Risse*, SchiedsVZ 2012, 244 [248].
317 *Risse*, SchiedsVZ 2012, 244 [248].

Ähnlich wie der Richter gemäß § 139 ZPO soll der Mediator aktiv dazu beitragen, dass die Abschlussvereinbarung vollständig und klar erarbeitet wird, damit auf dieser Grundlage eine möglichst gerechte Lösung des Streitgegenstands erzielt werden kann.[318] Eine gerechte Lösung des Konflikts, die diesen möglichst vollständig zur Zufriedenheit aller beseitigen soll, wird gegebenenfalls aber nur dann erreicht, wenn eine vollständige Beratung hinsichtlich der Abschlussvereinbarung erfolgt. In diesem Sinne muss § 2 Abs. 6 S. 2 MediationsG ausgelegt werden. Daher sollten die Mediationsparteien vor jeder Abschlussvereinbarung auf die Konsultierung und Überprüfung eines externen Beraters hingewiesen werden. Dabei sollte es für den Hinweis des Mediators nicht darauf ankommen, ob bereits ein fachlicher Berater in der Mediation anwesend ist. Die Allparteilichkeits- und Neutralitätspflicht des Mediators wird in diesem Zusammenhang ebenfalls nicht verletzt, da der Hinweis auf externe Beratung an alle Parteien gleichermaßen erfolgt. Nur unter diesen Voraussetzungen kann sichergestellt werden, dass die Abschlussvereinbarung zu aller Zufriedenheit vereinbart wird und eine Mediationspartei nach dem Mediationsverfahren nicht aus Unzufriedenheit doch ein gerichtliches Verfahren anstrebt.

6. *Beendigung des Verfahrens*

Gemäß § 2 Abs. 5 S. 2 MediationsG kann der Mediator das Verfahren beenden. Unabhängig von der Form des Vertrags bietet diese Regelung neben den jeweiligen Kündigungsrechten der Grundverträge (siehe zum Beispiel § 627 BGB, sollte der dem Mediationsvertrag zugrunde liegende Vertrag ein Dienstvertrag sein) eine besondere Beendigungsmöglichkeit im Mediationsverfahren.

Ausweislich § 2 Abs. 5 S. 2 MediationsG kann der Mediator die Mediation insbesondere dann beenden, wenn er der Auffassung ist, dass eine eigenverantwortliche Kommunikation oder eine Einigung der Parteien nicht zu erwarten ist. Das wäre gemäß der Gesetzesbegründung vor allem dann der Fall, wenn eine der Parteien in ihrer Fähigkeit zu einem eigenverantwortlichen Handeln erheblich eingeschränkt oder dazu nicht in der Lage ist – wie etwa bei psychischen Erkrankungen.[319]

Fraglich ist, welche weiteren Fälle unter diese besondere Beendigungsmöglichkeit des Mediators fallen. Die einleitende Formulierung mit ‚insbesondere' deutet darauf hin, dass auch andere Gründe für eine Beendigung möglich sind.[320]

---

318 Vgl. zur Hinweispflicht des Richters Stein/Jonas/*Leipold*, Band 3, § 139, Rn. 1.

319 BT-Drucks. 17/5335, Seite 15.

320 *Risse*, SchiedsVZ 2012, 244 [248] sieht diese Formulierung nicht positiv.

Welche das sind, wird durch das Gesetz nicht geregelt. Gemäß dem Wortlaut kommt es hinsichtlich des Beendigungsgrundes nicht auf objektive Kriterien an, sondern vielmehr auf die subjektive Meinung bzw. Wahrnehmung des Mediators (‚wenn er der Auffassung ist'). Eine solche Auslegung nach dem Wortlaut würde dazu führen, dass der Mediator aus jedem erdenklichen vorgeschobenen Grund die Mediation beenden kann. Der Grund muss nach dem Gesetz nicht einmal in den Personen der Parteien liegen. Auch nach der Gesetzesbegründung können Umstände aus dem Wirkungsbereich des Mediators zu einer Beendigung der Mediation führen.[321] Eine Einigung der Parteien kann zum Beispiel auch dann nicht zu erwarten sein, weil der Mediator selbst die Parteien nicht angemessen durch die Mediation führt. Danach könnte der Mediator also das Mediationsverfahren beenden, auch wenn die Parteien eine Möglichkeit sehen, den Konflikt im Wege der Mediation zu lösen.

Es stellt sich hierbei die Frage, ob diese Auslegung nach dem Wortlaut mit dem Sinn und Zweck des § 2 Abs. 5 S. 2 MediationsG übereinstimmt. Der Sinn dieser Regelung könnte sein, eine eindeutig unterlegene Partei zu schützen, damit sie nicht einer für sie sehr nachteiligen Abschlussvereinbarung zustimmt. In diesem Fall würde es dem Schutz der unterlegenen Partei zugutekommen, wenn § 2 Abs. 5 S. 2 MediationsG weit ausgelegt wird und der Mediator nach jedem subjektiven Empfinden die Mediation beenden könnte.

Gegen diese Auslegung spricht jedoch, dass unterlegene Parteien, deren Handeln erheblich eingeschränkt ist oder die nicht zu einem eigenverantwortlichen Handeln in der Lage sind, bereits vom Bürgerlichen Gesetzbuch geschützt sind. Grundsätzlich können die Mediationsparteien in der Abschlussvereinbarung alles vereinbaren, auch wenn es für sie einen Nachteil darstellt. Das Bürgerliche Gesetzbuch schützt aber die Parteien und schränkt die Vertragsfreiheit dahingehend ein, dass Verträge mit nicht geschäftsfähigen Personen gemäß §§ 104 ff. BGB nichtig sind. Irrt eine Person oder ist die Vereinbarung durch Drohung oder Täuschung entstanden, so kann die Partei die Abschlussvereinbarung ausweislich §§ 119 ff. BGB ebenfalls anfechten. Zudem sichern die §§ 138, 242 BGB die Vertragsgerechtigkeit. Einen Schutz der Parteien durch die Beendigungsmöglichkeit der Mediation durch den Mediator ist damit nicht erforderlich und entspricht demzufolge nicht Sinn und Zweck des Gesetzes. Für diese Ansicht spricht ebenfalls, dass nach dem Willen des Gesetzgebers die genannten Paragraphen des Bürgerlichen Gesetzbuches objektive Tatbestandsmerkmale haben. Warum hinsichtlich der fehlenden Einsichtsfähigkeit bei einer Mediation davon

---

321 BT-Drucks. 17/5335, Seite 15.

eine Ausnahme gemacht werden und es hierbei nur auf die Auffassung des Mediators ankommen soll, erschließt sich nicht.

Sinn und Zweck des § 2 Abs. 5 S. 2 MediationsG könnten vielmehr darin bestehen, dass die Funktionsweise des Mediationsverfahrens gesichert werden soll. Für diese Auslegung spricht zum einen der Wortlaut. Nach dem Wortlaut kommt es auf die nicht eigenverantwortlich erfolgende Kommunikation und die nicht zu erwartende Einigung im Mediationsverfahren an, also auf Merkmale, warum ein Verfahren nicht funktioniert und damit nicht erfolgversprechend ist. Der Mediator soll danach dann die Mediation abbrechen, wenn die Parteien nicht gemäß § 2 Abs. 5 S. 2 MediationsG miteinander kommunizieren und daher nicht eigenverantwortlich das Verfahren führen und/oder sich nicht einigen können. Nach diesem Sinn und Zweck der Regelung kommt es bei einem möglichen Beendigungsgrund nicht auf die einzelne Fähigkeit einer Partei an, sondern vielmehr auf das Funktionieren des gesamten Verfahrens. Dafür spricht auch zum anderen, dass der Mediator subjektiv nicht die Einigungsfähigkeit einer Partei feststellen kann. Aber ihm ist es möglich, ein nichterfolgsversprechendes Mediationsverfahren zu erkennen und es deshalb abzubrechen.

Nachfolgend ergibt sich die Frage, welchen Maßstab der Wahrscheinlichkeit, dass die Mediation nicht erfolgreich beendet wird, für die Beendigungsmöglichkeit des Mediators anzusetzen ist. Nach dem Wortlaut des Gesetzes kommt es lediglich auf die Ansicht des Mediators an. Danach ist es dem Mediator auch möglich, bei einem leichten Zweifel das Mediationsverfahren zu beenden. Gegen eine solche geringe Anforderung spricht jedoch, dass die Regelung ein Novum im deutschen Recht darstellt. Dem Mediator werden damit entgegen dem Grundsatz ‚pacta sunt servanda' leichte Möglichkeiten der Beendigung des Mediationsvertrags gewährt, welche in anderen entgeltlichen Verträgen nicht vorgesehen sind. Diese Beendigungsmöglichkeiten des Mediationsverfahrens bergen vielerlei Risiken für die Mediationsparteien. Der Mediator steht regelmäßig in einem Dienstverhältnis[322] mit den Parteien, die ihn für seine Tätigkeit bezahlen.[323] Reine Dienstverträge sind grundsätzlich nur unter den bestimmten Voraussetzungen der §§ 627 f. BGB kündbar. Der Auftragnehmer soll das Dienstverhältnis nicht einfach beenden können, weil der Auftraggeber, welcher die Vergütung zahlt, ansonsten schutzlos gestellt wäre. Sind die Mediationsparteien der Meinung, mit einer Mediation erfolgreich ihren Konflikt beilegen zu können, müssten sie nach einer Beendigung des Mediationsverfahrens einen

---

322 Vgl. Kapitel 2, B., II.

323 *Risse*, SchiedsVZ 2012, 244 [248].

anderen Mediator verpflichten und von vorne mit der Konfliktbeilegung beginnen. Diese Verpflichtung führt, je nach Vertragsgestaltung, zu einem höheren Kosten- und auf jeden Fall zu einem höheren Zeitaufwand des gesamten Konfliktbeilegungsverfahrens. Da der Mediator gemäß § 2 Abs. 5 S. 2 MediationsG das Mediationsverfahren kündigen durfte, könnten die Mediationsparteien mangels Pflichtverletzung des Mediators die an diesen geleistete Vergütung nicht zurückfordern.

Zusätzlich spricht gegen einen geringen Maßstab der Beendigungsmöglichkeit des Mediators, dass die Beendigung während des Mediationsverfahrens dem Prinzip der Parteieigenverantwortlichkeit widerspricht. Eine Beendigung des Verfahrens sollte deshalb nur als ‚ultima ratio' möglich sein. Wenn es nach dem Willen des Gesetzgebers bei der Beendigung des Mediationsverfahrens schon nicht auf die Zustimmung der Parteien ankommt,[324] sollte daher der Mediator nicht nur an der Funktionsfähigkeit des Mediationsverfahrens zweifeln, sondern sich vielmehr sicher sein. Dafür muss er fundierte Anhaltspunkte haben, die auf eine nicht erfolgreiche Mediation schließen lassen. Als Ausnahmevorschrift des Prinzips der Eigenverantwortlichkeit sollte dabei ein besonders hoher Maßstab angesetzt werden.

7. Aktive Mediation und die rechtliche Beratung durch den Mediator

Fraglich ist, ob nach dem Mediationsgesetz eine sogenannte ‚aktive Mediation' möglich ist. In der aktiven Mediation kann der Mediator selbst – die Grenzen bildet das Prinzip der Allparteilichkeit – Lösungen vorschlagen oder die von den Parteien getroffenen Entscheidungen evaluieren.[325] Durch die ‚aktive Mediation' kann der Mediator agieren, wenn die Parteien nicht auf eine eigene Lösung kommen oder eine rechtlich haltlose Vereinbarung[326] schließen.[327] Zu den ausdrücklich im Mediationsgesetz geregelten Aufgaben des Mediators gehört die aktive Mediation jedoch nicht. Gegen die aktive Mediation spräche zunächst, dass die

---

324 Nach *Deutscher Anwaltverein*, 7 f. sollte eine Beendigung des Mediationsverfahrens nur mit der Zustimmung der Mediationsparteien möglich sein.

325 Haft/Schlieffen/*Kracht*, § 12, Rn. 104 ff.

326 *Von Schlieffen*, ZKM 2000, 52 [54]; Die Schranken des Rechtsdienstleistungsgesetzes bleiben davon unberührt, da gemäß § 2 Abs. 3 Nr. 4 RDG eine Rechtsdienstleistung vorliegt, wenn der Mediator rechtliche Regelungsvorschläge einbringt, vgl. *Ahrens*, NJW 2012, 2465 [2468].

327 Befürworter der aktiven Mediation, vgl.: Fritz/Pielsticker/*Pielsticker*, § 2, Rn. 30; *Goldberg/Sander/Rogers/Cole*, 165 ff.; *von Bargen*, 27; *von Schlieffen*, ZKM 2000, 52 [53 f.].

Rolle des Mediators grundsätzlich nur die des Vermittlers sein könnte.[328] Die Lösungsvorschläge des Mediators können die Kreativität der Parteien, eigene Lösungen zu finden, zunichtemachen. Die Lösung ist dann nicht mehr die der Parteien, sondern die eines Dritten, was die Zufriedenheit nach einer Abschlussvereinbarung beeinträchtigen kann.[329] Jedoch schließt das Mediationsgesetz eine aktive Mediation nicht aus und begrenzt die Rolle des Mediators auch nicht auf die eines Vermittlers. Es ist nicht weiter definiert, wie der Mediator den Parteien gemäß § 1 Abs. 1 MediationsG bei ihrer Konfliktlösung hilft. Insbesondere da der Mediator auch bei einer aktiven Mediation keine Entscheidungsbefugnis hat, steht diese nicht im Widerspruch zu den genannten Voraussetzungen für die Anwendung der Mediation.[330] Das Mediationsgesetz bleibt infolgedessen auch anwendbar. Damit kann die aktive Mediation in Übereinstimmung mit den Mediationsparteien angewendet werden.

Handelt es sich bei dem Grund für das Mediationsverfahren um einen rechtlichen Konflikt, könnte der Mediator damit auch die rechtlichen Schranken und Optionen der Abschlussverfügung aufzeigen.[331] Etwa ein Rechtsanwalt als gemäß § 3 Abs. 1 BRAO berufener unabhängiger Berater und Vertreter in allen Rechtsangelegenheiten könnte die Mediationsparteien dabei gemäß § 3 RDG auch rechtlich beraten. Bei Mediatoren hingegen, welche keine Befugnis zur Rechtsberatung haben, ist es fraglich, ob diese auch rechtliche Vereinbarungsvorschläge unterbreiten können.

Gemäß § 3 RDG können rechtliche Vereinbarungsvorschläge nur innerhalb von gesetzlichen Schranken unterbreitet werden, sofern es sich dabei um Rechtsdienstleistungen handelt. In diesem Fall bedarf es für die Ausübung der rechtlichen Beratung also einer Erlaubnisvorschrift durch ein Gesetz. Das Unterbreiten rechtlicher Einigungsvorschläge könnte eine Rechtsdienstleistung darstellen. Ausweislich § 2 RDG fällt unter Rechtsdienstleistung jede Tätigkeit in konkret fremden Angelegenheiten, die eine rechtliche Prüfung im Einzelfall erfordert, also auch die rechtliche Evaluierung und Beratung hinsichtlich einer Abschlussvereinbarung. Allerdings handelt es sich bei einer Mediation gemäß § 2 Abs. 3 Nr. 4 RDG dann nicht um eine Rechtsdienstleistung, sofern die Tätigkeit nicht durch rechtliche Regelungsvorschläge in die Gespräche der Beteiligten

---

328 Völlig ablehnend daher auch *Greger/von Münchhausen*, § 17, Rn. 505: dadurch wird das Mediationsverfahren verlassen und ein Schiedsverfahren begonnen.

329 Vgl. zu der Zufriedenheit der Mediationsparteien nach der Abschlussvereinbarung nachfolgend Kapitel 3, A., I.

330 Siehe Kapitel 2, A.

331 Vgl. *Greger*, AnwBl 2008, 570 [571].

eingreift. Sollte der Mediator bei einer aktiven Mediation durch rechtliche Regelungsvorgaben in die Mediation eingreifen, handelt es sich also um eine Rechtsdienstleistung.

Fraglich ist, ob diese Rechtsdienstleistung durch ein Gesetz erlaubt ist. Das Mediationsgesetz erlaubt ein Eingreifen durch rechtliche Regelungsvorschläge nicht. Nach dem Rechtsdienstleistungsgesetz kommt eine Erlaubnis nur gemäß § 5 Abs. 1 RDG in Betracht. Danach ist eine Rechtsdienstleistung erlaubt, wenn sie als Nebenleistung zum Berufs- oder Tätigkeitsbild einer Haupttätigkeit gehört. Fraglich ist daher, ob der Eingriff durch rechtliche Regelungsvorschläge in einer Mediation als Nebenleistung zu dem Berufs- oder Tätigkeitsbild des Mediators gehört. Ob eine Rechtsberatung zum Tätigkeitsbild des Mediators gehört, hängt von der Verkehrsanschauung ab.[332] Bei einem Beruf, welcher sich in Deutschland gerade erst etabliert, ist die Verkehrsanschauung schwer zu beurteilen. Mit Blick auf die unterschiedlichen Anforderungen an einen Mediator je nach Streitgebiet dürfte eine Rechtsberatung aber nicht als für die Mediation typisch anzusehen sein. Beispielsweise kommt es in Mediationen in Schulen oder bei unternehmensinternen Konflikten nicht unbedingt auf eine rechtliche Beratung an. Zusätzlich hat der Gesetzgeber die rechtliche Beratung nicht als Aufgabe des Mediators im Mediationsgesetz formuliert. Sie gehört damit nicht zu der grundsätzlichen Tätigkeit, sondern kann nur, wenn von den Parteien gewollt, zusätzlich vereinbart werden. Zum allgemeinen Tätigkeitsbild des Mediators gehört die rechtliche Beratung damit nicht. Soweit ein Mediator durch rechtliche Regelungsvorschläge in die Mediationsgespräche eingreift, handelt es sich um eine Rechtsdienstleistung.[333] Mediatoren ohne Rechtsberatungsbefugnis gemäß § 3 RDG dürfen daher keine rechtlichen Regelungsvorschläge unterbreiten.

8. Fazit zu den Aufgaben des Mediators

Die grobe Regelung der Aufgabenbefugnisse und -pflichten des Mediators ist begrüßenswert. Der Mediator und die Parteien haben somit eine ungefähre Vorstellung von dem Berufsbild des Mediators. Nur unter diesen Umständen bekommen der Beruf des Mediators und damit das gesamte Mediationsverfahren jene Konturen, die sie für eine Etablierung in Deutschland benötigen. Zudem hat sich der Schutz der Mediationsparteien erhöht. Durch die gesetzliche Regelung der Aufgaben des Mediators sind die Pflichten des Mediators so weit umschrieben, dass ein Schadensersatz bei einer Pflichtverletzung leichter

---

332 Dreyer/Lamm/Müller/*Dreyer/Müller*, § 5, Rn. 13 f.

333 Vgl. Hartung/*Scharmer*, § 18, Rn. 32; differenzierter *Horstmeier*, Rn. 489 ff.

gerichtlich einklagbar ist. Zusätzlich bleibt das Verfahren dabei so flexibel, dass der Mediator durch unterschiedliche Verfahrensweisen auf die Bedürfnisse und jeweiligen Probleme der Parteien eingehen kann.

IV. Berufliche Qualifikation des Mediators

Der Gesetzgeber hat mit dem Mediationsgesetz die Aus- und Fortbildung des Mediators gesetzlich geregelt. Vor der Einführung des Mediationsgesetzes war die Mediation mangels gesetzlicher Grundlage nicht reguliert.[334] In Deutschland existierten keine Standards hinsichtlich einer Ausbildung für Mediatoren.[335] Jedermann konnte damit ohne eine Ausbildung Mediationen anbieten. Durch die gesetzliche Regelung einer beruflichen Qualifikation soll nun sichergestellt werden, dass die Mediation wirksam, unparteiisch und sachkundig durchgeführt wird.[336] Dabei hat der Gesetzgeber nicht nur, wie in seinem ursprünglichen Gesetzesentwurf vorgesehen, die Mediatorenausbildung dem freien Markt überlassen, indem er nur die Grundausbildung eines Mediators regelt.[337] Er hat auch zusätzlich die Rahmenbedingungen eines zertifizierten Mediators gesetzlich eingeführt, welche der Qualitätssicherung sowie der Markttransparenz und damit dem Verbraucherschutz dienen.[338] Ebendiese differenten Regelungen zu der Mediatorenausbildung werden nachfolgend untersucht.

1. Grundausbildung eines Mediators

Der Gesetzgeber hat in dem Mediationsgesetz die Grundausbildung des Mediators geregelt. Ausweislich § 5 Abs. 1 MediationsG stellt der Mediator in eigener Verantwortung durch eine geeignete Ausbildung und eine regelmäßige Fortbildung sicher, dass er über theoretische Kenntnisse sowie über praktische Erfahrung verfügt, um die Parteien in sachkundiger Weise durch die Mediation zu führen.

Ausweislich § 5 Abs. 1 S. 2 MediationsG soll die Ausbildung dem Mediator insbesondere Kenntnisse über Grundlagen der Mediation sowie deren Ablauf und Rahmenbedingungen, Verhandlungs- und Kommunikationstechniken verschaffen. Zusätzlich soll die Ausbildung Konfliktkompetenz, Kenntnisse über

334 Vgl. Greger/Unberath/*Oehlerking*, Die Zukunft der Mediation in Deutschland, 56; *Redmann*, 115.

335 Vgl. *Tögel/Rohlff*, ZKM 2010, 86 [87].

336 Vgl. Art. 4 Abs. 2 der Mediationsrichtlinie 2008/52/EG; BT-Drucks. 17/5335, Seite 18.

337 Vgl. BT-Drucks. 17/5335, Seite 18.

338 BT-Drucks. 17/8058, Seite 18.

das Recht der Mediation sowie die Rolle des Rechts in der Mediation und praktische Übungen, Rollenspiele und Supervision vermitteln. Mit der Mediatorenausbildung ist es dem Mediator möglich, das Mediationsverfahren und schwierige Gesprächssituationen souverän zu leiten und die Interessen hinter den von den Mediationsparteien geäußerten Positionen zu erkennen.[339] Konkrete Vorgaben zum zeitlichen und sachlichen Umfang und zur Ausbildungsstätte, welche geeignet sind, die Kenntnisse für eine sachkundige Durchführung gemäß § 5 Abs. 1 MediationsG zu vermitteln, hat der Gesetzgeber nicht eingeführt.[340] Wie der Mediator sich diese Ausbildungselemente daher aneignet oder wie er sich fortbildet, wird ihm selbst überlassen.[341] Ein bestimmtes Berufsbild oder eine bestimmte Ausbildung als Zulassungsvoraussetzung zu dem Beruf wurde in dem Mediationsgesetz nicht festgelegt und ist damit für das Tätigwerden als Mediator und damit auch für den Anwendungsbereich des Gesetzes gemäß § 1 Abs. 1 MediationsG[342] nicht erforderlich.[343]

Anders als etwa die Zugangsvoraussetzungen für den Beruf des Rechtsanwaltes gemäß § 4 BRAO in Verbindung mit § 5 DRiG oder die für den Psychotherapeuten gemäß §§ 1, 2, 5, 6 PsychThG werden die Anforderungen an die Ausbildung des Mediators in § 5 Abs. 1 S. 2 MediationsG als Sollvorschriften beschrieben. Die Regelungen im Mediationsgesetz, welche sicher für das erfolgreiche Führen durch eine Mediation hilfreich sind, dienen damit lediglich einer Orientierung. Daher ist es wünschenswert, wenn sich ein Mediator bei seiner Ausbildung an diesen Ausbildungsanforderungen orientiert, zwingend sind sie jedoch nicht. Es stellt sich damit die Frage, ob es zur Qualitätssicherung der Mediation nicht besser gewesen wäre, verpflichtende Ausbildungsstandards zu regeln.[344]

Eine derart starke Reglementierung des Mediatorenberufs könnte jedoch zu einem Verstoß gegen Art. 12 Abs. 1 GG führen,[345] weshalb der Gesetzgeber davon abgesehen haben könnte. Die bisherigen Mediatoren entstammen differenten

---

339 Vgl. *Frankewitsch*, NVwZ 2012, 1514 [1516].

340 Greger/Unberath/*Greger*, § 5, Rn. 4.

341 Greger/Unberath/*Greger*, § 5, Rn. 5, 7.

342 Vgl. Kapitel 2, A., VII.

343 Vgl. auch: *Grundmann*, SchiedsVZ 2012, 229 [230].

344 Nach *Engel/Hornuf*, ZZP 2011, 505 [510] kann die bislang unzureichende Etablierung der außergerichtlichen Mediation in Deutschland auch an einer unzureichenden Qualifikation der Mediatoren liegen.

345 Greger/Unberath/*Greger*, § 5, Rn. 2; *Probst*, JR 2009, 265 [269]; eher ablehnend: *Horstmeier*, Rn. 461.

Berufsfeldern.[346] Durch eine Zulassungsbeschränkung in Form einer bestimmten Ausbildungsvoraussetzung dürften viele Mediatoren Mediationsverfahren nicht mehr anbieten, ohne zusätzlich eine eventuell langwierige Ausbildung zu absolvieren. In dem Einfordern einer bspw. juristischen oder psychologischen Ausbildung könnte eine subjektive Berufszugangsvoraussetzung vorliegen. Eine solche ist gegeben, wenn die Berufsaufnahme an das Vorliegen persönlicher Eigenschaften, Fähigkeiten oder Leistungsnachweise geknüpft ist.[347] Sollte die Tätigkeit als Mediator an eine bestimmte Ausbildung gebunden sein, wäre die Berufsaufnahme an Eigenschaften, Fähigkeiten und Leistungsnachweise geknüpft. Eine subjektive Berufszugangsvoraussetzung läge damit vor. Die subjektive Zulassungsvoraussetzung ist nach dem Bundesverfassungsgericht nur dann gerechtfertigt, wenn sie als gebotene Vorkehrung dem Schutz besonders wichtiger Gemeinschaftsgüter dient, welche der Freiheit des Einzelnen vorgeht, weil sie verhältnismäßig ist.[348] Unabhängig davon, ob ein hoher Ausbildungsstandard dem Schutz besonders wichtiger Gemeinschaftsgüter dient, könnte ein hoher Aus- und Fortbildungsstandard des Mediators nicht verhältnismäßig sein. Ein Verstoß gegen den Grundsatz der Verhältnismäßigkeit liegt dann vor, wenn von einem Berufsbewerber Kenntnisse und Fähigkeiten verlangt werden, welche in keinem Verhältnis zu der geplanten Tätigkeit stehen.[349] Der sehr weite Anwendungsbereich des Mediationsgesetzes ist nicht auf besonders anspruchsvolle Mediationen begrenzt, sondern umfasst Mediationen aller Art. Diese können daher in den unterschiedlichsten Bereichen vorkommen, wie zum Beispiel in Schulen, in Vereinen, in Familien und in der Wirtschaft.[350] Jede Mediation benötigt verschiedene Kenntnisse und Qualitäten des Mediators.[351] Bei komplexen Sachverhalten wäre eine gute Mediatorenausbildung, zum Beispiel im juristischen oder psychologischen Bereich, sicher angemessen. Im Vergleich dazu wird eine akademische Ausbildung zu einem Juristen oder zu einem Psychologen in einer Mediation bei unternehmensinternen Konflikten oder bei Streitigkeiten zwischen Schülern in Schulen nicht erforderlich sein und deshalb oftmals nicht im Verhältnis zu dem Verfahren stehen.[352] Eine starke Reglementierung

346 BT-Drucks. 17/5335, Seite 18.

347 Vgl. BVerfGE 9, 338 [345]; 117, 126 [138]; Stern/*Mann*, Art. 12, Rn. 133.

348 BVerfGE 13, 97 [107]; 19, 330 [337]; 25, 236 [247]; 59, 302 [316]; 69, 209 [218]; 73, 301, [316]; 93, 213 [235]; 119, 59 [88]; Stern/*Mann*, Art. 12, Rn. 131.

349 BVerfGE 54, 301 [331]; 119, 59 [90].

350 Fritz/Pielsticker/*Fritz*, § 5, Rn. 10.

351 Vgl. auch *Montada/Kals*, 59.

352 Vgl. dazu auch: *Klose*, ZKM 2005, 146 [146].

des Mediatorenberufs würde daher unverhältnismäßig sein und infolgedessen zu einem Verstoß gegen Art. 12 Abs. 1 GG führen. Die Ausbildung der Mediatoren verbleibt daher in eigener Verantwortung, was den ständigen Entwicklungen des Mediationsverfahrens und den vielen Tätigkeitsfeldern der Mediatoren gerecht wird.[353]

2. *Zertifizierte Mediatoren*

Zusätzlich zu der Regelung einer Grundausbildung hat der Gesetzgeber die Figur des zertifizierten Mediators in das deutsche Rechtssystem eingeführt. Gemäß § 5 Abs. 2 MediationsG in Verbindung mit § 6 MediationsG hat sich ein zertifizierter Mediator entsprechend den Anforderungen einer Rechtsverordnung fortzubilden. Das Bundesministerium der Justiz ist ohne Zustimmung des Bundesrates ermächtigt, durch diese Rechtsverordnung Näheres über die Ausbildung und Fortbildung des zertifizierten Mediators sowie über die Anforderungen an die Aus- und Fortbildungseinrichtungen zu bestimmen. Das Bundesministerium für Justiz kann damit durch Rechtsverordnungen schnell und effektiv ohne ein längeres Gesetzgebungsverfahren auf Entwicklungen des Mediationsverfahrens in Deutschland reagieren. Unter ‚Näheres' fallen ausweislich § 6 S. 2 MediationsG insbesondere nähere Bestimmungen über die Mindeststundenzahlen und die Inhalte der Aus- und Fortbildung sowie über die erforderliche Praxiserfahrung. Auch die zeitlichen Abstände, in denen die Fortbildung erfolgen soll, die Anforderungen an die Lehrkräfte, Bestimmungen über die Zertifizierung und über den Abschluss der Ausbildung sowie Übergangsbestimmungen für die Mediatoren, welche schon vor dem Gesetz tätig waren, können durch das Bundesjustizministerium geregelt werden. Ein Mediator muss diesen Anforderungen grundsätzlich nicht genügen, um als Mediator tätig sein zu dürfen.[354] Nur wenn er sich als zertifizierter Mediator bezeichnen möchte, muss er sich entsprechend § 5 Abs. 2, § 6 MediationsG ausbilden lassen.

Namenhafte Vertreter von Mediatorenverbänden, Anwälten, Notaren und Hochschulen haben im Arbeitskreis ‚Zertifizierung für Mediatorinnen und Mediatoren' konkretere Ausbildungsinhalte entworfen.[355] Derzeit sollen nach der Gesetzesbegründung und nach dem Verordnungsentwurf des Bundesministeriums der Justiz und für Verbraucherschutz gemäß §3 Abs. 2 BJVZMediatAusbV in 120 Stunden wesentliche Inhalte vermittelt werden, wobei hierbei die

353 Fritz/Pielsticker/*Fritz*, § 5, Rn. 10.
354 Vgl. Kapitel 2, C., IV., 1.
355 BT-Drucks. 17/8058, Seite 18.

Grundlagen der Mediation und die Kommunikationstechniken fast ein Drittel der Zeit einnehmen sollen.[356] In 18 Stunden sollen die zertifizierten Mediatoren eine rechtliche Ausbildung erfahren.[357] Um das Zertifikat zu erlangen, sollen zudem gemäß § 2 BJVZMediatAusbV ein berufsqualifizierter Abschluss einer Berufsausbildung oder eines Hochschulstudiums und eine mindestens zweijährige praktische berufliche Tätigkeit erforderlich sein. Für eine nachweisbare praktische Erfahrung muss der Mediator innerhalb von zwei Jahren vier Mediationsverfahren durchführen.[358] Eine hoheitliche Kontrolle der Ausbildung zum zertifizierten Mediator ist jedoch nicht vorgesehen.

Fraglich ist, ob diese Regelungen über den zertifizierten Mediator für eine Mediation zwingend sind. In Betracht kommt, dass die Parteien mit dem Mediator eine Mediation außerhalb des Mediationsgesetzes vereinbaren bzw. die Regelungen über den zertifizierten Mediator vertraglich abbedingen können. In diesem Fall könnte ein nicht gemäß § 5 Abs. 2 MediationsG in Verbindung mit § 6 MediationsG ausgebildeter Mediator trotzdem als zertifizierter Mediator mit der Einwilligung der Parteien tätig werden.

Gegen eine solche Möglichkeit könnte jedoch sprechen, dass nicht nur die Parteien durch das Berufsbild des zertifizierten Mediators geschützt werden sollen, diese daher nicht dispositionsbefugt sind. Das Berufsbild des zertifizierten Mediators dient auch dem Verbraucherschutz und damit dem Interesse der Allgemeinheit, insgesamt die Qualität von Mediationsverfahren mit einem zertifizierten Mediator sicherzustellen. Es sollen bei einem Mediationsverfahren mit einem zertifizierten Mediator lediglich Personen tätig werden, denen die Unterstützung bei der Lösung eines Konflikts ohne Sorge anvertraut werden kann.[359] Etwaige Beschränkungen des Dienstleistungsberufsbilds ‚zertifizierter Mediator' durch Vereinbarungen mit dem Mediator sind daher nicht nur an den Belangen der Parteien sondern auch am Gemeinwohl zu beurteilen. Da die Parteien nicht über das Allgemeinwohl disponieren können, kann die Qualitätssicherung des Mediationsverfahrens nicht dadurch umgangen werden, dass Mediatoren die Regelungen des zertifizierten Mediators bzw. das gesamte Mediationsverfahren, abbedingen können. Damit kann sich nur derjenige zertifizierter Mediator

356 BT-Drucks. 17/8058, Seite 19; vgl. auch BJVZMediatAusbV, Seite 7 ff.

357 BT-Drucks. 17/8058, Seite 19; vgl. auch BJVZMediatAusbV, Seite 9.

358 Vgl. § 5 BJVZMediatAusbV.

359 Vgl. BVerfGE 54, 301 [315]. Dabei wird dem zertifizierten Mediator durch die vorgeschriebene Ausbildung nur etwas zugemutet, was er ohnehin auf sich hätte nehmen müssen, um den Mediatorenberuf ordnungsgemäß auszuüben, vgl. BVerfGE 7, 377 [407].

nennen, welcher sich entsprechend § 5 Abs. 2, § 6 MediationsG hat ausbilden lassen.

3. Fazit

Die im Mediationsgesetz geregelte Grundausbildung gibt die Richtlinien für eine Ausbildung der Mediatoren vor. Zwingend sind diese Ausbildungsregelungen jedoch nicht. Eine allgemein geltende Berufszulassungsbegrenzung, etwa durch eine juristische oder psychologische Ausbildung als Voraussetzung, wäre verfassungswidrig. Hinsichtlich des zertifizierten Mediators kann das Bundesministerium für Justiz schnell und effektiv ohne längeres Gesetzgebungsverfahren Rechtsverordnungen erlassen. Eine staatliche Kontrolle von zertifizierten Mediatoren ist dabei nicht vorgesehen. Die Regelung bzgl. des zertifizierten Mediators ist zwingend und kann nicht durch eine Vereinbarung der Parteien mit dem Mediator abbedungen werden.

V. Konsequenzen einer Pflichtverletzung

Der Mediator sieht sich mehreren Konsequenzen konfrontiert, wenn er eine Pflicht gegenüber den Parteien verletzt. Neben einer zivilrechtlichen Haftung sind auch straf- und berufsrechtliche Konsequenzen denkbar. Diese werden nachfolgend untersucht.

1. Zivilrechtliche Haftung des Mediators

Mangels spezieller Schadensersatzregelungen im Mediationsgesetz oder im Dienstvertragsrecht[360] sind die allgemeinen Regeln des Schuldrechts im Bürgerlichen Gesetzbuch anwendbar. Damit kann sich ein Anspruch gegen den Mediator – neben deliktischen Ansprüchen – aus vertraglichen- und vorvertraglichen Pflichtverletzungen ergeben.[361]

Als vertraglicher Schadensersatzanspruch kommt dabei §§ 280 Abs. 1, 611 Abs. 1 BGB in Betracht. Als Pflichtverletzung ist eine Nichtleistung, eine Schlechtleistung oder ein Verzug des Mediators denkbar.[362] Eine Haftung kommt dann nicht in Betracht, wenn der Mediator die vorstehend genannten sowie die vertragsautonom vereinbarten Aufgaben und Pflichten eingehalten hat. Zu

360 Bei dem Mediationsvertrag handelt es sich regelmäßig um einen Dienstvertrag, vgl. Kapitel 2, B., II.

361 *Steike/Feller*, § 2, Rn. 138.

362 Greger/Unberath/*Greger*, § 1 Rn. 54.

diesen gehören seine Pflicht zur Neutralität[363] und Unabhängigkeit, seine Pflicht zur Allparteilichkeit, seine Offenbarungs- und Verschwiegenheitspflichten, die Sicherstellung seiner Aus- und Fortbildung und seine übrigen Aufgaben während des Mediationsverfahrens. Daneben muss der Mediator sich auch an die besonders verabredeten vertraglichen Pflichten aus dem Mediationsvertrag halten. Sind bei einem Mediationsvertrag zwischen Mediationsparteien und einem anwaltlichen Mediator auch Rechtsdienstleistungen vereinbart (ausdrücklich oder konkludent), wäre zum Beispiel der Vertrag als Anwaltsdienstvertrag im Sinne von §§ 611 Abs. 1, 675 Abs. 1 BGB zu qualifizieren, so dass der (Anwalts-) Mediator auch nach anwaltlichen Grundsätzen haften würde.[364] In diesem Fall müsste der Anwaltsmediator z. B. auch über drohende Rechtsverluste aufklären und für die Richtigkeit von etwaig gebotenen rechtlichen Belehrungen und/oder Hinweisen einstehen.[365]

Als möglicher Schaden kommen etwa – nachdem die Mediation aufgrund einer Pflichtverletzung des Mediators beendet wurde – die an den Mediator bereits gezahlte Vergütung sowie eine etwaige Differenz zwischen der geschuldeten Vergütung und den Mehrkosten des stattdessen beauftragten Mediators in Betracht.[366] Zu ersetzen wäre z. B. auch jeglicher Vermögensverlust, der durch den Verrat von Geschäftsgeheimnissen und der damit verbundenen Verletzung der Verschwiegenheitspflicht des Mediators entsteht sowie etwaige Vertragsstrafen, die in dem Mediationsvertrag gesondert vereinbart wurden.

Der Mediator haftet unter Umständen auch vor Abschluss des Mediationsvertrags gemäß §§ 280 Abs. 1, 241 Abs. 2, 311 Abs. 2 BGB. Eine vorvertragliche Pflichtverletzung kommt insbesondere dann in Betracht, wenn der Mediator über seine Neutralität und seine Unabhängigkeit bei Abschluss des Mediationsvertrags täuscht oder Umstände, die seine Neutralität oder Unabhängigkeit beeinflussen könnten, gemäß § 3 Abs. 1 MediationsG nicht offenbart. Die Parteien können sich in diesem Fall gemäß §§ 280 Abs. 1, 311 Abs. 2, 241 Abs. 2 BGB in Verbindung mit § 249 Abs. 1 BGB wegen arglistiger Täuschung vom Vertrag lösen, wenn dieser wirtschaftlich belastend ist.[367]

---

363 Greger/Unberath/*Greger*, § 1 Rn. 47.

364 Vgl. *BGH*, NJW 2017, 3442 [3443]

365 *BGH*, NJW 2017, 3442 [3444]; vgl. auch Haft/Schlieffen/*Friedrichsmeier*, § 34, Rn. 41; *Jost*, ZKM 2011, 168 [170]; Klowait/Gläßer/*Gläßer*, § 2, Rn. 37.

366 Vgl. auch Greger/Unberath/*Unberath*, § 2, Rn. 69, 74 und 94.

367 *BGH*, NJW 1998, 302 [303]; Greger/Unberath/*Unberath*, § 2, Rn. 307.

2. *Strafrechtliche Konsequenzen für den Mediator*

Fraglich ist, ob sich der Mediator bei Pflichtverletzungen aus dem Mediationsgesetz ebenfalls strafbar machen kann. Insbesondere zwei strafrechtliche Konsequenzen für den Mediator kommen in Betracht.

Zum einen könnte der Mediator einen Parteiverrat gemäß § 356 StGB begehen. Dafür müsste er beiden Parteien durch Rat oder Beistand im Mediationsverfahren pflichtwidrig in derselben Sache dienen, obwohl eine Partei ihm in seiner Eigenschaft als Anwalt oder Rechtsbeistand Angelegenheiten anvertraut hat. Dieser Tatbestand kommt insbesondere dann in Betracht, wenn der Mediator trotz Tätigkeitsbeschränkung[368] ohne Einverständnis der Mediationsparteien in dem Mediationsverfahren tätig wird. Einen Parteiverrat kann gemäß § 356 Abs. 1 StGB jedoch wie dargestellt lediglich ein Anwalt oder ein anderer Rechtsbeistand begehen. Dieser Tatbestand schützt insbesondere das Vertrauen in den Rechtsbeistand und die Treuepflicht gegenüber seinem Auftraggeber.[369]

Zum anderen ist eine Strafbarkeit durch die Verletzung von Privatgeheimnissen gemäß § 203 Abs. 1 Nr. 3 StGB denkbar.[370] Dafür müsste der Mediator unbefugt ein fremdes Geheimnis, namentlich ein zum persönlichen Lebensbereich oder ein zum Betriebs- oder Geschäftsbereich gehörendes Geheimnis offenbart haben. Eine Strafbarkeit danach kommt dann in Betracht, wenn der Mediator seine Verschwiegenheitspflicht gemäß § 4 MediationsG verletzt hat. Der Mediator ist jedoch lediglich dann strafbar, wenn er einer der in § 203 StGB genannten Berufsgruppen angehört.[371] Dazu gehören u. a. einige Ärzte, Berufspsychologen, Anwälte, Familienberater, Mitglieder von anerkannten Beratungsstellen und Angehörige von Versicherungsunternehmen. Damit wird die Verschwiegenheitspflicht des Mediators gemäß § 4 MediationsG und die Vertraulichkeit für das Mediationsverfahren gewährleistet.[372]

3. *Berufsrechtliche Konsequenzen*

Eine Pflichtverletzung könnte auch zu beruflichen Konsequenzen für den Mediator führen. Soweit das Mediationsgesetz keine spezielleren Regelungen trifft, bleibt das jeweilige Berufsrecht anwendbar.[373] Das ist zum Beispiel gemäß § 18

368 Siehe Kapitel 2, C., I.
369 Lackner/Kühl/*Heger*, § 356, Rn. 1.
370 *Steike/Feller*, § 2, Rn. 138.
371 Greger/Unberath/*Greger*, § 4, Rn. 45.
372 *Steike/Feller*, § 2, Rn. 138.
373 Vgl. BT-Drucks. 17/5335, Seite 14; Henssler/Prütting/*Busse*, § 18 BORA, Rn. 16.

BORA dann der Fall, wenn der Mediator auch Rechtsanwalt ist. Dem Rechtsanwalt drohen bei einer Pflichtverletzung etwa gegen seine Verschwiegenheitspflicht gemäß § 4 MediationsG die anwaltsgerichtlichen Maßnahmen gemäß §§ 43a 113, 114, BRAO.[374]

D. Befugnisse, Pflichten und individuelle Verfahrensvereinbarungen der Mediationsparteien

Das Mediationsgesetz benennt bzgl. der Mediationsparteien ausschließlich deren Befugnisse. Gehen die Parteien einen schuldrechtlichen Vertrag mit dem Mediator ein, haben sie ihm gegenüber aber auch Verpflichtungen. Zusätzlich können sie aufgrund ihrer eigenverantwortlichen Verfahrensgestaltung selbst noch individuelle Verfahrensbestimmungen vereinbaren. Das kann insbesondere hinsichtlich einer Vertraulichkeitsabrede erforderlich sein. Die gesetzlichen Befugnisse sowie die individuellen Verfahrensvereinbarungen werden nachfolgend analysiert.

I. Befugnisse der Mediationsparteien

Die Regelungen im Mediationsgesetz geben den Parteien von Beginn des Mediationsverfahrens bis zu dessen Beendigung Befugnisse an die Hand, die zum einen als Orientierungshilfe und zum anderen dem Schutz der Parteien dienen.

So beginnt das Mediationsverfahren regelmäßig mit der Auswahl des Mediators. Als Ausdruck des Grundsatzes der Eigenverantwortlichkeit[375] und der Freiwilligkeit[376] wählen die Parteien ihren Mediator selbst aus, § 2 Abs. 1 MediationsG. Die Mediationsparteien können mit jedem Mediator einen Mediationsvertrag abschließen.[377] Könnte der Mediator in seiner Unabhängigkeit und Neutralität beeinträchtigt sein oder war er selbst oder seine Berufsausübungs- oder Bürogemeinschaft in derselben Sache schon einmal tätig, ist die Zustimmung der Parteien erforderlich.[378] Da keine gesetzliche Mindestqualifizierung für die Ausbildung des Mediators erforderlich ist,[379] können die Parteien gemäß § 3 Abs. 5 MediationsG jederzeit vom Mediator Informationen über seinen

---

374 Greger/Unberath/*Greger*, § 4, Rn. 46.
375 Fritz/Pielsticker/*Fritz*, § 1, Rn. 9; vgl. Kapitel 2, A., II.
376 Kapitel 2, A., IV.
377 Vgl. Kapitel 2, C., I.
378 Vgl. Kapitel 2, C., I., 1., 2.
379 Vgl. dazu Kapitel 2, C., IV., 1.

fachlichen Hintergrund, seine Ausbildung und seine Erfahrung auf dem Gebiet der Mediation verlangen. Mit dieser Regelung wird die Qualität der Mediatoren gesichert.[380] Wie vorstehend erläutert, ist ungeachtet des Wortlauts das Verlangen einer Partei ausreichend.[381]

Das Mediationsgesetz regelt zum Schutz der Parteien vor Übervorteilung und zum Schutz der Vertraulichkeit auch Befugnisse während des Mediationsverfahrens. Ausweislich § 2 Abs. 3 S. 3 MediationsG müssen sich die Parteien einverstanden erklären, wenn der Mediator mit den Parteien getrennte Gespräche führen will.[382]

Gemäß § 2 Abs. 4 MediationsG können Dritte nur mit der Zustimmung aller Parteien einbezogen werden. Dritte sind nach der Gesetzesbegründung insbesondere Rechtsanwälte und andere Parteivertreter.[383] Durch den nicht abschließenden Wortlaut ‚insbesondere' können Dritte aber auch jede andere Person sein. In Betracht kommt hier, dass ‚einbezogen' allein das Mitverhandeln dritter Personen meint. Sinn und Zweck der Regelung ist zum einen, dass mit dieser Regelung eine ‚Waffengleichheit' während der Mediation gewährleistet wird.[384] Alle Parteien haben nun die Möglichkeit, externe Berater von dem Mediationsverfahren auszuschließen.[385] Ansonsten bestünde die Gefahr einer personellen Unterlegenheit.[386] Zudem kommt mit der gesetzlichen Regelung zum Ausdruck, dass die Parteien eigenverantwortlich das Verfahren wahrnehmen. Sie entscheiden, wer, seien es dritte Personen im Sinne des Gesetzes oder der Mediator selbst, an dem Mediationsverfahren teilnehmen darf. Dies dient auch dem Schutz der Vertraulichkeit des Mediationsverfahrens. Die Vertraulichkeit ist aber nur dann geschützt, wenn es nicht darauf ankommt, ob eine dritte Person an dem Mediationsverfahren partizipiert, sondern ob sie Kenntnisse von dem Verhandlungsinhalt erlangen kann. Es muss daher darauf ankommen, dass bereits die bloße Anwesenheit dritter Personen schon die Zustimmung aller Parteien benötigt, unabhängig davon ob sie an der Verhandlung aktiv teilnehmen. Diese Auslegung entspricht ebenfalls dem Willen des Gesetzgebers.[387] Damit können

---

380 BT-Drucks. 17/5335, Seite 16 f.; Greger/Unberath/*Greger*, § 3, Rn. 58.
381 Vgl. Kapitel 2, C., II., 2., b.
382 Zu den Einzelgesprächen, siehe Kapitel 2, C., III., 2., b.
383 BT-Drucks. 17/5335, Seite 15.
384 *Risse*, SchiedsVZ 2012, 244 [248].
385 *Risse*, SchiedsVZ 2012, 244 [248].
386 *Risse*, SchiedsVZ 2012, 244 [248].
387 BT-Drucks. 17/5335, Seite 15.

dritte Personen nur von den offenbarten Informationen der Mediationsparteien Kenntnis nehmen, soweit alle Parteien dem zustimmen.

Das Mediationsgesetz regelt auch die Beendigungsmöglichkeit der Mediation. Als Ausdruck des Grundsatzes der Eigenverantwortlichkeit[388] und der Freiwilligkeit[389] können die Parteien die Mediation jederzeit beenden, § 2 Abs. 5 S. 1 MediationsG. Eine Form für die Beendigung ist im Gesetz nicht geregelt und damit nicht erforderlich.[390] Fraglich ist, ob sämtliche Parteien das Verfahren beenden wollen müssen, wie es der Wortlaut ‚Parteien können die Mediation jederzeit beenden' nahelegt, oder ob der Beendigungswille einer Partei ausreicht. Eine Fortführung des Mediationsverfahrens ohne Einigungsbereitschaft einer Partei wäre sinnlos.[391] Anders als der Wortlaut ‚Parteien' es vermuten lässt, muss es daher bereits für die Beendigung des Verfahrens ausreichend sein, dass eine Partei von der Mediation Abstand nehmen will.[392]

Ausweislich § 2 Abs. 6 S. 3 MediationsG bedarf es der Zustimmung der Parteien, um eine erzielte Einigung in einer Abschlussvereinbarung zu dokumentieren. Mit der Abschlussvereinbarung wird die Umsetzbarkeit gesichert und ein späterer Streit über den genauen Inhalt des Mediationsergebnisses verhindert.[393] Diese Regelung ist sprachlich misslungen. Der Wortlaut ist irreführend. Während § 2 Abs. 6 S. 1 und 2 MediationsG das Wort ‚Vereinbarung' benutzen, führt § 2 Abs. 6 S. 3 MediationsG mit ‚Abschlussvereinbarung' einen weiteren Begriff ein.[394] Im Gegensatz zu den ‚Vereinbarungen' ist die ‚Abschlussvereinbarung' allein die Dokumentation der Einigung, § 2 Abs. 6 S. 3 MediationsG. Aus dem Wortsinn allein lässt sich dies jedoch nicht konkludieren. Abschlussvereinbarung bedeutet, dass die Vereinbarung das Verfahren abschließt. Alle Vereinbarungen in § 2 Abs. 6 MediationsG meinen aber die in den Mediationsverfahren erzielten Einigungen, welche gleichermaßen regelmäßig die Mediation beenden.[395]

---

388 Fritz/Pielsticker/*Pielsticker*, § 2, Rn. 110; Greger/Unberath/*Greger*, § 2, Rn. 20; vgl. Kapitel 2, A., II.

389 Vgl. Kapitel 2, A., IV.

390 *Risse*, SchiedsVZ 2012, 244 [248].

391 Greger/Unberath/*Greger*, § 2, Rn. 20.

392 *Risse*, SchiedsVZ 2012, 244 [248].

393 Henssler/Koch/*Eidenmüller*, § 2, Rn. 68.

394 Fritz/Pielsticker/*Pielsticker*, § 2, Rn. 150.

395 Vgl. auch Greger/Unberath/*Unberath*, § 2, Rn. 277. Daher wäre es zu begrüßen, wenn der Gesetzgeber eine sprachliche Angleichung vornimmt und zur Klarstellung ‚Vereinbarung' in § 2 Abs. 6 S. 1 und 2 MediationsG mit ‚Abschlussvereinbarung' ersetzen würde, so auch Greger/Unberath/*Unberath*, § 2, Rn. 277.

II. Individuelle Verfahrensvereinbarungen

Die Vertragsparteien können individuelle Vereinbarungen über das Mediationsgesetz hinaus über das Verfahren und ihre Aufgaben sowie Pflichten treffen.[396] Nachfolgend werden die nicht im Gesetz geregelten Pflichten der Parteien gegenüber dem Mediator sowie besondere Vertraulichkeitsvereinbarungen analysiert.

1. Verpflichtungen gegenüber dem Mediator

Verpflichtungen gegenüber dem Mediator sind im Mediationsgesetz nicht geregelt. Es kommt bei den Pflichten der Parteien daher darauf an, was sie mit dem Mediator vereinbart haben. Die gesetzlichen Schranken der Vereinbarungen regelt dann das BGB. Sofern die Parteien den Mediationsvertrag als Dienstvertrag vereinbaren, sind sie verpflichtet, dem Mediator eine Vergütung zu zahlen, § 611 Abs. 1 BGB.[397] Wie hoch die Vergütung ist und welche Partei die Vergütung zahlen muss, richtet sich nach der Vereinbarung der Parteien und muss, sofern nötig, durch Auslegung ermittelt werden, §§ 133, 157 BGB.[398] Ist die Höhe der Vergütung nicht geregelt, ist eine übliche Vergütung als vereinbart anzusehen, § 612 Abs. 2 BGB.

2. Vertrag über die Vertraulichkeit

Das Mediationsgesetz verpflichtet die Parteien nicht zur Verschwiegenheit. Das Gesetz bietet daher keinen ausreichenden Schutz der Vertraulichkeit. Ausweislich § 4 MediationsG ist lediglich der Mediator zur Verschwiegenheit verpflichtet. Die Mediationsparteien und dritte Personen sind nach dem Mediationsgesetz demzufolge nicht daran gehindert, Informationen aus dem Mediationsverfahren in einem nachfolgenden Rechtsstreit einzubringen.[399] Für den Erfolg der Mediation ist aber wesentliche Voraussetzung, dass die Parteien offen miteinander reden können, ohne dass ihre Einlassung später gegen sie verwendet werden kann oder dass sie dies befürchten müssen.[400] Unabhängig von den gesetzlichen Regelungen können die Mediationsparteien durch Vereinbarung aufgrund der

---

396 Vgl. Kapitel 2, B., II; Kapitel 2, A. VI.

397 Vgl. Kapitel 2, B., II.

398 Greger/Unberath/*Unberath*, § 2, Rn. 212.

399 Fischer/Unberath/*Wagner*, 100.

400 *Peters*, JR 2009, 314 [315]; vgl. auch Erwägungsgrund 23 der Mediationsrichtlinie 2008/52/EG.

Parteiautonomie die Verschwiegenheitspflicht erweitern.[401] Sie können daher in der Mediationsabrede und im Mediationsvertrag die Pflicht zur Wahrung der Vertraulichkeit selbst beschließen.[402]

In Betracht kommt zwar unter Umständen, dass eine Vertraulichkeitsvereinbarung im Wege ergänzender Vertragsauslegung gemäß §§ 133, 157 BGB ermittelt wird.[403] Rechtssicherheit wird dadurch aber nicht gewährleistet. Wie ein Richter in einem späteren Rechtsstreit den Vertrag auslegt, ist ungewiss. Sicherer für die Parteien ist, die Vertraulichkeit in dem Mediationsvertrag zu beschließen. Durch einen derartigen Vertrag werden die Parteien bzw. Dritte,[404] welche weder Mediator noch seine Hilfspersonen sind, zur Vertraulichkeit verpflichtet. Die Verletzung einer solchen Vertraulichkeitsvereinbarung kann auch zu haftungsrechtlichen Konsequenzen führen.[405]

Fraglich ist, wie eine wirksame Vertraulichkeitsabrede ausgestaltet werden muss, um einen möglichst hohen Schutz für die Parteien zu gewährleisten. In Betracht kommt, die Vertraulichkeitsabrede inhaltlich als Prozessvertrag auszugestalten.[406] Prozessverträge sind dann anerkannt und wirksam, wenn das vereinbarte Verhalten möglich ist und dabei nicht gegen ein gesetzliches Verbot oder die guten Sitten verstoßen wird.[407] Damit können die Parteien andere, insbesondere auch den Mediator, von ihrem etwaigen zukünftigen Zivilprozess als Zeugen ausschließen.[408] Speziell der Mediator kann, wie vorstehend expliziert,

---

401 Umgekehrt können die Parteien auch einzelne oder alle zur Verschwiegenheit verpflichteten Personen von der Verschwiegenheitspflicht befreien, BT-Drucks. 17/5335, Seite 17; vgl. dazu Kapitel 2, D., II., 2.

402 Vgl. BT-Drucks 17/5335, Seite 17.

403 Greger/Unberath/*Greger*, § 4, Rn. 58; Haft/Schlieffen/*Hartmann*, § 44, Rn. 22; *Hilber*, 79; *Oldenbruch*, 88 ff.

404 Greger/Unberath/*Greger*, § 4, Rn. 76.

405 Da grundsätzlich nach dem BGB nur die Höhe des kausalen Schadens ersetzt wird (§ 280 Abs. 1, 249 Abs. 1 BGB), können auch neben Beweiserhebungs- und Beweisverwertungsverboten individuelle Vertragsstrafen vereinbart werden, vgl. *Eckardt/Dendorfer*, MDR 2001, 786 [792]; Greger/Unberath/*Greger*, § 4, Rn. 60. Das ist insbesondere dann relevant, wenn ein Schaden durch die Verletzung der Verschwiegenheit nicht entstehen kann, sondern es sich vielmehr um intime Informationen handelt, die nicht für Dritte bestimmt sind.

406 So auch *Wenzel*, 103; Zur Zulässigkeit eines Prozessvertrags, siehe auch: *Wagner*, NJW 2001, 1398 [1400].

407 *BGH*, NJW-RR 2006, 632 [634]; BGHZ 109, 19 [28 f.]; vgl. auch Fischer/Unberath/*Wagner*, 102; *Oldenbruch*, 123 f., *Wagner*, 439 ff.

408 Baetge/von Hein/von Hinden/*Wagner/Thole*, 939.

trotz Verschwiegenheitspflicht gemäß § 4 MediationsG als Zeuge vor Gericht aussagen.[409] Ein entsprechend formulierter Prozessvertrag kann zwei Rechtsfolgen haben. Zum einen kann dadurch eine dritte Person und insbesondere der Mediator nicht mehr als Zeuge benannt werden. Zum anderen können die Parteien das Vortragen von bestimmten, in der Mediation genannten Tatsachen durch die jeweils andere Partei verhindern.[410]

Werden dritte Personen trotz Verschwiegenheitsvereinbarung im Prozessvertrag als Zeugen benannt, ist der Beweisantrag für das Gericht im Zivilprozess unbeachtlich.[411] Das Gericht darf über eine Behauptung, welche der Verschwiegenheitspflicht unterliegt, nicht Beweis erheben.[412] Das gilt auch dann, wenn der Beweisantrag von einer an der Vertraulichkeitsvereinbarung nicht beteiligten Partei gestellt wird.[413] Im Strafprozess[414] und im Verwaltungsprozess zeigt die Vertraulichkeitsvereinbarung hingegen keine Wirkung.[415] Zum einen hat das Strafverfolgungsinteresse gegenüber dem Mediationsgeheimnis Vorrang, zum anderen besteht wegen des Amtsermittlungsgrundsatzes des Verwaltungsgerichts (§ 86 Abs. 1 VwGO) keine Bindung an Prozessverträge.[416]

Bei einer vertraglichen Verschwiegenheitsregelung muss bedacht werden, dass diese nicht dazu führen darf, dass eine Partei in einem späteren gerichtlichen Verfahren der Möglichkeit beraubt wird, etwas vorzutragen, weil sie die Tatsachen schon im Mediationsverfahren erwähnte.[417] Dann würde die Möglichkeit bestehen, in die Mediation zu flüchten, um das Vortragen von Tatsachen

409 Vgl. dazu Kapitel 2, C., II., 3., a.

410 Vgl. Baetge/von Hein/von Hinden/*Wagner/Thole*, 938 f.; BGHZ 38, 254 [258]; 109, 19 [28 f.]; Fischer/Unberath/*Wagner*, 102; *Wagner*, 620 ff., 683 ff.; a. A. Zöller/*Greger*, § 138, Rn. 5: danach kann sich die Vertraulichkeitsabrede nur auf den Ablauf von Verhandlungen oder das Nichtbenennen von Beweismitteln beziehen. Entscheidungserhebliche Tatsachen sind von einer solchen Abrede jedoch nicht umfasst. Vgl. dazu auch *Oldenbruch*, 123 ff.

411 *Eidenmüller*, 27; Greger/Unberath/*Greger*, § 4, Rn. 61; *Wagner*, 685; Zöller/*Greger*, § 278, Rn. 30; nach Haft/Schlieffen/*Hartmann*, § 44, Rn. 33 bekommt der jeweilige Benachteiligte durch den Prozessvertrag lediglich eine Einrede, die erhoben werden muss.

412 Greger/Unberath/*Greger*, § 4, Rn. 61; a. A. Haft/Schlieffen/*Hartmann*, § 44, Rn. 33.

413 Greger/Unberath/*Greger*, § 4, Rn. 61; a. A. Haft/Schlieffen/*Hartmann*, § 44, Rn. 33.

414 BT-Drucks 17/5335, Seite 17.

415 Greger/Unberath/*Greger*, § 4, Rn. 63 f.

416 Greger/Unberath/*Greger*, § 4, Rn. 63 f.; Haft/Schlieffen/*Hartmann*, § 44, Rn. 36 f.; vgl. auch *Wagner*, NJW 2001, 1398 [1400].

417 Fischer/Unberath/*Wagner*, 105; Greger/Unberath/*Greger*, § 4, Rn. 48 f.

der Gegenpartei im Zivilprozess zu verhindern.[418] Eine derartige Konsequenz ist vermeidbar, wenn in der Vereinbarung zum Ausdruck kommt, dass eigene eingebrachte Tatsachen, Zugeständnisse oder Behauptungen nicht unter die Vertraulichkeitsabrede fallen.[419] Hingegen sollten Stellungnahmen der Gegenseite zu Tatsachen gegen deren Willen nicht in den Rechtsstreit eingeführt werden dürfen.[420] Damit würde zwar nicht verhindert, dass hinsichtlich in der Mediation zugestandener Tatsachen weitere Nachforschungen betrieben werden.[421] Diese müssten die jeweilige Partei aber selbst beweisen, ohne dass es auf die vorherige Stellungnahmen der Gegenseite ankommen kann.[422] Ein Mindestschutz wäre damit garantiert.

Es erscheint ebenfalls nicht sachgerecht, dritte Personen, die ihre Kenntnisse außerhalb des Mediationsverfahrens gewonnen haben, von einer Zeugenvernehmung auszuschließen.[423] Die Benennung von Zeugen sollte daher nur insoweit eingeschränkt werden, als dass sie Informationen betrifft, die innerhalb des Mediationsverfahrens gewonnen wurden.[424] Die Parteien könnten dementsprechend einer umfassenden, vertraglichen Vertraulichkeitsbestimmung folgendermaßen Ausdruck verleihen:

> *Die Parteien sind verpflichtet, über das Verfahren der Mediation[425] und die in ihr von der jeweiligen Gegenseite abgegebenen Stellungnahmen Verschwiegenheit zu wahren. „Auch in einem etwaigen gerichtlichen oder schiedsgerichtlichen Verfahren dürfen diese Vorgänge [sic! und Stellungnahmen – Anm. d. V.] nicht vorgetragen werden."[426] Der Mediator und dritte Personen, die bei dem Mediationsverfahren anwesend waren, dürfen in einem nachfolgenden Gerichts- beziehungsweise Schiedsgerichtsverfahren weder als Sachverständiger noch als Zeuge für Tatsachen benannt werden, die ihnen während des Mediationsverfahrens offenbart wurden.*[427]

418 Fischer/Unberath/*Wagner*, 105; *Graf-Schlicker*, ZKM 2009, 83 [85].
419 Fischer/Unberath/*Wagner*, 105.
420 Fischer/Unberath/*Wagner*, 105.
421 Vgl. Greger/Unberath/*Greger*, § 4, Rn. 49.
422 Greger/Unberath/*Greger*, § 4, Rn. 49 ff.
423 Vgl. *Wenzel*, 104.
424 *Hofmann*, SchiedsVZ 2011, 148 [150 f.]; *Wenzel*, 104.
425 Vgl. Greger/Unberath/*Greger*, § 4, Rn. 53.
426 Greger/Unberath/*Greger*, § 4, Rn. 53.
427 Vgl. *Eckardt/Dendorfer*, MDR 2001, 786 [790].

III. Fazit

Die gesetzlichen Regelungen der Befugnisse gewähren einen Mindestschutz der Mediationsparteien sowie die Funktionalität des Mediationsverfahrens. Durch die verschiedenen Zustimmungserfordernisse können Parteien auf das Verfahren Einfluss nehmen. Die Verpflichtungen gegenüber dem Mediator richten sich nach ihren jeweiligen individuellen Vereinbarungen und den damit verbundenen Vertragsregelungen aus dem Bürgerlichen Gesetzbuch. Um Parteien zur Verschwiegenheit zu verpflichten bzw. dritte Personen als Zeugen vor Gericht auszuschließen, kommt ein Prozessvertrag in Betracht.

E. Finanzielle Förderung der Mediation

Ausweislich § 7 Abs. 1 MediationsG können Bund und Länder wissenschaftliche Forschungsvorhaben vereinbaren, um die Folgen einer finanziellen Förderung der Mediation für die Länder zu ermitteln. Auf Antrag einer rechtssuchenden Person kann im Rahmen dieser Forschungsvorhaben zusätzlich eine finanzielle Förderung gemäß § 7 Abs. 2 S. 1 MediationsG bewilligt werden, wenn sie selbst nach ihren wirtschaftlichen oder persönlichen Verhältnissen die Kosten der Mediation nicht oder nur zum Teil aufbringen kann und die beabsichtigte Rechtsverfolgung oder Rechtsverteidigung nicht mutwillig erscheint. Die gemäß Art. 91b Abs. 1 S. 1 Nr. 1 GG zulässige Förderung wird insbesondere im Aufbringen der finanziellen Mittel bestehen.[428] Denkbar als Förderung ist dann zum Beispiel die Erstattung des Honorars des Mediators für eine bestimmte Anzahl von Mediationsstunden.[429] Ausweislich § 7 Abs. 2 S. 2 MediationsG muss der Antrag bei einem Gericht mit einem entsprechenden Forschungsvorhaben eingereicht werden, das auch selbst über den Antrag entscheidet.

Laut Gesetzgeber sollte sich nach ersten Untersuchungen die finanzielle Unterstützung unter wirtschaftlichen Gesichtspunkten für die Länder lohnen.[430] Danach liegt die Kostenübernahme einer Mediation unter den Aufwendungen, welche aktuell für die Prozess- und Verfahrenskostenhilfen getätigt werden.[431] Die Verfahrenskostenhilfe wird nachfolgend untersucht. Dabei wird insbesondere auch auf deren Ausgestaltung eingegangen.

---

428 Greger/Unberath/*Greger*, § 7, Rn. 4.
429 BT-Drucks. 17/5335, Seite 18; vgl. *Hopt/Steffek*, 129 f., 340 f.
430 A. A. Fischer/Unberath/*Poppenhäger*, VII.
431 BT-Drucks. 17/5335, Seite 18.

I. Verfahrenskostenhilfe

Die finanzielle Förderung der Mediation ist in ihrem Ansatz begrüßenswert. Die Regelung dazu dient der Umsetzung der Mediationsrichtlinie 2008/52/EG. Ausweislich Art. 4 Abs. 1 der Richtlinie sollen die Mitgliedstaaten die Entwicklung der Mediation und Verfahren zu deren Qualitätskontrolle fördern. Die Kostenhilfe unterstützt diese Förderung, da andernfalls finanziell schlechter gestellte Parteien den Gang zum Gericht wählen müssten, weil sie nur dort finanzielle Unterstützung bekämen und ein Mediationsverfahren nicht selbst bezahlen könnten.[432] Die aktuelle Situation sieht eine Verfahrenskostenhilfe in den Gerichtsverfahren für finanziell Hilfsbedürftige vor.[433] Die außergerichtlichen Mediationskosten während eines Gerichtsverfahrens können dabei aber nicht in die Verfahrenskosten einbezogen werden.[434] Das Mediationsgesetz enthält keine mit der Prozesskostenhilfe vergleichbare Mediationskostenhilfe.[435] Auch in der Zivilprozessordnung ist eine Regelung hinsichtlich der Kosten des Mediators für die außergerichtliche Mediation nicht enthalten. Fraglich ist, ob § 121 ZPO analog angewendet werden kann. Analog § 121 ZPO könnte der Mediator als dem Prozesskostenhilfeberechtigten beigeordnet gelten, mit der Folge, dass die Kosten entsprechend § 34 RVG in Verbindung mit § 45 RVG erstattungsfähig sind.[436] Die für eine analoge Anwendung erforderliche planwidrige Regelungslücke liegt jedoch nicht vor.[437] Während des Gesetzgebungsverfahrens hat der Rechtsausschuss der Expertenanhörung auf das Fehlen einer Mediationskostenhilferegelung hingewiesen,[438] weshalb davon auszugehen ist, dass der Gesetzgeber sich bewusst dagegen entschieden hat.[439] Damit scheidet eine analoge Anwendung aus. Um die Mediation zu fördern sollte der Gesetzgeber an

---

432 Vgl. *Bercher/Engel*, ZRP 2010, 126 [128]; Greger/Unberath/*Greger*, § 7, Rn. 16.

433 Vgl. §§ 115 ff. ZPO; § 113 Abs. 1 S. 2 FamFG in Verbindung mit §§ 115 ff. ZPO; § 73a Abs. 1 SGG in Verbindung mit § 115 ff. ZPO; § 11a Abs. 1 ArbGG in Verbindung mit §§ 115 ff. ZPO.

434 *Fölsch*, § 3, Rn. 93; *Götsche*, FamRZ 2009, 383 [384]; MüKo-FamFG/*Schumann*, § 156, Rn. 15; *OLG Dresden*, FamRZ 2007, 489 [489 f.]; vgl. auch *Proksch*, ZKM 2010, 39 [42]; a. A. *AG Eilenburg*, FamRZ 2007, 1670 [1670 f.].

435 Vgl. MüKo-FamFG/*Schumann*, § 156, Rn. 15.

436 Vgl. *AG Eilenburg*, FamRZ 2007, 1670 [1670 f.].

437 So auch *Effer-Uhe*, NJW 2013, 3333 [3334].

438 Pressemitteilung des Rechtsausschusses zur Expertenanhörung vom 25. Mai 2011, einsehbar unter www.bundestag.de/dokumente/textarchiv/2011/34433909_kw21_pa_recht/205354.

439 *Effer-Uhe*, NJW 2013, 3333 [3334].

dieser Stelle nachbessern, wobei die Gebührenhöhe abweichend von § 34 Abs. 1 S. 1 RVG begrenzt werden sollte.[440]

II. Gesetzliche Ausgestaltung der Verfahrenskostenhilfe

Die Verfahrenskostenhilfe gemäß § 7 Abs. 2 S. 1 MediationsG muss nach dem Wortlaut „im Rahmen des Forschungsvorhabens" noch umgesetzt werden und ist damit nur eine Vorgabe des Gesetzgebers.[441] Die Umsetzung hat sich an den gesetzlichen Vorgaben zu orientieren.[442] § 7 Abs. 2 MediationsG ist sprachlich an die Gerichtskostenhilfe gemäß § 114 Abs. 1 S. 1 ZPO im Zivilverfahren angelehnt. Anders als im Zivilprozess ist es für die Förderung jedoch keine Voraussetzung, dass eine hinreichende Erfolgsaussicht der beabsichtigten Rechtsverfolgung bzw. Rechtsverteidigung besteht, weil rechtliche Aspekte und damit die rechtliche Erfolgsaussicht bei der Mediation lediglich eine untergeordnete Rolle spielen.[443] Kommt es nicht zu einem gerichtlichen Vergleich, orientiert sich das Urteil des Richters nur an der Rechtslage.[444] Im Gegensatz dazu stehen im Mediationsverfahren der Interessenausgleich der Parteien und nicht das objektive Recht[445] im Zentrum der Auseinandersetzung.[446] Anstatt nur wie in einem Gerichtsverfahren über Ansprüche zu reden, wird in der Mediation nach den diesen zugrunde liegenden Interessen und Bedürfnissen gefragt. Damit werden Möglichkeiten neuer alternativer Lösungen eröffnet.[447] Im Mediationsverfahren ist der Fokus darauf gerichtet, die Interessen der Parteien zu befriedigen und nicht ein rechtlich einwandfreies Ergebnis zu finden.[448] Kriterium ist es daher allein, dass der Konflikt zur Mediation geeignet ist, die ‚Rechtsverfolgung bzw. Rechtsverteidigung' also nicht mutwillig erscheint. Ein Mediationsverfahren erscheint dann mutwillig, wenn eine verständige, nicht hilfsbedürftige Partei an dieser Stelle keine Mediation in Anspruch nehmen würde.[449]

---

440 Vgl. *Bercher/Engel*, ZRP 2010, 126 [128]; *Effer-Uhe*, NJW 2013, 3333 [3334].

441 So auch: Greger/Unberath/*Greger*, § 7, Rn. 1, 5.

442 So auch: Greger/Unberath/*Greger*, § 7, Rn. 1, 5.

443 BT-Drucks. 17/5335, Seite 18; vgl. auch *Bercher/Engel*, ZRP 2010, 126 [128].

444 *Breidenbach*, 307; *Risse*, SchiedsVZ 2012, 244 [245].

445 Vgl. Baetge/von Hein/von Hinden/*Wagner/Thole*, 931.

446 *Breidenbach*, 307; Breidenbach/Henssler/*Mähler/Mähler*, 19 f; vgl. auch Henssler/Koch/*Eidenmüller*, § 2, Rn. 64.

447 *Von Bargen*, 44.

448 Baetge/von Hein/von Hinden/*Wagner/Thole*, 931.

449 BT-Drucks. 17/5335, Seite 19.

Fraglich ist jedoch, ob eine Umsetzung der Verfahrenskostenhilfe überhaupt erforderlich ist. Dagegen spricht zumindest, dass es sich bei der finanziellen Unterstützung der Mediation um eine Sachleistung des Staats handelt. Damit liegt eine sogenannte Leistungsverwaltung vor, sodass auch ohne Rechtsgrundlage Hilfe gewährt werden kann.[450] Die Rechtsprechung verlangt in diesen Fällen für die Gewährung der Leistung eine normative Grundlage, nicht jedoch für deren Abwicklung.[451] Diese Voraussetzungen liegen hier vor. Ausweislich § 7 Abs. 2 S. 1 MediationsG kann eine finanzielle Förderung gewährt werden. Wie diese Förderung abgewickelt wird, das heißt, welche Voraussetzungen dafür gegeben sein müssen, bedarf damit keiner gesetzlichen Grundlage. Eine nähere Regelung in der Vereinbarung zwischen Bund und Ländern ist damit ausreichend. Bei einer Versagung darf lediglich nicht der Gleichheitssatz verletzt werden oder der Rahmen der gesetzlichen Zweckbestimmung unbeachtet bleiben.[452] Damit ist eine gesetzliche Umsetzung für die Verfahrenskostenhilfe nicht erforderlich.[453]

Insbesondere aber im Hinblick auf die Unanfechtbarkeit der Entscheidung des Gerichts gemäß § 7 Abs. 2 S. 3 MediationsG erscheint der hilfsbedürftige Bürger ohne bestimmte Anspruchsvoraussetzung schutzlos. Eine Förderung der Mediation erfordert für Bedürftige eindeutige Anspruchsvoraussetzungen. Ansonsten ist der Gang zum Gericht hinsichtlich der Kostenhilfe der sicherere Weg. Dort sind die Voraussetzungen für die Prozesskostenhilfe ausweislich §§ 115 ff. ZPO präzise formuliert. Der Gesetzgeber sollte tätig werden und die Anspruchsvoraussetzungen nach dem Vorbild der Zivilprozessordnung regeln.[454] Statt der für die Prozesskostenhilfe erforderlichen ‚hinreichenden Aussicht auf Erfolg' oder der ‚beabsichtigte[n] Rechtsverfolgung oder Rechtsverteidigung' muss, wie vorstehend dargestellt, die ‚materielle Mediationsgeeignetheit' – also die Möglichkeit, einen Konflikt durch die Mediation lösen zu können – Voraussetzung für eine Mediationskostenhilfe sein.[455]

---

450 Vgl. *Peine*, § 2, Rn. 37.

451 Vgl. BVerwGE 58, 45 [48]; Hofmann/Gerke/*Hofmann*, Rn. 192.

452 Vgl. BVerwGE 58, 45 [48]; Hofmann/Gerke/*Hofmann*, Rn. 192.

453 A. A. Greger/Unberath/*Greger*, § 7, Rn. 5.

454 Greger/Unberath/*Greger*, § 7, Rn. 6 ff.

455 *Steffek*, RabelsZ 2010, 841 [872].

F. Evaluierung der Mediation durch Bund und Länder

Nach dem Mediationsgesetz erfolgt eine Evaluierung in zweierlei Hinsicht. Zum einen können Bund und Länder ausweislich § 7 Abs. 1 MediationsG wissenschaftliche Forschungsvorhaben vereinbaren, um die Folgen der vorstehend vorgestellten Finanzierungshilfe zu ermitteln. Dem Deutschen Bundestag werden dann von der Bundesregierung die Ergebnisse dieser Ermittlung vorgestellt, § 7 Abs. 3 MediationsG. Zum anderen berichtet die Bundesregierung dem Deutschen Bundestag bis zum 26. Juli 2017 über die Auswirkung des Mediationsgesetzes auf die Entwicklung der Mediation in Deutschland und über die Aus- und Fortbildung der Mediatoren, § 8 Abs. 1 S. 1 MediationsG. Insbesondere soll untersucht und bewertet werden, ob aus Gründen der Qualitätssicherung und des Verbraucherschutzes weitere gesetzgeberische Maßnahmen auf dem Gebiet der Aus- und Fortbildung notwendig sind, § 8 Abs. 1 S. 2 MediationsG. In diesem Fall soll dann die Bundesregierung gesetzgeberische Maßnahmen vorschlagen, § 8 Abs. 2 MediationsG. Mit diesen Gesetzen deutet der Gesetzgeber eine erneute Gesetzesnovellierung an, die auf den in fünf Jahren gesammelten Erkenntnissen beruhen soll.[456]

Die Evaluierungsvorschriften sind begrüßenswert. Da die Rahmenbedingungen für die Konfliktlösung durch Mediation erstmals gesetzlich geregelt sind und die Mediation sich noch in der Entwicklung befindet, ist eine Evaluierung des Gesetzes erforderlich.[457] Die Bundesregierung ist somit angehalten, die Entwicklung der Mediation zu beobachten und dazu wissenschaftliche Forschung betreiben zulassen. Erfasst werden können insbesondere die Akzeptanz der Mediation in Deutschland, der Anwendungsbereich, bei dem die Mediation erfolgreich praktiziert wird, die Erforderlichkeit einer finanziellen Förderung und die Auswirkungen auf die Vermeidung oder die einvernehmliche Beendigung justizieller Verfahren.[458] Unter diesen Umständen ist es dem Gesetzgeber möglich, anhand von verlässlichen empirischen Untersuchungen auf die Entwicklung der Mediation durch eine Gesetzesanpassung einzuwirken.[459]

Die Erfahrungen in Deutschland mit der Mediation als Konfliktlösungsinstrument sind vor allem auf die Modelle der Gerichte begrenzt.[460] Sollte nach

---

456 Fritz/Pielsticker/*Pielsticker*, § 8, Rn. 1; Greger/Unberath/*Greger*, § 8, Rn. 1; *Risse*, SchiedsVZ 2012, 244 [252].

457 BT-Drucks. 17/8058, Seite 20.

458 BT-Drucks. 17/8058, Seite 20.

459 Vgl. *Deutscher Notarverein*, 2.

460 Vgl. zu der gerichtsinternen Mediation in den Gerichtsmodellen Kapitel 3, G., I.

den Untersuchungen Handlungsbedarf insbesondere bei der Ausbildung der Mediatoren auftreten, kann das Justizministerium ohne Gesetzgebungsverfahren durch Rechtsordnungen schnell handeln, § 6 MediationsG. Insbesondere durch eine intensivere staatliche Überprüfung der Qualifikation von Mediatoren bzw. der Überprüfung der Ausbildungsträger können die Qualifikationsanforderungen angepasst werden.[461] Ansonsten sollte der Gesetzgeber nochmals tätig werden und das Mediationsgesetz verändern. Gewährleistet wird damit eine stetige Verbesserung und Fortbildung des Mediationsverfahrens anhand von praktischen Erfahrungen. Die Mediation kann somit auf den neuesten Stand der Entwicklung gebracht, schlechte Entwicklungen können korrigiert oder gute angestoßen werden.

Begrüßenswert ist, dass das ursprüngliche Vorhaben des Gesetzgebers im Regierungsentwurf, diese Forschungen nur auf Familiensachen zu beschränken, nicht Eingang in das Gesetz gefunden hat. Mit der Förderung aller Mediationsbereiche wird eine stetige Optimierung der Evaluation gewährleistet. Ausweislich der Begründung des Entwurfs sollte zunächst ausschließlich dieser Bereich gefördert werden, da hier viele mediationsgeeignete Streitigkeiten auftreten und die Verfahrenskostenhilfe in diesem Bereich besonders hoch ist.[462] Eine Priorisierung der Familiensachen ist nicht nachvollziehbar, da für das Etablieren der Mediation in Deutschland alle Verfahren untersucht und gefördert werden müssen.[463] Aufgrund der engen Beziehungen zwischen den Parteien unterscheidet sich das Mediationsverfahren in Familiensachen von anderen zivil- und verwaltungsrechtlichen Mediationsverfahren. Der Gesetzgeber wäre insofern hinter den Anforderungen der Richtlinie zurückgeblieben.[464]

G. Gesamtwürdigung des Mediationsgesetzes[465]

Um das Mediationsgesetz beurteilen zu können, muss es an seinem Ziel, der Förderung der Mediation,[466] gemessen werden. Das Gesetz ist daher insbesondere dann ein Erfolg, wenn das Vertrauen der Bevölkerung in das Mediationsverfahren wächst und diese Möglichkeit der Streitbeilegung vermehrt wahrgenommen wird. Fraglich ist, wie das Ziel erreicht werden kann. Vor dem Inkrafttreten des

461 BT-Drucks. 17/8058, Seite 20.
462 BT-Drucks. 17/5335, Seite 18.
463 Vgl. *Deutscher Anwaltverein*, 5.
464 Vgl. Kapitel 1, A.
465 § 9 MediationsG wird in Kapitel 3, G., II., 1. erläutert.
466 Vgl. Kapitel 1, B., II.

Gesetzes wurden Mediationen freiberuflich und ohne ausdrückliche rechtliche Regelungen durchgeführt. Die Folgen eines Verfahrens ohne ausdrückliche Rechtsgrundlage sind neben einer damit einhergehenden Rechtsunsicherheit eine nicht gesicherte Qualität des Mediationsverfahrens und des Mediators. Insbesondere im Haftungsrecht konnten dem Mediator erschwert Pflichtverletzungen vorgeworfen werden, wenn nicht zusätzlich ein Vertrag ausführlich seine Pflichten definiert hat. Diese Mängel des Mediationsverfahrens führten dazu, dass es nicht als Alternative zum Rechtsstreit wahrgenommen werden konnte. Aufgrund der Rechtsunsicherheit bestand aus Sicht des Verbrauchers das Risiko, dass durch ein Mediationsverfahren ein rechtlicher Nachteil entsteht bzw. das Verfahren für eine günstige und schnelle Lösung qualitativ nicht geeignet ist.

Das Mediationsgesetz kann diesen Unsicherheiten abhelfen. Dafür muss es Rechtssicherheit garantieren. Das Gesetz garantiert Rechtssicherheit dann, wenn es den Mediationsparteien einen umfassenden Schutz bietet.[467] Insbesondere müssen die neuen Regelungen dafür den Rechtsrahmen des Mediationsverfahrens harmonisieren.[468] Zudem muss die Qualität des Mediationsverfahrens gesichert werden. Die Qualität des Verfahrens wird durch Regelungen gesichert, welche eine erfolgreiche Mediation ermöglichen. Ein gutes Mediationsgesetz muss somit ein möglichst einfaches, sicheres und effizientes Mediationsverfahren gewährleisten.[469] Zusätzlich muss durch Berufsausbildungsregelungen dafür gesorgt werden, dass die Mediatoren erfolgreich durch die Mediation führen können. Ob die neuen Bestimmungen in der Lage sind, das von der Bundesregierung vorgegebene Ziel der Förderung der Mediation durch Rechtssicherheit und Qualitätssteigerung zu erreichen, wird nachfolgend untersucht.

Das Mediationsgesetz ist diesbezüglich optimierungsbedürftig. Um die gewünschte Rechtssicherheit zu gewährleisten, muss insbesondere feststehen, ab wann das Mediationsgesetz Anwendung findet. Dafür müssen sprachliche Ungereimtheiten und Ungenauigkeiten des Gesetzgebers beseitigt werden. Der geregelte Anwendungsbereich in § 1 Abs. 1 MediationsG bietet keinen umfassenden Schutz. Nach dessen Wortlaut muss schon die Anwendung des Mediationsgesetzes bei einem Verzicht auf die Vertraulichkeit durch Auslegung ermittelt werden. Ähnlich hält es sich mit der nicht klar geregelten Bedeutung der Struktur des Mediationsverfahrens oder mit einem abhängigen oder nicht neutralen Mediator.[470] Kommt es deshalb zu einem Rechtsstreit, liegt die Anwendbarkeit

467 Vgl. Fischer/Unberath/*Wagner*, 110.
468 Vgl. Erwägungsgrund 7 der Mediationsrichtlinie 2008/52/EG.
469 Vgl. Fischer/Unberath/*Wagner*, 110.
470 Siehe hierzu Kapitel 2, A., V. ff.

des Gesetzes im Ermessen des Gerichtes. Rechtssicherheit wird auf diese Weise nicht gewährleistet.

Zur Rechtssicherheit tragen jedoch die verfahrenskonkretisierenden Regelungen bei. Da die Verfahrensgestaltung dabei aber flexibel bleibt, können die Mediationsparteien das Verfahren den jeweiligen Gegebenheiten weiterhin anpassen und eigenverantwortlich den Zeitrahmen, die Regeln und das Ergebnis des Mediationsverfahrens bestimmen.[471] Ein Formzwang existiert hier nicht.[472] Da die Parteien sich nicht an der Rechtslage orientieren müssen, spielen auch Präklusion und Verjährung von Ansprüchen grundsätzlich keine Rolle.

Das Gesetz sorgt für die Informiertheit der Parteien vor einer Abschlussvereinbarung und schützt die Vertraulichkeit. Durch die Tätigkeitsbeschränkungen des Mediators werden dessen Unabhängigkeit und Neutralität, welche auch als seine Pflichten definiert werden, zusätzlich geschützt. Da keine gesetzliche Mindestqualifizierung für die Ausbildung des Mediators erforderlich ist,[473] wird mit der Offenbarungspflicht der beruflichen Qualifikation die Qualität der Mediatoren gesichert,[474] weil sie, um bei Nachfragen der Parteien etwas vorweisen zu können angehalten sind, sich gut aus- und fortzubilden.

Die gesetzliche Festlegung der Aufgaben und Pflichten der Mediatoren sowie die Befugnisse der Mediationsparteien schützen die Parteien und tragen damit ebenfalls zur Rechtssicherheit und zu einer Qualitätssicherung des Mediationsverfahrens bei. Es ist nunmehr für Verbraucher und für Mediatoren ersichtlich, wie ein erfolgreiches Mediationsverfahren zu führen ist. Die allgemeinen Regelungen des Bürgerlichen Gesetzbuches ergänzen das Mediationsgesetz sinnvoll. Damit können insbesondere schadensersatzrechtliche Ansprüche gegen den Mediator leichter verfolgt werden.

Die Regelungen der Vertraulichkeit im Mediationsgesetz sind insgesamt zu begrüßen. Geschützt wird sie insbesondere mit der Pflicht des Mediators zur Vertraulichkeit sowie mit dem Zustimmungserfordernis der Parteien für die Einbeziehung Dritter gemäß § 2 Abs. 4 MediationsG. Wünschenswert wäre gewesen, wenn die Vertraulichkeitsabrede, welche auch die Parteien zur Verschwiegenheit

---

471 Kapitel 2, A., VI; vgl. dazu auch Römermann/Paulus/*Dendorfer*, 271; Schiffer/*von Schubert/Haase*, 261.

472 *Volkmann*, 5.

473 Vgl. dazu Kapitel 2, C., IV., 1.

474 BT-Drucks. 17/5335, Seite 16 f.; Greger/Unberath/*Greger*, § 3, Rn. 58. Grundsätzlich sollte es sich um eine Selbstverständlichkeit handeln, sich beim Abschließen eines Mediationsvertrags über die Ausbildung des Mediators zu informieren, siehe auch *Risse*, SchiedsVZ 2012, 244 [249].

verpflichtet bzw. den Mediator von einem gerichtlichen Verfahren als Zeugen ausschließt, im Mediationsgesetz gesetzlich geregelt wäre.[475] Nicht jedes Mediationsverfahren erfordert zwar einen derartig ausgeprägten Schutz der Verschwiegenheit. Oftmals droht mangels Rechtsstreitigkeiten keine Gefahr einer gerichtlichen Auseinandersetzung. Sollten jedoch Streitigkeiten zwischen den Parteien so gelagert sein, dass es eines besonderen Schutzes bedarf, müssen die Mediationsparteien nach der jetzigen Rechtslage durch entsprechende Vereinbarungen den ansonsten nicht gewährleisteten Verschwiegenheitsschutz erweitern. Ansonsten bestünde die Gefahr, dass die Mediationsparteien ihre Informationen nicht preisgeben, um bei einem späteren Gerichtsverfahren keinen Nachteil zu erleiden.[476] Ob der Mediator bei einer solchen Vertraulichkeitsabrede behilflich sein kann, hängt von seiner Ausbildung ab. Im Zweifel müssen die Mediationsparteien anwaltliche Beratung einholen.[477] Eine solche Beratung ist zeitlich und finanziell aufwendig. Für geringere Kosten können die Mediationsparteien auch auf ein Regelwerk von Mediationsinstituten, wie zum Beispiel Art. 7 ICC ADR-Regeln, zurückgreifen.[478] Im Streitfall würden aber auch da zusätzliche Gebühren der Institution anfallen.[479] Ein derartiger Aufwand steht einem unproblematischen Mediationsverfahren und damit einer Förderung der Mediation entgegen. Ein Rechtsrahmen, welcher das Mediationsverfahren vereinfacht, wird auf diese Weise nicht geschaffen.[480] Um einen maximalen Schutz der Vertraulichkeit und damit Rechtssicherheit zu gewährleisten, sollte der Gesetzgeber zur Förderung der Mediation im Mediationsgesetz eine entsprechende Regelung in § 4 Abs. 2 MediationsG treffen. Sollten die Mediationsparteien kein Interesse an der Regelung haben, können sie diese abbedingen. Eine externe Beratung ist dafür nicht erforderlich.

Zusätzlich wird die Qualität des Mediators durch die gesetzliche Regelung der Grundausbildung und insbesondere der Zertifizierungsmöglichkeit, die in ihrem Grundsatz besonders zu begrüßen ist, gesichert. Auf diesem Wege ist es möglich, neben einer verfassungsrechtlich rechtmäßigen, geregelten Grundausbildung der Mediatoren eine qualitativ höhere Mediation zu ermöglichen. Die Parteien können je nach Streitqualität Mediatoren aufsuchen, welche durch

---

475 Siehe Kapitel 2, D., II. Vgl. auch *Horstmeier*, Rn. 106 ff.
476 *Horstmeier*, Rn. 106.
477 Vgl. Fischer/Unberath/*Wagner*, 104.
478 Vgl. Fischer/Unberath/*Wagner*, 106, 110; vgl. http://www.iccwbo.org.
479 Vgl. Fischer/Unberath/*Wagner*, 110.
480 So auch Fischer/Unberath/*Wagner*, 110.

einen staatlich geregelten Aus- und Fortbildungsstandard Transparenz[481] und dementsprechend eine gewisse Qualität garantieren.

Durch den Erlass von Verordnungen könnte das Bundesministerium für Justiz ohne Zustimmung des Bundesrats – sofern es zukünftig notwendig wird – flexibel die Mediationsausbildung dem Forschungsstand anpassen und jederzeit schnell und ohne längeres Gesetzgebungsverfahren die Ausbildung zum zertifizierten Mediator verbessern. Um das Zertifikat zu schützen und einen Missbrauch zu vermeiden, sollte die Ausbildung zum zertifizierten Mediator jedoch durch staatliche Kontrollen überprüft werden, da ansonsten der Titel leicht zu missbrauchen ist. Eine derartige staatliche Überprüfung durch eine Behörde ist in der Verordnung über die Aus- und Fortbildung von zertifizierten Mediatoren nicht vorgesehen.[482] Eine hoheitliche Bescheinigung, dass die Ausbildung den Anforderungen der Rechtsverordnung entspricht, ist ebenfalls nicht geplant.[483] Momentan können lediglich andere Mediatoren als Mitwettbewerber sowie Verbraucherverbände mithilfe der Gesetze des unlauteren Wettbewerbs gegen diejenigen Ausbildungsinstitute bzw. Mediatoren vorgehen, welche die Anforderungen der Rechtsverordnung nicht erfüllen, vgl. § 5 UWG.[484] Ein entsprechendes gerichtliches Vorgehen gegen einzelne Ausbildungsinstitute entspricht allerdings nicht dem Konfliktverständnis der Mediation, was eine negative Außenwirkung bedingen könnte.[485] Des Weiteren verbleiben den Mediationsparteien vertragliche Ansprüche, sofern durch einen ‚zertifizierten Mediator', der den Anforderungen der Rechtsverordnung nicht entspricht, ein kausaler Schaden entstanden ist.[486] Das Vertrauen in zertifizierte Mediation wird dadurch jedoch nicht gesteigert. Vielmehr entwerten schlecht ausgebildete, zertifizierte Mediatoren das Zertifikat.

Zusätzlich zu einer staatlichen Kontrollmöglichkeit wäre eine verstärkte juristische Ausbildung für einen zertifizierten Mediator begrüßenswert.[487] Insbesondere bei zertifizierten Mediatoren sollte eine Ausbildung vorausgesetzt sein, die eine perfekt geführte Mediation garantiert. Als Alternative zur gerichtlichen Streitkultur darf die Mediation im Vergleich zu einem gerichtlichen Verfahren keine Verfahrensschwächen aufweisen. Wird die Mediation als Alternative zu

---

481 BT-Drucks. 17/5335, Seite 18.

482 Vgl. BJVZMediatAusbV, Seite 2.

483 Vgl. *Woertge*, 2 f.

484 Vgl. BT-Drucks, 17/8058, Seite 18; *Greger*, ZKM 2012, 36 [36 f.]; *Woertge*, 2 f.

485 Vgl. *Woertge*, 4 f.

486 Vgl. *Woertge*, 2 f.; Kapitel 2, C., V., 1.

487 So auch *Kopp/Schenke* 2009, § 1, Rn. 41.

einem gerichtlichen Verfahren aufgesucht, wird der Konflikt in den meisten Fällen einer rechtlichen Regelung zu Grunde liegen, innerhalb eines Rechtsverhältnisses erfolgen oder zumindest rechtliche Konsequenzen haben. In diesen Fällen setzt eine angemessene Konfliktbewältigung Rechtskenntnisse voraus.[488] Die Parteien müssen über ihre Rechte und Pflichten aufgeklärt werden, damit sie auf dieser Grundlage Lösungen bewerten, vereinbaren und nachhaltig anerkennen können.[489] Spätere Informationen über die eigenen Rechte können dazu führen, dass die Abschlussvereinbarung nach der Mediation als ungerecht empfunden und doch noch eine gerichtliche Entscheidung angestrebt wird.[490]

Insbesondere, wenn die Parteien eine Abschlussvereinbarung mit rechtlichen Folgewirkungen treffen, sollte der Mediator in der Lage sein, auf diese gemäß § 2 Abs. 6 S. 1 MediationsG aufmerksam zu machen.[491] Anschließend könnte der Mediator – wenn er nicht selbst zur Rechtsberatung gemäß § 3 RDG befugt ist – den Parteien eine ausführliche Rechtsberatung anraten.[492] Der Mediator benötigt hierfür ein juristisches Basiswissen, da er ansonsten die Risiken und die Rechtswirksamkeit einer solchen Vereinbarung nicht immer mit der hinreichenden Sicherheit beurteilen kann.[493] Bei rechtlich komplexen Streitigkeiten sind juristische Erfahrungen und die Kenntnis regelungsbedürftiger Punkte sowie Förmlichkeiten notwendig.[494] Das Führen einer Mediation durch einen juristisch nicht ausgebildeten Mediator bspw. im Familienrecht kann zu unwirksamen Abschlussvereinbarungen führen, weil ggf. vorliegende rechtliche Probleme nicht erkannt und entsprechend den Parteien keine Hinzuziehung einer Rechtsberatung angeraten wurde. Im Familienrecht, welches einen Schwerpunkt der bisherigen Mediationsverfahren darstellt, sind neben menschlichen Problemen verfassungsrechtliche Schranken zu beachten.[495] Dafür muss der Mediator Kenntnis von höchstrichterlicher Kasuistik haben.[496] Mediatoren müssen zwingende Vorschriften im Familienrecht kennen, um Mediationsverfahren etwa – unter Hinzuziehung eines Rechtsanwalts – im Unterhaltsrecht zu einer wirksamen Abschlussvereinbarung führen zu können. Beispielsweise darf eine

488 Krenzler/*Offermann-Burckart*, RDG, § 2, Rn. 153.
489 *Montada/Kals*, 59.
490 *Montada/Kals*, 59.
491 Vgl. BT-Drucks. 17/5335, Seite 15.
492 *Montada/Kals*, 59.
493 *Deutscher Notarverein*, 2.
494 Vgl. *Risse*, NJW 2000, 1614 [1615].
495 Vgl. *Deutscher Notarverein*, 3.
496 *Deutscher Notarverein*, 3.

Ehefrau und Mutter nicht auf Unterhaltsansprüche der Kinder gegen den Vater verzichten, vgl. § 1614 Abs. 1 BGB.[497] Eine Abschlussvereinbarung, welche gegen diese Vorschrift verstößt, ist gemäß §§ 1614 in Verbindung mit §§ 134, 397 BGB nichtig.[498] Die Ausformulierung der Abschlussvereinbarung ist daher oftmals eine typisch juristische Aufgabe und Angelegenheit eines zur Rechtsberatung befugten Mediators oder der die Parteien beratenden Anwälte.[499] Nichtige Abschlussvereinbarungen erschüttern das Vertrauen in die Mediatoren und damit auch in die Mediationsverfahren.[500] Nichtige Abschlussvereinbarungen als Ergebnis eines zeit- und geldintensiven Verfahrens haben eine negative Außenwirkung für die Mediation.

Die in der Gesetzesbegründung vorgeschlagene Ausbildungsdauer ist für diese rechtliche Kenntnis zu kurz. Die Rechtsausbildung für den zertifizierten Mediator soll nur insgesamt 18 Stunden betragen.[501] Nach der Gesetzesbegründung sollten die Mediatoren in der Ausbildung auf typische Sachverhaltskonstellationen sensibilisiert werden, bei denen Rechtsverluste für eine Partei drohen.[502] Juristisch zu analysierende Sachverhalte sind jedoch vielseitig und divergent. Die vielfältigen Möglichkeiten Rechte zu verlieren können nicht in einer Ausbildung von 18 Stunden beschrieben werden. Nicht ohne Grund beträgt die Regelstudiendauer der Rechtswissenschaften etwa viereinhalb Jahre.[503] Es besteht zwar die Möglichkeit, gemäß § 2 Abs. 6 S. 2 MediationsG den Parteien in jedem Mediationsverfahren eine rechtliche Beratung hinsichtlich aller Abschlussvereinbarungen dringend zu empfehlen. Eine regelmäßige Verweisung an rechtliche Berater wäre jedoch eine Verfahrensschwäche. Die juristische Überprüfung aller Abschlussvereinbarungen führt dazu, dass sich das Mediationsverfahren in die Länge zieht. Eine rechtliche Beurteilung kann je nach Komplexität des Sachverhalts viel Zeit in Anspruch nehmen. Des Weiteren müssen die Parteien neben dem Mediator zusätzlich die rechtliche Überprüfung bezahlen. Je nach

---

497 *BGH*, NJW 1985, 64 [66]; *Montada/Kals*, 59.

498 *Deutscher Notarverein*, 3.

499 Vgl. *Risse*, NJW 2000, 1614 [1617].

500 *Montada/Kals*, 59.

501 BT-Drucks. 17/8058, Seite 19.

502 BT-Drucks. 17/5335, Seite 18.

503 Vgl. etwa für die Universität Trier elf Semester: http://www.uni-trier.de/?id=6685; für die Universität Heidelberg und die Universität Konstanz neun Semester: http://www.uni-heidelberg.de/studium/interesse/faecher/rechtswiss.html und http://studium.uni-konstanz.de/studienangebot/studiengaenge-abschluesse/studiengaenge-a-z/rechtswissenschaft-erste-juristische-pruefung/.

Rechtsberatung können sich die Kosten des Mediationsverfahrens dadurch um ein Vielfaches erhöhen.

Juristen hingegen können die Abschlussvereinbarung während des Mediationsverfahrens umfassend rechtlich bewerten. Sind sie dazu nicht in der Lage, so ist bei einer Juristenausbildung als Voraussetzung für das Zertifikat eine Pflicht des Mediators verletzt, die zu einem Schadensersatz führen kann. Begrüßenswert wäre es mithin, über juristische Kenntnisse hinaus die Zulassung als Rechtsanwalt für die Qualifikation des zertifizierten Mediators vorauszusetzen. Mit einem Rechtsanwalt als Mediator wäre eine schnelle, sichere und günstige Konfliktlösung garantiert, welche den Zivilprozess schnell ablösen könnte.[504] Unter diesen Umständen wären die Parteien nicht von der Beratung eines externen Rechtsanwalts gemäß § 2 Abs. 6 S. 2 MediationsG abhängig. Für die Parteien wäre das Mediationsverfahren demzufolge günstiger. Es könnte ebenfalls schneller abgeschlossen werden, da ein externer Rechtsanwalt sich nicht erst in den Sachverhalt einarbeiten müsste und, wie vorstehend dargestellt, auch rechtliche Vereinbarungsvorschläge unterbreiten könnte.[505] Dafür spricht zudem, dass anwaltliche Mediatoren im Gegensatz zu nichtanwaltlichen Mediatoren zwingend gemäß § 51 BRAO eine entsprechende Haftpflichtversicherung besitzen, welche bei einer Pflichtverletzung die Parteien gerade bei hohen Summen schützt.[506] Das Bundesministerium für Justiz sollte aber zusätzlich ein zweites Zertifikat für Mediatoren einführen, die keine rechtlichen Konflikte lösen müssen. Für Konflikte bspw. in Schulen oder innerhalb von Betrieben ist eine ausführliche Rechtsausbildung nicht erforderlich. Eine 18-stündige Rechtsausbildung kann dann ausreichend sein, um ggf. rechtliche Probleme zu erkennen, um dann die Parteien an einen Rechtsberater zu verweisen. Diese Arten von Mediationen sollten vielmehr den Fokus auf eine psychologische Ausbildung richten, um auf diesem Gebiet eine perfekte Mediation zu gewährleisten. Sollten nur ausführlich juristisch ausgebildete Mediatoren ein Zertifikat erhalten, werden andere Berufsgruppen unnötig aus dem Markt verdrängt. Für eine Etablierung der Mediation in Deutschland sollte die Qualität der Mediationsverfahren auf jedem Gebiet gesichert werden.

---

504 Die Möglichkeit einer leichteren anwaltlichen Vollstreckung gemäß §§ 794 Abs. 1 Nr. 4b, 796a, 796b ZPO ist nicht gegeben, vgl. Kapitel 3, F., I. Ein Anwaltsvergleich setzt die beidseitige anwaltliche Vertretung voraus, weshalb diese Form des Vergleichs sehr kostenintensiv ist, vgl. *Wagner*, RabelsZ 2010, 794 [803 f.].

505 Kapitel 2, C., III., 7.

506 Vgl. *Bundesrechtsanwaltskammer*, Stellungnahme, 20.

Die finanzielle Förderung der Mediation etabliert das Mediationsverfahren außerdem als Alternative zum Gerichtsverfahren, welches ebenfalls Prozesskostenhilfe gewährt. Lediglich gesetzliche Angleichungen an die Zivilprozessordnung sollten hier stattfinden. Begrüßenswert ist des Weiteren das Evaluierungsvorhaben des Bundes und der Länder, welche bei einer negativen Entwicklung der Mediation entsprechend tätig werden können.

Insgesamt ist die gesetzliche Nominierung des Mediationsverfahrens zu begrüßen. Das Mediationsgesetz harmonisiert den Rechtsrahmen und sichert die Qualität der Mediation. Die dadurch entstehende Rechtssicherheit macht eine Förderung des Mediationsverfahrens möglich.

Kapitel 3 – Änderungen in der Zivilprozessordnung

Eine Bekanntmachung der Mediation als Konfliktlösungsmethode setzt eine steigende Anzahl von erfolgreichen Mediationen voraus.[507] Zusätzlich zum Mediationsgesetz hat der Gesetzgeber als weitere Förderungsmaßnahme in Artikel 2 des Gesetzes zur Förderung der Mediation und anderer Verfahren außergerichtlicher Konfliktbeilegung Änderungen in der Zivilprozessordnung vorgenommen.

Das außergerichtliche Mediationsverfahren wird auch bei einem schon anhängigen Gerichtsverfahren durch drei Regelungen in der Zivilprozessordnung gefördert. Zum einen muss sich der Kläger bereits bei Klageerhebung in der Klageschrift mit der Mediation beschäftigen. Zum anderen kann der Richter während des Prozesses die Parteien auf eine gerichtsnahe Mediation, also eine Mediation während eines Gerichtsverfahrens außerhalb des Gerichts[508], aufmerksam machen. Des Weiteren wird die Vertraulichkeit des Mediationsverfahrens geschützt, indem in einem späteren Rechtsstreit der ehemalige Mediator nicht erkennender Richter sein darf. Das Gesetz umfasst keine neuen Regelungen zur Verjährungshemmung und zur Vollstreckbarkeit von Abschlussvereinbarungen. Das Kapitel befasst sich daher zusätzlich mit der Frage, ob diese Regelungen erforderlich gewesen wären und welche Regelungen auf das Mediationsverfahren Anwendung finden. Alternativ zu diesen Förderungsmaßnahmen der außergerichtlichen Mediation die Mediation als Konfliktlösungsmethode in einem ‚neuen' Güterichterverfahren angewendet werden, welche die gerichtsinterne Mediation aus den Gerichtsmodellen abgelöst hat. Nachfolgend werden diese Änderungen untersucht und bewertet.

A. Klageschrift

Ausweislich § 253 Abs. 3 Nr. 1 ZPO soll die Klageschrift die Angabe, ob der Klageerhebung der Versuch einer Mediation oder eines anderen Verfahrens der außergerichtlichen Konfliktbeilegung vorausgegangen ist, sowie eine Äußerung dazu, ob einem solchen Verfahren Gründe entgegenstehen, enthalten. Mit dieser Neuregelung des § 253 Abs. 3 Nr. 1 ZPO ist der Kläger bzw. dessen Vertreter angehalten, sich spätestens beim Abfassen der Klageschrift mit einer

---

507 Vgl. *Horstmeier*, Rn. 526.

508 Vgl. § 1 Abs. 1 Nr. 2 RegMediationsG, BT-Drucks. 17/5335, Seite 5.

außergerichtlichen Streitbeilegung seines Konflikts zu befassen.[509] Die Mediation und andere außergerichtliche Konfliktbeilegungen sollen dadurch stärker in dem Bewusstsein der Bevölkerung und in der Beratungspraxis der Rechtsanwälte verankert werden.[510] Ob die Mediation durch diese Regelung gefördert wird, bleibt abzuwarten. § 253 Abs. 3 Nr. 1 ZPO ist eine ‚Soll-Vorschrift'. Damit ist die Angabe zur Mediation oder zu anderen außergerichtlichen Konfliktbeilegung in der Klageschrift nur erwünscht.[511] Zwingend ist sie nicht.[512] Die Regelung birgt daher die Gefahr, dass sie als lästige Formalie angesehen wird.[513] Sie soll bei jedem Rechtsstreit angewendet werden, unabhängig davon, ob er sich für eine Mediation eignet.[514] Die Verpflichtung von Rechtsanwälten gemäß § 1 Abs. 3 BORA, ihre Mandantschaft konfliktvermeidend und streitschlichtend zu begleiten, wird zumindest betont[515] und auf die Aufklärungspflicht über die Alternativen zum gerichtlichen Verfahren erweitert.[516]

Fraglich ist, warum der Gesetzgeber die Durchführung eines Mediationsverfahrens nicht als Sachurteilsvoraussetzung eingeführt, sondern die Parteien mit der ‚Soll-Vorschrift' nur auf die Möglichkeit der alternativen Konfliktbeilegung hingewiesen hat. In Betracht kommt zum einen, dass die Mediation als Sachurteilsvoraussetzung verfassungswidrig ist. Zum anderen erscheint es möglich, dass die Nachteile einer derartigen Sachurteilsvoraussetzung überwiegen und ein alternatives Konfliktlösungsverfahren als Bedingung für das gerichtliche Verfahren einzuführen, wie es etwa die Schweizer Zivilprozessordnung vorsieht, daher nicht zielfördernd wäre.[517]

I. Verfassungswidrigkeit einer außergerichtlichen Mediation als Sachurteilsvoraussetzung

Eine außergerichtliche Mediation als Sachurteilsvoraussetzung für ein Gerichtsverfahren könnte verfassungswidrig sein. In Betracht kommt ein Verstoß gegen

509 BT-Drucks. 17/5335, Seite 20.

510 BT-Drucks. 17/5335, Seite 20.

511 Musielak/Voit/*Foerste*, § 253, Rn. 36.

512 Musielak/Voit/*Foerste*, § 253, Rn. 36; Prütting/Gehrlein/*Geisler*, § 253, Rn. 20.

513 Ahrens/Lipp/Varga/*Ahrens*, 37.

514 Ahrens/Lipp/Varga/*Ahrens*, 37.

515 BT-Drucks. 17/5335, Seite 20.

516 *Ahrens*, NJW 2012, 2465 [2469].

517 *Unberath*, JZ 2010, 975 [980]; auch im italienischen Recht ist ein dem gerichtlichen Verfahren vorgelagertes Mediationsverfahren Pflicht, vgl. *Massari/Rizzuto*, ZKM 2013, 185 [185 ff.].

das Recht auf Gewährleistung des Rechtswegs aus Art. 19 Abs. 4 GG sowie ein Verstoß gegen den allgemeinen Justizgewährungsanspruch, der sich aus Art. 2 Abs. 1 GG in Verbindung mit dem Rechtsstaatsprinzip[518] ergibt.[519]

Der Schutzbereich der Rechtsschutzgarantie aus Art. 19 Abs. 4 GG könnte berührt sein. Es erscheint zumindest möglich, dass durch eine zusätzliche Sachurteilsvoraussetzung das Bestreiten des Rechtswegs für Kläger erschwert wird. Art. 19 Abs. 4 GG gewährleistet allerdings nur den Rechtsweg gegenüber Maßnahmen der öffentlichen Gewalt.[520] An dieser Stelle geht es um den Rechtsweg in zivilrechtlichen Streitigkeiten. Der Schutzbereich der Rechtsschutzgarantie ist damit nicht betroffen.

In Betracht kommt, dass der allgemeine Justizgewährungsanspruch aus Art. 2 Abs. 1 GG in Verbindung mit dem Rechtsstaatsprinzip[521] verletzt ist. Eine Verletzung liegt vor, wenn ein Rechtsweg zu den Gerichten nicht eröffnet oder der Rechtsschutz nicht effektiv ist.[522] Gegen eine Verletzung spricht zum einen, dass eine Streitentscheidung durch die Gerichte auch durch eine zusätzliche Sachurteilsvoraussetzung weiterhin möglich ist, der Rechtsweg zu den Gerichten also eröffnet bleibt. Die zwingende Durchführung einer außergerichtlichen Streitbeilegung vor einer Klageerhebung erschwert zwar den Zugang zum Gericht. Derartige Zulässigkeitsvoraussetzungen entsprechen aber grundsätzlich rechtsstaatlichen Anforderungen.[523] Damit kein Verstoß gegen den allgemeinen Justizgewährungsanspruch besteht, müsste die Erschwerung aber verhältnismäßig sein.[524]

Damit eine Maßnahme verhältnismäßig ist, muss sie nach ständiger Rechtsprechung des Bundesverfassungsgerichts einem legitimen Zweck dienen sowie geeignet, erforderlich und angemessen sein.[525]

1. *Legitimes Ziel*

Die Förderung der Mediation in Deutschland ist ein legitimes Ziel, wenn der zwingende Versuch einer außergerichtlichen Streitbeilegung im Interesse des Allgemeinwohls liegt.[526] In Betracht kommt, dass das Mediationsverfahren im

---

518 Vgl. *BVerfG*, NJW-RR 2007, 1073 [1073]; BVerfGE 88, 118 [123]; 107, 395 [406 f.].
519 So auch *Unberath*, JZ 2010, 975 [980].
520 *BVerfG*, NJW-RR 2007, 1073 [1073].
521 Vgl. *BVerfG*, NJW-RR 2007, 1073 [1073]; BVerfGE 88, 118 [123]; 107, 395 [406 f.].
522 *BVerfG*, NJW 2005, 814 [815]; *BVerfG*, NJW-RR 2007, 1073 [1074]; BVerfGE 88, 118 [123].
523 Vgl. *BVerfG*, NJW-RR 2007, 1073 [1074].
524 Vgl. *BVerfG*, NJW-RR 2007, 1073 [1074].
525 Vgl. BVerfGE 30, 292 [316] = *BVerfG*, NJW 1971, 1255 [1256].
526 Vgl. BVerfGE 36, 47 [59] = *BVerfG*, NJW 1973, 30 [31].

Interesse des Gemeinwohls liegt, weil es zu einer Entlastung der Justiz führt, welche im Vergleich zu dem staatlichen Gerichtsverfahren eine schnellere und kostengünstigere Streitschlichtung bietet, die zusätzlich zu einem dauerhaften Rechtsfrieden führen kann.[527]

Zum einen könnte durch das vermehrte Durchführen von außergerichtlichen Mediationen die Justiz entlastet werden.[528] Sollten Konflikte vermehrt in außergerichtlichen Mediationsverfahren gelöst werden, müssten Gerichte weniger Rechtsstreitigkeiten entscheiden. Die Richter können damit ihre Kapazitäten besser bündeln und auf andere Gerichtsfälle fokussieren.[529] Zum anderen ist durch die Mediation eine schnellere Streitschlichtung möglich. Die Gestaltung des Gerichtsverfahrens ruht zum großen Teil in den Händen des Gerichts. Die Parteien üben wenig Einfluss auf die Klagezustellung, auf die Verhandlungstermine, auf die etwaige Durchführung einer Beweisaufnahme und auf den Termin der Urteilsverkündung aus. Bei mehreren Instanzen kann ein Gerichtsverfahren auch durch die Überbelastung der Gerichte mehrere Monate in Anspruch nehmen.[530] Das Mediationsverfahren nach dem Mediationsgesetz hingegen unterliegt allein der Disposition der Parteien.[531] Zur grundsätzlichen Dauer des Verfahrens lässt sich zwar keine allgemeingültige Aussage formulieren.[532] Es kommt jeweils darauf an, wie komplex der Konflikt ist.[533] Jedoch sind die Mediationsparteien in Absprache mit dem Mediator allein für das Verfahren verantwortlich und können es dementsprechend im Gegensatz zum gerichtlichen Verfahren beschleunigen. Nach dem Landesrechnungshof von Schleswig-Holstein vergehen bis zur Verkündung eines Urteils in einem streitigen Landgerichtsverfahren durchschnittlich acht Monate, während Mediationsverfahren durchschnittlich acht Wochen in Anspruch nehmen.[534] Hinsichtlich der von Gerichten angebotenen gerichtsinternen

---

527 Vgl. *BVerfG*, NJW-RR 2007, 1073 [1074]; a. A. Vgl. *Steinberg*, DRiZ 2012, 19 [23].

528 Vgl. dazu auch *Greger*, ZKM 2013, 9 [12]; *Isermann*, RuP 2011, 9 [10 ff.].

529 Vgl.: Haft/Schlieffen/*Gottwald*, § 39, Rn. 49; *Spindler*, Rn. 401 ff.; Wolff/Bachof/Stober/Kluth/*Kluth*, § 63, Rn. 62.

530 Vgl. auch *Redmann*, 5.

531 Kapitel 1, A., VI.

532 *Greger/von Münchhausen*, § 17, Rn. 442.

533 *Greger/von Münchhausen*, § 17, Rn. 442.

534 Landesrechnungshof Schleswig-Holstein, Bemerkungen 2011 (vom 12. April 2011), Ziffer 8.2, Seite 61, abrufbar unter https://docplayer.org/46670712-Bemerkungen-des-landesrechnungshofs-schleswig-holstein-mit-bericht-zur-landeshaushaltsrechnung-2009.html.

Mediationsverfahren durch einen Richter als Mediator haben Untersuchungen ergeben, dass diese[535] insgesamt in der Zivilgerichtsbarkeit schneller sind als ein normales Streitverfahren.[536] Die Zeitersparnis der Richter kann danach für erstinstanzliche Zivilgerichtsverfahren 20 % betragen.[537] Sollte das Mediationsverfahren nicht erfolgreich sein und damit ein staatliches Gerichtsverfahren zu der Konfliktlösung der Parteien nötig werden, würde sich das Gerichtsverfahren um durchschnittlich diese acht Wochen verlängern. Damit hätte nur das erfolgreiche Mediationsverfahren grundsätzlich einen geringeren Zeitaufwand als ein normales Gerichtsverfahren.[538]

Auch der Vorteil einer kostengünstigeren Streitschlichtung erscheint möglich. Das Gerichtsverfahren richtet sich gemäß der Gerichtskostenverordnung bzw. der Rechtsanwaltsvergütungsordnung nach dem Streitwert des Rechtsstreits, weshalb diese Kosten für die Parteien zumindest kalkulierbar sind. Mit höherem Streitwert steigen auch die Kosten des Gerichtsverfahrens. Gegebenenfalls kommen durch die Einlegung von Rechtsmitteln noch weitere Kosten hinzu.[539] Die Kosten des Mediationsverfahrens hingegen richten sich allein nach der Vergütungsvereinbarung der Parteien mit dem Mediator.[540] Einigen sich die Parteien mit dem Mediator auf eine fixe Vergütung, ist es ihnen möglich, sich unterhalb der kalkulierbaren Kosten des gerichtlichen Verfahrens zu einigen. Bei einer zeitabhängigen Vergütung ist es den Parteien zumindest möglich, durch eine schnelle Einigung die Kosten der Mediation gering zu halten. Auch die gesetzlich vorgegebenen Rechtsanwaltsgebühren, die insbesondere und grundsätzlich in Gerichtsverfahren vor dem Landgericht gemäß § 78 ZPO in Verbindung mit dem Rechtsanwaltsvergütungsgesetz anfallen, können vermieden werden. Im Gegensatz zum gerichtlichen Verfahren besitzen damit die Parteien Einfluss auf die Kosten des Mediationsverfahrens. Insofern können die

---

535 Zu der sogenannten gerichtsinternen Mediation in den Gerichtsmodellen vgl. Kapitel 3, G., I.

536 Haft/Schlieffen/*Gottwald*, § 39, Rn. 49; *Spindler*, Rn. 422 ff.; vgl. auch *von Olenhusen*, DRiZ 2003, 396 [396].

537 Haft/Schlieffen/*Gottwald*, § 39, Rn. 49; *Spindler*, Rn. 4.

538 Vgl. zur Verbrauchermediation *Hess*, ZZP 2005, 427 [447 ff.]; *Hopt/Steffek*, 80; vgl. auch *Cooter/Ulen*, 482; *Montada/Kals*, 45; Römermann/Paulus/*Dendorfer*, 271; *Schmelz-Buchhold*, 56 f.; *von Olenhusen*, DRiZ 2003, 396 [396] und auch Erwägungsgrund 6 der Mediationsrichtlinie 2008/52/EG.

539 Vgl. Schiffer/*von Schubert/Haase*, 258.

540 Kapitel 2, B., II.

Parteien das Mediationsverfahren regelmäßig kostengünstiger gestalten als ein staatliches Gerichtsverfahren.[541]

Fraglich ist aber, ob ein dauerhafter Rechtsfrieden durch das Mediationsverfahren möglich ist. Bei dem Mediationsverfahren könnte zumindest eine höhere Wahrscheinlichkeit bestehen, dass die Beziehung zwischen den Konfliktparteien nach einer erfolgreichen Mediation intakt bleibt. Im Gegensatz zur Entscheidung des Richters im Gerichtsverfahren ist die Abschlussvereinbarung des Mediationsverfahrens von den Parteien einvernehmlich und eigenverantwortlich erstellt, da sie gemeinsam eine Lösung suchen.[542] Dafür müssen Gemeinsamkeiten gefunden und Divergenzen ausgeglichen werden.[543] Durch dieses einvernehmliche Vorgehen fühlt sich keine der Parteien durch das spätere Ergebnis benachteiligt. Die einvernehmliche Lösung führt somit im besten Falle zu einer endgültigen Konfliktbereinigung und damit zu einer gemeinsamen Zukunftsgestaltung.[544] Eigenverantwortlich erarbeitete Lösungen sind zusätzlich oftmals befriedigender.[545] Dieser psychologische Effekt bewirkt, dass die in einer Mediationsverhandlung erzielte Vereinbarung meist freiwillig eingehalten wird und damit auch haltbarer ist.[546] Das zeigt insbesondere seine Vorteile bei den Streitigkeiten, bei denen die Parteien nach Lösung des Konflikts miteinander auskommen müssen, bspw. in der Wirtschaft oder in Familien. Geschäftliche[547] oder persönliche Beziehungen der Mediationsparteien können auf diesem Weg erhalten bleiben. Daher ist es wahrscheinlich, dass trotz der nicht in Rechtskraft erwachsenden Abschlussvereinbarung nach dem Mediationsverfahren kein Gerichtsverfahren angestrengt wird. Hingegen führen rechtskräftige Gerichtsentscheidungen durch Urteil zwar zu einer Rechtsruhe, aber selten zu Rechtsfrieden.[548] Das Verfahren im Zivilprozess ist so angelegt, dass die Parteien gegeneinander streiten, um einen Richter

541 Vgl. auch Haft/Schlieffen/*Horst*, § 47, Rn. 142; *Hopt/Steffek*, 80; vgl. auch *Cooter/Ulen*, 482; *Horstmeier*, Rn. 48; *Montada/Kals*, 45; Römermann/Paulus/*Dendorfer*, 271 f.; *Schmelz-Buchhold*, 54 ff.; *Volkmann*, 8.

542 Kapitel 2, A., II.; III.

543 *Vgl. Hager*, Konflikt und Konsens, 76.

544 *Greger*, NJW 2007, 3258 [3258], vgl. auch *Raeschke-Kessler*, AnwBl 2011, 441 [442]; Römermann/Paulus/*Dendorfer*, 297.

545 Büchner/u. a./*Groner/Winograd*, 312; vgl. auch Gläßer/Schröter/*Röthemeyer/Trümper*, 345 ff.

546 *Hopt/Steffek*, 84; Römermann/Paulus/*Dendorfer*, 271; vgl. auch *Schüddekopf*, 261; *Volkmann*, 7; Wolff/Bachof/Stober/Kluth/*Kluth*, § 63, Rn. 61.

547 *Horstmeier*, Rn. 45.

548 *Wimmer/Wimmer*, NJW 2007, 3243 [3247].

zu überzeugen, welcher dann entscheidet. Auf einen gerichtlichen Vergleich dürfte dabei selten von vornherein von den Parteien hingearbeitet werden, da sie eine solche Vereinbarung schon vor der gerichtlichen Auseinandersetzung hätten schließen können. Der gerichtliche Vergleich hat eine ähnliche Wirkung wie das Mediationsverfahren, da die Parteien auch hier die Lösung eigenverantwortlich selbst gestalten. Im Grundsatz sollte aber, im Vergleich mit der gerichtlichen Entscheidung, bei dem Mediationsverfahren eine höhere Wahrscheinlichkeit bestehen, dass eine intakte Beziehung zwischen den Konfliktparteien nach einer erfolgreichen Mediation erhalten bleibt.

Die Förderung der Mediation in Deutschland ist damit ein legitimes Ziel und im Interesse des Gemeinwohls, weil sie zu einer Entlastung der Justiz führt und eine schnellere und kostengünstigere Streitschlichtung möglich ist, welche zu einem dauerhaften Rechtsfrieden führen kann.

2. *Geeignetheit*

Das alternative Konfliktlösungsverfahren als Sachurteilsvoraussetzung für das gerichtliche Verfahren ist ebenfalls geeignet,[549] das legitime Ziel zu erreichen, da mehr Mediationsverfahren durchgeführt werden und es damit fördernd wirkt.

3. *Erforderlichkeit*

Ein milderes, gleich geeignetes Mittel, das ebenso zu einem Anstieg von Mediationsverfahren führt, ist nicht ersichtlich, weshalb die außergerichtliche Mediation als Sachurteilsvoraussetzung erforderlich ist.[550] Insbesondere die jetzt geregelte ‚Soll-Vorschrift' oder auch etwaige Anreize für Rechtsanwälte, für die Mediation zu werben (z. B. durch zusätzliche Gebühren o. ä.), wären keine zwingende Regelung und damit zwar milder, aber nicht gleich geeignet. Denn der potenzielle Kläger ist, wie dargestellt, nicht gezwungen, sich mit der Möglichkeit der außergerichtlichen Streitbeilegung auseinanderzusetzen.

4. *Angemessenheit*

Die alternative Konfliktbeilegung als Sachurteilsvoraussetzung wäre ebenfalls angemessen. Die Erschwerung zum gerichtlichen Zugang liegt nicht außer

---

549 Zur Voraussetzung der Geeignetheit siehe BVerfGE 30, 292 [316] = *BVerfG*, NJW 1971, 1255 [1256].

550 Vgl. zur Beurteilung der Erforderlichkeit BVerfGE 30, 292 [316] = *BVerfG*, NJW 1971, 1255 [1256].

Verhältnis zum verfolgten Zweck.[551] Als Nachteil wirken zwar die höheren Kosten und das längere Verfahren im Falle eines Scheiterns der Mediation sowie die Erschwerung des Zugangs zu den staatlichen Gerichten. Zunächst ist es aber bei einer von vornherein aussichtslosen Mediation möglich, die Kosten und die Dauer des Verfahrens durch das Aussuchen eines günstigen Mediators und eines schnellen Abbruchs der Mediation unerheblich zu halten. Des Weiteren ist die befriedend wirkende alternative Konfliktbeilegung im Erfolgsfall zumeist günstiger, sie erfolgt schneller[552] und entlastet überdies die Gerichte. Die Durchführung einer außergerichtlichen Mediation als Sachurteilsvoraussetzung wäre insofern verhältnismäßig. Ein Verstoß gegen den allgemeinen Justizgewährungsanspruch gemäß Art. 2 Abs. 1 GG in Verbindung mit dem Rechtsstaatsprinzip läge damit nicht vor.

5. *Zwischenergebnis*

Damit wäre eine außergerichtliche Konfliktbeilegung als Sachurteilsvoraussetzung nicht verfassungswidrig.

II. Nachteil einer außergerichtlichen Mediation als Sachurteilsvoraussetzung

Fraglich ist, ob die alternative Konfliktbeilegung als Sachurteilsvoraussetzung im Einklang mit den Prinzipien der Mediation stünde und damit zielfördernd wäre.

Eine Mediation als Sachurteilsvoraussetzung könnte gegen den Grundsatz der Vertraulichkeit verstoßen.[553] Bei jedem vor Gericht ausgetragenen Konflikt wäre bekannt, dass ein vorheriges durchgeführtes Mediationsverfahren gescheitert ist, da ein erfolgreiches Konfliktbeilegungsverfahren das Gerichtsverfahren überflüssig gemacht hätte. Zwar werden allein deshalb keine Details aus dem Mediationsverfahren selbst bekannt. Die Vertraulichkeit des Mediationsverfahrens gebietet jedoch absolute Verschwiegenheit hinsichtlich des gesamten Mediationsverfahrens, also auch dessen abstrakter Durchführung. Durch eine Mediation als Sachurteilsvoraussetzung wäre daher zumindest die Vertraulichkeit hinsichtlich eines Mediationsversuchs gefährdet.

Eine zwanghaft durchgeführte Mediation steht zusätzlich dem Grundsatz der Freiwilligkeit entgegen.[554] Der Grundsatz der Freiwilligkeit bedeutet auch, dass

---

551 Vgl. BVerfGE 30, 292 [316] = *BVerfG*, NJW 1971, 1255 [1256 f.].
552 Vgl. *BVerfG*, NJW-RR 2007, 1073 [1074].
553 So auch *Risse*, SchiedsVZ 2012, 244 [253].
554 Vgl. *Keydel*, ZKM 2011, 61 [61 f.].

die Mediationsparteien selbst entscheiden sollen, ob sie ein Mediationsverfahren durchführen wollen.[555] Ob ein solcher ‚Zwang zur freiwilligen Konfliktlösung'[556] besonders erfolgsversprechend ist, ist zumindest fraglich. Die Bereitschaft der Parteien zu einer einvernehmlichen Lösung wird bei einer aufgezwungenen Mediation gering sein. In England wurden deshalb mit einer zwanghaft durchgeführten Mediation kaum gute Erfahrungen gemacht.[557] Davon abgesehen werden die Parteien, welche kein Interesse an einem Mediationsverfahren aufweisen, zusätzlich mit der Durchführung eines Vorverfahrens sowohl zeitlich als auch – durch in diesem Fall unnötige Ausgaben für einen Mediator – finanziell belastet.[558]

Die Wahrscheinlichkeit, dass die Regelung als Soll-Vorschrift förderlicher ist, als wenn sie als Sachurteilsvoraussetzung festgelegt worden wäre, ist damit hoch. Durch die freiwillige Teilnahme und die damit verbundene höhere Konfliktlösungsbereitschaft der Parteien sind erfolgreiche Ergebnisse wahrscheinlicher. Erfolgreiche Ergebnisse steigern das Ansehen der Mediation in der Gesellschaft. Dies ist Grundvoraussetzung für eine Etablierung der Mediation.

B. Anreize durch Kosten

Die Zivilprozessordnung regelt in den §§ 91 ff. ZPO, welcher Partei die Prozesskosten zu welchem Anteil aufzuerlegen sind. Das Mediationsverfahren ist in diesen Paragraphen nicht ausdrücklich erwähnt. Fraglich ist, ob die Kostenregelungen dessen ungeachtet ‚mediationsfreundlich' ausgelegt und angewendet werden können.[559] Möglich erscheint es, im Wege einer Billigkeitsentscheidung gemäß § 91a ZPO oder aber auch gemäß § 93 ZPO die Bemühung zur Streitschlichtung durch eine Mediation zu berücksichtigen.[560] In diesem Fall könnte dem Kläger, der vor Klageerhebung kein Mediationsverfahren angestrengt hat bzw. dem Beklagten, der ein Mediationsverfahren verweigert hat, die Kosten unabhängig vom Ausgang des Gerichtsverfahrens zumindest anteilig auferlegt werden.

Gegen eine ‚mediationsfreundliche' Anwendung der Kostenregelungen könnte eine Verletzung des Justizgewährungsanspruchs aus Art. 2 Abs. 1 GG in Verbindung mit dem Rechtsstaatsprinzip[561] sprechen, da der Zugang zum

555 Kapitel 2, A., IV.
556 *Hopt/Steffek*, 88.
557 *Hopt/Steffek*, 88; 277 ff.
558 Vgl. *Wagner*, 3.
559 *Althammer*, JZ 2006, 69 [74]; *Thole*, ZZP 2014, 339 [365].
560 Vgl. *Althammer*, JZ 2006, 69 [74]; *Thole*, ZZP 2014, 339 [365 ff.].
561 Vgl. *BVerfG*, NJW-RR 2007, 1073 [1073]; BVerfGE 88, 118 [123]; 107, 395 [406 f.].

Gericht nicht übermäßig erschwert werden darf.[562]. Wie zuvor bereits expliziert, läge schon in der Mediationsverhandlung als Sachurteilsvoraussetzung kein Verstoß vor,[563] weshalb auch eine weniger den Zugang zum Gericht erschwerende Kostenauferlegung keinen Verstoß darstellen würde. Dennoch wäre ein mittelbarer Druck zur Mediation durch ansonsten bevorstehende Kostennachteile im Hinblick auf den Grundsatz der Freiwilligkeit hinsichtlich der Teilnahme an dem Mediationsverfahren zumindest nicht ganz unbedenklich.[564]

Gegen eine Berücksichtigung der Mediation bei der Kostentragungspflicht könnte zunächst eine systematische Auslegung der §§ 91 ff. ZPO sprechen. Während die Mediation in den allgemeinen Kostenregelungsnormen der §§ 91 ff. ZPO nicht geregelt ist, weisen andere Gesetze hinsichtlich einer Mediation ausdrückliche Regelungen zur Kostenverteilung auf. So wird dem Gericht gemäß § 150 Abs. 4 S. 2 FamFG ein Ermessen für die Anordnung nachteiliger Kostenfolgen eingeräumt, wenn eine Partei trotz Anordnung der Mediation an dieser nicht teilnimmt. Eine Berücksichtigung der Mediation in der Kostenregelung ist auch dann vorgesehen, wenn der Landesgesetzgeber gemäß § 69b GKG eine Gebührenermäßigung selbst festlegt. Aus diesen ausdrücklichen Regelungen zur Berücksichtigung der Mediation lässt sich ablesen, dass nach dem Willen des Gesetzgebers die Mediation nur als Ausnahme in den von ihm bestimmten Fällen eine Rolle spielen soll. In allen anderen Fällen bedarf es zumindest einer landesgesetzlichen Regelung, wobei auch nur eine Gebührenermäßigung und gerade keine Kostenauferlegung möglich sein sollen oder eine Anordnung zur Mediation durch das Gericht selbst. Nach einem Vergleich mit anderen deutschen Gesetzestexten lassen sich die §§ 91 ff. ZPO nicht auf die Mediation anwenden.

Gegen eine Berücksichtigung der Mediationsvereinbarung bei der Kostenaufteilung sprechen auch Sinn und Zweck der Ausnahmeregelungen der §§ 93, 91a ZPO. Gemäß § 91 ZPO trägt grundsätzlich diejenige Partei die Kosten des Rechtsstreits, welche in der Hauptsache unterliegt. Nur in den Fällen, in denen das Prinzip nicht gerecht erscheint, sehen andere Vorschriften, wie §§ 93, 91a, ZPO, abweichende Verteilungsprinzipien vor.[565] Diese Ausnahmevorschriften zu den Kosten dienen der Kostengerechtigkeit[566] bzw. der Billigkeit.[567]

---

562 *Thole*, ZZP 2014, 339 [366].
563 Vgl. Kapitel 3, A. I.
564 Vgl. Kapitel 3, A., II. Siehe auch *von Bargen*, 299 f.
565 MüKo-ZPO/*Schulz*, Band 1, § 91, Rn. 1; Vor §§ 91 ff., Rn. 26 ff.
566 Musielak/Voit/*Lackmann*, § 91a, Rn. 1.
567 MüKo-ZPO/*Schulz*, Band 1, § 93, Rn. 1.

§ 93 ZPO soll verhindern, dass der unterlegene Beklagte, welcher die Klage nicht veranlasst hat und sofort den Anspruch des Klägers anerkennt, die Kosten des Rechtsstreits tragen muss, da der Kläger grundlos das Verfahren eingeleitet hat.[568] Diesen Paragraphen auf die Bemühung zur Streitschlichtung anzuwenden, erscheint vor diesem Hintergrund problematisch. § 93 ZPO könnte zwar insofern auf die Mediation angewendet werden, als dass der Kläger die Prozesskosten auch nach einem Obsiegen tragen muss, wenn der Beklagte zwar Veranlassung zur Klage gegeben hat, der Kläger aber den Konflikt nicht durch eine Mediation lösen wollte. Diese Kostenübertragung erscheint jedoch nicht billig. Bei einem begründeten Anspruch des Klägers hat der Beklagte grundsätzlich eine anspruchsbegründende Pflicht verletzt und es nicht geschafft, diese Pflichtverletzung auszugleichen. In diesem Fall sollte es die Aufgabe des Schuldners sein, seine Schuld wiedergutzumachen. Bei einer Anwendung von § 93 ZPO auf die Mediation müsste allerdings im Gegenteil der Gläubiger dem Schuldner, der seine Schuld nicht beglichen hat, wiederholt entgegenkommen und eine einvernehmliche Lösung anstreben. Der Gläubiger hat in diesem Fall aber keine Pflicht verletzt und musste aufgrund des Verhaltens des Schuldners den Gang zum Gericht wählen. Den Gläubiger in diesem Fall mit einer – auch anteiligen – Kostenauferlegung zu bestrafen und damit gleichzeitig den säumigen Schuldner in dieser Höhe zu entlasten, erscheint unbillig. Nur weil dem Gericht die Form der Streitbeilegung – nämlich der Gang zum Gericht – nicht behagt, sollten der Partei, die das Recht auf ihrer Seite hat, keine Kosten auferlegt werden können. Sobald der Kläger seinen rechtmäßigen Anspruch geltend macht und der Beklagte diesen nicht anerkennt, fällt es daher schwer, ‚aus Billigkeitsgründen' dem Kläger, obwohl der Beklagte die Klage veranlasst hat, die Kosten aufzulegen.

Zusätzlich würde eine von einem Mediationsversuch abhängige Kostenbeurteilung in den Fällen zu einer Rechtsunsicherheit führen, in denen eine Mediation von vornherein aus persönlichen oder sachlichen Gründen ungeeignet ist. Um auszuschließen, dass die Kostenentscheidung des Richters die Ungeeignetheit des Mediationsverfahrens nicht berücksichtigt, müssten die Parteien, um nicht als Veranlasser gemäß § 93 ZPO zu gelten und damit die Kosten des Rechtsstreits trotz späteren Sieges zu tragen, eine Mediation beginnen.

Bei § 91a ZPO ist es ähnlich. Diese Regelung findet Anwendung, wenn die Parteien nach Rechtshängigkeit den Rechtsstreit für erledigt erklären. In diesem

568 MüKo-ZPO/*Schulz*, Band 1, Vor §§ 91 ff., Rn. 27.

Fall kann das Gericht unter Berücksichtigung des bisherigen Sach- und Streitstands nach billigem Ermessen durch Beschluss über die Kosten entscheiden. Grundsätzlich legt das Gericht derjenigen Partei die Kosten auf, die sie bei der Fortführung des Verfahrens voraussichtlich zu tragen hätte.[569] Fraglich ist es, ob es auch billigem Ermessen nach § 91a ZPO entspricht, demjenigen die Kosten aufzubürden, der sich einem Mediationsverfahren widersetzt hat.

Hat der Kläger die Rechtslage auf seiner Seite, hat der Beklagte eine Pflicht verletzt, ohne sie vor Klageerhebung zu heilen. Dass es überhaupt zu einem Rechtsstreit gekommen ist, ist daher dem Beklagten zuzuschreiben. Durch diese Verfehlungen erscheint es unter Billigkeitserwägungen nicht gerecht, dem Kläger vorzuhalten, dass er kein Mediationsverfahren angestrengt hat, um den Beklagten noch einmal eine Chance zur Wiedergutmachung vor dem gerichtlichen Verfahren zu ermöglichen.

Hat der Beklagte die Rechtslage auf seiner Seite, wurde er grundlos in einen Rechtsstreit verwickelt. Der Kläger hatte keinen durchsetzbaren Anspruch. Unter Billigkeitserwägungen scheint es auch hier nicht gerecht, dem grundlos in ein Verfahren hineingezogenen Beklagten die Kosten trotzdem aufzuerlegen, weil er nicht versucht hat, den unbegründeten Rechtsstreit in einem geld- und zeitintensiven Mediationsverfahren zu beenden.

Als Ergebnis lässt sich konstatieren, dass sowohl eine systematische Auslegung als auch eine Auslegung nach dem Sinn und Zweck der Ausnahmeregelungen §§ 93, 91a ZPO nicht dazu führt, dass die Kostenregelungen ‚mediationsfreundlich' ausgelegt und angewendet werden können.

C. Außergerichtliche Mediation während des Gerichtsverfahrens

Ausweislich § 278a Abs. 1 ZPO kann das Gericht den Parteien eine Mediation oder ein anderes Verfahren der außergerichtlichen Konfliktbeilegung vorschlagen. Der streitentscheidende Richter hat also die Möglichkeit, den Parteien zu der Wahrnehmung einer Mediation oder einer anderen außergerichtlichen Konfliktbeilegung zu verhelfen.[570] Ein Vorschlag des Gerichts kommt insbesondere dann in Betracht, wenn Konflikte durch einen Prozess nicht oder nur unzureichend beigelegt werden können,[571] bzw. wenn zwischen den Parteien

569 MüKo-ZPO/*Schulz*, Band 1, § 91a, Rn. 30.
570 *Prütting*, AnwBl 2012, 204 [208].
571 BT-Drucks. 17/5335, Seite 20.

eine dauerhafte persönliche oder geschäftliche Beziehung besteht, welche durch ein Urteil oder den Ablauf eines Prozesses beeinträchtigt wird.[572] Damit § 278a Abs. 1 ZPO Anwendung findet, muss ein zivilrechtliches Gerichtsverfahren[573] bereits anhängig sein. Durch die Formulierung ‚kann' wird deutlich, dass der Vorschlag im Ermessen des Gerichts steht und nicht verpflichtend ist.[574] Da der Gesetzgeber diese Vorschlagsmöglichkeit zeitlich nicht beschränkt hat, kann das Gericht den Parteien jederzeit, also zwischen Anhängigkeit des Verfahrens und Urteilsverkündung, die außergerichtliche Konfliktbeilegung vorschlagen.

Die Mediation oder die außergerichtliche Konfliktbeilegung findet außerhalb des Gerichts statt, wobei es nicht auf die Lokalität des Gerichtsgebäudes ankommt, sondern auf das Gericht als Institution.[575] Ausweislich § 278a Abs. 2 ZPO entscheiden die Parteien gemeinsam, ob sie einer außergerichtlichen Mediation zustimmen.[576] Sollte ein außergerichtliches Mediationsverfahren durchgeführt werden,[577] handelt es sich demzufolge um eine Mediation nach dem Mediationsgesetz, weshalb dieses in dem vorstehend dargestellten Umfang Anwendung finden.[578] In diesem Verfahren wird insofern eine von den Parteien frei gewählte[579] Person nach dem im Mediationsgesetz geregelten bzw. von ihnen eigenverantwortlich vereinbarten Verfahren tätig.[580]

Entscheiden sich die Parteien zu der Durchführung einer Mediation oder für ein anderes Verfahren der außergerichtlichen Konfliktbeilegung, ordnet das Gericht das Ruhen des Verfahrens an, § 278a Abs. 2 ZPO. Durch das Ruhen des Verfahrens tritt dessen Stillstand ein.[581] Der Richter hat daher keine

---

572 BT-Drucks. 17/5335, Seite 20.

573 Baumbach/Lauterbach/Albers/*Hartmann*, § 278a, Rn. 3.

574 Vgl. *Hartmann*, MDR 2012, 941 [943].

575 Vgl. BT-Drucks. 17/5335, Seite 13.

576 Anders als bei der Güterichterverhandlung, vgl. Kapitel 3, G., II., 2.

577 Sogenannte gerichtsnahe Mediation, vgl. § 1 Abs. 1 S. 2 Nr. 2 RegMediationsG, BT-Drucks. 17/5335, Seite 5.

578 Die Aufgaben und Befugnisse des Mediators und die Befugnisse der Mediationsparteien aus Kapitel 2 C., ff. hätten damit in der gerichtsinternen Mediation Anwendung gefunden.

579 Mangels anderweitiger gesetzlicher Regelungen kann das Gericht gemäß § 278a Abs. 2, § 2 Abs. 1 MediationsG insbesondere auch nicht unmittelbar selbst einen Mediator beauftragen, vgl. OLG Koblenz, Beschluss vom 21. Januar 2014 - 13 WF 43/14.

580 Hübschmann/Hepp/Spitaler/*Schwarz*, Lfg. 222, April 2013, § 155, Rn. 48d. Damit wird das deutsche Recht an die amerikanische und die australische Praxis angeglichen, nach der ebenfalls bei einem Mediationswunsch der Parteien vor Gericht ein externer Mediator beauftragt wird, *Creutz*, DRiZ 2007, 11.

581 Musielak/Voit/*Stadler*, § 251, Rn. 5.

Aufsichtspflicht über die außergerichtliche Mediation. Das Gericht entscheidet nicht über die Kostenpflichten, es kann keine Sachstandsfragen an den Mediator stellen und es hat keine Pflichten gemäß § 139 ZPO.[582] Solchen Pflichten würden auch die Grundsätze der Mediation entgegenstehen, wonach die Parteien eigenverantwortlich das Verfahren sowie die Kostenübernahme regeln und die Mediation vertraulich ist.

Den Parteien verbleibt die Möglichkeit, den Rechtsstreit bei einem Scheitern der außergerichtlichen Verhandlungen wieder aufzunehmen.[583] Die Parteien werden somit nicht durch eine gesetzliche Frist daran gehindert, außergerichtliche Konfliktbeilegungsverfahren durchzuführen.[584] Fraglich ist jedoch, wann das Verfahren wieder aufgenommen wird. In Betracht kommt, dass das Gericht von Amts wegen das Verfahren wieder aufnimmt, dass für die Wiederaufnahme des Verfahrens ein Antrag von allen Parteien erforderlich ist oder dass der Antrag einer Partei ausreicht. Die Aufnahme des Verfahrens nach einer außergerichtlichen Mediation ist gesetzlich nicht ausdrücklich geregelt. § 250 ZPO könnte aber Anwendung finden.[585] Danach erfolgt die Aufnahme eines unterbrochenen oder ausgesetzten Verfahrens durch Zustellung eines bei Gericht einzureichenden Schriftsatzes. Diese Regelung gilt nach allgemeiner Meinung im Grundsatz über den Wortlaut hinaus auch für die Fortführung eines zum Ruhen gebrachten Verfahrens nach § 251 ZPO.[586]

Für die Anwendung von § 250 ZPO spricht zunächst, dass der Gesetzgeber mit dem Wortlaut ‚Ruhen des Verfahrens' in § 278a Abs. 2 ZPO direkt eine Verbindung zu § 251 ZPO herstellt. Da der Gesetzgeber keine anderweitigen Regelungen vorgenommen hat, ist davon auszugehen, dass er die jetzigen Bestimmungen beibehalten wollte. Auch eine teleologische Auslegung spricht für dieses Ergebnis. Sinn und Zweck des Vorschlags der außergerichtlichen Konfliktbeilegung bestehen darin, den Parteien eine zusätzliche Möglichkeit zu bieten,

---

582 So auch *Thole*, ZZP 2014, 339 [360]. Die rechtlichen Fragen hat sich *Hartmann*, MDR 2012, 941 [943] gestellt.

583 Prütting/Gehrlein/*Geisler*, § 278a, Rn. 6.

584 *Prütting*, AnwBl 2012, 204 [208].

585 So MüKo-ZPO/*Ulrici*, Band 1, § 278a, Rn. 19 in Verbindung mit MüKo-ZPO/*Gehrlein*, Band 1, § 251, Rn. 19.

586 Baumbach/Lauterbach/Albers/*Hartmann*, § 251, Rn. 10; *LAG Sachsen*, MDR 2001, 834 [835]; MüKo-ZPO/*Gehrlein*, Band 1, § 250, Rn. 2; Musielak/Voit/*Stadler*, § 251, Rn. 1; *OLG Düsseldorf*, MDR 1991, [550]; *OLG Frankfurt*, FamRZ 1978, 919 [920]; *OLG Oldenburg*, MDR 2008, 763 [764]; Prütting/Gehrlein/*Anders*, § 251, Rn 4; Stein/Jonas/*Roth*, Band 3, § 250, Rn. 1.

ihren Konflikt beizulegen. Sollte jedoch die Aufnahme des Verfahrens von der Zustimmung aller Parteien abhängen, würde jede Partei dem Risiko ausgesetzt sein, dass die Gegenseite willkürlich die Zustimmung zur Wiederaufnahme des ruhenden Verfahrens verweigert.[587] Sinn und Zweck der Verweisungsmöglichkeit in § 278a ZPO, die außergerichtliche Mediation zu fördern, wären gefährdet, wenn eine Zustimmung zu einer Mediation mit der Gefahr verbunden wäre, dass die Gegenseite bei einem Scheitern den Prozess verschleppen könnte.

Auch eine Wiederaufnahme des Verfahrens ohne Antrag einer Partei würde Sinn und Zweck der Anordnung des Ruhens des Verfahrens widersprechen. Die Mediationsbemühungen der Parteien könnten – auch wenn aus Sicht des Gerichts das Mediationsverfahren bereits beendet ist – durch die Fortführung des Verfahrens gestört werden, sollte das Gericht zu früh mit der Wiederaufnahme beginnen.[588]

Damit spricht vieles dafür, dass der Antrag einer Partei auf Fortsetzung des Verfahrens für die Wiederaufnahme erforderlich ist.[589]

D. Mediator als späterer Richter

Ausweislich § 41 Nr. 8 ZPO ist ein Richter von der Ausübung des Richteramts kraft Gesetzes in den Sachen ausgeschlossen, in denen er an einem Mediationsverfahren oder einem anderen Verfahren der außergerichtlichen Konfliktbeilegung mitgewirkt hat. Umgesetzt wurde mit diesen Regelungen der in Art. 3 Buchstabe a Unterabsatz 2 der Mediationsrichtlinie 2008/52/EG manifestierte Gedanke, die Mediation und die Streitentscheidung zu trennen.[590] Grund für den Ausschluss ist der Schutz der Vertraulichkeit im außergerichtlichen Verfahren, welches durch einen Richter, der in diesem mitgewirkt hat und im darauf folgenden Gerichtsverfahren entscheidungsbefugt ist, gefährdet wäre.[591] Die Parteien müssten ansonsten befürchten, dass der Richter die erhaltenen, möglicherweise belastenden Informationen aus der Mediation bzw. einem anderen außergerichtlichem Verfahren seiner Entscheidung im Urteil später zugrunde

587 Vgl. *OLG Köln*, FamRZ 2003, 689 [689].

588 Vgl. *OLG Frankfurt*, FamRZ 1978, 919 [920].

589 A. A. Baumbach/Lauterbach/Albers/*Hartmann*, § 278a, Rn. 21. Danach muss das Gericht unverzüglich nach Erhalt der Nachricht über die Beendigung des Mediationsversuches das Verfahren wieder aufnehmen. Eine Begründung anhand des Gesetzestextes liegt dazu jedoch nicht vor.

590 BT-Drucks. 17/5335, Seite 20.

591 Zöller/*Vollkommer*, 2013, § 4, Rn. 14b.

legt.[592] Eine vertrauensvolle Atmosphäre kann auf diese Weise nicht entstehen.[593] Aus Angst vor derartigen Nachteilen würden die Parteien ihre Interessen nicht offenbaren.[594]

E. Verjährungshemmung

Gemäß Art. 8 Abs. 1 der Mediationsrichtlinie 2008/52/EG soll eine drohende Verjährung eine Partei nicht an einer Mediation hindern. Erforderlich ist dafür, dass die Mediationsparteien durch die außergerichtliche Mediation keine Frist versäumen können und ein möglicher Anspruch nicht verjährt.[595] Hierfür war keine neue Regelung erforderlich.[596] Gemäß § 203 S. 1 BGB ist die Verjährung gehemmt, wenn zwischen dem Schuldner und dem Gläubiger Verhandlungen über den Anspruch oder die den Anspruch begründenden Umstände schweben, bis der eine oder der andere Teil die Fortsetzung der Verhandlungen verweigert. Während des Mediationsverfahrens werden über die Ansprüche bzw. die den Anspruch begründenden Umstände verhandelt, sodass § 203 S. 1 BGB diese Konstellation umfasst.[597] Gemäß § 203 S. 2 BGB hat ein Gläubiger nach dem gescheiterten Mediationsverfahren drei Monate Zeit, seine Ansprüche gerichtlich geltend zu machen.[598]

Fraglich ist, ab wann die Verjährungshemmung eintritt, also ab wann eine Verhandlung im Sinne der Regelung vorliegt. In Betracht kommt, dass eine Verhandlung zwischen den Parteien erst gegeben ist, sobald sich beide Parteien durch eine Mediationsabrede[599] zu einem Mediationsverfahren verpflichten.[600] Aber auch davor schon kann seitens des Schuldners beim Gläubiger durch den Vorschlag einer alternativen Konfliktlösung besonderes Vertrauen hervorgerufen werden,[601] der deshalb kein Gerichtsverfahren anstrengt, um die Verjährung zu hemmen. Nach ständiger Rechtsprechung des Bundesgerichtshofs ist aber

---

592 BT-Drucks. 17/5335, Seite 20.

593 BT-Drucks. 17/5335, Seite 20.

594 BT-Drucks. 17/5335, Seite 20.

595 Vgl. Baetge/von Hein/von Hinden/*Wagner/Thole*, 941 f.

596 So auch *Probst*, JR 2009, 265 [266]; vgl. auch *Graf-Schlicker*, ZKM 2009, 83 [85].

597 So auch Baetge/von Hein/von Hinden/*Wagner/Thole*, 940; *Blobel/Späth*, ZEuP 2005, 784 [807]; *Wagner*, RabelsZ 2010, 794 [799]; vgl. auch *Eidenmüller/Prause*, NJW 2008, 2737 [2741]; *Wagner*, ZKM 2002, 103 [107].

598 Vgl. Baetge/von Hein/von Hinden/*Wagner/Thole*, 940.

599 Siehe zu der Mediationsabrede Kapitel 2, B., I.

600 Vgl. *Thole*, ZZP 2014, 339 [365].

601 Vgl. Prütting/Wegen/Weinreich/*Deppenkemper*, § 203, Rn. 1.

eine Verhandlung auch schon dann gegeben, wenn der Gläubiger berechtigterweise annehmen muss, dass der Schuldner sich auf eine Erörterung über die Berechtigung des Anspruchs einlässt.[602] Eine Partei kann aber den Erörterungswillen einer Partei berechtigterweise annehmen, wenn dieser seine Mediationsbereitschaft zeigt bzw. den Gläubiger zu einer Mediation auffordert, ohne dass dieser sofort zustimmt. Eine Mediationsabrede ist damit für die Hemmung der Verjährung nicht zwingend erforderlich ist.

Die Verjährung der Ansprüche des Klägers ist in der außergerichtlichen Mediation während des Gerichtsverfahrens nicht nur durch die Aufnahme der Mediationsverhandlungen gehemmt, § 203 BGB, sondern auch ab Rechtshängigkeit der Klage gemäß § 204 BGB.

F. Vollstreckbarkeit

Eine wirksame Abschlussvereinbarung ist – wie jeder andere schuldrechtliche Vertrag – bindend.[603] Bei einem Streit über die in der Abschlussvereinbarung getroffene Regelung können die in der Vereinbarung gewährten Rechte und Pflichten durch die Gerichte durchgesetzt werden.[604] Damit das Mediationsverfahren als eine Alternative zum staatlichen Gerichtsverfahren von den Parteien wahrgenommen werden kann, sollten die Parteien über die bindende Abschlussvereinbarung hinaus, genauso wie im Gerichtsverfahren, einen für sofort vollstreckbaren Titel erhalten können.[605] Wie bei einem für vorläufig vollstreckbar erklärten Urteil könnte der Gläubiger dann sofort und ohne die Gefahr einer Prozessverschleppung durch den Schuldner seine Ansprüche durchsetzen.[606] Die Möglichkeiten der Vollstreckbarkeit und der vollstreckungsfähige Inhalt einer Abschlussvereinbarung werden nachfolgend untersucht. Zudem wird geprüft, ob die Möglichkeiten der Vollstreckbarkeit einer Abschlussvereinbarung den Vorgaben der Mediationsrichtlinie 2008/52/EG genügen.

I. Möglichkeiten der Vollstreckbarkeit

Obwohl es im Gesetzgebungsverfahren vorgesehen war, wurde eine spezielle Vollstreckbarkeitserklärung der Abschlussvereinbarung nicht in die

602 Vgl. Bamberger/Roth/*Spindler*, § 203, Rn. 4; *BGH*, NJW 2004, 1654 [1654]; BGHZ 182, 76 [80]. So auch *Wenzel*, 84 f.
603 Greger/Unberath/*Unberath*, § 2, Rn. 313.
604 Greger/Unberath/*Unberath*, § 2, Rn. 313.
605 Vgl. auch Fischer/Unberath/*Härtling*, 145.
606 Greger/Unberath/*Unberath*, § 2, Rn. 313.

Zivilprozessordnung aufgenommen.[607] Damit verbleiben drei Möglichkeiten, die Abschlussvereinbarung für vollstreckbar erklären zu lassen.[608] Zum einen besteht die Möglichkeit, bei einer Mediation während eines Gerichtsverfahrens einen Vergleich vor einem Richter oder einer anerkannten Gütestelle abzuschließen, §§ 794 Abs. 1 Nr. 1, 795b, 797a ZPO. Zum anderen kann eine vollstreckbare Ausfertigung der Abschlussvereinbarung in einer vollstreckbaren Urkunde von einem deutschen Gericht oder einem Notar gemäß §§ 794 Abs. 1 Nr. 5, 797 ZPO erteilt werden. Zudem können Vergleiche von Rechtsanwälten ausweislich §§ 794 Abs. 1 Nr. 4b, 796a, 796b ZPO für vollstreckbar erklärt werden. Abschlussverfügungen, die auf die Abgabe einer Willenserklärung gerichtet sind oder den Bestand eines Mietverhältnisses oder Wohnraum betreffen, können nur während eines Gerichtsverfahrens gemäß §§ 794 Abs. 1 Nr. 1, 795b, 797a ZPO von einem Richter oder einer anerkannten Gütestelle vollstreckbar gemacht werden, vgl. §§ 794 Abs. 1 Nr. 5, 796a Abs. 2 ZPO.[609]

II. Vorgaben der Mediationsrichtlinie 2008/52/EG

Ausweislich Art. 288 Abs. 3 AEUV sind Richtlinien für jeden Mitgliedstaat, an den sie gerichtet ist, hinsichtlich des zu erreichenden Ziels verbindlich. Im Rahmen der nationalen Rechtsordnung muss der Gesetzgeber insofern sämtliche erforderlichen Maßnahmen ergreifen, um die vollständige Wirksamkeit der Richtlinie entsprechend ihrem Ziele zu gewährleisten.[610] Die Möglichkeiten, die Abschlussvereinbarung für vorläufig vollstreckbar zu erklären, müssten damit den Vorgaben aus Art. 6 der Mediationsrichtlinie 2008/52/EG genügen.[611]

Dafür müssen die Mitgliedstaaten sicherstellen, dass die Mediationsparteien einvernehmlich die Vollstreckbarkeit einer erzielten schriftlichen Vereinbarung erreichen können, Art. 6 Abs. 1 der Mediationsrichtlinie 2008/52/EG. Diese Voraussetzung liegt, wie vorstehend erläutert, vor. Für die Umsetzungsvorgaben der Mediationsrichtlinie sind diese Möglichkeiten ausreichend,[612] da die Parteien nicht auf ein Gerichtsverfahren angewiesen sind, sondern auch

---

607 § 796d RegZPO: BT-Drucks 17/5335, Seite 7.

608 Vgl. Baetge/von Hein/von Hinden/*Wagner/Thole*, 927 f.; Greger/Unberath/*Unberath*, § 2, Rn. 316 ff.; *Wagner*, RabelsZ 2010, 794 [799].

609 Vgl. *Graf-Schlicker*, ZKM 2009, 83 [85] und auch Baetge/von Hein/von Hinden/*Wagner/Thole*, 928.

610 Vgl. Urteil des EuGH – Colson und Kamann, Rs. 14/83 – Slg. 1984, 1891, Ls. 1; von der Groeben/Schwarze/Hatje/*Geissmann*, Art. 288 AEUV, Rn. 42.

611 Ebenso Greger/Unberath/*Unberath*, § 2, Rn. 337.

612 So auch *Wenzel*, 90.

außergerichtliche Vereinbarungen für vollstreckbar erklären können, vgl. §§ 794 Abs. 1 Nr. 1, 795b, 797a; 794 Abs. 1 Nr. 5, 797; 794 Abs. 1 Nr. 4b, 796a, 796b ZPO.

Die Umsetzung des noch im Regierungsentwurfs geplanten § 796d RegZPO,[613] der die Vollstreckbarkeit der Abschlussvereinbarung[614] explizit vorsah, war damit nicht zwingend.[615] Danach hätte auf Antrag aller Parteien bzw. auf Antrag einer Partei mit ausdrücklicher Zustimmung der anderen Parteien die Abschlussvereinbarung von einem zuständigen Amtsgericht für vollstreckbar erklärt werden können.[616] Das Gericht sollte vor der Entscheidung alle Parteien hören und für die nötige Bestimmtheit der Vereinbarung sorgen. Bei Unwirksamkeit der Bestimmung hätte es die Vollstreckbarkeit ablehnen oder bei Hindernissen die Parteien zur Behebung auffordern können.[617]

Diese Möglichkeit, die an die bestehende Regelung des Anwaltsvergleichs gemäß §§ 796a – 796c ZPO angelehnt war, wäre einfach und für die Beteiligten kostengünstig gewesen.[618] Es wäre aber eine neue Zuständigkeit für die Gerichte entstanden, die sich für diese belastend ausgewirkt hätte. Das Gericht hätte jede Abschlussvereinbarung ausweislich § 796d RegZPO[619] hinsichtlich ihrer Vollstreckungsfähigkeit und ihrer eventuellen rechtlichen Unwirksamkeit überprüfen müssen. Je nach Qualität der Vereinbarung hätte die Überprüfung längere Zeit in Anspruch genommen. Der Mediator könnte auch danach regelmäßig nicht für eine vollstreckbare Ausfertigung der Abschlussverfügung sorgen. Zum einen besitzt er regelmäßig keine dafür erforderlichen Rechtskenntnisse, da für sein Tätigwerden keine juristische Ausbildung zum Rechtsanwalt erforderlich ist.[620] Zum anderen würde die Überprüfung einer Abschlussvereinbarung und

613 BT-Drucks. 17/5335, Seite 7.

614 Im Gesetzesentwurf irreführend zu der Wortwahl im Mediationsgesetz als Mediationsvereinbarung bezeichnet – vgl. auch Greger/Unberath/*Unberath*, § 2, Rn. 335.

615 Kritik gegen die Vollstreckbarkeitsregelung siehe auch: *Bundrechtsanwaltskammer*, Stellungnahme, 3; *Deutscher Notarverein*, 5 ff.

616 Das zuständige Amtsgericht sollten die Parteien als Ausfluss des Eigenverantwortlichkeitsprinzips – BT-Drucks. 17/5335, Seite 22 – selbst wählen können, § 796d Abs. 3 RegZPO – vgl. BT-Drucks, 17/5335, Seite 7. Damit sollte ein Auseinanderfallen der zuständigen Gerichte vermieden werden, BT-Drucks. 17/5335, Seite 22. Ansonsten hätten bei mehreren Ansprüchen unterschiedliche Zuständigkeiten für die Vollstreckbarkeit vorliegen können, BT-Drucks. 17/5335, Seite 22.

617 Zudem hätte auch ein deutscher Notar mit Zustimmung aller Parteien die Mediationsvereinbarung für vollstreckbar erklären können.

618 BT-Drucks. 17/5335, Seite 21.

619 BT-Drucks. 17/5335, Seite 7.

620 Vgl. zur beruflichen Qualifikation des Mediators Kapitel 2, C., IV.

der Vorschlag einer neuen, vollstreckbaren Abschlussverfügung eine Rechtsdienstleistung darstellen. Ein Mediator, der nicht zur Rechtsdienstleistung befugt ist, würde dann gegen § 2 Abs. 3 Nr. 4 RDG verstoßen.[621]

Die Möglichkeit der Vollstreckung anwaltlicher Vereinbarungen gemäß §§ 794 Abs. 1 Nr. 4b, 796a, 796b ZPO könnte noch von dem Gesetzgeber optimiert werden. Bislang setzt ein Anwaltsvergleich eine beidseitige anwaltliche Vertretung voraus, weshalb diese Form des Vergleichs sehr kostenintensiv ist.[622] Möglich wäre es, einem Rechtsanwalt als Mediator im Mediationsverfahren die Möglichkeit der anwaltlichen Vollstreckbarerklärung einzuräumen und diese auch auf Wohnraum-Mietsachen auszuweiten.[623] In diesem Fall wäre eine Vollstreckbarerklärung schnell und günstig möglich, da keine zusätzlichen Personen bezahlt werden müssten. Ähnlich wie bei der Vollstreckbarerklärung durch einen Notar gemäß § 796c Abs. 1 ZPO muss es dann auf die Zustimmung beider Parteien ankommen.[624]

G. Gerichtsinterne Mediation und das Güterichterverfahren

In der Beschlussempfehlung des Rechtsausschusses vom 30. November 2011[625] wurde der vom Kabinett am 12. Januar 2011 verabschiedete Regierungsentwurf für ein ‚Gesetz zur Förderung der Mediation und anderer Verfahren der außergerichtlichen Konfliktbeilegung' abgeändert. Nach einer schwierigen Kontroverse im Gesetzgebungsverfahren[626] wurde die ehemals vorgesehene gesetzliche Regelung der gerichtsinternen Mediation, die in vielen Bundesländern in Deutschland in Gerichtsmodellen praktiziert wurde, und die Möglichkeit der Abschlussvereinbarung als Vollstreckungstitel aus dem Gesetz exkludiert.[627] Obwohl der Bundestag zu einem einstimmigen Votum gekommen war und es sich bei dem Gesetz um ein Einspruchsgesetz handelte, hatte der Bundesrat in seiner Sitzung vom 10. Februar 2012 die Anrufung des Vermittlungsausschusses

621 Vgl. Kapitel 2, C., III., 7 und auch *Bundesrechtsanwaltskammer*, Stellungnahme, 3.
622 Vgl. *Wagner*, RabelsZ 2010, 794 [803 f.].
623 Vgl. *Wagner*, RabelsZ 2010, 794 [806].
624 Vgl. *Wagner*, RabelsZ 2010, 794 [806].
625 BT-Drucks. 17/8058.
626 Vgl. *Ahrens*, NJW 2012, 2465 [2469]; *Prütting*, AnwBl 2012, 204 [206].
627 § 1 Abs. 1 Nr. 3 RegMediationsG; § 278a Abs. 1 S. 2 RegZPO – BT-Drucks. 17/5335, Seite 5, 7; siehe auch *Prütting*, AnwBl 2012, 204 [205].

auf die Empfehlung seines Rechtsausschusses[628] hin beschlossen. Der Deutsche Bundesrat betonte dabei, die gerichtsinterne Mediation im Gesetz verankert sehen zu wollen.[629] Dazu kam es jedoch nicht, da der Deutsche Bundestag an der von allen Fraktionen getragenen Gesetzesfassung festhalten wollte.[630] Die gerichtsinterne Mediation wurde deshalb, anders als ursprünglich im Regierungsentwurf[631] vorgesehen, nicht gesetzlich geregelt. Stattdessen hat der Gesetzgeber in § 278 Abs. 5 ZPO in Verbindung mit § 9 MediationsG die gerichtsinterne Mediation in das ‚neue' Güterichterverfahren überführt.[632]

Das gerichtsinterne Mediationsverfahren in den Gerichtsmodellen und das ‚neue' Güterichterverfahren werden nachfolgend untersucht. Dabei wird insbesondere geklärt, ob die gerichtsinterne Mediation verfassungsmäßig war. Die fehlende Verfassungsmäßigkeit könnte der Grund gewesen sein, dass das Verfahren nicht, wie ursprünglich im Regierungsentwurf vorgesehen, gesetzlich umgesetzt wurde. Hinsichtlich des Güterichterverfahrens werden die einzelnen Voraussetzungen analysiert. Dabei werden einfachgesetzliche Unklarheiten, welche sich aus dem Gesetzestext selbst oder durch die Interaktionen mit anderen Gesetzen ergeben, beseitigt.

I. Gerichtsinterne Mediation in Gerichtsmodellen / Verfassungsmäßigkeit

Die gerichtsinterne Mediation wurde in Modellprojekten einzelner Gerichte in Deutschland ohne ausdrückliche Gesetzesgrundlage seit dem Jahr 2002 ausgeübt.[633] In diesen Gerichtsmodellen konnten Parteien nach Rechtshängigkeit des Gerichtsverfahrens bei einem in Verhandlungstheorie und Kommunikationstechnik geschulten, nicht entscheidungsbefugten Richter als Mediator eine

---

628 BR-Drucks. 10/1/12, abrufbar unter http://www.bundesrat.de/cln_320/nn_1934482/SharedDocs/Drucksachen/2012/0001-0100/10-1-12,templateid=raw,property=publicationFile.pdf/10-1-12.pdf; *Prütting*, AnwBl 2012, 204 [205].

629 *Prütting*, AnwBl 2012, 204 [205].

630 *Prütting*, AnwBl 2012, 204 [205].

631 Vgl. § 1 Abs. 1 Nr. 3 RegMediationsG in Verbindung mit § 278a RegZPO; nachzulesen in BT-Drucks. 17/5335Seite 5 und 7.

632 Hinsichtlich der praktischen Unterschiede zwischen der gerichtsinternen Mediation und des ‚neuen' Güterichterverfahrens, siehe unter Kapitel 3., G., III.

633 BT-Drucks. 17/5335, Seite 19; von Bargen, 70–114; vgl. auch Albin, 94; Greger/Weber, MDR 2012, Sonderheft, 3 [4]; MüKo-ZPO/Prütting, Band 1, § 278, Rn. 52; Prütting, ZZP 2011, 163 [163, 165]; *Rakowsky*, 13 ff.; *Wagner*, RabelsZ 2010, 794 [813].

gerichtsinterne Mediation durchführen.[634] Die Richter boten den Parteien damit neben der Streitentscheidung zusätzlich das Mediationsverfahren an.[635] Sollte eine Änderung im Geschäftsverteilungsplan, ein Rechtsmittel oder ein Vertretungsfall die Zuständigkeit des ehemaligen Mediators als Richter in der Hauptsache begründen, kam im Einzelfall ein Ablehnungsantrag nach § 42 ZPO oder eine Selbstanzeige gemäß § 48 ZPO in Betracht.[636] Die Gerichtsmodelle wurden von Gericht zu Gericht vereinzelt unterschiedlich gestaltet.[637] Im Grundsatz folgten die Gerichtsmodelle jedoch dem gleichen Prinzip.

Das Mediationsverfahren wurde von dem erkennenden Richter vorgeschlagen. Die Parteien mussten dem gerichtsinternen Mediationsverfahren zustimmen, da das Verfahren freiwillig war.[638] Stimmten die Parteien zu, wurden sie an einen anderen Richter als Mediator verwiesen. Die Parteien konnten ihre Zustimmung auch davon abhängig machen, dass ein bestimmter Richter als Mediator das Mediationsverfahren leitete.[639] Wenn die Belastungssituation der Gerichte den Wunsch der Parteien zuließ und der benannte Richter als Mediator einverstanden war, wurde dem Wunsch grundsätzlich entsprochen.[640] Der Richter als Mediator gehörte in der Regel demselben Gericht an wie der erkennende Richter.[641] Seine Zuständigkeit ergab sich oftmals aber nicht aus dem Geschäftsverteilungsplan.[642]

Stimmten die Parteien einer Mediation zu, leitete der Richter als Mediator das Mediationsverfahren ein, in der Regel nach den Grundsätzen der Mediation.[643] Einigten sich die Parteien in der gerichtsinternen Mediation,

---

634 Gläßer/Schroeter/*von Bargen*, 30; *Isermann*, RuP 2011, 9 [10]; *Spindler*, Rn. 11 f.

635 *Klose*, ZKM 2005, 146 [146].

636 Vgl. *Greger/Weber*, MDR 2012, Sonderheft, 3 [29].

637 Vgl. zum Beispiel den Unterschied zwischen dem Berliner und dem Thüringer Modellversuch, *Greger*, ZKM 2013, 9 [9 f.].

638 Vgl. *Greger*, AnwBl 2013, 504 [504].

639 *Hückstädt*, NJ 2005, 289 [291].

640 Vgl. *Hückstädt*, NJ 2005, 289 [291].

641 *Klose*, ZKM 2005, 146 [148]; *von Bargen*, 237.

642 Vgl. *Prütting*, ZZP 2011, 163 [167]; von Münch/Kunig/*Kunig*, Art. 101, Rn. 15; andere Gerichte haben die Mediation hingegen in ihren Geschäftsverteilungsplänen berücksichtigt, vgl. von Mangoldt/Klein/Starck/*Classen*, Art. 101, Fn. 17.

643 Vgl. als Abweichung zum Beispiel das Thüringer Gerichtsprojekt, nachdem der Richter neben der Mediation als Methode auch andere Methoden der Konfliktbeilegung anwendete.

protokollierte der Richter als Mediator einen gerichtlichen Vergleich.[644] Scheiterte die Mediation, wurde das bis dahin ausgesetzte Verfahren[645] vor dem Prozessgericht fortgeführt.[646] Die Inanspruchnahme der gerichtsinternen Mediation verursachte für die Parteien keine weiteren Gerichtskosten.[647] Ziel der Gerichtsmodelle in den einzelnen Bundesländern war es, die Mediation auch außergerichtlich bekannt zu machen.[648] Die einzelnen Modellprojekte in den Gerichten wurden im Laufe der Jahre ausgeweitet.[649] Die Gerichte vermeldeten beeindruckende Erfolgsquoten.[650]

Die gerichtsinterne Mediation aus den Gerichtsmodellen wurde nicht durch das Gesetz zur Förderung der Mediation und anderer Verfahren außergerichtlicher Streitbeilegung geregelt. Welche Erwägungen dazu führten, die gerichtsinterne Mediation gesetzlich nicht umzusetzen, ist aus den Gesetzesmaterialien nicht zu entnehmen.[651] Mangels ausdrücklicher rechtlicher Regelung der Mediation in den Gerichtsmodellen wurden vielerlei damit zusammenhängender Problematiken in der Literatur diskutiert.[652] In Betracht kommt, dass die gerichtsinterne Mediation wegen einer möglichen Verfassungswidrigkeit nicht umgesetzt wurde. Es stellt sich als ein Schwerpunkt dieses Kapitels daher insbesondere die verfassungsrechtliche Frage, ob Richter die Gerichtsmodelle durchführen durften, obwohl das Verfahren gesetzlich nicht ausdrücklich normiert war. Auf einfachgesetzliche Probleme der gerichtsinternen Mediation wird dabei nicht eingegangen, da sie durch eine gesetzliche Änderung lösbar und damit nicht Grund zur Nichtumsetzung des Modells gewesen wäre.

Die gerichtsinterne Mediation in den Gerichtsmodellen könnte verfassungswidrig gewesen sein. Ob die nicht ausdrücklich im Gesetz geregelte[653] Aufgabe

---

644 *Hess*, ZZP 2011, 137 [140 f.]; *von Olenhusen*, ZKM 2004, 104 [105], vgl. auch *Spindler*, Rn. 13 (teilweise hat auch der gesetzliche erkennende Richter den Vergleich aufgenommen, *Spindler*, Rn. 12).

645 Vgl. Ahrens/Lipp/Varga/*Ahrens*, 41; *Hückstädt*, NJ 2005, 289 [292].

646 *Hess*, ZZP 2011, 137 [141]; *Spindler*, Rn. 12.

647 *Wegener*, ZKM 2006, 140 [143]; hinsichtlich der Mediation in Niedersachsen, siehe auch *Spindler*, Rn. 14.

648 MüKo-ZPO/*Prütting*, Band 1, § 278, Rn. 52.

649 *Prütting*, AnwBl 2012, 204 [206].

650 *Horstmeier*, Rn. 409. Siehe auch die Einleitung.

651 *Prütting*, AnwBl 2012, 204 [206].

652 Vgl. etwa *Greger*, DRiZ 2008, 48 ff.; *Greger*, NJW 2007, 3258 ff., *Hess*, ZZP 2011, 137 ff.; *Klose*, ZKM 2005, 146 ff.; *Koch*, NJ 2005, 97 ff.; *Prütting*, ZZP 2011, 163 ff.; *von Bargen 145 ff.; von Olenhusen*, ZKM 2004, 104 ff.; *Wimmer/Wimmer*, NJW 2007, 3243 ff.

653 Vgl. Kapitel 3, G., I.; Haft/Schlieffen/*Bamberger*, § 42, Rn. 32.

des Mediators mit der Stellung des Richters verfassungsrechtlich vereinbar war, war umstritten.[654] Der Richter wurde in den Gerichtsmodellen nicht als Privatperson in einem Vertragsverhältnis, sondern in seiner Funktion als Richter und damit als Rechtspflegeorgan tätig.[655] Die Wahrnehmung der gerichtsinternen Mediation ist aber keine typische Aufgabe des Richters. Die Hauptaufgabe des Richters besteht im Gegensatz zu der Aufgabe des Mediators grundsätzlich darin, Rechtsstreitigkeiten zu entscheiden,[656] weshalb ihm auch gemäß Art. 92 GG die rechtsprechende Gewalt zugewiesen[657] wird. Zum einen ergibt sich aus der Zuweisung, dass Richter eine staatliche Aufgabe wahrnehmen,[658] zum anderen auch ein Verfassungsauftrag.[659] Dadurch ergeben sich hinsichtlich der Tätigkeiten von Richtern verfassungsrechtliche Beschränkungen. Insbesondere kommen verfassungswidrige Eingriffe in die Grundrechte von Personen, in die Gewaltenteilung sowie ein Verstoß gegen die Bindung der Richter an Recht und Gesetz in Betracht. Ob die Tätigkeit der Richter in der gerichtsinternen Mediation in den Gerichtsmodellen aufgrund von diesen verfassungsrechtlichen Beschränkungen nicht hätte ausgeführt werden dürfen, wird nachfolgend untersucht.

1. *Grundrechtseingriffe*

In Betracht kommt, dass das Verweisen des Rechtsstreits durch den erkennenden Richter an den Mediator bzw. das Führen der Mediation durch einen Richter als Mediator in der gerichtsinternen Mediation in den Gerichtsmodellen in die Grundrechte von Dritten, an der Mediation nicht beteiligten Personen, sowie in die Grundrechte der Parteien eingegriffen hat. Ob ein solcher Grundrechtseingriff gegeben war, wird nachfolgend untersucht.

a. *Eingriff in die Grundrechte Dritter*

Durch die Erweiterung der richterlichen Kompetenzen auf das Führen von gerichtsinternen Mediationen könnte gegen den Grundsatz des effektiven Rechtsschutzes verstoßen und damit das öffentliche Interesse am effektiven Einsatz knapper Justizressourcen beeinträchtigt worden sein.[660] Ebenso könnte in

---

654 Vgl. Haft/Schlieffen/*Bamberger*, § 42, Rn. 27 ff.; vgl. dazu auch: *Rakowsky*, 21 ff.; *von Bargen*, 231 ff.; *Wimmer/Wimmer*, NJW 2007, 3243 [3243 ff.].
655 *Koch*, NJ 2005, 97 [100].
656 *Risse/Bach*, SchiedsVZ 2011, 14 [20].
657 Dreier/*Schulze-Fielitz*, Band III, Art. 98, Rn. 20.
658 Vgl. Schmidt-Bleibtreu/Hofmann/Hopfauf/*Hopfauf*, Art. 92, Rn. 2.
659 Dreier/*Schulze-Fielitz*, Band III, Art. 98, Rn. 20.
660 Vgl. *Wagner*, 600.

die Berufs-, Eigentums- und Wettbewerbsfreiheit von freiberuflichen Mediatoren unzulässig eingegriffen worden sein.

aa. Verfassungswidriger Verstoß gegen den effektiven Rechtsschutz

Indem Richter als Mediatoren gerichtsinterne Mediationen angeboten haben, könnte ein effektiver Rechtsschutz, der sich aus Art. 2 Abs. 1 GG in Verbindung mit dem Rechtsstaatsprinzip aus Art. 20 Abs. 3 GG ergibt, verhindert worden seien. Gemäß Art. 2 Abs. 1 GG in Verbindung mit dem Rechtsstaatsprinzip ist der Staat unter anderem verpflichtet, einen effektiven Rechtsschutz für den Bereich des Zivilprozesses zu gewährleisten.[661] Das bedeutet, dass eine rechtliche Prüfung und eine verbindliche Entscheidung durch einen Richter garantiert sein müssen.[662] Dabei wird nicht nur gewährleistet, dass überhaupt ein Rechtsweg zu den Gerichten offen ist, vielmehr muss der Rechtsschutz auch effektiv sein.[663] Diese Garantie richtet sich auch an den Richter, der die Verfahrensordnung anwendet.[664] Ein Verstoß liegt dann vor, wenn die Leistungsfähigkeit der Gerichte für den eigentlichen, verfassungsrechtlich durch Art. 92 GG vorgegebenen Aufgabenbereich der Rechtsprechung beeinträchtigt wird.[665]

Diese Voraussetzung war bei der Tätigkeit des Richters als Mediator in der gerichtsinternen Mediation in den Gerichtsmodellen nicht erfüllt. Die Tätigkeit des Richters als Mediator in der gerichtsinternen Mediation in den Gerichtsmodellen hat die Leistungsfähigkeit der Gerichte nicht negativ beeinflusst. Wie vorstehend dargestellt besteht sogar die Möglichkeit, dass Mediationsverfahren schneller abgeschlossen werden als Gerichtsverfahren.[666] Damit stieg die Leistungsfähigkeit der Gerichte eher als dass sie beeinträchtigt wurde. Insbesondere steht auch der Vorteil der gerichtsinternen Mediation (vgl. die beeindruckende Erfolgsquote von 88,5 % in den Göttinger Gerichtsmodellen)[667] im Verhältnis zu der nur geringfügigen und auch selbstbestimmten Verlängerung des Verfahrens im Falle des Scheiterns. Die Einführung der gerichtsinternen Mediation

---

661 BVerfGE 88, 118 [123]; 93, 99 [107]; 107, 395 [407]; Isensee/Kirchhof/*Schmidt-Aßmann*, § 26, Rn. 70 ff.

662 BVerfGE 54, 277 [291]; 84, 366 [369]; 85, 337 [345]; 112 185 [207]; *Leibholz/Rinck*, Lfg. 66, Art. 20, Rz. 1201.

663 BVerfGE 122, 248 [270 f.]; *Leibholz/Rinck*, Lfg. 66, Art 20, Rz. 1201.

664 Vgl. *BVerfG*, JZ 2009, 675 [679].

665 BVerfGE 64, 175 [177]; Maunz-Dürig/*Hillgruber*, Band VI, Lfg. 51, Art. 92, Rn. 58 ff.; *Wimmer/Wimmer*, NJW 2007, 3254 [3245].

666 Vgl. Kapitel 3., A., I.

667 Siehe Einleitung.

in den Gerichtsmodellen trug damit zu dem verfassungsrechtlichen Anliegen eines effektiven Rechtsschutzes bei. Das Anbieten der gerichtsinternen Mediation durch einen Richter als Mediator hat damit nicht gegen den Grundsatz des effektiven Rechtsschutzes verstoßen.

bb. Verfassungswidriger Eingriff in die Berufsfreiheit von freiberuflichen Mediatoren

Fraglich ist, ob das Anbieten einer Mediation von Richtern als Mediatoren ein unzulässiger Eingriff in die Berufsfreiheit gemäß Art. 12 Abs. 1 GG von freiberuflichen Mediatoren war.

In Betracht kommt, dass die grundrechtlich geschützte unternehmerische Betätigungsfreiheit aus Art. 12 Abs. 1 GG[668] verletzt worden ist. Das wäre dann der Fall, wenn eine berufliche und wirtschaftliche Betätigung nicht frei von relevanten Beeinträchtigungen ist.[669] Eine Beeinträchtigung könnte in einem Wettbewerbsnachteil zu sehen gewesen sein. Die Justiz trat mit dem Angebot einer gerichtsinternen Mediation in Konkurrenz zu den freiberuflichen Mediatoren.[670] Ein Wettbewerbsnachteil war für diese zu befürchten, weil Parteien ohne zusätzliche Kosten die richterliche Mediation in Anspruch nehmen konnten,[671] während für eine außergerichtliche Mediation nicht einmal Kostenanreize – bspw. durch geringere Gerichtskosten bei einem Scheitern der Mediation – geschaffen wurden und qualifizierte außergerichtliche Mediatoren eine Rechnung stellen mussten.[672] Ein solcher Nachteil führte aber nicht zu dem Vorliegen eines Grundrechtseingriffes. Staatliche Maßnahmen, mit denen für Unternehmer nachteilige wirtschaftliche Veränderungen einhergehen, können nicht schon gleich als Grundrechtsbeeinträchtigungen verstanden werden, da der Wettbewerb in der deutschen Wirtschaft grundsätzlich frei ist.[673] Ein verfassungswidriger Eingriff liegt deshalb erst dann vor, wenn die private Konkurrenz durch eine staatliche Maßnahme verdrängt wird.[674] Eine solche unzulässige Einschränkung der

---

668 BVerfGE 50, 290 [363].
669 BVerwGE 71, 183 [193]; *BVerwG*, NJW 1995, 2938 [2939].
670 *Monßen*, ZKM 2006, 83 [84, 86].
671 Kapitel 3, G., I.
672 Vgl. *Bundesrechtsanwaltskammer*, Stellungnahme, 6.
673 BVerfGE 24, 236 [251]; BVerwGE 39, 329 [336 f.]; vgl. auch BVerwGE 71, 183 [193]; *BVerwG* NJW 1995, 2938 [2939].
674 *BVerwG*, NJW 1995, 2938 [2939]; Dreier/*Wieland*, Band I, Art. 12, Rn. 74.

Berufsausübung ist gegeben, wenn der Beruf nicht mehr ganz oder partiell zur Grundlage der unternehmerischen Erwerbstätigkeit gemacht werden kann.[675]

Das war bei den Gerichtsmodellen nicht der Fall. Die wirtschaftliche Betätigung eines privaten Mediators wurde durch die Richtermediation nicht unmöglich gemacht oder unzulässig eingeschränkt. Von einer direkten Konkurrenz zwischen den freiberuflichen Mediatoren und den richterlichen Mediatoren ist nicht auszugehen. Der gerichtsinterne Mediator wurde erst dann tätig, wenn außergerichtliche Vergleichsbemühungen gescheitert waren,[676] da Parteien nur dann auf eine gerichtsinterne Mediation zugreifen konnten, wenn ein Rechtsstreit bereits anhängig war.[677] In diesem Fall entstand dem freiberuflichen Mediator durch das Anbieten der gerichtsinternen Mediation kein Nachteil. Entweder schlichtete der Richter als Mediator den Rechtsstreit oder der erkennende Richter fällte ein Urteil. In beiden Alternativen konnte der freiberufliche Mediator seine Mediation nicht anbieten.

Nicht in Betracht kommt, dass Parteien bewusst den Rechtsweg beschreiten, um dann eine günstigere Mediation zu erlangen. Die Parteien könnten sich nicht sicher sein, dass es auch wirklich zu einer Mediation kommt. Der Vorschlag einer gerichtsinternen Mediation lag im Ermessen des Gerichts. Mithin wäre dieser Weg für die Parteien sehr umständlich und zeitintensiv gewesen. Um den Rechtsweg vor Gericht bestreiten zu können, müssen die gesamten Formalien der Klageerhebung eingehalten werden, § 253 ZPO. Der Gerichtstermin wird dann von Amts wegen bestimmt und liegt im Ermessen des Gerichts, vgl. §§ 214 ff. ZPO. Kostenfrei war die gerichtsinterne Mediation ebenfalls nicht, da die üblichen Gerichtskosten anfielen.[678] Zusätzlich sollte die Qualität der Mediation von einem freiberuflichen Mediator grundsätzlich höher gewesen sein. Zum einen hatte sich der Mediator im Gegensatz zum Richter speziell für das Mediationsverfahren ausbilden lassen. Zum anderen war der Richter im Gegensatz zum Mediator aufgrund seines festen Gehalts wirtschaftlich nicht darauf angewiesen, die Mediationsparteien durch die gerichtsinterne Mediation zufriedenzustellen.[679] Damit war das Anbieten einer Mediation von Richtern als

675 BVerfGE 50, 290 [364]; *BVerwG*, NJW 1995, 2938 [2939].

676 *Henning*, DRiZ 2012, 101.

677 Vgl. Kapitel 3, G., I.

678 *Henning*, DriZ 2012, 101.

679 Gläßer/Schröter/*Klamt*, 283; Im Zeitpunkt der Gerichtsmodelle wurden trotzdem Klagen mit dem Antrag erhoben, das Verfahren an einen Richter als Mediator abzugeben, *Greger*, AnwBl 2008, 570 [570]; *Hückstädt*, NJ 2005, 289 [291]; Anzeichen von einer Verdrängung der außergerichtlichen Mediation waren jedoch auch damals nicht ersichtlich. Es handelte sich bei der gerichtsinternen Mediation auch nicht um einen

Mediatoren kein unzulässiger Eingriff in die Berufsfreiheit gemäß Art. 12 Abs. 1 GG von freiberuflichen Mediatoren.[680]

cc. Verfassungswidriger Eingriff in die Eigentumsfreiheit von freiberuflichen Mediatoren

In der Wissenschaft vertreten wurde auch, dass das Anbieten einer Mediation durch Richter ein verfassungswidriger Eingriff in die Eigentumsfreiheit gemäß Art. 14 GG von freiberuflichen Mediatoren gewesen sein könnte.[681] Eine verfassungswidrige Verletzung der Eigentumsfreiheit kommt in Betracht, da die Gerichte als staatliche Institutionen durch das Anbieten der gerichtsinternen Mediation mit den freiberuflichen Mediatoren konkurrierten und sich am Wettbewerb beteiligten. Voraussetzung für eine verfassungswidrige Verletzung der Eigentumsfreiheit ist ein rechtswidriger Eingriff in den Schutzbereich von Art. 14 GG.

Es ist bereits fraglich, ob der Schutzbereich von Art. 14 GG überhaupt eröffnet war. Art. 14 GG schützt das Privateigentum als Rechtsinstitut und als subjektives Recht jedes einzelnen Eigentümers.[682] Ein Teil der Rechtsprechung und die herrschende Lehre fassen darunter auch das Recht am eingerichteten und ausgeübten Gewerbebetrieb.[683] Unter den Begriff des Gewerbes fallen auch freiberufliche Tätigkeiten,[684] also auch die des freiberuflichen Mediators. Das Bundesverfassungsgericht hat sich bislang nicht zu dem Eigentumsschutz des

---

privatrechtlichen Vertrag zwischen Parteien und dem Richter, aus dem sich dienstvertragsrechtliche Fürsorgepflichten und auch haftungsrechtliche Konsequenzen ableiten ließen (so *Spindler*, Rn. 66 ff.; *Volkmann*, 95 ff.). Der Richter wurde nicht als private Vertragspartei tätig, sondern als Rechtspflegeorgan innerhalb des Prozessverfahrens, weshalb ein öffentlich-rechtliches Prozessrechtsverhältnis zwischen den Beteiligten bestand, *Koch*, NJ 2005, 97 [100]. Vgl. zum Prozessrechtsverhältnis MüKo-ZPO/*Rauscher*, Band 1, Einl., Rn. 29 ff.; Musielak/Voit/*Musielak*, Einl., Rn. 55 ff.

680 So auch: *Creutz*, DRiZ 2007, 11; Haft/Schlieffen/*Bamberger*, § 42, Rn. 30; *Wimmer/Wimmer*, NJW 2007, 3243 [3245].

681 Vgl. Haft/Schlieffen/*Bamberger*, § 42, Rn. 30.

682 Maunz-Dürig/*Papier*, Band II, Lfg. 59, Art. 14, Rn. 1.

683 Vgl. *BVerwG*, NJW 1982, 63, [63 ff.]; Maunz-Dürig/*Papier*, Lfg. 59, Band II, Art. 14, Rn. 95; Schmidt-Bleibtreu/Hofmann/Hopfauf/*Hofmann*, Art. 14, Rn. 16; von Münch/Kunig/*Bryde*, Art. 14, Rn. 18.

684 *BGH*, NJW 1986, 2499 [2500]; Maunz-Dürig/*Papier*, Band II, Lfg. 59, Art. 14, Rn. 98.

Gewerbebetriebs bekannt, sondern vielmehr in der bisherigen Rechtsprechung dessen Bestehen offengelassen.[685]

Ob der eingerichtete und ausgeübte Gewerbebetrieb von dem Schutzbereich des Art. 14 GG umfasst ist, kann dahingestellt bleiben, wenn schon kein Eingriff in Art. 14 GG vorlag. Das Recht des eingerichteten und ausgeübten Gewerbebetriebs bietet grundsätzlich keinen Wettbewerbsschutz.[686] Die Chancen und Risiken des Wettbewerbs sind nicht – wie für einen Schutz durch Art. 14 GG erforderlich – einem Freiberufler dauerhaft zugeordnet.[687] Auch ein staatlicher Konkurrent kann nicht mit Art. 14 GG abgewehrt werden.[688] Ein Grundrechtsschutz wäre nur dann erforderlich, wenn der Staat durch die staatliche Tätigkeit eine Monopolstellung erlangen würde.[689] Ob durch das Anbieten der richterlichen Mediation eine staatliche Monopolstellung entstand, ist eine Frage der tatsächlichen Feststellungen.[690] Von einer solchen Monopolstellung kann hier nicht ausgegangen werden, da, wie vorstehend konstatiert, weder freiberufliche Mediatoren verdrängt wurden, als die Gerichte die gerichtsinterne Mediation durchführten, noch eine solche Verdrängung für die Zukunft wahrscheinlich war.[691] Das Anbieten einer Mediation von Richtern als Mediator war deshalb kein verfassungswidriger Eingriff in die Eigentumsfreiheit von Freiberuflern gemäß Art. 14 GG.[692]

dd. Verfassungswidriger Eingriff in die Wettbewerbsfreiheit von freiberuflichen Mediatoren

Fraglich ist, ob das Anbieten einer Mediation von Richtern als Mediatoren eine verfassungswidrige Verletzung der Wettbewerbsfreiheit von freiberuflichen Mediatoren, Art. 2 Abs. 1 GG, darstellte. Voraussetzung für eine verfassungswidrige Verletzung der Wettbewerbsfreiheit ist ein rechtswidriger Eingriff in den Schutzbereich von Art. 2 Abs. 1 GG. Der Schutzbereich von Art. 2 Abs. 1 GG war zwar eröffnet, da auch das Recht auf einen freien Wettbewerb geschützt

---

685 BVerfGE 51, 193 [221 f.]; 58, 300 [353]; 68, 193 [222 f.]; 84, 212 [232]; 96, 375 [397]; Maunz-Dürig/*Papier*, Band II, Lfg. 59, Art. 14, Rn. 95; Stern/Becker/*Becker*, Art. 14, Rn. 68; von Münch/Kunig/*Bryde*, Art. 14, Rn. 18.

686 Stern/Becker/*Becker*, Art. 14, 72 f.

687 Stern/Becker/*Becker*, Art. 14, 72.

688 Vgl. *BVerwG*, NJW 1995, 2938 [2939]; BVerwGE 17, 306 [314]; 39, 329 [337].

689 Vgl. *BVerwG*, NJW 1995, 2938 [2939]; BVerwGE 17, 306 [314]; 39, 329 [337].

690 *BVerwG*, NJW 1995, 2938 [2939].

691 Vgl. Kapitel 3, G., I., 1., a., bb.

692 So im Ergebnis auch: Haft/Schlieffen/*Bamberger*, § 42, Rn. 30.

ist.[693] Fraglich ist aber, ob ein rechtswidriger Eingriff mit dem Anbieten einer gerichtsinternen Mediation gegeben war. Die Wettbewerbsfreiheit schützt nur vor willkürlichen, unzumutbaren oder unerträglichen staatlichen Beeinträchtigungen.[694] Verbleibt dem Betroffenen die Möglichkeit, sich als Unternehmer frei zu entfalten, ist ein rechtswidriger Eingriff nicht gegeben.[695] Wie vorstehend festgestellt worden ist, wurden aber weder freiberufliche Mediatoren verdrängt, als die Gerichte die gerichtsinterne Mediation durchführten, noch war eine solche Verdrängung wahrscheinlich.[696] Damit liegt eine Beeinträchtigung der Wettbewerbsfreiheit der freiberuflichen Mediatoren durch die gerichtsinterne Mediation nicht vor. Das Anbieten einer Mediation von Richtern als Mediatoren war daher keine verfassungswidrige Verletzung der Wettbewerbsfreiheit von freiberuflichen Mediatoren, Art. 2 Abs. 1 GG.

ee. Zwischenergebnis

Ein Eingriff in Grundrechte dritter Personen, die nicht Parteien des Gerichtsverfahrens waren, lag durch die gerichtsinterne Mediation in den Gerichtsmodellen nicht vor.

b. Eingriff in die Grundrechte der Mediationsparteien

Fraglich ist, ob Grundrechte der Mediationsparteien durch die gerichtsinterne Mediation in den Gerichtsmodellen verletzt wurden. Zum einen könnte die Durchführung des Mediationsverfahrens insgesamt ein Eingriff in die Freiheitsrechte der Mediationsparteien dargestellt haben. Zum anderen war ein Eingriff in das Recht auf den gesetzlichen Richter denkbar.

aa. Eingriff durch die Durchführung des Mediationsverfahrens

Es stellt sich die Frage, ob die Grundrechte der Mediationsparteien durch die gerichtsinterne Mediation in den Gerichtsmodellen verletzt worden sind. Denkbar ist, dass der Richter durch die Abschlussvereinbarung in Form eines gerichtlichen Vergleichs in die Rechte der Parteien eingriff. Ein staatlicher Eingriff kommt aber nur dann in Betracht, wenn der Richter als Mediator und der erkennende verweisende Richter überhaupt hoheitliche Befugnisse ausübten.

---

693 BVerwGE 30, 185 [198]; 60, 154 [159]; 65, 167 [174].

694 BVerwGE 30, 185 [198]; 60, 154 [160]; 65, 167 [174]; vgl. auch *Huber*, 512 ff.; von Mangoldt/Klein/Starck/*Depenheuer*, Art. 14, Rn. 102.

695 BVerfGE 12, 341 [347 f.]; 23, 12 [30]; 27, 375 [384].

696 Kapitel 3, G., I., 1., a., bb.

Die Modellversuche in den Gerichten waren für die Parteien freiwillig.[697] Ohne Zustimmung der Parteien konnte das gerichtsinterne Mediationsverfahren nicht beginnen. Insofern käme also ein Grundrechtsverzicht in Betracht. Zudem hatte der Richter als Mediator in den Gerichtsmodellen keine Entscheidungsbefugnis.[698] Er konnte deshalb nicht in die Freiheitssphäre der Parteien durch eine Entscheidung des Konflikts eingreifen. Durch die eigenverantwortlich erstellte Lösung des Konflikts[699] konnten die Parteien nur selbst ihre Rechte beschränken. Damit griff das Gericht in den gerichtsinternen Mediationsverfahren nicht in die Freiheitssphäre gemäß Art. 2 Abs. 1 GG der Mediationsparteien ein, sondern gewährte ihnen eine weitere Möglichkeit, den Konflikt beizulegen.

bb. Entzug des gesetzlichen Richters

Fraglich ist, ob die gerichtsinterne Mediation gegen den Grundsatz des gesetzlichen Richters gemäß Art. 101 Abs. 1 S. 2 GG verstoßen hat.

Ausweislich Art. 101 Abs. 1 S. 2 GG darf niemand seinem gesetzlichen Richter entzogen werden. Dieses Gebot ist gemäß Art. 93 Abs. 1 Nr. 4a GG ein verfassungsbeschwerdefähiges und damit grundrechtsgleiches Recht.[700] Rechtsstaatlicher Rechtsschutz verlangt eine Entscheidung durch einen im Voraus gesetzlich bestimmten, unvoreingenommenen und unparteilichen Richter.[701] Art. 101 Abs. 1 S. 2 GG sichert diesen Rechtsschutz.[702] Das verfassungsrechtliche Gebot des gesetzlichen Richters begründet nicht nur einen subjektiven Anspruch des Bürgers auf einen ihm gesetzlich zustehenden Richter,[703] es verbietet auch den Entzug durch unbefugte staatliche Eingriffe[704] und begründet den Auftrag des Gesetzgebers,[705] die richterliche Zuständigkeit eindeutig zu regeln. Voraussetzung für eine verfassungsgemäße Umsetzung des Gebots des gesetzlichen Richters ist, dass der Richter im Streitfall nach abstrakten Kriterien bestimmt

---

697 Vgl. Kapitel 3, G., I.

698 Vgl. Kapitel 3, G., I.

699 Vgl. Kapitel 3, G., I.

700 Merten/Papier/*Uhle*, § 129, Rn. 36; vgl. dazu auch *Hillgruber/Goos*, Rn. 106; *Pieroth/Schlink/Kingreen/Poscher*, Rn. 1157; *Kern*, 60 ff.

701 Merten/Papier/*Uhle*, § 129, Rn. 36.

702 Merten/Papier/*Uhle*, § 129, Rn. 36.

703 Vgl. BVerfGE 17, 294 [299]; 26, 281 [291]; 40, 356 [360]; Friauf/Höfling/*Leuze*, 28. Lfg., Art. 101, Rn. 3; *Gloria*, DÖV 1988, 849 [851]; *Sowada*, 147; vgl. auch *Kern*, 62.

704 BVerfGE 40, 356 [360].

705 BVerfGE 40, 356 [360].

wird.[706] Der zur Entscheidung berufene Richter muss sich deshalb möglichst eindeutig im Voraus aus generellen und eindeutigen Normen ableiten lassen.[707]

Dieser Grundsatz wurde in der gerichtsinternen Mediation oftmals nicht beachtet.[708] 50 % aller Eingänge beim Amts- und Landgericht Göttingen wurden bis zur Einstellung der gerichtsinternen Mediation im August 2013[709] auf irgendeinen, dem Geschäftsverteilungsplan nicht zu entnehmenden, Richter als Mediator umgeleitet.[710] Zudem konnten sich die Parteien einen Richter als Mediator teilweise faktisch aussuchen.[711]

Drei Gründe, die nachfolgend untersucht werden, könnten jedoch gegen eine Verletzung des Gebots des gesetzlichen Richters sprechen. Zum einen könnte das Gebot des gesetzlichen Richters auf den Richter als Mediator nicht anwendbar sein. Denkbar ist auch, dass ein Eingriff in Art. 101 Abs. 1 S. 2 GG nicht vorliegt. Zudem erscheint es möglich, dass die Mediationsparteien durch die Wahl des Richters als Mediator auf den gesetzlichen Richter konkludent verzichten konnten.

(1) Anwendbarkeit des Gebots des gesetzlichen Richters auf den Richter als Mediator

Fraglich ist, ob nach dem Sinn und Zweck von Art. 101 Abs. 1 S. 2 GG das Gebot des gesetzlichen Richters auf den Richter als Mediator anwendbar war.

Für jede staatliche Gerichtsbarkeit und für jede der den Gerichten übertragenen Aufgaben gelten grundsätzlich sämtliche verfassungsrechtlichen Garantien des gerichtlichen Verfahrens.[712] Art. 101 Abs. 1 S. 2 GG erfasst daher in seinem Grundsatz alle Richter ohne Rücksicht auf ihre Tätigkeit.[713] Der Richter muss seine Aufgaben jedoch für die Anwendbarkeit des Gebots in spezifisch richterlicher Funktion wahrnehmen.[714] Nach der ständigen Rechtsprechung des

---

706 BVerfGE 22, 254 [258].

707 *BGH*, NJW 2009, 1351 [1351]; BVerfGE 6, 45 [50 f.]; 17, 294 [299]; 40, 356 [360 f.]; 95, 322 [327 ff.]; von Münch/Kunig/*Kunig*, Art. 101, Rn. 23.

708 Vgl. von Münch/Kunig/*Kunig*, Art. 101, Rn. 15.

709 Vgl. § 9 MediationsG.

710 *Prütting*, ZZP 2011, 163 [167]; andere Gerichte haben die Mediation hingegen in ihren Geschäftsverteilungsplänen berücksichtigt, vgl. von Mangoldt/Klein/Starck/*Classen*, Art. 101, Fn. 17.

711 Vgl. Kapitel 3, G., I.

712 BVerfGE 22, 49 [78]; 25, 336 [345 f.].

713 Vgl. *Roth*, 28; Friauf/Höfling/*Leuze*, 28. Lfg., Art. 101, Rn. 4; *Marx*, 6; Maunz-Dürig/*Maunz*, Band VI, August 1971, Art. 101, Rn. 15 f.

714 Vgl. Schmidt-Bleibtreu/Hofmann/Hopfauf/*Müller-Terpitz*, Art. 101, Rn. 8; von Mangoldt/Klein/Starck/*Classen*, Art. 101, Rn. 11.

Bundesverfassungsgerichts ist der ‚gesetzliche Richter' im Sinne von Art. 101 Abs. 1 S. 2 GG daher lediglich der jeweilige Spruchkörper sowie jeder an der gerichtlichen Entscheidung mitwirkende Richter.[715] Sobald ein Richter an der Entscheidung des Gerichts in irgendeiner Weise mitwirkt, zum Beispiel durch eine Vorbereitungshandlung,[716] muss sich nach dem Bundesverfassungsgericht eine abstrakt-generelle Vorausbestimmung bis auf die letzte Regelung – also den entscheidenden Richter – erstrecken.[717]

Sinn und Zweck des Gebotes des gesetzlichen Richters bestehen eben darin, dass die Justiz durch eine Manipulierung der rechtsprechenden Organe nicht sachfremden Einflüssen ausgesetzt werden kann.[718] Insbesondere soll durch die Auswahl des zur Entscheidung berufenen Richters das Ergebnis der Entscheidung nicht beeinflusst werden.[719] Gesichert werden sollen damit die Unabhängigkeit der Rechtsprechung und das Vertrauen der Rechtssuchenden und der Öffentlichkeit in die Unparteilichkeit sowie Sachlichkeit der Gerichte.[720] Die bloße Möglichkeit des Verdachts einer Manipulation der rechtsprechenden Gewalt soll verhindert werden.[721] Anwendung findet das Gebot aus Art. 101 Abs. 1 S. 2 GG daher u. a. auf den Richter, welcher den Termin zur Hauptverhandlung anberaumt,[722] auf den Richter der freiwilligen Gerichtsbarkeit,[723] den Revisionsrichter,[724] den Untersuchungsrichter,[725] die ehrenamtlichen Richter[726] und die Jugendschöffen[727] nach dem Jugendgerichtsgesetz.[728] Alle diese Richter wirken am Prozess der Entscheidungsfindung mit und können dieses beeinflussen. Eine Einflussnahme auf einen dieser Richter kann eine Auswirkung auf die Entscheidung selbst haben.

715 BVerfGE 17, 294 [298 f.]; 31, 47 [54]; 31, 181 [184]; 40, 356 [361].
716 Vgl. BVerfGE 4, 412 [417].
717 Vgl. BVerfGE 4, 412 [417]; 95, 322 [328 f.].
718 BVerfGE 25, 336 [346]; *Roth*, 15; von Münch/Kunig/*Kunig*, Art. 101, Rn. 3; Wassermann/*Wassermann*, Art. 101, Rn. 7.
719 BVerfGE 95, 322 [332]; 82, 286 [296]; *Gloria*, DÖV 1988, 849 [852]; *LG Frankfurt*, NJW 1988, 70 [70]; *Roth*, 38, 40.
720 BVerfGE 4, 412 [416]; 95, 322 [327].
721 BVerfGE 95, 322 [329].
722 BVerfGE 4, 412 [417].
723 BVerfGE 21, 139 [144 ff.].
724 BVerfGE 30, 165 [167 f.].
725 BVerfGE 25, 336 [345 f.].
726 *BVerfG*, NJW-RR 2006, 1653 [1653]; BVerfGE 48, 300 [315 ff.].
727 BVerfGE 31, 181 [183].
728 Vgl. *Roth*, 28.

Nach dem Sinn und Zweck von Art. 101 Abs. 1 S. 2 GG könnte das Gebot des gesetzlichen Richters auf den Richter als Mediator nicht anwendbar gewesen sein. Die Gefahr einer sachfremden Einflussnahme auf den Richter als Mediator war sowohl hinsichtlich des Mediationsergebnisses als auch hinsichtlich einer gerichtlichen Entscheidung nach einer gescheiterten Mediation nicht gegeben.[729] Es handelte sich bei dem Richter als Mediator um keine spezifische richterliche Tätigkeit. Der Richter als Mediator wirkte an einem Urteil nicht mit. Im Gegensatz zum erkennenden oder an der Entscheidung mitwirkenden Richter hatte der Richter als Mediator keine Entscheidungsbefugnis und damit keinen Einfluss auf die Konfliktlösung der Mediationsparteien. Er unterstützte die Parteien lediglich bei ihrer eigenverantwortlichen Entscheidungsfindung.[730] Durch eine sachfremde Einflussnahme auf den Mediator bestand insofern keine Möglichkeit der Einflussnahme auf den Ausgang des Mediationsverfahrens.

Eine sachfremde Einflussnahme durch einen nicht gesetzlich bestimmten Richter als Mediator auf den erkennenden Richter bei einer gescheiterten gerichtsinternen Mediation war ebenfalls nicht möglich. Er hatte auf die Richterperson und seine spätere Entscheidung keinen Einfluss und konnte sie daher nicht prägen.[731] Der nicht entscheidungsbefugte Richter beteiligte sich nach dem gerichtsinternen Mediationsverfahren nicht an der Streitentscheidung im Gerichtsverfahren. Zudem unterlag das gerichtsinterne Mediationsverfahren der Vertraulichkeit.[732] Der erkennende Richter konnte daher keine Kenntnis von dem Inhalt des Mediationsverfahrens durch den Richter als Mediator erlangen. Mithin war die Tätigkeit des Richters als Mediator für die Entscheidung des Spruchkörpers nicht von Bedeutung.[733]

Da keine Gefahr einer sachfremden Einflussnahme auf das Haupt- und Mediationsverfahren bestand, schien es verfassungsrechtlich nicht geboten, die Parteien vor einer Beeinflussung des Richters als Mediator durch einen gesetzlichen Richter als Mediator zu schützen.[734] Damit war nach dem Sinn und Zweck von Art. 101 Abs. 1 S. 2 GG das Gebot des gesetzlichen Richters auf den Richter als Mediator nicht anwendbar.[735] Ein Verstoß gegen Art. 101 Abs. 1 S. 2 GG lag

729 Vgl. *Deutscher Richterbund*, Stellungnahme, 3.

730 Vgl. Kapitel 3, G., I.; *von Bargen*, 285.

731 Vgl. *Roth*, 40.

732 Vgl. entsprechend den Schutz der Vertraulichkeit im Güterichterverfahren, Kapitel 3, G., II., 6.

733 Vgl. *Roth*, 40.

734 Vgl. *Roth*, 32.

735 So auch *Deutscher Richterbund*, Eckpunktepapier, 7; *Deutscher Richterbund*, Stellungnahme, 2 f.; *Greger*, NJW 2007, 3258 [3259]; vgl. auch Maunz-Dürig/*Hillgruber*,

mit einem nicht im Geschäftsverteilungsplan vorgesehenen Richter als Mediator nicht vor.[736]

(2) Verletzung der gesetzlichen Zuständigkeitsordnung
Unterstellt, dass Art. 101 Abs. 1 S. 2 GG auf den Richter als Mediator anwendbar war, ist fraglich, ob gemäß Art. 101 Abs. 1 S. 2 GG überhaupt den Parteien der gesetzliche Richter in den Gerichtsmodellen entzogen worden wäre. In Betracht kam eine Entziehung, da die gerichtsorganisatorische Maßnahme des Erstellens eines Geschäftsverteilungsplans unterlassen worden ist und durch die falsche Anwendung von verfahrensrechtlichen Bestimmungen.[737] Diese möglichen Entziehungen des gesetzlichen Richters werden nachfolgend untersucht.

(2.1) Verletzung des Gebots der gesetzlichen Zuständigkeitsordnung
In Betracht kam eine Verletzung von Art. 101 Abs. 1 S. 2 GG, weil der Richter als Mediator in den Gerichtsmodellen oftmals nicht im Geschäftsverteilungsplan im Voraus bestimmt war, eine gerichtsorganisatorische Maßnahme also unterlassen worden war.[738] Art. 101 Abs. 1 S. 2 GG garantiert eine gesetzliche Zuständigkeitsordnung.[739] Eine Verletzung des Gebots des gesetzlichen Richters ist daher nicht nur durch eine willkürliche Verletzung im Einzelfall gegeben. Ein Verstoß gegen das Gebot des gesetzlichen Richters kommt auch durch das

---

Band VI, Lfg. 51, Art. 92, Rn. 87; Maunz-Dürig/*Maunz*, Band VI, August 1971, Art. 101, Rn. 16. Siehe auch *Roth*, 39 ff. und BGHZ 35, 309 [312 f.]: Nach dieser Entscheidung ist das Gebot des gesetzlichen Richters aus Art. 101 Abs. 1 S. 2 GG für den Richterspruch und der damit zusammenhängenden Tätigkeit vorbehalten. Bei der Beurkundung eines Prozessvergleichs wird der Richter aber gerade nicht in seiner richterlichen Funktion der Streitentscheidung tätig. Da der Prozessvergleich nicht in den Händen des Gerichts liegt, sondern in denen der Parteien. A A. *Wimmer/Wimmer*, NJW 2007, 3243 [3246] und *von Bargen*, 284 ff.: danach muss der Richter als Mediator so konkret wie möglich im Vorhinein im Geschäftsverteilungsplan bestimmt sein, da der gesetzliche Richter auf den Richter als Mediator Anwendung findet. Begründet wird das mit der Qualifizierung der Tätigkeit als Rechtsprechung und damit, dass jede Tätigkeit des Richters unter das Gebot fällt. Die von *von Bargen* dafür angegebenen Beispiele von verfassungsrechtlichen Entscheidungen haben jedoch nichts mit dem Richter als Mediator gemein, da alle dort aufgeführten Richter im Gegensatz zum Mediator Einfluss auf eine Endentscheidung des erkennenden Gerichts haben.

736 *Deutscher Richterbund*, Stellungnahme, 2 f.

737 Vgl. Bettermann/Nipperdey/Scheuner/*Bettermann*, 560; *Pieroth/Schlink/Kingreen/Poscher*, Rn. 1168 ff.

738 Vgl. Kapitel 3, G., I.

739 Vgl. BVerfGE 95, 322 [328]; Bettermann/Nipperdey/Scheuner/*Bettermann*, 566.

Fehlen einer generellen Regelung, aus der sich der Richter eindeutig im Voraus ergibt, in Betracht.[740] Eine unzulängliche Regelung ist deshalb verfassungswidrig, weil sie eine unzulässige Einzelfallentscheidung erforderlich macht.[741]

Die gesetzliche Bestimmung jedes einzelnen Richters ist nicht möglich.[742] Die Gerichte sind hinsichtlich der Organisation, des Umfangs der Geschäftslast und der unterschiedlichen Anzahl der tätigen Richter zu verschieden.[743] Die genaue Geschäftsverteilung des einzelnen Richters überlässt der Gesetzgeber demzufolge den Gerichten, welche lediglich aufgrund einer gesetzlichen Ermächtigung diese Aufgabe übernehmen können.[744] Ausweislich § 21e Abs. 1 S. 1 GVG verteilt das Präsidium die Geschäfte an die Richter. Der im Einzelfall zuständige Richter muss sich damit grundsätzlich für alle dem Gericht obliegenden Aufgaben[745] erschöpfend[746] aus den Geschäftsverteilungsplänen der Gerichte in Rechtsätzen ergeben.[747]

Indem die Richter als Mediatoren nicht durch einen Geschäftsverteilungsplan zugewiesen wurden, könnte ein Verstoß gegen das Gebot des gesetzlichen Richters vorgelegen haben.[748] Ein Verstoß liegt dann vor, wenn sich der zuständige Richter nicht aus dem Gesetz in Verbindung mit dem Geschäftsverteilungsplan ergibt.[749] Maßnahmen, Unterlassungen oder Entscheidungen eines Gerichts stellen jedoch nach dem Bundesverfassungsgericht nur eine Entziehung des gesetzlichen Richters dar, wenn sie willkürlich sind.[750] Grund dafür ist der Sinn

740 Vgl. BVerfGE 95, 322 [329 f.]; Das Gebot des gesetzlichen Richters umfasst dabei nicht nur das Gericht und den einzelnen Spruchkörper, sondern jeden einzelnen Richter, vgl. dazu auch *Bleckmann*, § 40, Rn. 6; BVerfGE 18, 65 [69]; 18, 344 [349].

741 Vgl. BVerfGE 18, 65 [69]; 95, 322 [330].

742 BVerfGE 19, 52 [60]; 25, 336 [346].

743 BVerfGE 95, 322 [328].

744 Maunz-Dürig/*Maunz*, Band VI, August 1971, Art. 101, Rn. 43; vgl. auch Bettermann/Nipperdey/Scheuner/*Bettermann*, 562.

745 Vgl. *Kissel/Mayer*, § 21e, Rn. 79, 92.

746 Vgl. *Feiber*, NJW 1975, 2005 [2006]; *OLG Karlsruhe*, MDR 1980, 690 [690].

747 Vgl. BVerfGE 18, 344 [349]; 95, 322 [328 f.].

748 Die Nichterledigung einer Sache durch die Justiz kann ein Eingriff in Art. 101 Abs. 1 S. 2 GG darstellen, vgl. BVerfGE 3, 359 [364].

749 *Bleckmann*, § 40, Rn. 7.

750 BVerfGE 19, 38 [43]; 23 288 [320]; vgl. auch BVerfGE 3, 359 [364]; 7, 327 [329]; 11, 1 [6]; 11 263 [264 f.]; 15, 303 [306]; 20, 336 [346]; 22; 254 [266]; 29, 45 [48]; 42, 237 [241]; 45, 142 [181]; 87, 282 [285]; Erb/Esser/Franke/Grahlmann-Scheerer/Hilger/Ignor/*Böttcher*, § 16 GVG, Rn. 26; *Kern*, 185, 191, 202; Maunz-Dürig/*Maunz*, Band VI, August 1971, Art. 101, Rn. 50; Auch nach den Revisionsgerichten aller Gerichtsbarkeiten muss die Entziehung willkürlich erfolgen, vgl. BAGE 44, 211 [221]; *BFH*,

und Zweck des gesetzlichen Richters, die Manipulation der rechtsprechenden Organe und damit die sachfremde Einflussnahme zu verhindern.[751] Zudem würde andernfalls auch jede fehlerhafte Anwendung des einfachen Rechts auf eine verfassungsrechtliche Ebene gehoben werden.[752]

Fraglich ist mithin, ob das Präsidium bei der Nichtbenennung der Richter als Mediatoren im Geschäftsverteilungsplan willkürlich gegen § 21e Abs. 1 S. 1 GVG verstoßen hat. Willkür wird insbesondere dann bejaht, wenn der Verstoß bei verständiger Würdigung der das Grundgesetz beherrschenden Gedanken nicht mehr verständlich ist und daher der Verdacht aufkommt, dass er auf sachfremden Erwägungen beruht.[753] Das ist insbesondere dann der Fall, wenn die Entscheidung objektiv unter keinem Gesichtspunkt mehr vertretbar ist.[754] Umgekehrt liegt eine willkürliche Maßnahme also nicht vor, wenn das Gericht sich mit der Rechtslage auseinandersetzt und seine Maßnahme – bzw. deren Unterlassen – nicht jeden sachlichen Grund entbehrt.[755]

Ein sachlicher Grund für eine Nichtregelung der Geschäftsverteilung der Richter als Mediatoren lag aber vor. Ein gesetzlicher Mediator, auf den die Parteien keinen Einfluss haben, wäre einer erfolgreichen Mediation zuwidergelaufen. Eigenart der Mediation ist ein für den Erfolg des Verfahrens essentielles, besonderes Vertrauensverhältnis zwischen den Parteien und dem Mediator. Bei mehreren Richtern am Gericht, welche als Mediator tätig sind, sollten die Parteien daher die Möglichkeit erhalten, einen von diesen auszuwählen.[756] Dadurch, dass in den Gerichtsmodellen oftmals nicht der Richter als Mediator im Geschäftsverteilungsplan im Voraus bestimmt und damit eine gerichtsorganisatorische Maßnahme also unterlassen worden war, wurde Art. 101 Abs. 1 S. 2 GG nicht verletzt.

NJW 1992, 1062 [1064]; BGHZ 85, 116 [118]; *BVerwG*, NJW 1988, 1339 [1339]; vgl. auch Erb/Esser/Franke/Grahlmann-Scheerer/Hilger/Ignor/*Böttcher*, § 16 GVG, Rn. 26; *Kissel/Mayer*, § 16, Rn. 52; a. A. *Roth*, 212 ff.; *Sowada*, 208 ff.

751 BVerfGE 95, 322 [327]; Erb/Esser/Franke/Grahlmann-Scheerer/Hilger/Ignor/*Böttcher*, § 16 GVG, Rn. 26.

752 BVerfGE 82, 286 [299]; 87, 282 [284 f.].

753 BGHSt 42, 205 [207 f.]; BVerfGE 19, 38 [43]; 29, 45 [49]; vgl. auch BVerfGE 4, 1 [7]; 18, 344 [350]; 81, 132 [137]; 87, 273 [278 f.]; *Kissel/Mayer*, § 16, Rn. 52.

754 BVerfGE 4, 144 [155]; 42, 237 [242]; 96, 68 [77]; *Kissel/Mayer*, § 16, Rn. 52; vgl. auch *Schlaich/Korioth*, Rn. 517.

755 *BVerfG*, NJW 1993, 996 [997]; vgl. auch *BVerfG*, NJW 2002, 2859 [2860].

756 Vgl. *Deutscher Richterbund*, Stellungnahme, 2; *Wimmer/Wimmer*, NJW 2007, 3243 [3246].

(2.2) Entziehung des gesetzlichen Richters durch die Verweisung an den Richter als Mediator

Der erkennende Richter könnte den Parteien ihren gesetzlichen Richter entzogen haben, indem er die Mediationsparteien an den Richter als Mediator verwiesen hat. In Betracht kommt eine Richterentziehung im Wege fehlerhafter Handhabung der Zuständigkeitsvorschriften.[757] Für eine Richterentziehung muss das Gericht durch eine eigene Tätigkeit in das Gebot des gesetzlichen Richters eingegriffen haben.[758] Das Wort ‚entzogen' setzt dabei die Verhinderung oder die Beeinträchtigung eines ursprünglich bestehenden Rechts gegen den Willen des Rechtsinhabers durch die Rechtsprechung selbst oder durch eine andere Staatsgewalt[759] voraus.[760] Die Voraussetzungen einer Entziehung lagen danach nicht vor.[761] Das Recht auf den gesetzlichen Richter wurde nicht von einer Staatsgewalt gegen den Willen der Rechtsinhaber verhindert oder beeinträchtigt. Der erkennende Richter traf keine beeinträchtigende Zuständigkeitsentscheidung. Die gerichtsinterne Mediation war nach der Praxis in den Gerichtsmodellen freiwillig.[762] Da der erkennende Spruchkörper die gerichtsinterne Mediation nur vorschlagen und damit nicht willkürlich oder offensichtlich unhaltbar[763] anordnen konnte, haben die Parteien sich dem gesetzlichen – nämlich dem erkennenden – Richter selbst entzogen. Eine verfassungswidrige Zuständigkeitsentscheidung, welche die Bedeutung von Art. 101 Abs. 1 S. 2 GG grundlegend verkannt hat,[764] lag damit nicht vor.

---

757 Vgl. Epping/Hillgruber/*Morgenthaler*, Art. 101, Rn. 25.

758 Vgl. *BVerfG*, NJW-RR 2006, 1653 [1653].

759 BVerfGE 3, 359 [364]; 82, 286 [296, 298]; Epping/Hillgruber/*Morgenthaler*, Art. 101, Rn. 15; Wassermann/*Wassermann*, Art. 101, Rn. 8; Das Verbot der Entziehung richtet sich nur an die Staatsgewalt und nicht auch an die Parteien, die ausweislich §§ 38 ff. ZPO Zuständigkeitsvereinbarungen treffen können, vgl. Bettermann/Nipperdey/Scheuner/*Bettermann*, 562, 563, 565; a. A. BGHZ 6, 178 [182]: nach dieser Entscheidung kann nur ‚von außen' eingegriffen werden, also etwa von den Prozessbeteiligten, von einer Verwaltungsbehörde oder von einem anderen Gericht.

760 Bettermann/Nipperdey/Scheuner/*Bettermann*, 565; von Münch/Kunig/*Kunig*, Art. 101, Rn. 21; vgl. auch BGHZ 6, 178 [182]; BVerfGE 4, 412 [416]; 21, 139 [145]; *Kern*, 185–214; *LG Frankfurt*, NJW 1988, 70 [71]; Schmidt-Bleibtreu/Hofmann/Hopfauf/*Müller-Terpitz*, Art. 101, Rn. 5.

761 So auch von Mangoldt/Klein/Starck/*Classen*, Art. 101, Fn. 17.

762 Vgl. zur Freiwilligkeit in den Gerichtsmodellen Kapitel 3, G., I.

763 Vgl. BVerfGE 29, 45 [49]; 82, 286 [299].

764 Vgl. BVerfGE 82, 286 [299].

(2.3) Zwischenergebnis
Auch bei der Annahme, dass das Gebot des gesetzlichen Richters auf den Richter als Mediator Anwendung fand, lag kein Verstoß gegen Art. 101 Abs. 1 S. 2 GG vor. Der gesetzliche Richter wurde den Parteien in den Gerichtsmodellen nicht entzogen.

(3) Verzicht
Bei der fälschlichen Annahme, dass sowohl das Gebot des gesetzlichen Richters auf den Richter als Mediator anwendbar war als auch in dieses Recht eingegriffen wurde, ist fraglich, ob die Parteien durch einen wirksamen Verzicht einen Verstoß hätten heilen können. Indem die Parteien einer gerichtsinternen Mediation zustimmten, könnten sie konkludent auf ihr Grundrecht des gesetzlichen Richters verzichtet haben. Ein solcher Verzicht müsste dafür möglich sein. Das Gebot des gesetzlichen Richters ist ein sogenanntes Verfahrensgrundrecht.[765] § 16 und § 21e Abs. 1 GVG sind die einfachgesetzlichen Ausgestaltungen der Verfahrensbestimmungen des Grundsatzes aus Art. 101 Abs. 1 S. 2 GG. Danach darf der gesetzliche Richter nicht entzogen werden und das Präsidium muss den Geschäftsverteilungsplan bestimmen. Wird entgegen den vorstehenden Ausführungen ein Eingriff in Art. 101 Abs. 1 GG angenommen, läge auch ein Verstoß gegen § 21e und § 16 GVG vor. Ist ein wirksamer Verzicht auf die einfachgesetzliche Ausgestaltung möglich, verstößt das Gericht – die Verfassungsmäßigkeit dieser Regelung vorausgesetzt – auch nicht gegen das Grundrecht auf einen gesetzlichen Richter.

In der Zivilprozessordnung ist die Heilung eines Verfahrensverstoßes gemäß § 295 ZPO möglich. Danach kann die Verletzung einer das Verfahren betreffenden Vorschrift nicht mehr gerügt werden, wenn die Partei auf die Befolgung verzichtet oder den Mangel trotz Kenntnis bzw. fahrlässiger Unkenntnis in der nächsten mündlichen Verhandlung nicht gerügt hat. § 295 ZPO sieht aber grundsätzlich nur die Heilung von Verfahrensvorschriften nach einem Verstoß vor.[766] Es stellt sich folglich die Frage, ob die Parteien im Wege eines Prozessvertrags gemeinsam auch vor einem Verstoß über ihre Verfahrensrechte disponieren können. In diesem Fall spricht dafür ein Erst-Recht-Schluss. Wenn es einer Partei gestattet ist, nachträglich und einseitig auf eine Verfahrensvorschrift zu verzichten, muss es im Umkehrschluss auch möglich sein, sich gemeinsam von vornherein auf ein vom Gesetz abweichendes Verfahren zu einigen.[767]

---

765 MüKo-ZPO/*Prütting*, Band 1, § 295, Rn. 22; *Roth*, 16.
766 So auch Stein/Jonas/*Leipold*, Band 4, § 295, Rn. 6.
767 *Wagner*, 67 f.; vgl. auch BGHZ 40, 179 [183]; Zöller/*Greger*, Vor 128, Rn. 32; a. A. *Baumgärtel*, 270 f.

Damit eine solche Verfahrensrüge gemäß § 295 Abs. 2 ZPO möglich ist, müssten die Parteien auf deren Befolgung aber wirksam verzichten können. Ob ein Verzicht möglich gewesen ist, wird nachfolgend untersucht. Eine Verfahrensvorschrift ist nicht verzichtbar, wenn die Regelung nicht nur dem Interesse einer Partei dient,[768] sondern die Dispositionsfreiheit[769] aufgrund der Schutzbedürftigkeit der Parteien[770] vor Übervorteilung und aufgrund von zwingenden Normen zum Schutz von vorrangigen Allgemeininteressen[771] eingeschränkt werden muss.[772]

(3.1) Schutzbedürftigkeit der Parteien

Die Parteien müssten schutzbedürftig gewesen sein. Das wäre nur dann der Fall gewesen, wenn der Verzicht auf den gesetzlichen Richter dazu geführt hätte, dass die Parteien ihre freiheitlichen Rechte verkürzten.[773] Für den Rechtsschutz der Parteien aber war das Gebot des gesetzlichen Richters nicht unerlässlich. Die Parteien eines anhängigen, zum Zwecke eines Mediationsverfahrens ausgesetzten Rechtsstreits konnten die Mediation nach der Praxis in den Gerichtsmodellen jederzeit beenden und zu dem bis dahin ruhenden Verfahren und damit zu ihrem gesetzlichen Richter zurückkehren.[774] Zudem werden durch §§ 104 ff., 1896 ff. BGB diejenigen Parteien in der Abschlussvereinbarung geschützt, die in ihrer Fähigkeit zur rationalen Handlung eingeschränkt sind.[775] Damit waren die Parteien nicht schutzbedürftig.

(3.2) Schutz von Allgemeininteressen

Verfassungsgüter von dritten Personen wurden, wie vorstehend analysiert, insgesamt nicht durch die gerichtsinterne Mediation verletzt.[776] Allgemeininteressen könnte einem Verzicht entgegengestanden haben. Grundsätzlich können allgemeine öffentliche Interessen an einem bestimmten Verfahrensablauf nicht

768 Verzichtbar sind solche Vorschriften, die lediglich Parteiinteressen schützen, *OLG Koblenz*, WRP 1980, 643 [645]; Prütting/Gehrlein/*Deppenkemper*, § 295, Rn. 4; Wieczorek/Schütze/*Assmann*, Band 4, § 295, Rn. 10.

769 Vgl. *BGH*, NJW 1993, 600 [601].

770 Vgl. *Wagner*, 90 ff.

771 *Hagen*, JZ 1972, 505 [509]; Zöller/*Greger*, § 295, Rn. 2; vgl. auch *OLG Koblenz*, WRP 1980, 643 [645].

772 Vgl. *Wagner*, 76 ff., 585; *Würthwein*, 106 ff.

773 Vgl. *Wagner*, 91.

774 Vgl. *Koch*, NJ 2005, 97 [100].

775 *Wagner*, 93.

776 Kapitel 3, G., I., 1., a.

anerkannt werden, weil die Öffentlichkeit in der Regel nicht tangiert wird.[777] In Betracht kommt aber, dass die Dispositionsfreiheit der Parteien hinter das öffentliche Interesse an einer geordneten und funktionsfähigen Rechtspflege[778] zurücktreten musste.

Die geordnete und funktionsfähige Rechtspflege müsste dafür von einem nicht gesetzlichen Richter als Mediator betroffen gewesen sein,[779] weil die Garantie einer neutralen und sachlichen Justiz[780] nicht gesichert war. Gegen eine solche Beeinträchtigung spricht jedoch insbesondere, dass der Schutz des Vertrauens der Allgemeinheit in die Unparteilichkeit und Sachlichkeit der Gerichte[781] nicht gefährdet wurde. Insbesondere war die Gefahr einer falschen Signalwirkung an die Öffentlichkeit hinsichtlich einer mangelnden Neutralität und Unabhängigkeit des Richters und der Rechtsprechung durch den Verzicht nicht zu befürchten.[782] Der Richter als Mediator war nicht entscheidungsbefugt.[783] Er nahm damit nicht, wie nachstehend ausführlich analysiert die rechtsprechende Gewalt wahr.[784] Die Tätigkeit des Richters in einem Gerichtsverfahren und seine Tätigkeit als Mediator waren deshalb nicht zu vergleichen. Der Verzicht auf das Recht des gesetzlichen Richters diente damit lediglich dem Individualinteresse der Parteien an einer erfolgreichen Konfliktbeilegung. Damit stand das Interesse der Öffentlichkeit einem Verzicht nicht entgegen.

(3.3) Zwischenergebnis

Die Parteien konnten auf ihren gesetzlichen Richter verzichten und damit auch im Falle eines angenommenen Verstoßes diesen heilen. Das Gebot des gesetzlichen Richters stand in der gerichtsinternen Mediation zur Disposition der Parteien.[785] Der gesetzliche Richter war hinsichtlich dessen Tätigkeit als Mediator in

---

777 Vgl. *Wagner*, 90.

778 Zöller/*Greger*, § 295, Rn. 2; vgl. auch MüKo-ZPO/*Prütting*, Band 1, § 295, Rn. 10.

779 Vgl. Kapitel 3, G., I., 1., a., aa.

780 Maunz-Dürig/*Maunz*, Band VI, August 1971, Art. 101, Rn. 1.

781 BVerfGE 4, 412 [416]; Epping/Hillgruber/*Morgenthaler, GG*, Art. 101, Rn. 3; *von Bargen*, 285.

782 A. A. *von Bargen*, 285.

783 Vgl. Kapitel 3, G., I. Auch nach *BGH*, NJW 1993, 600 [601] ist ein Verzicht auf den ‚gesetzlichen Richter' dann gemäß § 295 ZPO möglich, wenn der Richter lediglich vorbereitende Tätigkeiten ausübt, also wie der Richter als Mediator in der gerichtsinternen Mediation keine Entscheidungsbefugnis hat.

784 Siehe dazu ausführlich Kapitel 3, G., I., 2., a.

785 In der Literatur wird teilweise vertreten, dass zwingende, unerlässliche Vorschriften diejenigen Vorschriften seien, welche die Anforderungen an das gerichtliche Verfahren verfassungsrechtlich konkretisieren, also auch Art. 101 Abs. 1 S. 2 GG,

einer gerichtsinternen Mediation ein verzichtbares Verfahrensrecht. Damit hätte auch hiernach kein verfassungswidriger Verstoß gegen das Gebot des gesetzlichen Richters vorgelegen.

(4) Fazit

Die Wahl des Richters als Mediator durch die Parteien verstieß nicht gegen den Grundsatz des gesetzlichen Richters. Nach Sinn und Zweck des Art. 101 Abs. 1 S. 2 GG war das Gebot des gesetzlichen Richters auf den Richter als Mediator nicht anwendbar. Zusätzlich läge auch bei einer Anwendbarkeit des Gebots bei der Wahl eines Richters als Mediator durch die Parteien kein Eingriff in Art. 101 Abs. 1 S. 2 GG vor. Jedenfalls konnten die Parteien mit der Wahl des Richters als Mediator auch konkludent auf das Recht des gesetzlichen Richters verzichten.

cc. Zwischenergebnis

Ein Eingriff in die Grundrechte der Parteien durch das Durchführen der gerichtsinternen Mediation in den Gerichtsmodellen lag nicht vor. Ein Entzug des gesetzlichen Richters gemäß Art. 101 Abs. 1 S. 2 GG war nicht gegeben.

2. *Gewaltenteilung*

Fraglich ist, ob das Führen des Mediationsverfahrens von Richtern als Mediatoren gegen den Grundsatz der Gewaltenteilung gemäß Art. 20 Abs. 2 S. 2 GG verstoßen hat.

Ein verfassungswidriger Verstoß gegen den Grundsatz der Gewaltenteilung kam in Betracht, wenn die gerichtsinterne Mediation eine Tätigkeit der vollziehenden oder der gesetzgebenden Gewalt dargestellt hätte. Der Richter könnte eine Tätigkeit ausgeübt haben, die er aufgrund seiner Funktion nicht ausüben durfte. Der Richter wurde in der gerichtsinternen Mediation in seiner Funktion als Richter tätig[786] und nahm damit grundsätzlich Aufgaben der

---

MüKo-ZPO/*Prütting*, Band 1, § 295, Rn. 10. Die verfassungsrechtliche Gewährleistung des gesetzlichen Richters rechtfertigt allein jedoch keinen zwingenden Charakter, da der gesetzliche Richter im Grundsatz dem nach §§ 35, 38 ff. ZPO gewillkürten Richter weichen muss, *Wagner*, 71. Nach der Rechtsprechung und der Literatur kann auf jeden Fall nicht darauf verzichtet werden, dass der gesetzliche Richter zu entscheiden hat, *BGH*, MDR 2009, 823 [824]; vgl. dazu auch: *BGH*, NJW 1993, 600 [601]; *BGH*, NJW 2001, 1357 [1357]; BGHZ 6, 178 [181]; 86, 104 [113 f.]; Prütting/Gehrlein/*Deppenkemper*, § 295, Rn. 4; Thomas/Putzo/*Reichold*, § 295, Rn. 3; Zöller/*Greger*, § 295, Rn. 4. Bei einem nicht entscheidungsbefugten Richter ist ein Verzicht hingegen nicht ausgeschlossen, vgl. *BGH*, NJW 1993, 600 [601]; BGHZ 86, 104 [114].

786 Vgl. Kapitel 3, G., I.

rechtsprechenden Gewalt gemäß Art. 92 GG wahr.[787] Er sprach in der Mediation kein Recht, sondern unterstützte die Parteien bei deren einvernehmlichen Konfliktlösung. Der erlaubte Tätigkeitsbereich der Richter außerhalb der Rechtsprechung ist allerdings begrenzt.[788] Ein Grund dafür ist die Gewaltenteilung gemäß Art. 20 Abs. 2 S. 2 GG. Richter als Teil der rechtsprechenden Gewalt sollen die anderen beiden Gewalten, die vollziehende und die gesetzgebende Gewalt, kontrollieren.[789] Damit soll sichergestellt werden, dass sich die Staatsmacht nicht bündelt und die Freiheit des Einzelnen geschützt wird.[790]

Es besteht die Möglichkeit, dass es sich bei der Tätigkeit des Richters als Mediator nicht um eine Tätigkeit der rechtsprechenden Gewalt handelte. Die typische Funktion eines Richters ist das Tätigwerden als Instanz der unbeteiligten Streitentscheidung.[791] Dafür wendet er das Gesetz auf den Streitfall an.[792] Im Gegensatz dazu gab der Richter in einer gerichtsinternen Mediation ohne ausdrückliche Rechtsgrundlage den Parteien eine Hilfestellung zu einer zukunftsorientierten und privatautonomen Lösung, die sich ganz deutlich von der richterlichen Rechtsanwendung und der Rechtmäßigkeit im Einzelfall unterschieden hat.[793]

Die gerichtsinterne Mediation konnte offensichtlich nicht als gesetzgebende Gewalt qualifiziert werden. Der Richter als Mediator verabschiedete in dem Mediationsverfahren keine Gesetze. In der juristischen Diskussion wurde daher die Tätigkeit des Richters als Mediator in den Gerichtsmodellen entweder als Ausübung vollziehender Gewalt[794] oder als Ausübung rechtsprechender Gewalt verstanden.[795] Ob die gerichtsinterne Mediation als Rechtsprechungs- oder Verwaltungstätigkeit qualifiziert werden musste, wird nachfolgend untersucht. Möglich erschien jedoch ebenfalls, die Tätigkeit des Richters als Mediator als rechtsprechungsnahe Tätigkeit sui generis zu qualifizieren.

---

787 Vgl. BVerwGE 25, 210 [214].

788 Vgl. Kapitel 3, G., I.

789 *Fürst/Mühl/Arndt*, § 4, Rn. 1; *Schmidt-Räntsch*, § 4, Rn. 2.

790 Vgl. BVerfGE 9, 268 [279].

791 BVerfGE 107, 395 [406].

792 *Prütting*, Kammerforum der Rechtsanwaltskammer Köln 2009, 99 [106].

793 *Prütting*, AnwBl 2012, 204 [206]; *Prütting*, Kammerforum der Rechtsanwaltskammer Köln 2009, 99 [106].

794 *Deutscher Richterbund*, Stellungnahme, 2; *Koch*, NJ 2005, 97 [100 ff.]; *Wimmer/Wimmer*, NJW 2007, 3243 [3244].

795 *Deutscher Richterbund*, Stellungnahme, 2; *Koch*, NJ 2005, 97 [100 ff.]; vgl. auch *Wagner*, RabelsZ 2010, 794 [815 ff.].

a. *Gerichtsinterne Mediation als Rechtsprechung*

Fraglich ist, ob das Führen der gerichtsinternen Mediation von Richtern als Mediatoren als Rechtsprechung im Sinne von Art. 92 GG zu qualifizieren war. Um diese Frage zu beantworten, muss expliziert werden, was von dem Begriff ‚Rechtsprechung' im Sinne von Art. 92 GG umfasst wird. Eine Definition ist im Grundgesetz nicht verankert. Das Bundesverfassungsgericht hat aber durch mehrere Gerichtsentscheidungen die Rechtsprechung durch wesentliche Merkmale konkretisiert.

Das Bundesverfassungsgericht bestimmt die Rechtsprechung nach der konkreten sachlichen Tätigkeit, also materiell.[796] Unter Rechtsprechung ist deshalb nicht nur die Besetzung eines staatlichen Gremiums mit unabhängigen Richtern zu verstehen, sondern auch die Zuweisung von hoheitlichen Befugnissen durch die Verfassung an die Richter.[797] Zusätzlich liegt eine Rechtsprechung im Sinne des Art. 92 GG nach dem Bundesverfassungsgericht dann vor, wenn es sich bei der Tätigkeit um den traditionellen Kernbereich der Rechtsprechung handelt[798] oder wenn der Gesetzgeber für einen Sachbereich eine Ausgestaltung wählt, die nach funktioneller Betrachtung nur der Rechtsprechung zukommen kann.[799] Ob die gerichtsinterne Mediation in den Gerichtsmodellen nach diesen Begriffsbestimmungen zur rechtsprechenden Tätigkeit gehört, wird nachfolgend untersucht.

aa. Zuweisung durch die Verfassung

Fraglich ist, ob die gerichtsinterne Mediation von der Verfassung den Gerichten zugewiesen wurde. Von der Verfassung ausdrücklich zugewiesen sind die Richtervorbehalte gemäß Art. 13 Abs. 2–5 und Art. 104 Abs. 2 und 3 GG, Streitigkeiten bei Enteignungsentschädigungen, Art. 14 Abs. 3 GG, die Gewährung von Rechtsschutz gegen die öffentliche Gewalt gemäß Art. 19 Abs. 4 GG, Schadensersatz bei Amtspflichtverletzungen, Art. 34 S. 3 GG sowie die verschiedenen Zuständigkeiten[800] des Bundesverfassungsgerichts.[801] Die gerichtsinterne

---

796 BVerfGE 103, 111 [137].

797 BVerfGE 22, 49 [76, 77]; 103, 111 [137]; *Wimmer/Wimmer*, NJW 2007, 3243 [3243, 3244]; nach *Voßkuhle*, 100 f. ist die Neutralität das Wesensmerkmal des Richters. Nach *von Bargen*, 165–200 liegt Rechtsprechung dann vor, wenn das Verfahren neutral geführt wird.

798 BVerfGE 103, 111 [137].

799 BVerfGE 103, 111 [137]; *Wimmer/Wimmer*, NJW 2007, 3243 [3243 f.].

800 Gänzlich aufgelistet in § 13 BVerfGG.

801 Vgl. *Sachs*, Art. 92, Rn. 8; *von Münch/Mager*, Rn. 519.

Mediation wird im Grundgesetz nicht erwähnt. Die gerichtsinterne Mediation ist damit von der Verfassung den Gerichten nicht zugewiesen worden.[802] Nach dieser Begriffsbestimmung ist die Tätigkeit des Richters als Mediator keine rechtsprechende Tätigkeit.

bb. Kernbereich der Rechtsprechung

Fraglich ist, ob die gerichtsinterne Mediation zum traditionellen Kernbereich der Rechtsprechung gehörte. Der Kernbereich der Rechtsprechung besteht aus den herkömmlicherweise den einzelnen Gerichtsbarkeiten übertragenen Aufgaben.[803] Der Bundesgerichtshof zählt zusätzlich zur Streitentscheidung[804] auch die gütliche Streitbeilegung zu den typischen Aufgaben der Rechtsprechung.[805] Diese ‚Kernelemente' der Rechtsprechung werden nachfolgend untersucht.

(1) Streitentscheidung

Nach den Entscheidungen des Bundesverfassungsgerichts ist die Streitentscheidung durch einen unabhängigen Dritten Kennzeichen des Kernbereichs der rechtsprechenden Gewalt.[806] Die Streitentscheidung ist die Feststellung und der letztverbindliche Ausspruch in einem besonders geregelten Verfahren[807] dessen, was rechtens ist.[808] In der gerichtsinternen Mediation wurden im Gegensatz zur Rechtsprechung keine Streitigkeiten von einem unabhängigen Dritten festgestellt oder entschieden.[809] Der Richter als Mediator war zwar kraft seines Amtes und der Bindung an Recht und Gesetz gemäß Art. 20 Abs. 3 GG grundsätzlich den grundrechtlichen Schutzpflichten weiterhin verpflichtet[810] und damit auch in den Gerichtsmodellen gemäß Art. 97 Abs. 1 GG unabhängig.[811] Er hatte aber

802 So auch *Wenzel*, 55.
803 BVerfGE 22, 49 [78].
804 BVerfGE 22, 49 [78].
805 BGHZ 47, 275 [287].
806 So auch *Gröpl*, Rn. 1583 ff.; *Ipsen*, Rn. 758; *Kloepfer*, § 23, Rn. 11 ff.; *Maurer*, Staatsrecht, § 19, Rn. 5; *Schmidt-Räntsch*, § 1, Rn. 4; *Stern*, Band II, 898; *von Münch/Mager*, Rn. 519; vgl. BVerfGE 7, 183 [188 f.]; BVerfGE 14, 56 [66]; 22, 49 [78]; gemäß BVerfGE 8, 197 [207]; 12, 264 [274] gehört auch die Strafgerichtsbarkeit zu den Kernaufgaben der Rechtsprechung. Mangels Parteien gibt es in der Strafgerichtsbarkeit aber keine Mediation.
807 BVerfGE 103, 111 [137 f.].
808 BVerfGE 7, 183 [189].
809 So auch Wolff/Bachof/Stober/Kluth/*Stober*, § 20, Rn. 37; *Wimmer/Wimmer*, NJW 2007, 3243 [3244].
810 Vgl. Haft/Schlieffen/*Bamberger*, § 42, Rn. 48; *Wegener*, ZKM 2006, 140 [142].
811 Vgl. *Wimmer/Wimmer*, NJW 2007, 3243 [3245].

keine Entscheidungsbefugnis.[812] Die Mediationsparteien haben in dem Mediationsverfahren einvernehmlich und eigenverantwortlich nach einer Lösung ihres Konflikts gesucht. Nach dieser Begriffsbestimmung gehörte die Tätigkeit des Richters als Mediator in der gerichtsinternen Mediation damit nicht zum Kernbereich der rechtsprechenden Gewalt.

(2) Güteverfahren

Nach der Rechtsprechung des Bundesgerichtshofs gehört allerdings auch die gütliche Streitbeilegung nach dem Güteverfahren zum Kernbereich der Rechtsprechung, da sie erfahrungsgemäß in der gerichtlichen Praxis eine bedeutende Rolle spielt.[813] Fraglich ist, ob die Tätigkeit des Richters als Mediator in der gerichtsinternen Mediation nach dieser Begriffsbestimmung zum Kernbereich der Rechtsprechung gehört. Dafür müsste die gerichtsinterne Mediation in den Gerichtsmodellen eine Güteverhandlung gemäß § 278 ZPO in der bis zum 26. Juli 2012 geltenden Fassung[814] gewesen sein. Um diese Frage zu beantworten, werden nachfolgend die Gemeinsamkeiten und Unterschiede der gerichtsinternen Mediation und der Güteverhandlung untersucht.

(2.1) Gemeinsamkeiten

Die gerichtsinterne Mediation in den Gerichtsmodellen hatte mit der gütlichen Streitbeilegung viel gemeinsam. Sie gewährte genauso wie das Streitverfahren und das Güteverfahren staatlichen Rechtsschutz.[815] Sollte der erkennende Richter die Güteverhandlung an einen ersuchten Richter gemäß § 278 Abs. 5 S. 1 ZPO a. F. verweisen, hätte auch dieser keine Streitentscheidungsbefugnis gehabt.[816] Sowohl in der Güteverhandlung als auch in der Mediation steht nicht die Streitentscheidung des Richters nach dem Gesetz im Vordergrund, sondern die Streitschlichtung. Die Parteien vereinbaren nach einer erfolgreichen Güteverhandlung ähnlich wie bei der Mediation regelmäßig eine Abschlussvereinbarung, häufig in Form eines Vergleichs.[817]

---

812 Vgl. Kapitel 3, G., I.

813 BGHZ 47, 275 [287].

814 Nachfolgend wird auf den Zusatz verzichtet und die bis zum 26 Juli 2012 geltenden Fassung von § 278 ZPO mit a. F. umschrieben.

815 Vgl. *von Moltke*, 48.

816 Vgl. § 366 Abs. 1 ZPO, Zöller/*Greger/Geimer*, § 362, Rn. 1, § 361, Rn. 1.

817 Vgl. MüKo-ZPO/*Prütting*, Band 1, § 278, Rn. 1; Zöller/*Greger*, § 278, Rn. 32.

(2.2) Unterschiede

Die Güteverhandlung und die gerichtsinterne Mediation in den Gerichtsmodellen unterscheiden sich in zwei Punkten wesentlich.

Gemäß § 278 ZPO ist der Richter in jeder Lage des Verfahrens auf eine gütliche Beilegung des Rechtsstreits bedacht. Zusätzlich ist die Güteverhandlung bis auf einige Ausnahmen[818] ausweislich § 278 Abs. 2 ZPO zwingend gesetzlich vorgeschrieben. Deshalb muss sich der Richter zum einen zumindest gedanklich in jedem Prozess mit dem Güteverfahren beschäftigen. Im Gegensatz zu der gerichtsinternen Mediation gehörte die Güteverhandlung zu den bedeutungsvollsten Aufgaben eines Richters.[819] Die Güteverhandlung ist Teil des Kernbereichs der Rechtsprechung, da sie meistens die Vorstufe zur Streitentscheidung ist.[820] Der Richter bemüht sich nur in diesem Rahmen um eine Streitvermeidung.[821] Die Hauptaufgabe des Gerichts bleibt weiterhin die Streitentscheidung.[822] Es handelte sich um einen Annex zur Gerichtsverhandlung, bei welcher die Richter im Gegensatz zum Mediator auch ihre Einschätzungen und die Erfolgsaussicht zum Rechtsstreit offenlegen sollten und mussten.[823] Zum anderen ist der Richter in der Güteverhandlung regelmäßig – wenn er die Güteverhandlung nicht an einen ersuchten Richter eines anderen Gerichts gemäß § 278 Abs. 5 S. 1 ZPO a. F. verwiesen hat – auch immer ein erkennender und mithin ein entscheidungsbefugter Richter des Streitverfahrens.

Das gerichtsinterne Mediationsverfahren in den Gerichtsmodellen hingegen hatte für eine spätere gerichtliche Streitentscheidung keinerlei Bedeutung.[824] Es war nicht Vorstufe einer Streitentscheidung und damit nicht Teil einer gerichtlichen Streitkultur.[825] Mangels ausdrücklicher Gesetzesgrundlage[826] musste der erkennende Richter sich nicht zwingend mit ihr beschäftigen. Die gerichtsinterne Mediation gehört auch deshalb nicht zum Kernbereich der Rechtsprechung in Deutschland, weil sie nicht in allen sondern lediglich in ausgewählten Gerichten in Deutschland möglich war und dort auch nur im Ermessen des

---

818 Vgl. Musielak/Voit/*Foerste*, § 278, Rn. 2 - 3.

819 BGHZ 47, 275 [287].

820 Vgl. *Hess*, ZZP 2011, 137 [145]; *Klose*, ZKM 2005, 146 [148]; *Spindler*, Rn. 18; Zöller/*Greger*, § 278, Rn. 9.

821 Baumbach/Lauterbach/Albers/*Hartmann*, § 278, Rn. 2.

822 Baumbach/Lauterbach/Albers/*Hartmann*, § 278, Rn. 2.

823 *Deutscher Richterbund*, Stellungnahme, 2.

824 *Klose*, ZKM 2005, 146 [148].

825 Baumbach/Lauterbach/Albers/*Hartmann*, § 278, Rn. 2.

826 Vgl. Kapitel 3, G., I.

Gerichts stand. Zudem wurde die Durchführung der gerichtsinternen Mediation auch nicht durch den erkennenden Richter durchgeführt.[827]

(2.3) Zwischenergebnis

Bei der Tätigkeit des Richters als Mediator in der gerichtsinternen Mediation handelte es sich trotz der aufgezählten Gemeinsamkeiten nicht um eine Güteverhandlung im Sinne des § 278 ZPO a. F. Sie war mangels ausdrücklicher Gesetzesgrundlage kein zwingender Bestandteil des Verfahrens und gehörte damit nicht zum Kernbereich der Rechtsprechung im Sinne von Art. 92 GG.

(3) Fazit

Die gerichtsinterne Mediation gehörte nicht zum traditionellen Kernbereich der Rechtsprechung.[828] Auch hiernach konnte die Tätigkeit des Richters als Mediator in der gerichtsinternen Mediation nicht unter den Begriff der rechtsprechenden Gewalt subsumiert werden.

cc. Funktionelle Betrachtung der Rechtsprechung

Fraglich ist, ob nach funktioneller Betrachtung die gerichtsinterne Mediation der Rechtsprechung zugeordnet werden konnte. Danach fällt eine Tätigkeit dann unter den Begriff der Rechtsprechung, wenn ein gerichtsförmiges Verfahren vorgesehen ist und den dort getroffenen Entscheidungen von Streitfällen eine letztverbindliche Rechtswirkung zukommt, welche lediglich von unabhängigen Gerichten herbeigeführt werden kann.[829] Diese Voraussetzungen sind bei der gerichtsinternen Mediation nicht gegeben.

Fraglich ist, ob ein gerichtsförmiges Verfahren für die gerichtsinterne Mediation vorgesehen ist. Dafür müssten durch Gesetz erforderliche prozessuale Sicherungen und der verfassungsrechtlich geschützte Anspruch auf rechtliches Gehör gewährleistet werden.[830] Die Parteien sind durch die zivilprozessrechtlichen Verfahrensprinzipien und -vorschriften geschützt. In der Praxis war die gerichtsinterne Mediation in den Gerichtsmodellen im Gerichtsprozess integriert. Entschieden sich die Parteien für eine gerichtsinterne Mediation, sollte das Verfahren nach der Praxis der Gerichtsmodelle ruhen.[831] Damit konnten

---

827 Vgl. Kapitel 3, G., I.

828 Ebenso *Prütting*, Kammerforum der Rechtsanwaltskammer Köln 2009, 99 [105 f.]; a. A. *von Bargen*, 364; ebenso der Titel seines Buches, „Gerichtsinterne Mediation, eine Kernaufgabe der rechtsprechenden Gewalt".

829 BVerfGE 4, 358 [363]; 103, 111 [137]; *Wimmer/Wimmer*, NJW 2007, 3243 [3244].

830 BVerfGE 103, 111 [137 f.].

831 Vgl. Kapitel 3, G., I.

die Parteien die gerichtsinterne Mediation jederzeit beenden und zum gerichtlichen Verfahren und zu dessen Schutz zurückkehren. Fraglich ist, ob die Parteien in den gerichtsinternen Mediationsverfahren der Gerichtsmodelle einen Anspruch auf rechtliches Gehör hatten. Grundsätzlich hat vor Gericht gemäß Art. 103 Abs. 1 GG jedermann Anspruch auf rechtliches Gehör. Nach dem Bundesverfassungsgericht gewährt allein schon die Einschaltung eines Richters in der Regel den Schutz des grundrechtsgleichen Rechts,[832] aber nur wenn eine Partei von einer verbindlichen gerichtlichen Entscheidung unmittelbar beeinträchtigt wird.[833] Solange keine richterliche Beeinträchtigung für die Parteien droht, besteht für das rechtliche Gehör kein prozessrechtliches Bedürfnis bzw. kein verfahrensrechtliches Erfordernis.[834] Der Richter als Mediator konnte in den Gerichtsmodellen mangels Entscheidungsbefugnis keine Entscheidung fällen,[835] sodass die Möglichkeit einer Beeinträchtigung durch diesen bei der gerichtsinternen Mediation nicht bestand. Die Parteien hatten somit keinen Anspruch auf rechtliches Gehör.[836]

Für die gerichtsinterne Mediation war damit kein gerichtsförmiges Verfahren vorgesehen. Auch nach diesem Verständnis konnte die gerichtsinterne Mediation nicht unter den Rechtsprechungsbegriff subsumiert werden.

dd. Fazit

Das Führen der gerichtsinternen Mediation durch Richter als Mediatoren konnte nicht als Rechtsprechung im Sinne von Art. 92 GG qualifiziert werden.[837] Die gerichtsinterne Mediation der Gerichtsmodelle wurde den Gerichten nicht von

832 BVerfGE 9, 89 [97]; von Mangoldt/Klein/Starck/*Nolte*, Art. 103, Rn. 27.

833 BVerfGE 7, 95 [98 f.]; 21, 132 [137]; 60, 7 [13]; 62, 320 [322]; von Mangoldt/Klein/Starck/*Nolte*, Art. 103, Rn. 27; Stern/Becker/*Brüning*, Art. 103, Rn. 14.

834 Vgl. Stern/Becker/*Brüning*, Art. 103, Rn. 14.

835 Kapitel 3, G., I.

836 A. A. Ahrens/Lipp/Varga/*Ahrens*, 29; Haft/Schlieffen/*Bamberger*, § 42, Rn. 48; *Volkmann*, 117 f.

837 So auch *Deutscher Richterbund*, Stellungnahme, 2; von Münch/Kunig/*Meyer*, Art. 92 Rn. 11; *Wimmer/Wimmer*, NJW 2007, 3243 [3244]; im Ergebnis auch *Wenzel*, 56. A. A. *Greger*, DRiZ 2008, 48 [48]; *Hess*, ZZP 2011, 137 [147 ff.]; Landessozialgericht Hessen, Beschluss vom 23. Mai 2012 – L 4 SO 113/12; *Löer*, ZKM 2005, 182 [185]; *OLG Rostock*, NJ 2007, 76 [76 f.]; *Seibert*, NVwZ 2008, 365 [366]; *von Bargen*, 201 ff.; die Gerichtsmodelle unter anderem in den Bundesländern Baden-Württemberg, Bayern, Nordrhein-Westfalen und Mecklenburg-Vorpommern ordneten die gerichtsinterne Mediation ebenfalls der Rechtsprechung zu, vgl. *von Bargen*, 72 ff., 74 ff., 89 ff., 101 ff.; vgl. auch Haft/Schlieffen/*von Bargen*, § 38, Rn. 22 ff.

der Verfassung zugewiesen. Es handelte sich bei der Tätigkeit des Richters als Mediator in der gerichtsinternen Mediation in den Gerichtsmodellen nicht um den Kernbereich der Rechtsprechung. Des Weiteren lag auch nach funktioneller Betrachtung keine Rechtsprechung im Sinne von Art. 92 GG vor.

b. Gerichtsinterne Mediation als vollziehende Gewalt

Fraglich ist, ob das Leiten der gerichtsinterne Mediation durch Richter als Mediatoren als vollziehende Gewalt im Sinne von Art. 20 Abs. 2 S. 2 GG zu qualifizieren war, wie es partiell in der Literatur vertreten worden ist.[838] In diesem Fall könnte der Richter als Mediator den Grundsatz der Gewaltenteilung verletzt haben, weil er als Organ der rechtsprechenden Gewalt grundsätzlich nicht Aufgaben der vollziehenden Gewalt wahrnehmen darf, Art. 20 Abs. 3 GG.

Der Begriff der vollziehenden Gewalt ist gleichbedeutend mit dem Begriff der Verwaltung.[839] Eine gesetzliche Definition für eine Verwaltungstätigkeit liegt nicht vor. Eine nähere Bestimmung stößt auf erhebliche Schwierigkeiten.[840] Weder die Wissenschaft[841] noch die höchstrichterliche Rechtsprechung konnte den Begriff in den letzten Jahren in seinem Ganzen präzise umfassen, da der Tätigkeitsbereich der Verwaltung dafür zu vielgestaltig ist.[842] Um die

---

838 Vgl. *Ortloff*, NVwZ 2004, 385 [389]; *Walther*, ZKM 2005, 35 [55]; *Wimmer/Wimmer*, NJW 2007, 3243 [3244]; ebenso vertreten u. a. in den Modellversuchen von Berlin, Hessen und Sachsen Anhalt: siehe dazu *von Bargen*, 79 ff., 85 ff, 108 ff.

839 BVerwGE 41, 195 [195]; 25, 210 [214].

840 *Maurer*, Staatsrecht, § 18, Rn. 1.

841 Maunz-Dürig/*Grzeszick*, Band III, Lfg. 70, Art. 20 V, Rn. 84, 88 ff.

842 *Maurer,* Verwaltungsrecht, § 1, Rn. 8, 11 ff. Für einen Teil der Literatur liegt eine Verwaltungstätigkeit dann vor, wenn die Tätigkeit weder zur Gesetzgebung noch zur Rechtsprechung gehört, *Fehling*, 26 ff.; Maunz-Dürig/*Grzeszick*, Lfg. 70, Art. 20 V, Rn. 103 f.; *Mayer*, 7; *Kopp/Ramsauer*, § 1, Rn. 5; *Park*, 12 ff.; *Stern*, Band II, 734. Diese sogenannte Subtraktionsformel (*Achterberg*, § 1, Rn. 8; *Battis*, 2; Hofmann/Gerke/*Hofmann*, Rn. 8) ist für eine subsumtionsfähige Definition nicht präzise genug (so auch Wolff/Bachof/Stober/Kluth/*Stober*, § 3, Rn. 4), weshalb über die Verwaltungstätigkeit keine Aussage getroffen wird. Zudem trennt sie von vornherein Elemente, welche im deutschen System voller Überschneidungen der Gewalten nicht getrennt werden können (vgl. *Peters*, 7 f.; *Wallerath*, 36; vgl. auch *BGH*, DRiZ 1975, 23 [23 f.]; BVerfGE 4, 331 [346 f.]; *Schmidt-Räntsch*, § 4, Rn. 2), da sich die drei Staatsgewalten sind nicht nur teilweise personell, sondern auch nach ihren Funktionen vermischt (siehe *Battis*, 2; *Erbguth*, § 1, Rn. 3). Ein anderer Teil der Literatur, bestimmt den Verwaltungsbegriff positiv, indem einzelne bestimmte Merkmale hervorgehoben werden, Siehe eine Auflistung verschiedener Merkmale von verschiedenen Autoren in Erichsen/Ehlers/*Ehlers*, § 1, Rn. 6. So wird zum Beispiel auf die Abhängigkeit

gerichtsinterne Mediation dessen ungeachtet einordnen zu können, muss die Verwaltung beschrieben werden.[843] Dafür wird nachfolgend auf einzelne typische Merkmale der Verwaltung eingegangen. Isoliert betrachtet lässt sich aus diesen Merkmalen sicher keine eindeutige Aussage über die Einordnung der Tätigkeit des Richters in der gerichtsinternen Mediation ableiten. Nach einer Gesamtschau der typischen Merkmale ist eine Einordnung jedoch möglich:

---

von Weisungen (vgl. *Kelsen*, 268; *Maurer*, Verwaltungsrecht, § 1, Rn. 7; Mayer-Maly/Schambeck/Grussmann/*Merkl*, 143 ff.), die Verwirklichung des Willens des Gesetzgebers (vgl. *Fleiner*, 4 ff.; siehe auch *Jesch*, 205), die Verwirklichung des Staatszwecks (siehe *Peters*, 5), die Lösung konkreter Aufgaben (*Jellinek*, 610), den Einsatz hoheitlicher Mittel (vgl. *Giese*, 14; *Maurer*, Verwaltungsrecht, § 1, Rn. 7), die Herstellung verbindlicher Entscheidungen (siehe *Luhmann*, 21 ff.), auf die Tätigkeit als Dienstleistung (siehe *Ellwein*, VerwArch. 1996, 1 [3 f.]; *Maurer*, Verwaltungsrecht, § 1, Rn. 7), oder auf die fremdbestimmte und fremdnützige Besorgung öffentlicher Angelegenheiten (vgl. Wolff/Bachof/Stober/Kluth/*Stober*, § 3, Rn. 16 ff.) abgestellt. Diese Definition sind jedoch ebenfalls nicht geeignet, die gerichtsinterne Mediation der Verwaltung zuzuordnen, da auch dann die Abgrenzung zu den anderen staatlichen Funktionen nicht erfolgt, siehe *Achterberg*, § 1, Rn. 10. Sobald sich die positiven Definitionen nicht auf einzelne Merkmale beschränken, sondern die Verwaltung als Ganzes umfassen sollen, werden sie zu abstrakt und damit unbrauchbar, Erichsen/Ehlers/*Ehlers*, § 1, Rn. 6. Ein dritter Definitionsversuch der Verwaltungstätigkeit ist eine Kombination aus der vorstehend dargestellten Subtraktionsformel und der positiven Definition. Nach der kombinierten Definition ist die Verwaltung negativ bestimmt „als alle nicht zur Rechtsetzung, zur Regierung, zur staatsleitenden Planung, zur militärischen Verteidigung und zur Rechtsprechung gehörenden öffentlichen Aufgabenerfüllung durch die Organe der vollziehenden Gewalt und bestimmte ihnen zuzurechnenden Rechtsubjekte zu qualifizieren" und positiv „die den Organen der vollziehenden Gewalt und bestimmten diesen zuzurechnenden Rechtssubjekten übertragene eigenverantwortliche ständige Erledigung der Aufgaben des Gemeinwesens durch konkrete Maßnahmen in rechtlicher Bindung nach (mehr oder weniger spezifiziert) vorgegebener Zwecksetzung", siehe *Stern*, Band II, 738. Auch diese kombinierte Begriffsbestimmung ist für eine Abgrenzung unbrauchbar. Indem sie u. a. auf die Organe der vollziehenden Gewalt abstellt, folgt die kombinierte Definition einem formellen Begriff der Verwaltungstätigkeit, *Maurer*, Verwaltungsrecht, § 1, Rn. 7; *Storr/Schröder*, § 2, Rn. 43; Wolff/Bachof/Stober/Kluth/*Stober*, § 3, Rn. 23. Dabei wird außer Acht gelassen, dass auch Gerichte mit der Gerichtsverwaltung Verwaltungstätigkeiten ausführen können. Eine feststehende, subsumtionsfähige Definition der Verwaltung im materiellen Sinn liegt damit nicht vor, Bader/Ronellenfitsch/*Ronellenfitsch*, § 1, Rn. 10.

843 *Forsthoff*, 1; *Wallerath*, 36; vgl. auch *Leisner*, 269 ff.

- Die gerichtsinterne Mediation in den Gerichtsmodellen wurde nicht – wie es vorwiegend üblich ist –[844] von Organisationseinheiten der Verwaltung ausgeübt, sondern von Gerichten,[845] also von Organen der rechtsprechenden Gewalt.[846]
- Verwaltungsaufgaben der Gerichte[847] sind ausschließlich organisatorischer Natur und haben mit der Schlichtung von Streitigkeiten nichts gemein. Insbesondere handelt es sich auch nicht um eine Tätigkeit der Gerichtsverwaltung,[848] da die gerichtsinterne Mediation weder die Organisation noch den Betrieb der Gerichte umfasste[849] und auch nicht durch Ministerien oder durch den Gerichtspräsidenten ausgeführt wird, sondern von Richtern.[850]
- Die gerichtsinterne Mediation diente in der Regel lediglich den Mediationsparteien, also einzelnen Personen, und nicht – wie es für Verwaltungstätigkeiten typisch ist – dem Gemeinwesen[851] bzw. im öffentlichen Recht wurzelnden Verwaltungsaufgaben.[852]
- Unterstellt, die Tätigkeit des Richters wäre der Verwaltung zuzuordnen, würde es sich bei dem Anbieten der Mediation um Leistungsverwaltung handeln, da der Richter den Parteien mit der Mediation eine Leistung (in Form eines Realaktes)[853] gewährte und mangels Entscheidungsbefugnis[854]

---

844 Hoffmann-Riem/Schmidt-Aßmann/Voßkuhle/*Hoffmann-Riem*, Band 1, § 10, Rn. 41.

845 Kapitel 3, G., I.

846 *Stern*, Band II, 534.

847 Vgl. *Storr/Schröder*, § 2, Rn. 44.

848 Vgl. *Spindler*, Rn. 19; A.a. *Kopp/Schenke* 2009, § 1, Rn. 43; *Oldenbruch*, 46; *von Bargen*, 259 ff.; Gemäß den Ausführungen der Gerichte in den Modellversuchen in Berlin und Hessen (vgl. *von Bargen*, 81, 86). *Walther*, ZKM 2005, 53 [55]; *Koch*, NJ 2005, 97 [101] und Haft/Schlieffen/*Ortloff*, § 41, Rn. 87 wird dahingestellt, ob es sich bei der gerichtsinternen Mediation um Rechtsprechung oder Gerichtsverwaltung handelt.

849 So auch *Wimmer/Wimmer*, NJW 2007, 3243 [3244].

850 Zu der Gerichtsverwaltung zählen jegliche Aufgaben, welche herkömmlichen Gerichten selbst zur Eigenverwaltung zugewiesen werden, *Fürst/Mühl/Arndt*, § 4, Rn. 39; vgl. auch von Mangoldt/Klein/Starck/*Classen*, Art. 97, Rn. 29. Diese inkludieren Aufgaben in Personal-, Haushalts-, Ausbildungs-, Beihilfe- und Fürsorgefragen sowie den Betrieb der Gerichte, Von Münch/Kunig/*Meyer*, Art. 92, Rn. 23. Grundsätzlich wird die Gerichtsverwaltung als Verwaltungsaufgabe durch Ministerien und durch den Gerichtspräsidenten ausgeführt, von Mangoldt/Klein/Starck/*Classen*, Art. 97, Rn. 29.

851 Vgl. *Koch/Rubel/Heselhaus*, § 1, Rn. 1; *Stern*, Band II, 737.

852 *OVG Münster*, NJW 2005, 2028 [2029]; Stelkens/Bonk/Sachs/*Schmitz*, VwVfG, § 1, Rn. 138.

853 *Bull/Mehde*, § 1, Rn. 26; Erichsen/Ehlers/Remmert, § 36, Rn. 1; *Wallerath*, 84, 87.

854 Vgl. Kapitel 3, G., I.

nicht in ihre Rechte eingriff.[855] Typischerweise bezieht sich die Leistungsverwaltung aber insbesondere auf die Daseinsvorsorge,[856] also vorwiegend auf die Sicherung von Sozialversorgung, das Bereitstellen von Infrastruktur[857] oder auch das Gewähren von Subventionen.[858] Die Gewährung eines ganzen Streitschlichtungsverfahrens, ohne selbst in den Konflikt involviert zu sein, ist damit nicht vergleichbar.[859]

— Die Verwaltung ist anders als die Justiz keine neutrale Instanz[860] und immer selbstbeteiligt,[861] da sie an einem bestimmten Ausgang des Verfahrens interessiert ist, wenn sie mit der Bevölkerung agiert.[862] Diese Eigenschaft der Verwaltung steht im Widerspruch zu der Tätigkeit des Richters als Mediator in der gerichtsinternen Mediation, da der Richter als Mediator kein Interesse an einem bestimmten Ausgang des Mediationsverfahrens hatte und den Mediationsparteien neutral gegenüberstand.
— Aufgrund des grundsätzlich bestehenden Über- und Unterordnungsverhältnisses zwischen den Behörden[863] ist die Verwaltung im Allgemeinen weisungsgebunden.[864]Würde man die gerichtsinterne Mediation der Verwaltung zuordnen, wäre eine Einflussnahme auf die als Mediatoren tätigen Richter

855 *Schweickhardt/Vondung*, Seite 7, Rn. 17; vgl. Kapitel 3, G., I., 1., b.

856 *Koch/Rubel/Heselhaus*, § 1, Rn. 7.

857 *Koch/Rubel/Heselhaus*, § 1, Rn. 7; *Wallerath*, 87.

858 *Battis*, 3.

859 Soweit die Behörde an der Mediation selbst beteiligt ist, bspw. um den Sachverhalt gemäß § 24 Abs. 1 VwVfG zu klären, zur Anhörung über Sach- und Rechtsfragen gemäß §§ 28, 66, 73 VwVfG oder bei Genehmigungsfragen, liegt ein sogenanntes informelles Verfahren vor, das eine Verwaltungstätigkeit darstellt – vgl. Stelkens/Bonk/Sachs/*Bonk*, VwVfG, § 54, Rn. 40; § 9, Rn. 190. Bei der gerichtsinternen Mediation ist die Verwaltung aber nicht als Partei beteiligt. Sie hat kein eigenes Interesse am Ausgang des Mediationsverfahrens.

860 *Forsthoff*, 6; Wolff/Bachof/Stober/Kluth/*Stober*, § 3, Rn. 9; vgl. auch: *Fürst/Mühl/Arndt*, § 1, Rn. 4.

861 Vgl.: *Bull/Mehde*, § 1, Rn. 20; Erichsen/Ehlers/*Ehlers*, § 1, Rn. 6; Wolff/Bachof/Stober/Kluth/*Stober*, § 3, Rn. 20.

862 Vgl. von Münch/Kunig/*Meyer*, Art. 92, Rn. 19. Die Organe und Organverwalter wollen das Gemeinwesen im Rahmen ihrer Kompetenzen selbst gestalten und verfolgen demzufolge immer – wenn auch politisch vorgegebene – eigene Ziele, vgl. von Münch/Kunig/*Meyer*, Art. 92, Rn. 19.

863 BVerfGE 3, 377 [381].

864 *Maurer*, Verwaltungsrecht, § 1 Rn. 7; vgl. Maly/Schambeck/Grussmann/*Merkl*, 143 ff. Die Verwaltung ist nach den politisch gesetzten Vorgaben ausgerichtet, vgl. Hoffmann-Riem/Schmidt-Aßmann/Voßkuhle/*Hoffmann-Riem*, Band 1, § 10, Rn. 41.

möglich gewesen,[865] die im Widerspruch zum Grundsatz des ‚unabhängigen' Mediators stehen würde.
- Das gerichtsinterne Mediationsverfahren war eine auf der Initiative der Parteien beruhende, abgeschlossene, einzigartige Verhandlung. Im Gegensatz dazu agiert die Verwaltung durch grundsätzlich eigeninitiativ und stetig handelnde Behörden.[866]

Nach einer Gesamtschau der vorstehenden Merkmale lässt sich die Tätigkeit des Richters als Mediator in der gerichtsinternen Mediation nicht unter den Begriff der vollziehenden Gewalt im Sinne von Art. 20 Abs. 2 S. 2 GG eingliedern. Die Tätigkeit des Richters als Mediator hatte zu viele Elemente, die absolut verwaltungsuntypisch waren.

c. Gerichtsinterne Mediation als rechtsprechungsnahe Tätigkeit sui generis

In Betracht kommt, dass die Tätigkeit des Richters als Mediator in der gerichtsinternen Mediation in den Gerichtsmodellen als eine rechtsprechungsnahe Tätigkeit sui generis qualifiziert werden konnte, welche nicht die Streitentscheidung als Kernelement der Rechtsprechung enthält. Die Tätigkeit des Richters als Mediator kann weder der Verwaltung noch insgesamt der Rechtsprechung zugeordnet werden. Bei einem Vergleich der gerichtsinternen Mediation mit der Rechtsprechung fallen jedoch ausschlaggebende nachfolgend dargestellte Gemeinsamkeiten auf, welche es rechtfertigen, die Tätigkeit des Richters in der Mediation als rechtsprechungsnah zu qualifizieren.[867] Dafür sprechen insbesondere die wahrnehmenden Organe, das grundsätzliche Aufgabenfeld der Gerichte und der Vergleich des Berufsbilds des Mediators und des Richters.

aa. Organe der Rechtsprechung

Für die Einordnung der gerichtsinternen Mediation als rechtsprechungsnahe Tätigkeit sui generis spricht zunächst einmal, dass die gerichtsinterne Mediation von Richtern und damit von Funktionsträgern der Judikative wahrgenommen wurde.[868]

---

865 Vgl. Gläßer/Schroeter/*Klamt*, 286.
866 *Forsthoff*, 6; Wolff/Bachof/Stober/Kluth/*Stober*, § 3, Rn. 9.
867 Vgl. auch: Gläßer/Schroeter/*von Bargen*, 36.
868 Vgl. *Stern*, Band II, 534.

bb. Aufgabe der Richter und der Mediatoren

Die Aufgabe der Richter und der Mediatoren war vergleichbar. Die Aufnahme von Vergleichen und die Beilegung von Streitigkeiten gehören zu den Aufgaben der rechtsprechenden Gewalt.[869] Ähnlich wie im Mediationsverfahren sollen die Gerichte jederzeit auf eine gütige Streitschlichtung hinwirken, § 278 Abs. 1 ZPO. Ziel ist es bei beiden Verfahren, Rechtsfrieden zwischen den Parteien zu schaffen und zu wahren.[870] Diese Verfahren sind gleichsam einzigartig. Die fehlende Entscheidungsbefugnis des Mediators schließt ein Näheverhältnis zur Rechtsprechung nicht aus. Bei einer erfolgreichen Güteverhandlung gemäß § 278 Abs. 1 ZPO trifft der Richter ebenfalls keine Entscheidung, sondern schließt sie, ähnlich wie der Mediator mit der Abschlussvereinbarung, mit einem gerichtlichen Vergleich ab. Der einzige Unterschied zwischen der Güteverhandlung und der gerichtsinternen Mediation in den Gerichtsmodellen war neben der Vorgehensweise zur Streitschlichtung die direkte Eingliederung der Güteverhandlung in das zivilprozessrechtliche Verfahren.[871]

cc. Berufsbild des Richters und des Mediators

Zudem ähnelt das Berufsbild des Mediators dem des Richters. Wesensmerkmal jeder richterlichen Tätigkeit ist, dass sie von einem unabhängigen, an der Streitigkeit nicht beteiligten Dritten ausgeübt wird.[872] Erforderlich für die richterliche Tätigkeit sind damit Neutralität und Distanz zu den Verfahrensbeteiligten.[873] Er kann aufgrund seiner Unabhängigkeit gemäß Art. 97 GG nicht angewiesen werden. Die Unabhängigkeit und Neutralität des Richters galt auch in der gerichtsinternen Mediation in den Gerichtsmodellen. Er war insofern, wie die rechtsprechende Gewalt, nicht an einem bestimmten Ausgang des Verfahrens interessiert.[874]

dd. Zwischenergebnis

Aufgrund der Nähe zu der rechtsprechenden Gewalt muss die Tätigkeit des Richters in der gerichtsinternen Mediation in den Gerichtsmodellen als

---

869 *Schmidt-Räntsch*, § 4, Rn. 22.
870 So auch: *Wimmer/Wimmer*, NJW 2007, 3243 [3245].
871 Vgl. Kapitel 3, G., I., 2., a., bb., (2).
872 BVerfGE 3, 377 [381]; 4, 331 [346]; 21, 139 [146 f.]; 103, 111 [140].
873 BVerfGE 21, 139 [146], vgl. auch Sachs/*Detterbeck*, Art 92, Rn. 25.
874 Vgl. von Münch/Kunig/*Meyer*, Art. 92, Rn. 19.

rechtsprechungsnahe Tätigkeit sui generis qualifiziert werden.[875] Die ausführenden Organe waren dieselben. Zusätzlich waren die Aufgaben und das jeweilige Berufsbild vergleichbar.

d. *Fazit und Konsequenzen einer Einordnung als rechtsprechungsnahe Tätigkeit sui generis*

Nach dem Ergebnis der Untersuchung handelte es sich bei der Tätigkeit des Richters als Mediator in der gerichtsinternen Mediation um eine rechtsprechungsnahe Tätigkeit sui generis. Da die gerichtsinterne Mediation in den Gerichtsmodellen damit keine Tätigkeit der gesetzgebenden oder der vollziehenden Gewalt darstellte, nahm der Richter als Mediator keine Aufgabe einer anderen Gewalt wahr. Damit lag in der Tätigkeit des Richters als Mediator kein Verstoß gegen den Grundsatz der Gewaltenteilung aus Art. 20 Abs. 2 S. 2 GG.[876] Die Richter konnten als Mediator in der gerichtsinternen Mediation rechtmäßig tätig werden.[877]

---

875 Ebenso, aber ohne nähere Begründung: BT-Drucks. 17/5335, Seite 20 f.; siehe auch *Deutscher Richterbund*, Eckpunktepapier, 5; *Reichling*, DRiZ 2010, 44 [44].

876 Zu demselben Ergebnis kommt auch *Klose*, ZKM 2005, 146 [148]. Dieser lässt dahinstehen, ob die gerichtsinterne Mediation als Verwaltungstätigkeit oder als Gerichtsverwaltung qualifiziert werden muss. Auf jeden Fall sei die gerichtsinterne Mediation mit der rechtsprechenden Tätigkeit vereinbar, da sie die Unabhängigkeit des Richters wahrt und ihm keine Zwänge auferlegt werden können.

877 An diesem Ergebnis hätte auch eine Qualifikation der gerichtsinternen Mediation in den Gerichtsmodellen als Tätigkeit der vollziehenden Gewalt nichts geändert. Auch dann hätte ein Verstoß gegen den Grundsatz der Gewaltenteilung gemäß Art. 20 Abs. 2 S. 2 GG nicht vorgelegen. In Deutschland sind Überschneidungen der Funktionen und Einflussnahmen von verschiedenen Gewalten gebräuchlich, siehe BVerfGE 3, 225 [247]; 7, 183 [188]. Ein Verstoß gegen den Grundsatz der Gewaltenteilung gemäß Art. 20 Abs. 2 S. 2 GG liegt daher erst dann vor, wenn das Grundgesetz die Wahrnehmung der Aufgabe einer anderen Gewalt vorbehält, BVerfGE 64, 175 [179]; 76, 100 [106], bzw. die eine Gewalt von der anderen im Kern beeinflusst wird, BVerfGE 9, 268 [279 f.]; 34, 52 [59]; BVerwGE 41, 189 [198]; von Mangoldt/Klein/Starck/*Sommermann*, Art. 20, Rn. 215. Das Grundgesetz behält der vollziehenden Gewalt die gerichtsinterne Mediation jedoch nicht vor. Die gerichtsinterne Mediation wird im Grundgesetz nicht erwähnt. Da die Judikative mit der Ausübung der ‚Verwaltungstätigkeit' der gerichtsinternen Mediation auf Kosten der vollziehenden Gewalt keine Staatsmacht angehäuft und als Konsequenz die Gewichte der drei Staatsgewalten verlagert hätte, vgl. BVerfGE 9, 268 [279 f.]; 34, 52 [59]; BVerwGE 41, 189 [198], wäre diese nicht in ihrem Kernbereich beeinträchtigt gewesen. Die gerichtsinterne Mediation konnte im Kern nicht als Verwaltungstätigkeit qualifiziert werden, da es sich

Als einfachgesetzliche Konsequenz[878] lag auch kein Verstoß gegen das Deutsche Richtergesetz vor.[879] Um die Unabhängigkeit des Richters zu garantieren, regelt § 4 DRiG im Anschluss an Art. 20 Abs. 2 S. 2 GG die Tätigkeiten, die ein Richter neben der Rechtsprechung wahrnehmen darf.[880] Ausweislich § 4 Abs. 1 DRiG darf ein Richter Aufgaben der rechtsprechenden Gewalt und der gesetzgebenden oder vollziehenden Gewalt nicht gleichzeitig wahrnehmen. Da die gerichtsinterne Mediation aber als rechtsprechungsnahe Tätigkeit sui generis weder der gesetzgebenden noch der vollziehenden Staatsgewalt zugerechnet werden konnte, wurde die gerichtsinterne Mediation schon gar nicht von § 4 Abs. 1 DRiG erfasst.[881]

3. *Bindung an Recht und Gesetz*

Fraglich ist, ob die Tätigkeit des Richters als Mediator in der gerichtsinternen Mediation gegen die Bindung an Recht und Gesetz gemäß Art. 97 Abs. 1 GG und Art. 20 Abs. 3 GG verstoßen hat. Danach[882] sind Richter dem Gesetz unterworfen

---

bei der Tätigkeit des Richters nicht um eine typische Aufgabe der Verwaltung handelt (vgl. Kapitel 3, G., I., 2., b.) und auch freiberufliche Mediatoren Mediationsverfahren anbieten (vgl. auch *Wimmer/Wimmer*, NJW 2007, 3243 [3245]).

878 Ein Verstoß gegen § 4 DRiG führt nicht zur Verfassungswidrigkeit, sondern lediglich zu Maßnahmen der Dienstaufsicht, siehe *Schmidt-Räntsch*, § 4, Rn. 2. Die Verwirklichung des Grundsatzes der Gewaltenteilung ist in sehr strenger Form erfolgt, da § 4 Abs. 2 DRiG die Ausnahmen von dem Verbot aus § 4 Abs. 1 DRiG nach herrschender Meinung abschließend aufzählt – BVerwGE 25, 210 [219]; 70, 270 [272]; *Fürst/Mühl/Arndt*, § 4, Rn. 37; *Schmidt-Räntsch*, § 4, Rn. 28.

879 Da die Einordnung der gerichtinternen Mediation in die Gewalten unklar war, war umstritten, ob die gerichtsinterne Mediation gegen das Deutsche Richtergesetz verstieß. Sie wurde nämlich als Ausnahme zum einen nicht den Gerichten gemäß § 4 Abs. 2 Nr. 2 DRiG von dem Gesetzgeber zugewiesen, so auch *Spindler*, Rn. 19; *von Bargen*, 262, da weder ein Bundes- noch ein Landesrecht diese Art der Tätigkeit für Richter festgelegt haben, vgl. BVerwGE 20, 270 [272 f.]. Zusätzlich fiel die Tätigkeit des Richters bei der gerichtsinternen Mediation nicht unter § 4 Abs. 2 Nr. 1 DRiG, da es sich hierbei nicht, wie vorstehend dargestellt, nicht um Gerichtsverwaltung handelte, vgl. Kapitel 3, G., I., 1., b., bb.

880 Vgl. BVerwGE 25, 210 [218 f.]; 70, 270 [272]; *Schmidt-Räntsch*, § 4, Rn. 2.

881 Vgl. *Schmidt-Räntsch*, § 4, Rn. 15.

882 Art. 97 GG nimmt den sich aus dem Rechtstaatsprinzip (Art. 20 Abs. 3 GG) ergebenden Grundgedanken des Vorrangs des Gesetzes auf, vgl. Maunz-Dürig/*Grzeszick*, Band III, Lfg. 51, Art. 20 VI, Rn. 72; Maunz-Dürig/*Hillgruber*, Band VI, Lfg. 52, Art. 97, Rn. 26. Zu dem Unterschied von Art. 97 GG und Art. 20 Abs. 3 GG vgl. von Mangoldt/Klein/Starck/*Sommermann*, Art. 20, Rn. 285; von Mangoldt/Klein/

bzw. an das Recht gebunden. Auch ohne gesetzliche Regelung für das Mediationsverfahren mussten sich die Rechtsauslegung und die Rechtsanwendung der Richter in den gesetzlichen und rechtlichen Grenzen bewegen.[883] Sie durften sich nicht dem Sinn und Zweck des Gesetzes entziehen, sondern mussten diesen zur Geltung bringen.[884]

Ein Verstoß gegen die Gesetzesbindung des Richters kam in Betracht, weil das gerichtsinterne Mediationsverfahren nicht ausdrücklich im Verfahrensrecht geregelt war. Das Verfahrensrecht der Zivilprozessordnung regelt aber grundsätzlich abschließend von der Anhängigkeit bis zu einem Urteil das gesamte Streitverfahren. Für das Gericht besteht daher die Verpflichtung, den rechtshängigen Rechtsstreit nach den Vorschriften der Zivilprozessordnung durchzuführen.[885] Indem der Richter die Verhandlung unterbrach, die Parteien an einen oftmals nicht gesetzlich vorgesehen Richter überwies und das Ruhen des Verfahrens anordnete, läutete er ein Verfahren ein, das von der Zivilprozessordnung nicht vorgesehen war. Gemäß § 278 Abs. 5 S. 1 ZPO a. F. konnte der Richter die Parteien für eine Güteverhandlung nur an einen beauftragten oder ersuchten Richter verweisen. Der Richter als Mediator war in der Praxis der Gerichtsmodelle jedoch kein ersuchter Richter eines anderen Gerichts, sondern er war im gleichen Gericht wie der erkennende Richter beschäftigt.

Gegen einen Verstoß gegen die Bindung des Richters an Recht und Gesetz könnte sprechen, dass die Richter im Wege einer Analogie von § 278 ZPO a. F. bzw. im Wege richterlicher Rechtsfortbildung die Mediation durchführen durfte. Dies wird nachfolgend untersucht.

a. Analoge Anwendung von § 278 Abs. 5 ZPO a. F.

In Betracht kommt, dass der Richter in den Gerichtsmodellen von den Vorgaben des § 278 Abs. 5 ZPO a. F. nicht abgewichen ist, da diese Regelung analog auf die gerichtsinterne Mediation angewendet werden konnte. In Betracht kam hier insbesondere eine Analogie bzw. eine teleologische Reduktion von § 278 Abs. 5

Starck/*Classen*, Art. 97, Rn. 5, 11. Die Geltung dieses Grundsatzes für die Rechtsprechung ist in Art. 20 Abs. 3 GG ausdrücklich geregelt – Maunz-Dürig/*Hillgruber*, Band VI, Lfg. 52, Art. 97, Rn. 26.

883 Vgl. BVerfGE 96, 375 [394]; *Klose*, ZKM 2005, 146 [147]; Maunz-Dürig/*Grzeszick*, Band III, Lfg. 51, Art. 20 VI, Rn. 73, 148; *Pieroth/Aubel*, JZ 2003, 504 [507 f.].

884 BVerfGE 96, 375 [394; Maunz-Dürig/*Grzeszick*, Band III, Lfg. 51, Art. 20 VI, Rn. 148; *Pieroth/Aubel*, JZ 2003, 504 [507 f.].

885 *Prütting*, Kammerforum der Rechtsanwaltskammer Köln 2009, 99 [103]; vgl. auch *von Bargen*, 233.

S. 2 ZPO a. F. Denkbar war auch eine analoge Anwendung von § 278 Abs. 5 S. 1 ZPO a. F.

In der Literatur wurde die Rechtsgrundlage teilweise in einer teleologischen Reduktion[886] bzw. in einer Analogie[887] von § 278 Abs. 5 S. 2 ZPO a. F. gesehen. Gemäß § 278 Abs. 5 S. 2 ZPO a. F. konnte das Gericht den Parteien eine außergerichtliche Streitschlichtung vorschlagen. Die Streitschlichtung ist außergerichtlich, wenn sie außerhalb der Institution Gericht erfolgt. Die gerichtsinterne Mediation findet nicht nur in einem Gericht statt, sie wird auch von einem Richter, also einem Organ der rechtsprechenden Gewalt geführt. Angesichts des klaren Wortlauts „außergerichtlich" von § 278 Abs. 5 S. 2 ZPO a. F. kann eine Anwendung der Regelung für eine Streitbeilegung innerhalb eines Gerichts mittels einer Analogie bzw. einer Reduktion schwer begründet werden.[888]

Nach § 278 Abs. 5 S. 1 ZPO a. F. konnte das Gericht die Parteien für eine Güteverhandlung an einen beauftragten oder ersuchten Richter verweisen. Wie die Güteverhandlung ausgestaltet sein musste, war gesetzlich nicht geregelt.[889] Ein Mediationsverfahren innerhalb einer Güteverhandlung durchzuführen, war insofern denkbar. Ein beauftragter Richter im Sinne des Gesetzes ist gemäß § 361 ZPO ein Mitglied des Prozessgerichts, also des erkennenden Spruchkörpers.[890] Der beauftragte Richter ist wegen seiner daraus folgenden Entscheidungsbefugnis im späteren Rechtsstreit nicht als Mediator geeignet.[891] Ein ersuchter Richter ist ein Richter, welcher von einem anderen Gericht aufgrund eines Rechtshilfeersuchens für das Prozessgericht tätig wird.[892] Der Richter als Mediator in den Gerichtsmodellen gehörte aber grundsätzlich demselben Gericht an wie der erkennende Richter.[893]

---

886 *Koch*, NJ 2005, 97 [99].
887 *Albin*, 94.
888 Vgl. auch *von Bargen*, 239 ff.; *Wenzel*, 61.
889 *Von Bargen*, 234 f.
890 Zöller/*Greger*, § 361, Rn. 1.
891 *Von Bargen*, 237.
892 Zöller/*Greger*, § 362, Rn. 1.
893 *Klose*, ZKM 2005, 146 [148]; *von Bargen*, 237. In den anderen Gerichtsverfahren sollte § 278 Abs. 5 S. 1 ZPO a. F. analog über die jeweilige Verweisungsnorm in den Rechtsgebieten anwendbar sein, vgl. *Seibert*, NVwZ 2008, 365 [366]. A. A. hinsichtlich des Verwaltungsgerichtsverfahrens vgl. *Kopp/Schenke* 2009, § 1, Rn. 41: Danach fand für die gerichtsinterne Mediation im Verwaltungsgerichtsverfahren als Ermächtigungsgrundlage § 87 Abs. 1 S. 2 Nr. 1 VwGO Anwendung.

§ 278 Abs. 5 S. 1 ZPO wurde insofern überwiegend von der Literatur und der Rechtsprechung analog angewendet.[894] Die Anwendung einer Analogie setzt eine vergleichbare Interessenlage und eine planwidrige Regelungslücke voraus.[895] Eine ähnliche Interessenlage lag unproblematisch vor. Sowohl die Güteverhandlung vor dem ersuchten Richter als auch die gerichtsinterne Mediation dienen der Streitschlichtung und der Herbeiführung einer gütlichen Einigung der Parteien von einem nicht entscheidungsbefugten Richter.[896] Fraglich war jedoch, ob eine planwidrige Regelungslücke vorlag. In der Literatur wurde die Anwendung von § 278 Abs. 5 S. 1 ZPO a. F. auch damit begründet, dass der Begriff des ersuchten Richters nicht im Sinne von § 362 ZPO auszulegen sei, sondern jeden Richter, der nicht für den Rechtsstreit zuständig ist, umfasse.[897] Im Hinblick auf die Legaldefinition des ersuchten Richters und die Verwendung des Begriffs in § 278 Abs. 5 S. 1 ZPO a. F. ist diese Begründung jedoch nicht einwandfrei.[898] Für eine planwidrige Regelungslücke sprach jedoch zumindest, dass der Gesetzgeber die Mediation nur als außergerichtliche Methode anerkannt hatte,[899] ohne einen Zusammenhang mit der Güteverhandlung zu sehen.[900] Damit konnten die

894 *Greger*, ZKM 2006, 68 [68]; *Hess*, ZZP 2011, 137 [140]; *Huther*, ZKM 2004, 247 [249]; *Koch*, NJ 2005, 97 [99]; *Kopp/Schenke* 2013, § 1, Rn. 35; *Löer*, ZKM 2005, 182 [185]; *Prütting*, ZZP 2011, 163 [165]; *von Bargen*, 242 ff.; *von Olenhusen*, DRiZ 2003, 396 [397]; *von Olenhusen*, ZKM 2004, 104 [105]; vgl. auch *Wagner*, RabelsZ 2010, 794 [820 f.] und die Praxis der Gerichte in den Gerichtsmodellen in Bayern (vgl. *von Bargen*, 76) und in Mecklenburg-Vorpommern (vgl. *von Bargen*, 92). Gegen eine analoge Anwendung vgl. *Engel/Hornuf*, ZZP 2011, 505 [514]: Danach überstrapaziert eine analoge Anwendung § 278 Abs. 5 S. 1 ZPO a. F.; nach *Prütting*, ZZP 2011, 163 [165] liegt insbesondere keine planwidrige Regelungslücke vor.

895 Vgl. *BGH*, NJW 2008, 2257 [2258]; MüKo-BGB/*Franzen*, Band 3, § 487, Rn. 9.

896 Vgl. *Koch*, NJ 2005, 97 [99]; *von Bargen*, 247 ff.

897 Vgl. *Greger*, AnwBl 2008, 570 [573]; *Greger*, NJW 2007, 3258 [3258 f.]; *Prütting*, ZZP 2011, 163 [165 f.].

898 Vgl. *Prütting*, Kammerforum der Rechtsanwaltskammer Köln 2009, 99 [105]; *Prütting*, ZZP 2011, 163 [166].

899 Vgl. BT-Drucks. 14/4722, Seite 83 f., abrufbar unter http://dip21-bundestag.de/dip21/btd/14/047/1404722.pdf.

900 Vgl. *Löer*, ZKM 2005, 182 [185]; nach *von Bargen*, 245 hat der Gesetzgeber nicht daran gedacht, dass die Abspaltung des Güteversuches auch nach Beginn der mündlichen Verhandlung gewünscht sein könnte; ebenso der Bericht der Arbeitsgruppe Mediation bei den Berliner Gerichten vom 20. Juli 2005, Seite 71 f., abrufbar unter http://www.berlin.de/imperia/md/content/senatsverwaltungen/justiz/kammergericht/mediation/bericht_projektgruppe.pdf?start&ts=1183363084&file=bericht_projektgruppe.pdf; a. A. *Albin*, 94.

Richter auch § 278 Abs. 5 S. 1 ZPO a. F. analog anwenden, sodass die Tätigkeit des Richters als Mediator in der gerichtsinternen Mediation auch hiernach nicht gegen die Bindung an Recht und Gesetz gemäß Art. 97 Abs. 1 GG und Art. 20 Abs. 3 GG verstoßen hat.

b. Tätigkeit des Richters ohne Rechtsgrundlage

Sollte eine planwidrige Regelungslücke nicht vorgelegen haben, bleibt fraglich, ob der Richter von der Zivilprozessordnung abweichen und ohne ausdrückliche Rechtsgrundlage im Wege richterlicher Rechtsfortbildung tätig werden durfte. Mit der richterlichen Rechtsfortbildung können Richter vorhandene gesetzliche Lücken selbstständig schließen.[901] Eine Rechtsgrundlage für die Durchführung der gerichtsinternen Mediation wäre in diesem Fall nicht erforderlich gewesen.

Nach dem Bundesverfassungsgericht ist die richterliche Rechtsfortbildung grundsätzlich zulässig.[902] Die genauen Voraussetzungen einer verfassungskonformen richterlichen Rechtsfortbildung sind gesetzlich jedoch nicht geregelt. Einwandfrei muss die richterliche Rechtsfortbildung aber dann sein, wenn sie sich im geltenden Rechtssystem bewegt.[903] Die Gerichte müssen sich an ihre Kompetenzgrenzen halten[904] und mithin das Grundgesetz[905] akzeptieren. Voraussetzung für die Rechtsfortbildung durch den Richter ist deshalb, dass sie verfassungsrechtlichen Anforderungen genügt.

In Betracht kommen zwei Verstöße gegen verfassungsmäßige Prinzipien. Als rechtsprechende Gewalt durften die Gerichte zum einen nicht gegen den Grundsatz des Vorbehalts des Gesetzes[906] aus Art. 20 Abs. 3 GG verstoßen. Zum anderen ergibt sich aus der Bindung an Gesetz und Recht[907] im Sinne von Art. 20

---

901 BVerfGE 13, 153 [164]; 108, 150 [160]: *Hermes*, VVDStRL 2002, 119 [137]; Maunz-Dürig/*Grzeszick*, Band III, Lfg. 51, Art. 20 VI, Rn. 88; Sachs/*Sachs*, Art. 20, Rn. 120; Schmidt-Bleibtreu/Hofmann/Hopfauf/*Hofmann*, Art. 20, Rn. 94 f.; vgl. auch BVerfGE 69, 315 [369].

902 Vgl. BVerfGE 34, 269 [287]; 49, 304 [318]; 59, 330 [334]; 69, 315 [371]; 71, 354 [362]; 84, 212 [226 f.]; 88, 103 [115 f.].

903 Vgl. *Classen*, JZ 2003, 693 [700].

904 Vgl. *BVerfG*, JZ 2009, 675 [676].

905 *Söllner*, ZG 1995, 1 [9].

906 *Hillgruber*, JZ 1996, 118 [123].

907 Vgl. *Möllers*, JZ 2009, 668 [668].

Abs. 3, 97 GG,[908] dass die richterliche Rechtsfortbildung dem Sinn und Zweck von Regelungen nicht zuwiderhandeln darf.[909]

aa. Verstoß gegen den Vorbehalt des Gesetzes

Das Anbieten und Durchführen der gerichtsinternen Mediationen in den Gerichtsmodellen durch Richter als Mediatoren könnte gegen den Grundsatz des Vorbehalts des Gesetzes aus Art. 20 Abs. 3 GG verstoßen haben. Der Vorbehalt des Gesetzes besagt, dass der Staat grundsätzlich zur Sicherung und zum Schutz der Grundrechte[910] nur aufgrund einer Ermächtigung durch ein von dem Parlament erlassenes Gesetz tätig werden darf.[911] Grundrechtseingriffe müssen sich auch nicht zuletzt aufgrund des gemäß Art. 2 Abs. 1 GG gewährleisteten lückenlosen Freiheitsschutzes auf ein Gesetz zurückführen lassen.[912] Der Gesetzgeber muss aufgrund seiner unmittelbar demokratischen Legitimation alle wesentlichen Fragen zur Grundrechtsverwirklichung[913] hinreichend präzise selbst regeln.[914] Greift die Rechtsprechung also im Zusammenhang mit einem gerichtlichen Verfahren hoheitlich[915] in grundrechtliche Freiheitssphären ein, so benötigt sie hierfür eine Ermächtigungsgrundlage.[916]

---

908 *Pieroth/Abel*, JZ 2003, 504 [504]; vgl. auch *BVerfG*, JZ 2009, 675 [676]; für die richterliche Rechtsfortbildung ist auch erforderlich, dass der Richter die verfassungsrechtliche Prozessgarantie der Unabhängigkeit wahrt, vgl. BVerfGE 52, 131 [154]. Da der Richter als Mediator nach den Mediationsprinzipien ebenfalls unabhängig sein muss, liegt nur bei einem Verstoß gegen diesen Grundsatz eine rechtswidrige richterliche Rechtsfortbildung vor.

909 Vgl. BVerfGE 59, 330 [334]; 71, 354 [362 f.]; 96, 375 [394]; Schmidt-Bleibtreu/Hofmann/Hopfauf/*Hopfauf*, Vorb. von Art. 92, Rn. 32.

910 Maunz-Dürig/*Grzeszick*, Band III, Lfg. 51, Art. 20 VI, Rn. 81.

911 BVerfGE 84, 212 [226]; Maunz-Dürig/*Grzeszick*, Band III, Lfg. 51, Art. 20 VI, Rn. 75, 88; Sachs/*Sachs*, Art. 20, Rn. 119.

912 Vgl. von Mangoldt/Klein/Starck/*Sommermann*, Art. 20, Rn. 277.

913 BVerfGE 47, 46 [79]; 98, 218 [251]; vgl. auch *Lehner*, 94 ff.

914 *Classen*, JZ 2003, 693 [695, 701]; vgl. auch BVerfGE 80, 137 [161]; von Mangoldt/Klein/Starck/*Sommermann*, Art. 20, Rn. 278.

915 BVerfGE 88, 103 [116].

916 BVerfGE 84, 212 [226]; *Classen*, JZ 2003, 693 [694]. Vgl. auch BVerfGE 34, 293 [301 f.]; von Mangoldt/Klein/Starck/*Sommermann*, Art. 20, Rn. 276; Nach einer Entscheidung des Bundesverfassungsgerichts ist eine richterliche Rechtsfortbildung dann schon möglich, wenn nicht das Verhältnis zwischen Staat und Privatrechtssubjekten betroffen ist – BVerfGE 88, 103 [116]; Maunz-Dürig/*Grzeszick*, Band III, Lfg. 51, Art. 20 VI, Rn. 88 –, sondern es lediglich um das Verhältnis gleichgeordneter Grundrechtsträger geht – BVerfGE 108, 150 [160]; Maunz-Dürig/*Grzeszick*, Band III, Lfg. 51, Art. 20 VI,

Fraglich ist, ob ein hoheitlicher Eingriff eine Ermächtigungsgrundlage für das Anbieten der Mediation und das Führen des Verfahrens durch den Richter als Mediator erforderlich machte. Wie vorstehend dargestellt, wurde durch die gerichtsinterne Mediation in den Gerichtsmodellen weder in die Grundrechte der Parteien noch in Grundrechte von Dritten, an der Mediation nicht beteiligten, Personen, eingegriffen.[917] Ein Verstoß gegen den Vorbehalt des Gesetzes lag damit nicht vor.

bb. Verstoß gegen die Gesetzesunterwerfung

Indem der erkennende Richter das Mediationsverfahren anbot, die Parteien an den Richter als Mediator verwies und das Ruhen des Verfahrens anordnete, könnte er gegen den Grundsatz der Gesetzesunterwerfung gemäß Art. 97 Abs. 1, 20 Abs. 3 und 20 Abs. 2 GG verstoßen haben. Das wäre dann der Fall, wenn der Richter sich an die gesetzlich vorgegebenen Bestimmungen des Zivilprozessverfahrens und insbesondere an die Regelung der Güteverhandlung hätte halten müssen und damit seine Gerechtigkeitsvorstellung an die Stelle des Gesetzgebers gesetzt hätte, indem er durch die Rechtsfortbildung ein Gesetz korrigiert.[918] In diesem Fall würde der Richter gegen den Grundsatz der Gewaltenteilung verstoßen, da er nicht für die Gesetzgebung zuständig ist.[919]

In Betracht kommt, dass die Richter sich nicht an gesetzlich vorgegebenen Bestimmungen halten mussten, weil die Parteien auf die von der Zivilprozessordnung vorgegebenen Verfahrensarten verzichten und damit einem

---

Rn. 88. Um das Verhältnis zwischen Staat und Privatrechtssubjekten geht es dann, wenn der Staat hoheitliche Aufgaben wahrnimmt – vgl.: BVerfGE 88, 103 [116]. In diesen Fällen sei eine Ermächtigungsgrundlage nicht notwendig, da das Gericht nicht in Grundrechte eingreift – vgl. *Classen*, JZ 2003, 693 [694]. Eine solche uneingeschränkte eigenständige Rechtsfortbildungskompetenz des Richters hat in der Literatur viel Kritik erfahren. Der Richter soll danach auch dann keine Rechtsfortbildungskompetenz haben, wenn er dabei Grundrechte Dritter verletzt, vgl. *Hillgruber*, JZ 1996, 118 [123 f.]; *Pieroth/Abel*, JZ 2003, 504 [509].

917 Kapitel 3, G., I., 1.

918 Schmidt-Bleibtreu/Hofmann/Hopfauf/Hofmann, Art. 20, Rn. 95.

919 Eine richterliche Rechtsfortbildung contra legem ist ein Verstoß gegen die Gesetzesbindung des Richters gemäß Art. 20 Abs. 3 GG und gegen die Gewaltenteilung gemäß Art. 20 Abs. 2 GG und damit grundsätzlich (vgl. Schmidt-Bleibtreu/Hofmann/Hopfauf/*Hopfauf*, Vorb. von Art. 92, Rn. 17) unzulässig, siehe Vgl. BVerfGE 118, 212 [243]; Maunz-Dürig/Grzeszick, Band III, Lfg. 51, Art. 20 VI, Rn. 148; Pieroth/Aubel, JZ 2003, 504 [507 f.]; Schmidt-Bleibtreu/Hofmann/Hopfauf/Hofmann, Art. 20, Rn. 95; Schmidt-Bleibtreu/Hofmann/Hopfauf/Hopfauf, Vorb von Art. 92, Rn. 32.

gerichtsinternen Mediationsverfahren zustimmen konnten. In diesem Fall konnte der Richter im Wege der richterlichen Rechtsfortbildung von den Vorgaben der Zivilprozessordnung abweichen.

Fraglich ist demnach, ob ein Verzicht auf die vorgegebenen Verfahrensvorschriften möglich war. Dafür spricht zumindest ein Erst-Recht-Schluss. Den Parteien obliegen im Zivilprozess die Dispositions- und Verhandlungsmaxime[920] insbesondere dahingehend, dass sie die Verhandlung unterbrechen bzw. die Klage zurücknehmen oder anerkennen können.[921] Die Parteien können auch ganz auf die Rechtsverfolgung verzichten.[922] Deshalb muss ihnen grundsätzlich auch erlaubt sein, auf den von der Zivilprozessordnung vorgegeben Weg der Rechtsverfolgung und damit auch, zumindest vorerst, auf die Streitentscheidung verzichten zu können.

Indem die Parteien einer gerichtsinternen Mediation freiwillig zustimmten, könnten sie insofern auf die Verfahrensregelungen der Zivilprozessordnung verzichtet haben. Die Dispositionsbefugnis ist aber nicht schrankenlos gewährleistet.[923] Der Zivilprozess sichert neben dem Rechtsschutz der Parteien auch den Schutz von Allgemeininteressen,[924] welche deshalb zusammen die Einschränkungen der Dispositionsfreiheit bilden.[925]

Fraglich ist, ob die Parteien bei der gerichtsinternen Mediation in den Gerichtsmodellen schutzbedürftig waren. Das wäre dann der Fall gewesen, wenn der Verzicht dazu geführt hätte, dass die Parteien ihre freiheitlichen Rechte verkürzen.[926] Wie vorstehend dargestellt wurde durch das gerichtsinterne Mediationsverfahren nicht in die Grundrechte der Parteien eingegriffen.[927] Zudem werden durch §§ 104 ff., 1896 ff. BGB diejenigen Parteien in der Abschlussvereinbarung geschützt, die in ihrer Fähigkeit zur rationalen Handlung eingeschränkt sind.[928]

---

920 Vgl. *Arens*, 37 ff.; *Bötticher*, ZZP 1985, 1 [25]; *Wagner*, 89; *Würthwein*, 98 ff.; vgl. auch *Henckel*, 118 ff.

921 Vgl. *Löer*, ZKM 2005, 182 [183].

922 Vgl. zum Prozessvergleich *Wolf*, ZZP 1976, 260 [274]: für die Verzichtsmöglichkeit sprechen der Klageverzicht, die Klagerücknahme und der Rechtsmittelverzicht.

923 Vgl. Kapitel 3, G., I., 1., b., bb., (3).

924 Vgl. Prütting/Gehrlein/*Prütting*, Einl., Rn. 3.

925 Vgl. *Wagner*, 76 ff., 585; *Würthwein*, 106 ff.

926 Vgl. *Wagner*, 91.

927 Vgl. Kapitel 3, G., I., 1., b.

928 *Wagner*, 93; vgl. Kapitel 3, G., I., 1., b., bb., (3), (3.1).

Die Gestaltungsfreiheit der Parteien muss dann zurücktreten, wenn die Gestaltung des Prozesses zu Freiheitseinschränkungen der Allgemeinheit und insbesondere von Dritten[929] führen würde. Insbesondere darf sich der Aufwand des Gerichts nicht verzögern.[930] Eine Verzögerung würde dem öffentlichen Interesse an einer kosteneffizienten Erledigung der Justizaufgaben entgegenstehen, die gegenüber der Privatautonomie der Parteien vorrangig ist.[931] Wie vorstehend bereits konstatiert, lag weder ein Verstoß gegen den effektiven Rechtsschutz vor, noch wurde durch die gerichtsinterne Mediation in andere Grundrechte von Dritten eingegriffen.[932]

Aufgrund des Dispositionsgrundsatzes konnten die Parteien damit auf das Vorgehen nach der Zivilprozessordnung verzichten. Die Verfahrensvorschriften der Zivilprozessordnung waren demnach vom Richter nicht zwingend zu befolgen. Indem der erkennende Richter das Mediationsverfahren anbot, die Parteien an den Richter als Mediator verwies und das Ruhen des Verfahrens anordnete, verstieß er daher nicht gegen die verfassungsrechtliche Bindung an Recht und Gesetz gemäß Art. 97 Abs. 1 GG und Art. 20 Abs. 3 GG. Im Wege der richterlichen Rechtsfortbildung konnten die Richter in den Gerichtsmodellen daher die gerichtsinterne Mediation durchführen.

Das Verweisen des Richters an den Mediator bzw. das Führen der Mediation durch einen Richter als Mediator in der gerichtsinternen Mediation in den Gerichtsmodellen erforderte keine gesetzliche Grundlage.[933] Ein Rückgriff auf eine analoge bzw. restriktive Anwendung von § 278 Abs. 5 ZPO a. F. war damit nicht erforderlich.

---

929 Baumbach/Lauterbach/Albers/*Hartmann*, Grdz § 128, Rn. 19; *Wagner*, 76, 585; *Würthwein*, 108.

930 Fischer/Unberath/*Wagner*, 101.

931 Vgl. *Wagner*, 574.

932 Vgl. Kapitel 3, D., I., 1., a.

933 A. A. Gläßer/Schroeter/*von Bargen*, 38; nach *von Bargen*, 231 ff. erfordert jede Ausübung von Staatsgewalt einer demokratischen Grundlage und daher auch die gerichtsinterne Mediation. Nach *von Bargen*, 234 ist deshalb auch eine auslegungsfähige Norm erforderlich, mit der sich die gerichtsinterne Mediation legitimiert. Mangels Eingriffs in die Rechte der Parteien bzw. in die Rechte von unbeteiligten Personen liegt eine hoheitliche Staatsgewalt jedoch nicht vor. Denkbar wäre es zwar, einen Totalvorbehalt anzunehmen, der bei jeglicher Staatstätigkeit (und damit einschließlich der Staatstätigkeiten, die begünstigend für alle Betroffenen wirken) unter den Vorbehalt des Gesetzes stellt, vgl. Dreier/*Schulze-Fielitz*, Band II, Art. 20, C., Rn. 108. Ein Totalvorbehalt des Gesetzes, nachdem alle wesentlichen Entscheidungen vom Gesetzgeber zu treffen sind, kennt das Grundgesetz jedoch nicht, weshalb sich diese Lehre nicht durchgesetzt hat, vgl. BVerfGE 68, 1 [108]; Dreier/*Schulze-Fielitz*, Band II, Art. 20, C., Rn. 108.

c. *Fazit*

Geht man von einer analogen Anwendung von § 278 Abs. 5 S. 1 ZPO a. F. aus, konnten die Richter in den Gerichtsmodellen die gerichtsinterne Mediation anbieten, ohne gegen Art. 97 Abs. 1 GG und Art. 20 Abs. 3 GG zu verstoßen. Ansonsten ist es auch möglich, dass die Richter in richterlicher Rechtsfortbildung handeln durften, weil die Parteien aufgrund ihrer Dispositionsbefugnis auf das von der Zivilprozessordnung vorgegebenen Verfahren verzichteten. Die verschiedenen Ansätze für eine Einbindung der gerichtsinternen Mediation in das System der Prozessordnung haben auf jeden Fall zu der Entstehung von Unklarheiten und Unsicherheiten geführt, die eine gesetzliche Regelung notwendig gemacht haben.[934]

4. *Ergebnis zur Verfassungsmäßigkeit der gerichtsinternen Mediation*

Die Tätigkeit der Richter in der gerichtsinterne Mediation in den Gerichtsmodellen war nicht verfassungswidrig. Sie hat weder gegen den Vorbehalt des Gesetzes gemäß Art. 20 Abs. 3 GG verstoßen, noch den Grundsatz der Gewaltenteilung gemäß Art. 20 Abs. 2 S. 2 GG verletzt. Ebenso wenig hat diese Praxis gegen die Bindung an Recht und Gesetz gemäß Art. 97 Abs. 1 GG und Art. 20 Abs. 3 GG verstoßen.

II. Güterichterverfahren

Das Güterichterverfahren ist durch eine gesetzliche Regelung in den Zivilprozess integriert. Das Verfahren beginnt ausweislich § 278 Abs. 5 S. 1 ZPO durch die Verweisung der Parteien an einen Güterichter durch das Gericht. Der Güterichter wird im Gesetz als für die Durchführung von Güteversuchen bestimmter und nicht entscheidungsbefugter Richter definiert. Im Rahmen der Güterichterverhandlung kann er zur Lösung des Konflikts alle Methoden der Konfliktbeilegung einschließlich der Mediation als Methode einsetzen.[935] Mangels Entscheidungsbefugnis ist die Aufgabe des Güterichters jedoch auf die gütliche Beilegung des Konflikts beschränkt.[936] Das Güterichterverfahren

934 Vgl. *Deutscher Richterbund*, Eckpunktepapier, 5; *Hess*, ZZP 2011, 137 [154]; *Reichling*, DRiZ 2010, 44 [44].

935 Der Güterichter ist kein Mediator, weshalb keine Mediation im Sinne des Mediationsgesetzes im Güterichterverfahren Anwendung findet, vgl. Kapitel 3, G., II., 6. Der Güterichter kann aber die Mediation als Konfliktlösungsmethode anwenden, vgl. Kapitel 2, A., I. - VI.

936 *Greger/Weber*, MDR 2012, Sonderheft, 3 [6].

ist dahingehend methodenoffen, dass der Richter sich nicht an die Grundsätze der Mediation halten muss, um den Konflikt beizulegen.[937] Möglich sind mithin z. B. Methoden der Schlichtung, in denen die Parteien nicht wie bei der Mediation eigenverantwortlich ihren Konflikt mit Unterstützung des Mediators selbst lösen, sondern in denen der Richter als Schlichter selbst den Sachverhalt und die Rechtslage bewertet und auch einen eigenen Vergleichsvorschlag unterbreitet. Die Regelung aus § 278 Abs. 5 ZPO a. F. wurde mithin erweitert, da hiernach lediglich die Überweisung an einen beauftragten oder ersuchten Richter möglich war. Im Gegensatz zur gerichtsinternen Mediation ordnet der erkennende Richter während des Güterichterverfahrens das Ruhen des Verfahrens nicht von Amts wegen an.[938] Der Rechtsstreit bleibt damit anhängig.[939] Damit das Verfahren nicht weiterläuft, müssen die Parteien gemäß § 251 ZPO das Ruhen des Verfahrens daher selbst beantragen. Durch die gesetzliche Normierung in § 278 Abs. 5 ZPO ist das Güterichterverfahren, wie die gesamte richterliche Vergleichstätigkeit, dem Kernbereich der rechtsprechenden Gewalt zuzuordnen, weil sie Teil der Güteverhandlung gemäß § 278 ZPO ist und der Richter sich damit, zumindest gedanklich, in jedem Prozess mit ihr beschäftigen muss.[940]

Mit dem ‚neu' in die Zivilprozessordnung eingeführten Güterichterverfahren einhergehend stellen sich Fragen zu dem Verfahren selbst und zu seinem Verhältnis zu anderen gesetzlichen Regelungen. Diese Fragen werden nachfolgend vorgestellt und beantwortet.

1. *Überführung der gerichtsinternen Mediation in das Güterichterverfahren*

Fraglich ist, ob das Durchführen einer gerichtsinternen Mediation nach dem Vorbild der Gerichtsmodelle mit der Einführung des Güterichterverfahrens weiterhin zulässig ist. Die gerichtsinterne Mediation wurde durch das Gesetz zur Förderung der Mediation und anderer Verfahren der außergerichtlichen

937 Vgl. *Greger*, ZKM 2013, 9 [13]; *Greger/Weber*, MDR 2012, Sonderheft, 3 [17].

938 Siehe auch *Ahrens*, NJW 2012, 2465 [2470]; Baumbach/Lauterbach/Albers/*Hartmann*, § 278, Rn. 50.

939 *Greger/Weber*, MDR 2012, Sonderheft, 3 [10].

940 So auch Zöller/*Greger*, § 278, Rn. 26; vgl. *BGHZ* 47, 275 [287] oder auch *Dürschke*, NZS 2013, 41 [45]; a. A. *Horstmeier*, Rn. 421 ff. Vgl. zur Zuordnung der Güteverhandlung zur rechtsprechenden Gewalt die Ausführungen in Kapitel 3, G., I., 2., bb., (2). Ein Verstoß gegen den Grundsatz der Gewaltenteilung gemäß Art. 20 Abs. 2 S. 2 GG kommt damit nicht in Betracht. Vgl. im Gegensatz dazu die Problematik bei der gerichtsinternen Mediation in den Gerichtsmodellen Kapitel 3, G., I., 2.

Konfliktbeilegung in ein Güterichterverfahren überführt. Gemäß § 9 Abs. 1 MediationsG konnte die Mediation in Zivilsachen von nicht entscheidungsbefugten Richtern während eines Gerichtsverfahrens, die vor dem 26. Juli 2012 an einem Gericht angeboten wurde, unter Fortführung der verwendeten Bezeichnung (gerichtlicher Mediator) nur bis zum 01. August 2013 durchgeführt werden.[941] Die Änderung einer eindeutigen Entscheidung des Gesetzgebers im Wege einer richterlichen Rechtsfortbildung stellt einen unzulässigen Eingriff in die Kompetenzen des Gesetzgebers dar.[942] Da der Richter nunmehr ausweislich § 9 MediationsG nicht mehr unter der Bezeichnung des gerichtlichen Mediators Mediationen durchführen darf, wäre ein Zuwiderhandeln contra legem und damit unzulässig. Mit dieser Regelung hat sich der Gesetzgeber ausdrücklich gegen die gerichtsinterne Mediation entschieden und dafür Sorge getragen, dass sie sich nicht weiter entwickeln kann und nur noch außergerichtliche Mediationen durchgeführt werden.[943]

2. *Freiwilligkeit des Güterichterverfahrens*

Fraglich ist, ob das Güterichterverfahren für die Parteien freiwillig ist. Gegen die Freiwilligkeit der Aufnahme des Güterichterverfahrens spricht zumindest eine Auslegung nach dem Wortlaut des § 278 Abs. 5 S. 1 ZPO. Nach dem Wortlaut ‚verweisen', insbesondere im Gegensatz zu dem Wort ‚vorschlagen', benötigt das Gericht weder eine Zustimmung der Parteien noch muss es sie hierfür anhören.[944] Vielmehr entscheidet das Gericht, also der gesamte

---

941 Diese Regelung gilt entsprechend für die Mediation in der Verwaltungsgerichtsbarkeit, der Sozialgerichtsbarkeit, der Finanzgerichtsbarkeit und der Arbeitsgerichtsbarkeit, § 9 Abs. 2 MediationsG.

942 Vgl. Richter *Voßkuhle*, Richterin *Osterloh* und Richter *Di Fabio* in ‚Abweichende Meinung', JZ 2009, 680 [681].

943 Vgl. BT-Drucks. 17/8058, Seite 20.

944 Siehe zu der nicht erforderlichen Zustimmung der Parteien *LSG Hessen*, Beschluss vom 30 Mai 2014 – L 6 AS 132/14 und auch *Sächsisches OVG*, Beschluss vom 28. Januar 2014 – 1 A 257/10. Vgl. auch *Bayrisches LSG*, Beschluss vom 27. September 2013 – Az. L 2 P 45/13 B. A. A. *Ortloff*, NVwZ 2012, 1057 [1060]: Danach sollte der Richter die Parteien nur mit deren Zustimmung an den Güterichter verweisen, da ansonsten eine Kollision mit dem Kernprinzip aller alternativen Konfliktbeilegung, der Freiwilligkeit, vorliegen würde. Auch nach *Fritz/Krabbe*, NVwZ 2013, 29 [30]; Saenger/*Saenger*, § 278, Rn. 19 hat das Güterichterverfahren als ungeschriebenes Tatbestandsmerkmal die Zustimmung der Parteien als Voraussetzung. Das Verfahren vor dem Güterichter ist jedoch gerade kein alternatives Konfliktbeilegungsverfahren. Lediglich die Methoden der alternativen Konfliktbeilegung kann der Güterichter

Spruchkörper,[945] gemäß § 128 Abs. 4 ZPO darüber durch Beschluss.[946] Dabei sind die Richter grundsätzlich gemäß Art. 97 Abs. 1 GG, § 25 DRIG, § 1 GVG sachlich und persönlich unabhängig. Das gilt ebenso im Verhältnis zu den Parteien.[947] Der Beginn der Güteverhandlung vor dem Güterichter steht damit nicht zu deren Disposition und beruht nicht auf ihrem freien Willen sondern steht nach dem Wortlaut „kann" gemäß § 278 Abs. 5 S. 1 ZPO allein im Ermessen des Gerichts.[948] Deswegen kann der Güterichter auch im Gegensatz zum Mediator in der gerichtsinternen Mediation gemäß §§ 272, 216 ZPO den Termin zur Güteverhandlung allein bestimmen.[949] Insbesondere kann der Richter für die Güteverhandlung auch das persönliche Erscheinen der Parteien anordnen, § 278 Abs. 3 ZPO, zu deren Durchsetzung auch ausweislich §§ 278 Abs. 3, 141 Abs. 3 S. 1 ZPO Ordnungsgeld verhängt werden kann. Mangels entgegenstehender gesetzlicher Regelung bleibt das Mitwirken der Parteien an dem Güterichterverfahren dagegen freiwillig und kann nicht erzwungen werden.[950] Da der Erfolg des Mediationsverfahrens jedoch von der Mitwirkung der Parteien abhängig ist,[951] ist im Regelfall eine Verweisung vor dem Güterichter gegen den ausdrücklichen Willen einer oder beider Parteien ermessensfehlerhaft.[952] In diesem Fall kommt je nach Sachlage eine dienstaufsichtsrechtliche Maßnahme gegen den Richter gemäß § 26 DRIG in Betracht.

3. *Schutz der Vertraulichkeit*

Es stellt sich die Frage, ob die Vertraulichkeit im Güterichterverfahren geschützt ist. Für einen umfangreichen Schutz der Vertraulichkeit müssten alle an der

---

ausweislich § 278 Abs. 5 S. 2 ZPO anwenden. Gerade deshalb können die Parteien ihren Mediator auch nicht auswählen, was Ausdruck einer eingeschränkten Freiwilligkeit ist.

945 *Ahrens*, NJW 2012, 2465 [2469].

946 Saenger/*Saenger*, § 278, Rn. 19.

947 Vgl. von Mangoldt/Klein/Starck/*Classen*, Art. 97, Rn. 31.

948 Vgl. BT-Drucks. 17/5335, Seite 20; *Greger*, MDR 2014, 993 [995]; Hübschmann/Hepp/Spitaler/*Schwarz*, Lfg. 222, April 2013, § 155, Rn. 48a.

949 Vgl. BT-Drucks. 17/5335, Seite 20.

950 Vgl. *Greger/Weber*, MDR 2012, Sonderheft, 3 [4]; vgl. auch *Dürschke*, NZS 2013, 41 [46].

951 *Sächsisches OVG*, Beschluss vom 28. Januar 2014 – 1 A 257/10.

952 *LSG Hessen*, Beschluss vom 30 Mai 2014 – L 6 AS 132/14. Vgl. auch *Röthemeyer*, ZKM 2012, 116 [117]. Deshalb kommt nach BT.-Drucks. 17/8058 Seite 21 eine Verweisung auch nur mit Einverständnis der Parteien in Betracht.

Mediation beteiligten Personen zur Verschwiegenheit verpflichtet sein. Zusätzlich dürfte es keine Protokollierungspflicht des Gerichts hinsichtlich des Güterichterverfahrens geben und die Öffentlichkeit müsste während des Güterichterverfahrens ausschließbar sein.

Fraglich ist, ob der Güterichter im Güterichterverfahren zur Verschwiegenheit verpflichtet ist. Ein Vertrauensschutz besteht nicht schon über den sehr weit gefassten § 383 Abs. 1 Nr. 6 ZPO.[953] Danach sind Personen, denen kraft ihres Amts Tatsachen anvertraut sind, zur Verweigerung des Zeugnisses vor Gericht lediglich berechtigt. Eine Verpflichtung zur Verschwiegenheit stellt diese Regelung nicht dar.[954] Auch verbleibt dem Richter danach immer noch die Möglichkeit, außerhalb der Gerichtsverhandlung Kollegen über Tatsachen aus der Güteverhandlung zu informieren.

Gemäß § 46 DRiG[955] bzw. nach den entsprechenden Landesrichtergesetzen[956] sind jedoch die Gesetze der Beamten, soweit nichts anderes bestimmt ist, auf den Richter entsprechend anzuwenden. Der Güterichter ist daher als ‚Bundesrichter' gemäß §§ 67, 68 BBG oder als ‚Landesrichter' gemäß § 37 BeamtenStG in Verbindung mit den entsprechenden Landesrichtergesetzen verpflichtet, Verschwiegenheit über die ihm durch seine amtliche Tätigkeit bekannt gewordenen dienstlichen Angelegenheiten zu wahren. Damit darf der Güterichter weder dem erkennenden Gericht noch einem Dritten Informationen über das Güterichterverfahren weitergeben. Die Verschwiegenheitspflicht des Güterichters ist jedoch begrenzt. Als Amtsträger ist der Güterichter nicht nur gegenüber den Parteien verpflichtet. Deshalb hat er trotz der grundsätzlich bestehender Verschwiegenheitspflicht Anzeigepflichten, zum Beispiel nach § 116 AO oder nach § 6 SubvG.[957]

Damit die Vertraulichkeit im Güterichterverfahren geschützt ist, müssen des Weiteren auch die Parteien zur Verschwiegenheit verpflichtet sein. Eine solche Pflicht wird nicht vom Gesetz vorgesehen. Für die Verschwiegenheitspflicht der Parteien müssen diese daher, wie nach der vorstehend vorgestellten Rechtslage in der außergerichtlichen Mediation oder nach der gerichtsinternen Mediation in den Gerichtsmodellen, eine Vertraulichkeitsabrede in der Form eines Prozessvertrags vereinbaren.[958]

---

953 Zum Teil bejahend: *Groth/von Bubnoff*, NJW 2001, 338 [339, 342].

954 *Wagner*, NJW 2001, 1398 [1398]; Zöller/*Greger*, § 383, Rn. 1.

955 *Schmidt-Räntsch*, § 46, Rn. 36 ff. in Verbindung mit Plog/Wiedow/*Lemhöfer*, BBG 328, Februar 2013, § 67, Rn. 1; § 68 Rn. 1.

956 Baumbach/Lauterbach/Albers/*Hartmann*, § 376 ZPO, Vorb., Rz. B; *Wenzel*, 143.

957 Vgl. BT-Drucks. 17/5335, Seite 17.

958 Vgl. *Wagner*, NJW 2001, 1398 [1400]; vgl. zum Vertragsinhalt Kapitel 2, D., II., 2.

Fraglich ist, ob der Güterichter im Güterichterverfahren eine Protokollierungspflicht hat. Eine solche würde der Vertraulichkeit des Verfahrens entgegenstehen, da danach das Verhandelte einsehbar wäre. Zum Schutz der Vertraulichkeit[959] kann gemäß § 159 Abs. 2 S. 2 ZPO ein Protokoll über eine Güteverhandlung oder weitere Güteversuche eines Güterichters nach § 278 Abs. 5 ZPO nur auf übereinstimmenden Antrag der Parteien aufgenommen werden, sodass eine Protokollierungspflicht im Güterichterverfahren nicht besteht.

Zudem ist fraglich, ob die Öffentlichkeit von dem Güterichterverfahren ausgeschlossen ist. Der Ausschluss der Öffentlichkeit von dem Mediationsverfahren ist für das Gelingen der Mediation essentiell, da die Vertraulichkeit andernfalls nicht mehr gewährleistet wäre. Ausweislich § 169 S. 1 GVG ist eine Verhandlung lediglich vor dem erkennenden Gericht öffentlich. Das erkennende Gericht ist der Spruchkörper, welcher die Endentscheidung in dem Rechtsstreit zu treffen hat.[960] Der Güterichter ist mangels Entscheidungsbefugnis im Güterichterverfahren kein erkennender Richter. Damit wird gemäß § 278 Abs. 5 S. 1 ZPO das Güterichterverfahren nicht von dem erkennenden Gericht durchgeführt. Im Ergebnis ist somit die Öffentlichkeit auch im Güterichterverfahren[961] grundsätzlich ausgeschlossen. Diesbezüglich bleibt fraglich, ob die Parteien zusammen mit dem Güterichter einvernehmlich die Anwesenheit von Dritten gestatten können. Da die Anwesenheit von dritten Personen im Mediationsverfahren nicht gesetzlich geregelt worden ist, ist die gemeinsame Disposition der Beteiligten nicht contra legem und damit zulässig. Damit können die Parteien zusammen mit dem Güterichter einvernehmlich die Anwesenheit von Dritten gestatten.[962]

Damit ist die Vertraulichkeit im Güterichterverfahren geschützt. Alle an dem Güterichterverfahren beteiligten Personen sind zur Verschwiegenheit verpflichtet bzw. können verpflichtet werden. Zusätzlich kann der Güterichter ohne Zustimmung der Parteien kein gerichtliches Protokoll aufnehmen. Überdies ist die Öffentlichkeit während des Verfahrens ausgeschlossen. da nicht vor einem erkennenden Gericht verhandelt wird. Im Einvernehmen der Parteien können Dritte anwesend sein.

---

959 BT-Drucks. 17/8058, Seite 20; Wieczorek/Schütze/*Assmann*, Band 4, § 278, Rn. 76.

960 *Kissel/Mayer*, § 169, Rn. 10; *Paulus*, 131.

961 Siehe auch: *Ahrens*, NJW 2012, 2465 [2470]; Baumbach/Lauterbach/Albers/*Hartmann*, § 278, Rn. 46; *Hartmann*, MDR 2012, 941 [942]; Prütting/Gehrlein/*Geisler*, § 278, Rn. 10; *Wenzel*, 143; Zöller/*Greger*, § 278, Rn. 30.

962 So auch *Greger/Weber*, MDR 2012, Sonderheft, 3 [5].

4. *Im Voraus bestimmte Güterichter*

Fraglich ist, wie der Güterichter im Voraus bestimmt sein muss. Der Wortlaut der Regelung ‚hierfür bestimmt' anstatt von ‚zu bestimmenden' gibt zumindest vor, dass der Güterichter vor der Verweisung als solcher festgelegt sein muss.[963] Ob dieser schon für ein bestimmtes Verfahren festgelegt ist, etwa durch einen Geschäftsverteilungsplan gemäß § 21e GVG[964] oder ob Richter generell für alle möglichen Güterichterverfahren bestimmt sein müssen, ist nicht eindeutig aus dem Gesetzestext zu konkludieren. Gegen die konkrete Bestimmung eines Richters für ein bestimmtes Verfahren im Geschäftsverteilungsplan spricht zumindest dessen Sinn und Zweck. Der Geschäftsverteilungsplan soll das Gebot des gesetzlichen Richters gemäß Art. 101 Abs. 2 S. 2 GG umsetzen, damit zur Entscheidung berufene Richter eindeutig vorab feststehen, sodass sachfremde Einflüsse ausgeschlossen sind.[965] Mangels Entscheidungsbefugnis ist der Güterichter jedoch kein gesetzlicher Richter im Sinne von Art. 101 Abs. 2 S. 2 GG.[966] Der Güterichter wirkt am Urteil nicht mit und kann dieses damit auch nicht beeinflussen, sodass sachfremde Einflüsse auf die Entscheidungsfindung ausgeschlossen sind.

Zusätzlich spricht gegen eine konkrete Bestimmung, dass es ohne prozessuale Konsequenzen bliebe, wenn keine Regelung des Güterichters für ein bestimmtes Verfahren im Geschäftsverteilungsplan getroffen werden würde. Einen Fehler im Geschäftsverteilungsplan kann die betroffene Partei mit den Rechtsmitteln der Berufung, der Revision und subsidiär mit der Verfassungsbeschwerde rügen.[967] Ein Berufungsgrund bzw. Revisionsgrund liegt nur dann vor, wenn die Entscheidung des Gerichts auf einer Verletzung des Rechts beruht, §§ 513 Abs. 1, 545 Abs. 1 ZPO. Dafür müsste zwischen dem Verfahrensmangel und der späteren Entscheidung des Gerichts ein Zusammenhang bestehen.[968] Für einen solchen

---

963 Anders *Dürschke*, NZS 2013, 41 [46]: Danach soll diese Wortwahl darauf hindeuten, dass der Güterichter im Vorfeld einem bestimmten Güterichterverfahren zugeordnet ist.

964 So *Zimmermann*, § 16 GVG, Rn. 1; vgl. auch Baumbach/Lauterbach/Albers/*Hartmann*, § 278, Rn. 39; *Fritz/Krabbe*, NVwZ 2013, 29 [30]; *Ortloff*, NVwZ 2012, 1057 [1059].

965 Vgl. BVerfGE 17, 294 [298 f.]; vgl. auch Hannich/*Diemer*, § 21e GVG; Rn. 11.

966 Vgl. dazu ausführlich die entsprechenden Ausführungen zum Güterichter Kapitel 3, G., I., 1., b., bb.; so auch *Dürschke*, NZS 2013, 41 [46]; *Röthemeyer*, ZKM 2012, 116 [117]; *Wenzel*, 142. A. A. MüKo-ZPO/*Prütting*, Band 1, § 278, Rn. 27; Prütting/Gehrlein/*Geisler*, § 278, Rn. 7.

967 Vgl. auch *Kissel/Mayer*, § 16, Rn. 50.

968 Vgl. BVerfGE 4, 412 [417 f.].

Zusammenhang müsste die Möglichkeit einer Beeinflussung der Entscheidung durch den Verfahrensverstoß vorliegen.[969] Der Verfahrensmangel wäre in diesem Fall die Nichtregelung des Güterichters im Geschäftsverteilungsplan gewesen. Die Entscheidung kann jedoch nicht auf diesem Verfahrensmangel beruhen, da der nicht gesetzliche Richter als Güterichter nicht entscheidungsbefugt und, wie vorstehend dargestellt, zur Verschwiegenheit verpflichtet ist,[970] sodass grundsätzlich der erkennende Richter nicht von ihm beeinflusst werden konnte.[971]

Eine konkrete Regelung des Güterichters für ein bestimmtes Verfahren im Geschäftsverteilungsplan ist damit nicht erforderlich.[972] Ausreichend ist damit, dass generell Richter, die Güterichterverfahren anbieten, feststehen.[973] Obwohl die Verweisung an einen Güterichter nach dem Wortlaut im Ermessen des erkennenden Gerichts steht, spricht daher nichts dagegen, dass die Parteien im

---

969 Vgl. BVerfGE 4, 412 [417].

970 Kapitel 3, G., II., 3.

971 Vgl. Kapitel 3, G., I., 1., b., bb. Das gleiche gilt auch für eine Verfassungsbeschwerde nach Art. 93 Abs. 1 Nr. 4a GG in Verbindung mit §§ 13 Nr. 8a, 90 ff. BVerfGG. Das Bundesverfassungsgericht ist für eine Entscheidung eines Gerichts nur zuständig, wenn das Gericht bei seiner Entscheidung spezifisches Verfassungsrecht verletzt hat, BVerfGE 18, 85 [92]; *Hillgruber/Goos*, Rn. 143; *Pieroth/Aubel*, JZ 2003, 504 [504 f.]. Die Verfassungsbeschwerde richtet sich grundsätzlich gegen das letztinstanzliche Urteil, *Schlaich/Korioth*, Rn. 246. Das Revisionsgericht hätte jedoch in seiner Entscheidung, wie vorstehend dargestellt, nicht gegen Verfahrensregelungen und damit schon gar nicht gegen spezifisches Verfassungsrecht verstoßen. Möglich ist aber auch eine Verfassungsbeschwerde nicht nur gegen letztinstanzliche sondern auch gegen die dem Urteil vorausgegangene Entscheidungen, also auch gegen die Entscheidung, die dem Güterichterverfahren vorausgegangen ist, vgl. *Schlaich/Korioth*, Rn. 222; *Stelkens*, DVBl 2004, 403 [404 ff.]. Ein vom Bundesverfassungsgericht zu kontrollierender Grundrechtsverstoß ist insbesondere aber nur dann gegeben, wenn das Gericht die verfassungsmäßigen Rechte eines Beteiligten durch verfahrensrechtliche Maßnahmen verletzt oder willkürlich entscheidet und die Entscheidung des Gerichts auf dieser Handlung beruht, BVerfGE 11, 343 [349]; vgl. auch BVerfGE 64, 1 [21]. Wie vorstehend aufgezeigt, wird eine Entscheidung des Gerichts nicht auf einem ungesetzlichen Richter beruhen. Ein Verstoß gegen § 21e Abs. 1 S. 1 GVG würde daher die auf diesem Fehler beruhende gerichtliche Entscheidung nicht nichtig oder wirkungslos machen können, vgl. BGHZ 37, 125 [130 f.]; *Kissel/Mayer*, § 16, Rn. 50a.

972 So auch Baumbach/Lauterbach/Albers/*Hartmann*, § 278, Rn. 39; *Greger/Weber*, MDR 2012, Sonderheft, 3 [7]; *Röthemeyer*, ZKM 2012, 116 [117]. A. A. BT-Drucks. 17/5335, Seite 20; BT-Drucks. 17/8058, Seite 21; *Dürschke*, NZS 2013, 41 [46]; Prütting/Gehrlein/*Geisler*, § 278, Rn. 7.

973 Vgl. auch *Röthemeyer*, ZKM 2012, 116 [117]; *Wenzel*, 141.

Einvernehmen einen von dem Gericht für Güterichterverfahren bestimmten Güterichter vorschlagen können.[974]

Fraglich ist, ob der Güterichter befugt ist, der Verweisung zu widersprechen bzw. das Güterichterverfahren abzubrechen. Da die Durchführung des Güterichterverfahrens im Ermessen des Güterichters steht, kann er zu jedem Zeitpunkt das Güterichterverfahren beenden, sodass das Verfahren an den erkennenden Richter zurückgegeben wird.[975] Sollte eine Änderung im Geschäftsverteilungsplan, ein Rechtsmittel oder ein Vertretungsfall die Zuständigkeit des ehemaligen Güterichters in der Hauptsache begründen, kommt im Einzelfall ein Ablehnungsantrag nach § 42 ZPO oder eine Selbstanzeige gemäß § 48 ZPO in Betracht.[976]

5. *Güterichter als ersuchter oder erkennender Richter*

Fraglich ist, ob das Gericht die Parteien auch an einen ersuchten oder beauftragten Richter im Sinne der §§ 361, 362 ZPO verweisen kann. Ein beauftragter Richter ist gemäß § 361 ZPO ein Mitglied des Prozessgerichts, also des erkennenden Spruchkörpers.[977] Der beauftragte Richter könnte ein nichtentscheidungsbefugter Güterichter im Sinne von § 278 Abs. 5 S. 1 ZPO sein, weil er als einzelnes Mitglied eines zuständigen Spruchkörpers eben nicht alleine entscheidungsbefugt ist.[978] Bei dieser Auslegung wird aber übersehen, dass auch das einzelne Mitglied eines Spruchkörpers innerhalb der Beratung des Gerichts Einfluss ausüben bzw. am Ende für die Entscheidung des Gerichts ausschlaggebend sein

---

974 So auch jetzt wieder *Dürschke*, NZS 2013, 41 [47].

975 *Dürschke*, NZS 2013, 41 [47].

976 Vgl. *Greger/Weber*, MDR 2012, Sonderheft, 3 [29]. Bei dem Güterichter ist § 41 Nr. 8 ZPO nicht direkt anwendbar – *Greger/Weber*, MDR 2012, Sonderheft, 3 [29], da in diesem Fall keine Mediation im Sinne des Gesetzes vorliegt. Die in der Güteverhandlung erlangten Informationen können aber die Besorgnis der Befangenheit des Güterichters begründen. In diesen Fällen können die Parteien dann selbst entscheiden, ob sie mit dem früheren Güterichter als erkennenden Richter einverstanden sind – *Greger/Weber*, MDR 2012, Sonderheft, 3 [29]. Nach Zöller/*Vollkommer*, 2013, § 41, Rn. 14b ist § 41 Nr. 8 ZPO trotz entgegenstehenden Wortlauts auf den Güterichter anwendbar, da ein Ausschluss die Kehrseite der fehlenden Entscheidungsbefugnis des Güterichters gemäß § 278 Abs. 5 S. 1 ZPO ist.

977 Zöller/*Greger*, § 361, Rn. 1.

978 So *Heilmann*, Anlage 2 zu Punkt 2 des Protokolls zur 898. Sitzung des Bundesrats am 29. Juni 2012, Seite 315, abrufbar unter www.bundesrat.de/SharedDocs/downloads/DE/plenarprotokolle/2012/Plenarprotokoll-898.pdf?_blob=publicationFile&v=3.

kann. Der beauftragte Richter kann infolgedessen wegen seiner Eigenschaft als erkennender Spruchkörper und damit aufgrund seiner, wenn auch nicht immer ausschlaggebenden, Entscheidungsbefugnis im späteren Rechtsstreit kein Güterichter sein, da dieser eben nicht – wie in § 278 Abs. 5 ZPO vorgesehen – entscheidungsbefugt ist.[979]

Fraglich ist jedoch, ob der Güterichter ein ersuchter Richter sein könnte. Ein ersuchter Richter ist ein Richter, welcher von einem anderen Gericht aufgrund eines Rechtshilfeersuchens für das Prozessgericht tätig wird.[980] Ausweislich § 156 GVG müssen die Gerichte sich gegenseitig Rechtshilfe leisten. Als Rechtshilfeersuchen kommen insbesondere richterliche Handlungen in Betracht.[981] Das Einsetzen von Konfliktlösungsmethoden durch den Güterichter ist eine richterliche Handlung. Eine Rechtshilfe des ersuchten Gerichts würde daher dann vorliegen, wenn das sachlich zuständige erkennende Gericht die richterliche Handlung auch selbst vornehmen könnte, die Zweckmäßigkeit aber für die Vornahme eines anderen Gerichts spricht.[982] Sollte das erkennende Gericht das Güterichterverfahren aus Zweckmäßigkeitserwägungen an einen Güterichter eines anderen Gerichts verweisen, darf das andere Gericht das Ersuchen gemäß § 158 GVG nur dann ablehnen, wenn die vorzunehmende Handlung nach dem Recht des ersuchten Gerichts verboten ist.

Fraglich ist also, ob das Verweisen der Güterichterverhandlung an ein anderes Gericht abgelehnt werden kann, weil die Tätigkeit des Güterichters im Sinne von § 158 GVG verboten ist. § 158 GVG ist als Ausnahmevorschrift eng auszulegen.[983] Eine Handlung ist immer dann unzulässig und verboten, wenn ihre Vornahme gegen ein Bundes- oder Landesgesetz verstößt.[984] In Betracht kommt ein Verstoß gegen § 278 Abs. 5 S. 1 ZPO. Da der Grundsatz des gesetzlichen Richters gemäß Art. 101 Abs. 1 S. 2 GG mangels Entscheidungsbefugnis des Güterichters keine Anwendung findet,[985] ist ein Verstoß schon einmal dahingehend ausgeschlossen, dass der ersuchte Güterichter nicht ausdrücklich für ein bestimmtes Verfahren im Geschäftsverteilungsplan eingeteilt ist. In Betracht kommt aber,

---

979 Vgl. auch Wieczorek/Schütze/*Assmann*, Band 4, § 278, Rn. 70.

980 Zöller/*Greger*, § 362, Rn. 1.

981 Baumbach/Lauterbach/Albers/*Hartmann*, § Übers. § 157 GVG, Rn. 3

982 Baumbach/Lauterbach/Albers/*Hartmann*, § Übers. § 157 GVG, Rn. 3; *BGH*, NJW 1990, 2936 [2936].

983 *BGH*, NJW 1990, 2936 [2936].

984 *BAG*, NJW 1991, 1252 [1252]; Baumbach/Lauterbach/Albers/*Hartmann*, § Übers. § 157 GVG, Rn. 5.

985 Vgl. Kapitel 3, G., II., 3.

dass das Verweisen der Parteien an einen Güterichter eines anderen Gerichts gerade nicht vom Gesetzgeber gewollt war und damit ein Verstoß gegen die Bindung des Richters an Recht und Gesetz vorliegt. Der Gesetzesentwurf der Bundesregierung sah gemäß § 278 Abs. 5 RegZPO noch vor, dass der Güterichter ein beauftragter oder ersuchter Richter ist.[986] Diese Formulierung wurde in dem erlassenen § 278 Abs. 5 S. 1 ZPO nicht übernommen. Dies könnte auf den Willen des Gesetzgebers zurückzuführen sein, dass der Güterichter gerade kein beauftragter oder ersuchter Richter, sondern ein nichtentscheidungsbefugter Richter des gleichen Gerichts sein soll.[987] In diesem Fall läge mit der Verweisung der Güterichterverhandlung an ein ersuchtes Gericht ein Verstoß gegen Bundesrecht vor, weshalb die Verweisung gemäß § 158 GVG abgelehnt werden kann.

Gegen diese Ansicht spricht jedoch, dass der Wortlaut von § 278 Abs. 5 S. 1 ZPO zwar nicht mehr die Verhandlung auf den beauftragten bzw. ersuchten Richter beschränkt, mithin aber hinsichtlich des Gerichts des Güterichters überhaupt keine Einschränkungen mehr vorgibt. Das spricht dafür, dass ersuchte Richter nicht aus dem Kreis der geeigneten Güterichter hinausfallen, sondern im Gegenteil nach dem Willen des Gesetzgebers die Auswahl des Güterichters nicht auf beauftragte oder ersuchte Richter beschränkt sein sollte.[988] Damit kommen als Güterichter alle nichtentscheidungsbefugten Richter in Betracht, auch wenn sie einem anderen Gericht oder in einer anderen Gerichtsbarkeit tätig sind.[989] Eine Verweisung des Güterichterverfahrens an einen ersuchten Richter eines anderen Gerichts ist damit möglich.

6. *Anwendung des Mediationsgesetzes*

Fraglich ist, ob auf das Güterichterverfahren das Mediationsgesetz Anwendung findet. Dafür könnte sprechen, dass der Güterichter die Mediation als Methode anwenden darf, was zur Eröffnung des Anwendungsbereichs des Mediationsgesetzes führen könnte. Gegen eine Anwendung des Mediationsgesetzes spricht jedoch dreierlei.

---

986 Vgl. BT-Drucks. 17/5335, Seite 7.

987 *Ahrens*, NJW 2012, 2465 [2469]; vgl. auch Baumbach/Lauterbach/Albers/*Hartmann*, § 278, Rn. 39; *Hartmann*, MDR 2012, 941 [941]; Musielak/Voit/*Foerste*, § 278, Rn. 14; Saenger/*Saenger*, § 278, Rn. 19. A. A. Prütting/Gehrlein/*Geisler*, § 278, Rn. 7. Ausdrücklich war das aber nicht der Wille des Rechtsausschusses, siehe BT-Drucks. 17/8058, Seite 21.

988 Wieczorek/Schütze/*Assmann*, Band 4, § 278, Rn. 70.

989 Vgl. auch die Begründung des Rechtsausschusses BT-Drucks. 17/8059, Seite 21; Wieczorek/Schütze/*Assmann*, Band 4, § 278, Rn. 70. Siehe auch *Wenzel*, 144.

Zunächst spricht der Wortlaut des Gesetzes gegen die Anwendung des Mediationsgesetzes.[990] Nach dem Wortlaut von § 1 Abs. 1 MediationsG ist Voraussetzung für die Anwendung des Gesetzes, dass ein Mediator das Mediationsverfahren führt. Der Güterichter ist im Gegensatz zum gerichtsinternen Mediator kein Mediator.[991] Weder wird der Güterichter in der Zivilprozessordnung als Mediator definiert oder genannt, noch ist es ihm ausweislich § 9 Abs. 1 MediationsG erlaubt, sich als ‚gerichtlicher Mediator' zu bezeichnen. Zusätzlich spricht der Wortlaut von § 41 Nr. 8 ZPO dafür, dass das Mediationsverfahren und damit die Anwendbarkeit des Mediationsgesetzes ausschließlich der außergerichtlichen Streitbeilegung zuzuordnen ist. Diese Regelung bezieht sich auf Verhandlungen, in denen der Richter an einer Mediation bzw. „einem anderen Verfahren der außergerichtlichen Konfliktbeilegung" mitwirkte und grenzt damit das Mediationsverfahren von innergerichtlicher Streitbelegung ab.

Des Weiteren spricht gegen die Anwendung des Mediationsgesetzes im Güterichterverfahren, dass die Mediation gemäß § 1 Abs. 1 MediationsG freiwillig erfolgen muss. Nach dem Grundsatz der Freiwilligkeit müssen die Mediationsparteien selbst entscheiden können, ob sie ein Mediationsverfahren durchführen wollen.[992] Im Gegensatz dazu ordnet jedoch der erkennende Richter im Zivilprozess, wie aufgezeigt, das Güterichterverfahren an.[993] Die Parteien können eine Mediation in der Güterichterverhandlung nicht aus eigenem Willen und damit freiwillig beginnen, selbst wenn sie es wollten. Ist die Teilnahme am Güterichterverfahren nicht freiwillig, sind die Tatbestandsmerkmale des § 1 Abs. 2 MediationsG nicht erfüllt, weshalb eine Anwendung des Mediationsgesetzes nicht in Betracht kommt.

Zusätzlich spricht gegen die Anwendung des Mediationsgesetzes im Güterichterverfahren, dass der Güterichter gemäß § 278 Abs. 5 S. 2 ZPO eben nicht nur die Mediation als Methode verwenden kann, sondern daneben auch andere Konfliktbeilegungsmethoden, wie z. B. die Methode der Schlichtung.[994] Das Mediationsgesetz findet jedoch nur auf die Streitbeilegung nach den Grundsätzen

---

990 So auch *Fritz/Schroeder*, NJW 2014, 1910 [1911]; *Heilmann*, Anlage 2 zu Punkt 2 des Protokolls zur 898. Sitzung des Bundesrats am 29. Juni 2012, Seite 315 [316], abrufbar unter www.bundesrat.de/SharedDocs/downloads/DE/plenarprotokolle/2012/Plenarprotokoll-898.pdf?_blob=publicationFile&v=3; Wieczorek/Schütze/*Assmann*, Band 4, § 278, Rn. 74.

991 Baumbach/Lauterbach/Albers/*Hartmann,* § 278a, Rn. 6; a. A. *Horstmeier*, Rn. 429 ff.

992 Vgl. Kapitel 2, A., IV.

993 Siehe Kapitel 3, G., II., 2.

994 Vgl. Kapitel 3, G., II.

der Mediation Anwendung.[995] Es würde daher die Rechtssicherheit gefährden, wenn je nach Technik das Mediationsgesetz Anwendung findet oder eben nicht, insbesondere, weil der Güterichter auch zwischen Konfliktbeilegungsmethoden wechseln kann.

Richtigerweise muss man damit davon ausgehen, dass das Mediationsgesetz auf das Güterichterverfahren keine Anwendung findet, auch wenn der Güterichter die Mediation als Methode verwendet.[996] Es ist lediglich anwendbar, wenn Mediatoren ihre Tätigkeit außerhalb des Gerichts auf vertraglicher Grundlage erbringen.[997] Das Mediationsgesetz modifiziert den jeweiligen zivilrechtlichen Mediationsvertrag und regelt daher insbesondere die Aufgaben und Pflichten eines freiberuflichen Mediators.[998] Dadurch, dass das Mediationsgesetz keine Anwendung findet, werden das Güterichterverfahren und die außergerichtliche Mediation nicht gleichgesetzt, sondern es wird mit § 278 Abs. 5 ZPO eine zusätzliche richterliche Funktion definiert.[999] Hinsichtlich der Aufgaben und Befugnisse besteht ein Unterschied. Insbesondere den berufsrechtlichen Standard eines Mediators muss der Güterichter nicht erfüllen.[1000]

7. *Führen von Einzelgesprächen*

Fraglich ist, ob der Güterichter mit den Parteien getrennte Einzelgespräche führen kann. Der Anspruch auf rechtliches Gehör gemäß Art. 103 Abs. 1 GG könnte dem entgegenstehen. Der Anspruch auf rechtliches Gehör bedeutet, dass zur Einflussnahme auf das gerichtliche Verfahren den Parteien die Gelegenheit

---

995 Vgl. Kapitel 2, A.

996 So auch *Ahrens*, NJW 2012, 2465 [2469 f.]; *Greger/Weber*, MDR 2012, Sonderheft, 3 [5]; MüKo-ZPO/*Prütting*, Band 1, § 278, Rn. 27; Zöller/*Greger*, § 278, Rn. 26; a. A. *Horstmeier*, Rn. 429 ff.; keine unmittelbare Anwendbarkeit, sondern nur eine entsprechende Anwendung des Mediationsgesetzes nach *Kopp/Schenke*, § 1, Rn. 34a; § 173, Rn. 4e; *Ortloff*, NVwZ 2012, 1057 [1059], da der Güterichter ausweislich § 9 MediationsG kein Mediator ist. Nach *Fritz/Schroeder*, NJW 2014, 1910 [1911] sollte dem Richter insbesondere durch die Nichtanwendbarkeit des Mediationsgesetzes die Fortbildungspflichten des Mediators gemäß §§ 5, 6 MediationsG erspart werden. Wie vorstehend erläutert, sind die Grundausbildungsregelungen des Mediators nicht zwingend, weshalb Motivation nicht allein die Ausbildungsregelungen des Mediationsgesetzes sein kann, vgl. Kapitel 2, C., IV., 1.

997 *Greger/Weber*, MDR 2012, Sonderheft, 3 [5]; Zöller/*Greger*, § 278, Rn. 26.

998 Vgl. Kapitel 2, B., II.

999 *Greger/Weber*, MDR 2012, Sonderheft, 3 [4].

1000 So auch *Greger/Weber*, MDR 2012, Sonderheft, 3 [8].

gegeben werden muss, sich zum Verfahrensgegenstand zu äußern.[1001] Eine Partei kann sich jedoch nur dann zu dem Verfahrensinhalt äußern, wenn sie während des Gesprächs anwesend ist und Stellung beziehen darf. Voraussetzung für das Führen von Einzelgesprächen ist daher, dass die Parteien insofern keinen Anspruch auf rechtliches Gehör haben. Grundsätzlich hat vor Gericht gemäß Art. 103 Abs. 1 GG jedermann einen Anspruch auf rechtliches Gehör. Nach dem Bundesverfassungsgericht gewährt allein schon die Einschaltung eines Richters in der Regel die Anwendung des grundrechtsgleichen Rechts,[1002] aber nur wenn eine Partei von einer verbindlichen gerichtlichen Entscheidung unmittelbar beeinträchtigt wird.[1003] Sobald keine richterliche Beeinträchtigung für die Parteien droht, besteht für das rechtliche Gehör kein prozessrechtliches Bedürfnis bzw. kein verfahrensrechtliches Erfordernis.[1004] Die Möglichkeit einer richterlichen Beeinträchtigung liegt bei dem Güterichterverfahren nicht vor. Der Güterichter kann im Güterichterverfahren mangels Entscheidungsbefugnis gemäß § 278 Abs. 5 S. 1 ZPO keine Entscheidung fällen.[1005] Damit können die Parteien auch nicht in ihrem Recht auf rechtliches Gehör durch Einzelgespräche mit der jeweils anderen Partei beeinträchtigt werden. Die Parteien haben somit im Güterichterverfahren keinen Anspruch auf rechtliches Gehör,[1006] sodass Einzelgespräche durchgeführt werden können.[1007] Da die Durchführung des Güterichterverfahrens im Ermessen des Güterichters liegt und er somit völlige Freiheit bei der Verhandlungsgestaltung hat, kommt es nicht auf die Einverständniserklärung der Parteien an.[1008]

8. *Begrenzung des Verfahrens vor dem Güterichter durch § 308 ZPO*

In dem Verfahren vor dem Güterichter kann es vorkommen, dass nicht streitgegenständliche Positionen Verfahrensgegenstand sind, weil etwa über Aspekte verhandelt wird, die weitergehender sind als der ursprüngliche Antrag des

---

1001 BVerfGE 89, 28 [35]; 101, 106 [129]; Stern/Becker/*Brüning*, Art. 103, Rn. 15.

1002 BVerfGE 9, 89 [97]; von Mangoldt/Klein/Starck/*Nolte*, Art. 103, Rn. 27.

1003 BVerfGE 7, 95 [98 f.]; 21, 132 [137]; 60, 7 [13]; 62, 320 [322]; von Mangoldt/Klein/Starck/*Nolte*, Art. 103, Rn. 27; Stern/Becker/*Brüning*, Art. 103, Rn. 14.

1004 Vgl. Stern/Becker/*Brüning*, Art. 103, Rn. 14.

1005 Kapitel 3, G., II.

1006 A. A. Vgl. Ahrens/Lipp/Varga/*Ahrens*, 29; Haft/Schlieffen/*Bamberger*, § 42, Rn. 48; *Volkmann*, 117 f.

1007 So auch: Greger/Unberath/*Greger*, Teil 4, Rn. 98; *Greger/Weber*, MDR 2012, Sonderheft, 3 [5]; a. A. *Horstmeier*, Rn. 436; *Trappe*, SchiedsVZ 2012, 79 [82].

1008 A. A. Greger/Unberath/*Greger*, Teil 4, Rn. 98.

Klägers. Im Hinblick auf § 308 ZPO, demzufolge das Gericht nicht befugt ist, einer Partei etwas zuzusprechen, was nicht von ihr beantragt wurde, ist fraglich, ob im Güterichterverfahren über den Streitgegenstand hinausgegangen werden kann.[1009] Vereinzelt wird § 308 ZPO entsprechend auf das Güterichterverfahren angewendet. Begründet wird diese Annahme damit, dass § 308 ZPO erst recht für den ‚bloßen' Güterichter gelten sollte, wenn schon der erkennende Richter sich daran halten muss.[1010] Gegen eine solche Annahme spricht jedoch schon der Wortlaut von § 308 Abs. 1 ZPO. Danach darf der Richter der Partei nicht etwas ‚zusprechen', was er nicht beantragt hat. ‚Zusprechen' kann der Richter einer Partei jedoch nur etwas, wenn er über den Streitgegenstand entscheidet.[1011] Der Güterichter ist aber gerade nicht entscheidungsbefugt. Er spricht einer Partei in dem Güterichterverfahren nichts zu. Die Parteien entscheiden selbst einvernehmlich über ihren Konflikt in der Abschlussverfügung, sofern es zu einer kommt. Gegen die Anwendung von § 308 ZPO spricht ebenfalls, dass es nach der Rechtsprechung des Bundesgerichtshofs auch für Richter möglich ist, einen über den Streitgegenstand hinausgehenden Vergleich zu protokollieren.[1012] Da die Parteien ausweislich § 278 Abs. 6 ZPO insbesondere eine Abschlussverfügung in Form eines gerichtlichen Vergleichs vereinbaren können, kann für die Güterichterverhandlung insgesamt nichts anderes gelten.

9. *Prozesshandlungen vor dem Güterichter*

Aus dem Gesetzestext geht es nicht hervor, ob Prozesshandlungen im Verfahren vor dem Güterichter vorgenommen werden können. Prozesshandlungen sind Handlungen der Parteien oder des Gerichts, welche auf eine Wirkung auf prozessualem Gebiet abzielen, also den Prozessablauf gestalten.[1013] Diese inkludieren zum Beispiel Klagerücknahme- oder Erledigungserklärungen. Wie Prozesshandlungen vorgenommen werden müssen, um wirksam zu sein, wird

1009 Vgl. *Hartmann*, MDR 2012, 941 [942]; Baumbach/Lauterbach/Albers/*Hartmann*, § 278, Rn. 45.

1010 Baumbach/Lauterbach/Albers/*Hartmann*, § 278, Rn. 45.

1011 So auch *Thole*, ZZP 2014, 339 [352].

1012 BGHZ 14, 381 [387]; *BGH*, MDR 2011, 1128 [1128 f.]; vgl. auch *Bergschneider*, FamRZ 2013, 260 [262]; *Müller-Teckhof*, MDR 2014, 249 [250]; *Rakete-Dombek*, NJW 2012, 1689 [1689].

1013 Umstritten, vgl. aber Musielak/Voit/*Musielak*, Einl. Rn. 59; Stein/Jonas/*Leipold*, vor § 128, Rn. 213; Zöller/*Greger*, Vor § 128, Rn. 14.

durch die Regelungen der ZPO bestimmt.[1014] Fraglich ist, ob Prozesshandlungen auch im Verfahren vor dem Güterichter vorgenommen werden können.

Die Wirksamkeit von Prozesshandlungen hängt insbesondere von deren vorgeschriebener Form ab.[1015] Im deutschen Zivilprozessverfahren muss die Prozesshandlung für ihre Wirksamkeit in der mündlichen Verhandlung vorgenommen werden, sofern der Grundsatz der Mündlichkeit gemäß § 128 Abs. 1 ZPO obligatorisch ist.[1016] Dieser Grundsatz besagt, dass das erkennende Gericht ohne mündliche Verhandlung – das gilt für Anträge, Behauptungen und Erklärungen der Parteien – [1017] welche die Entscheidungsgrundlage bildet, keine Entscheidung durch ein Urteil treffen darf.[1018] Zahlreiche prozessuale Regelungen für Prozesshandlungen sehen vor, dass diese in der mündlichen Verhandlung vor dem erkennenden Gericht erhoben werden müssen.[1019] Das gilt zum Beispiel für den Verzicht gemäß § 306 ZPO, wonach der Kläger ‚bei der mündlichen Verhandlung' auf den geltend gemachten Anspruch verzichten muss. Damit hängt die Wirksamkeit der Verzichtserklärung gemäß §§ 128, 306 ZPO u. a. an ihrer Form, also an der Erklärung in der mündlichen Verhandlung vor dem erkennenden Richter.[1020] Eine Erklärung durch Schriftsatz führt nicht zur Wirksamkeit des Verzichts.[1021] Sie ist mit dem Wortlaut des § 306 ZPO nicht vereinbar. Genauso wenig wird eine Erklärung vor dem Güterichter zu einem wirksamen Verzicht führen. Das Verfahren vor dem Güterichter ist keine mündliche Verhandlung vor dem erkennenden Richter, sondern geht als Güteverhandlung dieser ausweislich § 278 Abs. 2 S. 1 ZPO voraus. Damit reicht die Verzichtserklärung vor dem Güterichter nicht für die Wirksamkeit aus, sie müsste noch einmal in der mündlichen Verhandlung wiederholt werden.[1022] Von diesem Grundsatz der Mündlichkeit gibt es jedoch auch Ausnahmen. So erfolgt ausweislich § 269 Abs. 2 S. 2 ZPO die Klagerücknahme entweder schriftlich oder in der mündlichen Verhandlung. Die Erledigungserklärung kann neben der mündlichen Verhandlung auch durch die Einreichung eines Schriftsatzes beim Gericht oder

1014 Musielak/Voit/*Musielak*, Einl. Rn. 62.
1015 Vgl. Stein/Jonas/*Leipold*, vor § 128, Rn. 240.
1016 Stein/Jonas/*Leipold*, vor § 128, Rn. 213.
1017 Stein/Jonas/*Leipold*, § 128, Rn. 23.
1018 Thomas/Putzo/*Reichold*, § 128, Rn. 6; vgl. *BAG*, NJW 1996, 2749 [2749 f,]; *BGH*, NJW 1997, 397 [398 f.].
1019 *Braun*, 119.
1020 BGHZ 49, 213 [213 ff.].
1021 BGHZ 49, 213 [215]; Prütting/Gehrlein/*Thole*, § 306, Rn. 5.
1022 A. A. *Thole*, ZZP 2014, 339 [351 f.].

zu Protokoll der Geschäftsstelle erfolgen, § 91a Abs. 1, S. 1 ZPO. Diese Arten von Erklärungen sind in den §§ 128 ff. ZPO geregelt.[1023] Die Erklärung vor dem Güterichter sieht die Zivilprozessordnung jedoch nicht vor.

Fraglich ist insofern, ob die Zivilprozessordnung neben diesen Erklärungsmöglichkeiten auch andere Formen zulässt und insbesondere, da für die Entscheidung der Rechtsstreit an das erkennende Gericht zurückverwiesen werden muss, ob der Güterichter die Prozesshandlungserklärung der Parteien entgegennehmen kann.[1024] Diese Frage stellt sich insbesondere beim Anerkenntnis. Das Anerkenntnis kann ausdrücklich auch ohne mündliche Verhandlung erfolgen, § 307 S. 2 ZPO. Eine bestimmte Form der Erklärung wird im Gesetz nicht geregelt. Aus diesem Grund könnte das Anerkenntnis auch im Verfahren vor dem Güterichter zulässig sein. Nach herrschender Ansicht muss die Anerkenntniserklärung aber gegenüber dem Prozessgericht erfolgen, sodass der Güterichter die Erklärung nicht entgegennehmen kann.[1025] Als Ausprägung des Grundsatzes der Mündlichkeit und der Unmittelbarkeit der Verhandlung verlangt die Zivilprozessordnung, dass Urteile und Beschlüsse nur von denjenigen Richtern gefällt werden können, welche der dem Urteil bzw. Beschluss zugrunde liegenden Verhandlung beigewohnt haben, §§ 309, 329 Abs. 1, S. 2 ZPO. Die Anerkenntniserklärung wird abgegeben, um Urteilsgrundlage von einem Anerkenntnisurteil gemäß § 307 ZPO zu werden.[1026] Das dient auch dem Schutz der Parteien, da der Richter das Anerkenntnisurteil unabhängig von der wahren Rechtslage fällt. Daher ist nach herrschender Ansicht eine Anerkennungserklärung vor einem ersuchten Richter bzw. vor einem beauftragten Richter nicht wirksam.[1027] Da der Güterichter ebenso wie der ersuchte oder beauftragte Richter nicht der erkennende Richter ist und damit keine Sachentscheidung treffen darf, kann er keinen Beschluss gemäß § 91a ZPO oder § 269 Abs. 4 ZPO und kein Anerkenntnis- oder

1023 Nach Zöller/Greger, § 278, Rn. 13 können Prozesshandlungen der Parteien im Güterichterverfahren vorgenommen werden, sofern das Gesetz nicht die Erklärung in der mündlichen Verhandlung verlangt. A. A. Wieczorek/Schütze/*Assmann*, Band 4, § 278, Rn. 60: Danach sei der Eintritt in die mündliche Verhandlung zu formalistisch und müsste daher auch in der Güteverhandlung zugelassen werden.

1024 Siehe auch Wieczorek/Schütze/*Assmann*, Band 4, § 278, Rn. 76.

1025 Vgl. Baumbach/Lauterbach/Albers/*Hartmann*, § 307, Rn. 8; MüKo-ZPO/*Musielak*, Band 1, § 307, Rn. 14; Musielak/Voit/*Musielak*, § 307, Rn. 9; Thomas/Putzo/*Reichhold*, § 307, Rn. 4; Wieczorek/Schütze/*Rensen*, Band 5/1, § 307, Rn. 11.

1026 So auch Stein/Jonas/Leipold, § 307, Rn. 17.

1027 MüKo-ZPO/*Musielak*, Band 1, § 307, Rn. 14; Musielak/Voit/*Musielak*, § 307, Rn. 9; Wieczorek/Schütze/*Rensen*, Band 5/1, § 307, Rn. 11.

Verzichtsurteil erlassen.[1028] Das Anerkenntnis müsste demzufolge für dessen Wirksamkeit vor dem Prozessgericht wiederholt werden.

Fraglich ist, ob ein gerichtlicher Vergleich vor dem Güterichter wirksam geschlossen werden kann. Nach herrschender Ansicht weist der Prozessvergleich eine Doppelnatur auf: Er ist sowohl ein Rechtsgeschäft, für das die Regelungen des materiellen Zivilrechts Anwendung finden, als auch eine Prozesshandlung, deren Wirksamkeit sich nach dem Zivilprozessrecht richtet.[1029] Erforderlich ist daher auch eine entsprechende Erklärung aller Parteien gegenüber dem Gericht.[1030] Als verfahrensbeendende Prozesshandlung ist ein gerichtlicher Prozessvergleich im Sinne von § 794 Abs. 1 Nr. 1 ZPO aber nur dann wirksam, wenn er ordnungsgemäß im Sinne der §§ 159–160a, 162–164 ZPO protokolliert ist.[1031] Ausweislich §§ 794 Abs. 1 Nr. 1, 278 Abs. 6 ZPO kann der Vergleich insbesondere vor einem deutschen Gericht abgeschlossen werden. Fraglich ist, ob der Vermittlungsversuch im Güterichterverfahren trotz fehlender Entscheidungsbefugnis des Güterichters vor einem Gericht im Sinne des Gesetzes stattfindet und dieser damit zu der wirksamen Protokollierung des Vergleichs befugt ist. Diese Frage stellt sich insbesondere deshalb, weil der gerichtliche Vergleich die gerichtliche Entscheidung ersetzt, da er im Falle einer gütlichen Streitbeilegung den Vollstreckungstitel bildet, welchen der Berechtigte zur Durchsetzung seines titulierten Anspruchs benötigt.[1032] Für die Protokollierungsmöglichkeit des Güterichters spricht jedoch zum einen der Wortlaut von §§ 794 Abs. 1 Nr. 1, 278 Abs. 6 ZPO, weil der Güterichter in einem deutschen Gericht tätig wird und zum anderen, dass seine Protokollierung und die des erkennenden Richters sich nicht wesentlich unterscheiden. Im Gegensatz zu einem entscheidungsbefugten Richter hat der Güterichter neben der Beurkundung zwar nur eine beratende Tätigkeit.[1033] Das erkennende Gericht wird bei der Entgegennahme und Beurkundung des Prozessvergleichs aber auch gerade nicht in seiner Funktion der Streitentscheidung sondern ebenfalls als Beurkundungsstelle tätig.[1034] Über den

---

1028 Vgl. auch Prütting/Gehrlein/*Geisler*, § 278, Rn. 10; Wieczorek/Schütze/*Assmann*, Band 4, § 278, Rn. 76.

1029 *Braun*, 682.

1030 *OLG Karlsruhe*, NJW-RR 2011, 7; *OLG Thüringen*, FamRZ 2006, 1277 [277 f.]; Zöller/*Greger*, § 278, Rn. 34.

1031 BGHZ 16, 388 [390] = *BGH*, NJW 1955, 705 [705]; *Braun*, 683; *OLG Karlsruhe*, NJW-RR 2011, 7 [8]; Rosenberg/Schwab/*Gottwald*, § 130, Rn. 10; Stein/Jonas/*Münzberg*, Band 7, § 794, Rn. 30; Zöller/*Stöber*, § 160, Rn. 5.

1032 Vgl. *Rakete-Dombek*, NJW 2012, 1689 [1689].

1033 Stein/Jonas/*Münzberg*, Band 7, § 794, Rn. 28.

1034 BGHZ 35, 309 [312].

Prozessvergleich wird im Gegensatz zum Urteil nicht ohne Rücksicht auf den jeweiligen Willen der Parteien entschieden, sondern er hat einen privatrechtlichen Vertrag zum Gegenstand, welcher unabhängig vom Gesetz die Rechtsbeziehungen regelt.[1035] Deshalb fallen unter den Begriff ‚Gericht' im Sinne von § 794 Abs. 1 ZPO nach Ansicht der Rechtsprechung und der Literatur neben dem Einzelrichter und dem Rechtspfleger auch der ersuchte sowie der beauftragte Richter.[1036] Die Person der Richters spielt bei der Protokollierung des eigenen Willens somit keine so ausschlaggebende Rolle wie bei der Streitentscheidung.[1037] Da der ersuchte Richter ebenso wie der Güterichter nicht entscheidungsbefugt ist, sollte auch dieser befugt sein, einen Prozessvergleich wirksam zu protokollieren.

10. Verbindlichkeit und Vollstreckbarkeit einer Abschlussvereinbarung

Fraglich ist, ob die Abschlussvereinbarung nach einem Güterichterverfahren für die Parteien verbindlich und vollstreckbar ist. Einigen sich die Parteien im Güterichterverfahren, können die Parteien insbesondere eine Abschlussverfügung in Form eines gerichtlichen Vergleichs vereinbaren, vgl. § 278 Abs. 6 ZPO.[1038] Ausweislich dieser Regelung können die Parteien schriftlich dem Gericht einen Vergleichsvorschlag unterbreiten oder einen schriftlichen Vergleichsvorschlag des Gerichts durch Schriftsatz gegenüber dem Gericht genehmigen. Das Gericht prüft sodann, ob der unterbreitete Vergleich wirksam abgeschlossen wurde, also insbesondere nicht gegen ein gesetzliches Verbot oder die guten Sitten verstößt.[1039] Ist der Vergleich wirksam, wird der Vergleichsinhalt in einem richterlichen Feststellungsbeschluss niedergelegt. Der Feststellungsbeschluss bildet dann gemäß § 794 Abs. 1 Nr. 1 ZPO einen Vollstreckungstitel.[1040] Das Gesetz soll mit der erleichterten Protokollierungsmöglichkeit der Richter sowohl die Anreise der Parteien zum Gericht als auch die Anberaumung einer mündlichen Verhandlung ersparen.[1041] Wie bereits festgestellt, kann auch der Güterichter den Prozessvergleich wirksam protokollieren.[1042]

1035 BGHZ 35, 309 [312].

1036 BGHZ 14, 381 [387]; BGHZ 35, 309 [314]; vgl. auch *Löer*, ZZP 2006, 199 [204]; Rosenberg/Schwab/*Gottwald*, § 130, Rn. 3, 10; Thomas/Putzo/*Seiler*, § 794, Rn. 7.

1037 Vgl. BGHZ 35, 309 [313].

1038 Vgl. dazu *Greger/Weber*, MDR 2012, Sonderheft, 3 [23 f.].

1039 *OLG Karlsruhe*, NJW-RR 2011, 7 [8]; *Siemon*, NJW 2011, 426 [426].

1040 *Müller-Teckhof*, MDR 2014, 249 [250].

1041 *Müller-Teckhof*, MDR 2014, 249 [249]; vgl. auch *Nungeßer*, NZA 2005, 1027 [1028].

1042 Siehe Kapitel 3, G., II., 9.

11. Entscheidung über die Kosten durch den Güterichter

Fraglich ist, ob der Güterichter den Streitwert festsetzen kann. Vertreten wird hierzu, dass die Festsetzung des Streitwerts im Wege einer Annexkompetenz dem Güterichter zugebilligt werden müsse.[1043] Dagegen spricht jedoch, dass gemäß § 63 GKG bzw. § 32 Abs. 2 RVG in Verbindung mit § 63 GKG die Streitwertfestsetzung nur durch das zuständige Prozessgericht, also durch den erkennenden Richter erfolgen kann.[1044] Der Güterichter gehört jedoch gerade nicht zum Prozessgericht.[1045] Zusätzlich ist die Vornahme der Festsetzung des Streitwerts mit der Position des Güterichters unvereinbar. Ausweislich § 63 ZPO erfolgt die Festsetzung des Streitwerts durch förmlichen Beschluss,[1046] also durch die Entscheidung eines Gerichts. Der Güterichter ist jedoch gemäß § 278 Abs. 5 S. 1 ZPO ohne geregelte Ausnahme nicht entscheidungsbefugt. Er darf demnach auch keinen Streitwert durch Beschluss festsetzen.

12. Anwendung der Mediation als Methode durch den streitentscheidenden Richter

In der Zivilprozessordnung ist die Mediation als Streitbeilegungsmethode nur im Zusammenhang mit der Güterichterverhandlung genannt, § 278 Abs. 5 S. 2 ZPO. Es stellt sich daher die Frage, ob auch der streitentscheidende Richter die Mediation als Methode in der Güteverhandlung gemäß § 278 Abs. 1 ZPO benutzen kann.[1047] Für eine Anwendung spricht zumindest, dass im Lichte des Ziels des Gesetzes zur Förderung der Mediation und anderer Verfahren der außergerichtlichen Streitbeilegung, die Mediation zu fördern,[1048] die ausdrückliche Nennung der Methode im Gesetzestext auch als Hinweis an alle Richter verstanden werden kann, diese auch zu benutzen. Gegen diese Ansicht spricht jedoch zweierlei.

Zum einen kommt ein gesetzlicher Ausschluss des erkennenden Richters aufgrund des Wortlauts von § 278 Abs. 5 ZPO in Betracht. Der Güterichter kann

---

1043 BT-Drucks. 17/5335, Seite 20; Wieczorek/Schütze/*Assmann*, Band 4, § 278, Rn. 76; Zöller/*Greger*, § 278, Rn. 33.

1044 *Hartmann*, § 63 GKG, Rn. 22; *Löer*, ZZP 2006, 199 [209]; *Meyer*, § 63, Rn. 16; *OLG Celle*, NJW 2009, 1219 [1219].

1045 Siehe Kapitel 3, G., II., 4.

1046 Vgl. auch *Hartmann*, § 63 GKG, Rn. 26; *Meyer*, § 63, Rn. 20; von Eicken/Hellstab/Lappe/Madert/Dörndorfer/*Lappe/Hellstab*, 11.

1047 Vgl. *Thole*, ZZP 2014, 339 [352].

1048 Kapitel 1, B., II.

nämlich wie der streitentscheidende Richter im Güteverfahren alle Methoden der Konfliktbeilegung einsetzen, was nach dem Wortlaut zusätzlich ausdrücklich die Mediation inkludiert. Sollte die Mediation eine Methode sein, welche alle Richter, also auch der erkennende Richter verwenden können, hätte der Gesetzgeber auf den ausdrücklichen Verweis auf die Mediation verzichtet. Der Gesetzgeber brachte im Umkehrschluss also zum Ausdruck, dass die Mediation eine Technik ist, die nur dem Güterichter vorbehalten ist.

Zum anderen spricht für diese Ansicht, dass der Güterichter als ‚Mediator' ausweislich § 278 Abs. 5 ZPO nicht entscheidungsbefugt ist. Im Gegensatz dazu ist der erkennende Richter auch immer der entscheidungsbefugte Richter, weshalb er sich nicht für eine Mediation eignet. Um zu verhindern, dass erkennende Richter die Mediation als Methode anwenden, welche von vornherein mit einem ‚entscheidungsbefugten Mediator' und mangels Öffentlichkeitsausschluss und der damit verbundenen fehlenden Vertraulichkeit gegen die Grundsätze der Mediation[1049] verstoßen und damit auch nicht erfolgversprechend sind, bleibt die Mediation als Methode dem Güterichter vorbehalten.

13. Güterichterverfahren in der Berufungsinstanz

Fraglich ist, ob ein Güterichterverfahren im Berufungsverfahren durchgeführt werden kann. Ausweislich § 525 S. 1 ZPO sind die im ersten Rechtszuge für das Verfahren vor den Landgerichten geltenden Vorschriften entsprechend anzuwenden. Diese Regelungen des ersten Abschnitts des zweiten Buchs der Zivilprozessordnung umfassen die Paragraphen §§ 253 - 494a ZPO und damit auch die Regelung des Güterichterverfahrens gemäß § 278 Abs. 5 ZPO. Dagegen könnte aber § 525 S. 2 ZPO sprechen, wonach es im Berufungsverfahren einer Güteverhandlung nicht bedarf. Durch den Wortlaut von § 525 S. 2 ZPO ‚bedarf es nicht' ist die Güteverhandlung aber auch nicht zwingend ausgeschlossen, sodass ein Güterichterverfahren durchaus noch angeordnet werden kann.[1050]

14. Anwaltszwang im Güterichterverfahren

Im Anwaltsprozess vor den Landgerichten und den Oberlandesgerichten müssen sich die Parteien gemäß § 78 Abs. 1 ZPO von einem Rechtsanwalt vertreten

---

1049 Vgl. Kapitel 2, A., V., VII., 1.

1050 So auch Klowait/Gläßer/*Löer, 319;* Prütting/Gehrlein/*Oberheim*, § 525, Rn. 10; *Thole*, ZZP 2014, 339 [355]; Wieczorek/Schütze/*Autor*, Band 7, § 525, Rn. 5. Vgl. zur Anwendung von der Mediation als Konfliktlösungsmethode in zweiter Instanz auch Bruns/Münch/Stadler/*Althammer*, 97 f.; Müller/Osterloh/Stein/*Hagenloch*, 573 ff.

lassen. Damit unterliegen grundsätzlich sämtliche Prozesshandlungen der Parteien gegenüber dem Gericht dem Anwaltszwang.[1051] Postulationsfähig – also die Kompetenz zum prozessualen relevanten Handeln – ist im Anwaltsprozess damit ausschließlich ein Rechtsanwalt.[1052] Deshalb kann dort nur der Rechtsanwalt Behauptungen aufstellen oder bestreiten, Anträge stellen oder Dispositionsakte vornehmen.[1053] Die Folge einer fehlenden anwaltlichen Vertretung in einem Anwaltsprozess wäre die Unwirksamkeit der jeweils vorgenommenen Prozesshandlung.[1054] Nicht ausdrücklich geregelt ist, ob die landgerichtliche bzw. oberlandesgerichtliche Verhandlung im Güterichterverfahren dem Anwaltszwang gemäß § 78 ZPO unterliegt. Wie bereits dargestellt, können in dem Güterichterverfahren überwiegend Prozesshandlungen nicht wirksam vorgenommen werden, sodass in diesen Fällen eine anwaltliche Vertretung insofern nicht erforderlich ist.[1055] Sollte es jedoch bspw. zu einer Prozesshandlung in Form eines Prozessvergleichs kommen, ist fraglich, ob eine anwaltliche Vertretung im landgerichtlichen bzw. oberlandesgerichtlichen Güterichterverfahren für ihre Wirksamkeit erforderlich ist. Grundsätzlich setzt der wirksame Prozessvergleich als Prozesshandlung das Vorliegen der Prozesshandlungsvoraussetzungen, also auch der Postulationsfähigkeit, voraus.[1056] Sollte Anwaltszwang gemäß § 78 Abs. 1 ZPO bestehen, müssten daher die Parteien grundsätzlich für eine wirksame Prozesshandlung durch Anwälte vertreten sein.[1057]

Unproblematisch regelt § 78 Abs. 3 ZPO, dass das Verfahren vor dem Güterichter als ersuchter Richter keiner anwaltlichen Vertretung bedarf. Auch ein wirksamer Prozessvergleich kann in diesem Rahmen ohne anwaltliche Mitwirkung geschlossen werden.[1058] Fraglich bleibt daher nur noch, ob auf den Güterichter, der nicht ersuchter Richter im Sinne des Gesetzes ist, § 78 Abs. 3 ZPO dahingehend analog angewendet werden kann, dass generell keine anwaltliche Vertretung in dem Güterichterverfahren erforderlich ist.[1059] Die Anwendung

---

1051 MüKo-ZPO/*Toussaint*, Band 1, § 78, Rn. 34.

1052 *Braun*, 380.

1053 *Braun*, 380, vgl. auch *Schellhammer*, Rn. 1238; Stein/Jonas/*Bork*, Band 2, § 78, Rn. 23.

1054 MüKo-ZPO/*Toussaint*, Band 1, § 78, Rn. 67; Musielak/Voit/*Weth*, § 78, Rn. 4; Stein/Jonas/*Bork*, Band 2, § 78, Rn., 19; vgl. auch *BGH*, NJW 2005, 3773 [3774].

1055 Vgl. dazu auch Greger/Unberath/*Greger*, Teil 4, Rn. 126.

1056 *Braun*, 683.

1057 *Braun*, 683.

1058 Wieczorek/Schütze/*Smid/Hartmann*, Band 2/2, § 78, Rn. 34. Vgl. auch *BGH*, NJW 1980, 2307 [2309].

1059 So Wieczorek/Schütze/*Assmann*, Band 4, § 278, Rn. 76. Nach Greger/Unberath/*Greger*, Teil 4, Rn. 137 ist der Güterichter ein ersuchter Richter im weitesten Sinne und daher

einer Analogie setzt eine ähnliche Interessenlage und eine planwidrige Regelungslücke voraus.[1060] Von der Planwidrigkeit der Regelungslücke lässt sich hier jedoch schwer ausgehen, da der Gesetzgeber, obwohl noch anders im Regierungsentwurf gemäß § 278 Abs. 5 RegZPO[1061] vorgesehen, den ersuchten bzw. beauftragten Richter gerade durch den weiten Begriff[1062] des Güterichter ersetzt hat, sodass neben ersuchten Richtern auch andere nichtentscheidungsbefugte Richter als Güterichter einen Konflikt lösen können. Die dadurch entstehende Rechtsfolgenänderung muss dem Gesetzgeber zumindest aufgefallen sein. Von einer planwidrigen Regelungslücke ist daher nicht auszugehen. Damit besteht im Güterichterverfahren für die Vornahme von Prozesshandlungen vor einem nicht ersuchten Richter Anwaltszwang.[1063]

15. Verjährungshemmung während des Güterichterverfahrens

Fraglich ist, ob ähnlich wie im außergerichtlichen Mediationsverfahren[1064] die Verjährung während des Güterichterverfahrens gehemmt ist. Durch die Erhebung der Klage, die überhaupt Voraussetzung für die Entscheidung des Gerichts zu einem Güterichterverfahren ist, wird gemäß § 261 Abs. 1 ZPO die Rechtshängigkeit der Streitsache begründet. Mit der Rechtshängigkeit des Verfahrens ist die Verjährung von Ansprüchen gemäß § 204 Nr. 1 BGB gehemmt. Damit ist sichergestellt, dass der Kläger nach dem Scheitern des Güterichterverfahrens weiterhin seine Ansprüche verfolgen kann und durch das Verfahren keinen Nachteil erfährt.

16. Haftung des Güterichters

Anders als bei der außergerichtlichen Mediation hat der Güterichter zu den Parteien keine privatrechtliche Beziehung. Bei einer Pflichtverletzung kommt eine vertragliche Haftung nach §§ 280 ff. BGB nicht in Betracht. Fraglich ist daher, ob

---

von § 78 Abs. 3 ZPO erfasst. Ein ersuchter Richter ist jedoch nach dem Begriffsverständnis der Zivilprozessordnung ein Richter eines anderen Gerichts, weshalb bei einem Güterichter desselben Gerichts nur eine Analogie infrage kommt, siehe Kapitel 3, G., II., 3.

1060 Vgl. *BGH*, NJW 2008, 2257 [2258]; MüKo-BGB/*Franzen*, Band 3, § 487, Rn. 9.

1061 Vgl. BT-Drucks. 17/5335, Seite 7.

1062 Vgl. Kapitel 3, G., II., 3.

1063 So auch *Ahrens*, NJW 2012, 2465 [2470]; a. A. Fritz/Pielsticker/*Fritz*, § 278, Rn. 63; Greger/Unberath/*Greger*, Teil 4, Rn. 126, 137.

1064 Siehe Kapitel 3, E.

der Güterichter sich im Güterichterverfahren schadensersatzpflichtig machen kann. In Betracht kommt eine Haftung gemäß § 839 Abs. 2 S. 1 BGB. Dafür müsste er bei einem Urteil eine Amtspflicht verletzt haben. Da der Güterichter als Richter mangels Entscheidungsbefugnis kein Urteil in einem Rechtsstreit fällt, haftet er nicht gemäß § 839 Abs. 2 S. 1 BGB.[1065] Denkbar ist insofern nur gemäß Art. 34 GG ein Anspruch gegen die Dienstherren.[1066] Bei Vorsatz oder grober Fahrlässigkeit des Güterichters ist ein Rückgriff gemäß Art. 34 GG aber nicht ausgeschlossen.

III. Bewertung der Überführung der gerichtsinternen Mediation in das Güterichterverfahren

Das Güterichterverfahren hat die gerichtsinterne Mediation aus den Gerichtsmodellen verdrängt. Auf den ersten Blick unterscheiden sich die gerichtsinterne Mediation in den Gerichtsmodellen und die Anwendung der Mediation als Methode im Rahmen eines Güterichterverfahrens nicht. Sowohl bei der gerichtsinternen Mediation als auch bei dem Güterichterverfahren handelt es sich um ADR-Verfahren, die eine Streitschlichtung durch Vermittlung durch einen neutralen Dritten zum Ziel haben. Neben Gemeinsamkeiten ist nunmehr aber ein beachtlicher Unterschied durch die Überführung der gerichtsinternen Mediation entstanden.

Durch die Überführung der gerichtsinternen Mediation in das Güterichterverfahren werden sich das außergerichtliche Mediationsverfahren und das gerichtsinterne ‚Mediationsverfahren' in Zukunft nicht parallel entwickeln. Während sich das außergerichtliche Mediationsverfahren einschließlich der Aufgaben, Pflichten und insbesondere der beruflichen Qualifikation des Mediators – genauso wie es für die gerichtsinterne Mediation gemäß § 1 Abs. 1 S. 2 Nr. 3 RegMediationsG[1067] noch im Regierungsentwurf geplant war – hauptsächlich nach dem Mediationsgesetz richtet, findet das Mediationsgesetz im Güterichterverfahren keine Anwendung.[1068] Der Güterichter ist nach § 9 MediationsG kein ‚gerichtlicher Mediator'. Bei dem außergerichtlichen Mediationsverfahren und dem Mediationsangebot der Gerichte handelt es sich insofern nicht mehr um dasselbe Verfahren.

1065 *Dürschke*, NZS 2013, 41 [47].

1066 Vgl. *Dürschke*, NZS 2013, 41 [47].

1067 BT-Drucks. 17/5335, Seite 5.

1068 Kapitel 3, G., II., 6.

Daraus folgt, dass die Parteien im Güterichterverfahren, anders als in der gerichtsinternen- und in der außergerichtlichen Mediation, keinen Einfluss mehr auf das Schlichtungsverfahren haben. Im Wege der Privatautonomie und nach dem Grundsatz der Eigenverantwortlichkeit können die Parteien das außergerichtliche Mediationsverfahren eigenverantwortlich selbst gestalten.[1069] Wäre die gerichtsinterne Mediation der Gerichtsmodelle gemäß § 1 Abs. 1 S. 2 Nr. 3 RegMediationsG[1070] umgesetzt worden, hätten die Parteien ebenfalls über den Verfahrensablauf disponieren können. Dazu gehörten das Zustimmungserfordernis für den Beginn der Mediation und der Einfluss auf die Auswahl des Richters als Mediator. Im Gegensatz dazu kann das Güterichterverfahren angeordnet werden und ist damit kein freiwilliges Mediationsverfahren.[1071] Demzufolge steht auch die Auswahl des Güterichters im pflichtgemäßen Ermessen des Gerichts.[1072]

Die Überführung der gerichtsinternen Mediation in das Güterichterverfahren gemäß § 9 MediationsG, § 278 Abs. 5 ZPO ist zu begrüßen.[1073] Die gerichtsinterne Mediation war zwar äußerst erfolgreich. Sie war auch verfassungsrechtlich unproblematisch ausführbar. Das Güterichterverfahren knüpft aber an die gerichtsinterne Mediation an, ohne dass dadurch Nachteile für die außergerichtliche Mediation entstehen. In der Güterichterverhandlung kann die Mediation als Methode eingesetzt werden, welche neben einer zufriedenstellenden Konfliktlösung auch zu einer werbenden Wirkung und damit langfristig zu einer steigenden Etablierung der außergerichtlichen Mediation führen können.[1074]

Der Gesetzgeber hat die gerichtsinterne Mediation gesetzlich allerdings nicht umgesetzt, damit die außergerichtlichen Mediationen und andere Formen der außergerichtlichen Konfliktbeilegung primär gefördert werden.[1075] Ob dieser Effekt dennoch zu erwarten ist, weil die außergerichtliche Mediation gegenüber dem Güterichterverfahren vorteilhaft und im Vergleich attraktiver geworden ist, wird nachfolgend untersucht. In Betracht kommt eine Förderung durch die Unterstützung der freiberuflichen Mediatoren in ihrem Wettbewerb. Möglich

1069 Kapitel 2, A., II.; VI., 2.

1070 BT-Drucks. 17/5335, Seite 5.

1071 Vgl. Kapitel 3, G., II., 2.

1072 Vgl. Kapitel 3, G., II., 2.

1073 Gegen die gerichtsinterne Mediation ebenso: *Bundesrechtsanwaltskammer*, Stellungnahme, 3.

1074 Vgl. BT-Drucks. 17/8058, Seite 17; Gläßer/Schröter/*Gläßer/Schröter*, 416 ff.

1075 BT-Drucks. 17/8058, Seite 17; vgl. auch MüKo-ZPO/*Prütting*, Band 1, § 278, Rn. 52.

ist ebenfalls, dass das Berufsbild des Mediators in Deutschland besser etabliert werden kann.

1. Gewährleistung des Wettbewerbs

Die Abschaffung des Begriffs des richterlichen Mediators dient dem Schutz der außergerichtlichen Mediatoren vor staatlicher Konkurrenz unter verzerrten Wettbewerbsbedingungen.[1076] Für die Parteien in einem Gerichtsverfahren wäre es ansonsten viel bequemer, eine Mediation sofort vom Gericht durchführen zu lassen, anstatt sich selbst um eine außergerichtliche Mediation zu kümmern. Durch die Überführung der gerichtsinternen Mediation in das Güterichterverfahren sind ein freier Wettbewerb unter Mediatoren und damit eine Qualitätssteigerung des Mediationsverfahrens gewährleistet.[1077] Freiberufliche Mediatoren stehen nicht weiter in Konkurrenz mit dem Staat, der mit der außergerichtlichen Mediation vergleichbare, gerichtsinterne Mediationen in den Gerichtsmodellen anbieten konnte, welche nur Kosten in Höhe der Gerichtsgebühren verursachten.[1078] Der Grund dafür sind die vielen Vorteile, welche die außergerichtliche Mediation gegenüber dem Güterichterverfahren aufweist.

In der außergerichtlichen Mediation sind die Parteien für das gesamte Verfahren eigenverantwortlich zuständig. Sie können damit selbst entscheiden, ob und mit welchem Mediator sie das Mediationsverfahren durchführen. Das Güterichterverfahren hingegen liegt allein in dem Ermessen des erkennenden Gerichts sowie des Güterichters und unterliegt damit nicht dem Einfluss der Parteien. Die Parteien können daher noch nicht einmal entscheiden, ob ein Güterichterverfahren durchgeführt wird bzw. ihren Güterichter selbst auswählen. Der gesetzliche Güterichter kann nur noch mit einem förmlichen Ablehnungsverfahren ausgetauscht werden. Das Mediationsgesetz findet, anders als auf die außergerichtliche Mediation, auf das Güterichterverfahren keine Anwendung. Dagegen sind die Parteien in einem außergerichtlichen Mediationsverfahren durch das Mediationsgesetz geschützt, da die Ausbildung sowie die Aufgaben und Pflichten des Mediators gesetzlich normiert sind. Ein Zuwiderhandeln führt zu schadensersatzrechtlichen Konsequenzen. Zusätzlich ist die Verschwiegenheitspflicht des außergerichtlichen Mediators ausgeprägter, da er nicht als Amtsträger Anzeigepflichten hat.

1076 *Kopp/Schenke*, § 173, Rn. 4e; *Ortloff*, NVwZ 2012, 1057 [1059].
1077 Bundesrechtsanwaltskammer/*Plassmann*, 48.
1078 Bundesrechtsanwaltskammer/*Plassmann*, 48.

Parteien werden sich deshalb nicht weiter bei der Wahl zwischen einem Güterichterverfahren und einer außergerichtlichen Mediation für ersteres entscheiden.[1079] Mithin werden auch Gerichtsressourcen entlastet.[1080] Das Subsidiaritätsprinzip gebietet es zudem, dass der Staat nur diejenigen Aufgaben wahrnimmt, die nicht durch Private erfolgen können.[1081]

2. Etablierung des Berufsbilds ,Mediator'

Die Etablierung des Berufsbilds ,Mediator' ist durch die Überführung der gerichtsinternen Mediation in das Güterichterverfahren möglich. Für eine Förderung der Mediation bedarf es einer professionellen Ausbildung von Mediatoren. Um den Beruf des Mediators zu perfektionieren, muss ein eigenständiger Beruf mit eigenen Ausbildungskriterien geschaffen werden. Eine professionelle Ausbildung der freiberuflichen Mediatoren wird die Erfolgsquote und damit auch die Popularität der Mediationsverfahren steigern.

Die Bezeichnung des Güterichters als Mediator in einem Güterichterverfahren würde einer solchen Entwicklung entgegenstehen. Die Richter in Schlichtungsverfahren in den Gerichtsmodellen waren bislang von Relevanz, um die Mediation bekanntzumachen.[1082] Der Erfolg einer gerichtsinternen Mediation hing dabei jedoch stark von der Kompetenz des Richters als Mediator ab.[1083] Die Richter waren nicht speziell für den Beruf des Mediators ausgebildet. Um seriös der Mediationstätigkeit nachgehen zu können, müssten die Richter gleichsam wie in der außergerichtlichen Mediation zu Mediatoren ausgebildet werden. Das ist zum einen kostspielig.[1084] Zum anderen würde diese Ausbildung wegen des zusätzlichen Zeitaufwands nicht zu einer Entlastung der Justiz führen.[1085] Auf längere Sicht würde jedoch ohne Ausbildung ein Qualitätsunterschied zu den freiberuflichen, ausgebildeten Mediatoren entstehen. Treffen Parteien auf schlecht ausgebildete Richter – die sich selbst als Mediatoren bezeichnen – und

---

1079 Während der gerichtsinternen Mediation in den Gerichtsmodellen hat der Kläger oftmals bei Klageerhebung eine gerichtsinterne Mediation beim Gericht beantragt, vgl. dazu *Greger*, ZKM 2007, 142 [143 f.]; Greger/Unberath/*Greger*, Die Zukunft der Mediation in Deutschland, 91.

1080 Vgl. Blankenburg/Gottwald/Strempel/*Shetreet*, 111.

1081 Bundesrechtsanwaltskammer/*Plassmann*, 48.

1082 Vgl. *Wegener*, ZKM 2006, 140 [143].

1083 Vgl. *Huther*, ZKM 2004, 247 [250].

1084 V*on Seltmann*, NJW-Spezial 2011, 126 [126].

1085 Bundesrechtsanwaltskammer/*Plassmann*, 4; *Creutz*, DRiZ 2007, 11.

scheitern deshalb in einem Mediationsverfahren, wäre das für die Außenwirkung der Mediation und damit für eine Förderung in Deutschland hinderlich.

H. Gesamtwürdigung der Änderungen in der Zivilprozessordnung

Um die Änderungen in der Zivilprozessordnung bewerten zu können, müssen sie an ihrem Ziel, die Mediation bzw. andere außergerichtliche Streitbeilegungsmethoden zu fördern,[1086] gemessen werden. Die Änderungen sind daher insbesondere dann ein Erfolg, wenn das Vertrauen der Bevölkerung in diese Verfahren wächst und die Möglichkeit der außergerichtlichen Streitbeilegung vermehrt wahrgenommen wird.

In diesem Sinne sind die Änderungen der Voraussetzungen der Klageschrift zu begrüßen. Die wünschenswerte Angabe über den Versuch einer Mediation bzw. die entgegenstehenden Gründe in der Klageschrift zwingt jeden Kläger dazu, sich vor Klageerhebung zumindest gedanklich mit der Mediation oder anderen außergerichtlichen Konfliktbeilegungsverfahren zu beschäftigen.

Die Möglichkeit des Gerichts, eine Mediation während des Gerichtsverfahrens vorzuschlagen, ist ebenfalls begrüßenswert. Die Gesellschaft vertraut in der Regel auf die Empfehlungen eines Richters, was zu einer höheren Bereitschaft zur einvernehmlichen Konfliktlösung in der Bevölkerung führen könnte.[1087] Gleichzeitig könnte der Hinweis dazu führen, dass das Mediationsverfahren stärker im Bewusstsein der Bevölkerung und der Rechtspflegeorgane verankert werden, was ebenfalls einen werbenden Effekt haben kann. Zusätzlich können streitende Parteien trotz Skepsis gegenüber einer neuen Streitschlichtungsmethode die Mediation kennen lernen, welches aufgrund des Ruhens des Verfahrens gemäß § 278a Abs. 2 ZPO und wegen des Schutzes der Vertraulichkeit durch den Ausschluss des Mediators als späterer Richter gemäß § 41 Nr. 8 ZPO zu keinen Nachteil der Parteien führt. Damit tritt die außergerichtliche Mediation trotz Rechtshängigkeit neben das Gerichtsverfahren und wird nicht als gerichtsinterne Mediation von den Richtern durchgeführt. Die Auslagerung des Konfliktes auf die außergerichtlichen Streitbeilegungsverfahren entlastet die Gerichte.

Zudem ist zu begrüßen, dass die außergerichtliche Konfliktbeilegung von dem Gericht nur vorgeschlagen und nicht angeordnet werden kann.[1088] Um das

---

1086 Vgl. Kapitel 1, B., II.

1087 Vgl. *Greger/Weber*, MDR 2012, Sonderheft, 3 [4].

1088 Positiv hinsichtlich einer gerichtlichen Anordnung der Mediation vgl. *Kriegel*, ZKM 2006, 52 [52 ff.]; *Marx*, ZKM 2010, 132 [132 ff.].

Mediationsverfahren zu etablieren, wäre auch die Anordnung der Mediation durch Richter bzw. die Mediation als Sachurteilsvoraussetzung denkbar gewesen.[1089] Damit könnte die mangelnde Erfahrung von Anwälten ausgeglichen und der Ablehnung der Parteien aus Angst vor einem Zeichen der Schwäche zuvorgekommen werden.[1090] Durch die Anordnung der Mediation von Richtern müsste sich die Bevölkerung an das neue System gewöhnen.[1091] Eine Anordnung der außergerichtlichen Streitbeilegung bzw. eine Mediation als Sachurteilsvoraussetzung wäre auch verfassungsrechtlich unbedenklich gewesen, soweit eine Entscheidung des Gerichts weiterhin erwirkt werden kann.[1092] Die zwanghaft durchzuführende Mediation würde aber, wie vorstehend dargestellt, gegen den Grundsatz der Freiwilligkeit und gegen den Grundsatz der Vertraulichkeit verstoßen, was den Erfolg eines Mediationsverfahrens mindern kann.[1093]

Zusätzlich fördert die Überführung der gerichtsinternen Mediation in die Güterichterverhandlung das außergerichtliche Mediationsverfahren.[1094] Durch die Anzeigepflichten der Richter ist die Vertraulichkeit im Güterichterverfahren nicht gleichermaßen wie in der außergerichtlichen Mediation geschützt. Zudem können die Parteien das Verfahren nicht im gleichen Maße selbst und eigenverantwortlich führen. Sollten die Parteien einen umfassenden Vertraulichkeitsschutz bzw. Einfluss auf das Verfahren benötigen, werden sie das außergerichtliche Mediationsverfahren immer dem Güterichterverfahren vorziehen.[1095] Sollten die Parteien bereits einen Rechtsstreit vor Gericht ausführen, verbleibt ihnen immer noch die Möglichkeit, ein außergerichtliches Mediationsverfahren aufzusuchen. Ansonsten können Güterichter auch vor Gericht bundesweit die Mediation als Methode zur Schlichtung von Konflikten benutzen.

Insgesamt lässt sich konstatieren, dass die Etablierung der außergerichtlichen Mediation in den Zivilprozess und die Regelung des ‚neuen' Güterichterverfahrens gelungen sind. Sie sollten zu einer umfassenden Förderung der außergerichtlichen Mediation führen.

1089 In New York konnten Richter eine Mediation vorschlagen und anordnen *Von Daniels*, AnwBl 2011, 453 [454]; vgl. auch *Gottwald*, FPR 2004, 163 [164].

1090 *Von Daniels*, AnwBl 2011, 453 [454].

1091 *Von Daniels*, AnwBl 2011, 453 [454].

1092 Vgl. entsprechend dazu Kapitel 3, A., I.

1093 Vgl. *Deutscher Richterbund*, Eckpunktepapier, 9; *Reichling*, DRiZ 2010, 44 [45].

1094 Siehe dazu Kapitel 3, A., I.

1095 BT-Drucks. 17/5335, Seite 17.

Kapitel 4 – Änderungen in anderen Prozessordnungen

In Artikel 3 bis 8 des Gesetzes zur Förderung der Mediation und anderer Verfahren außergerichtlicher Konfliktbeilegung hat der Gesetzgeber Änderungen im Gesetz über das Verfahren in Familiensachen und in den Angelegenheiten der freiwilligen Gerichtsbarkeit, im Arbeitsgerichtsgesetz und im Sozialgerichtsgesetz, in der Verwaltungsgerichtsordnung sowie in der Finanzgerichtsordnung vorgenommen. Diese Gesetzesänderungen sollen zusätzlich zum Mediationsgesetz und zu den Änderungen in der Zivilprozessordnung die Mediation fördern. Nachfolgend werden die Änderungen der Gesetze untersucht und bewertet.

A. Änderungen des Gesetzes über das Verfahren in Familiensachen und in den Angelegenheiten der freiwilligen Gerichtsbarkeit

In Artikel 3 des Gesetzes zur Förderung der Mediation und anderer Verfahren außergerichtlicher Konfliktbeilegung hat der Gesetzgeber Änderungen in dem Gesetz über das Verfahren in Familiensachen und in den Angelegenheiten der freiwilligen Gerichtsbarkeit vorgenommen. Dabei wurden im Wesentlichen die Änderungen für die Zivilprozessordnung übernommen.[1096]

I. Gemeinsamkeiten mit dem Zivilprozess

Die Änderungen in dem Gesetz über das Verfahren in Familiensachen sowie in den Angelegenheiten der freiwilligen Gerichtsbarkeit und in der Zivilprozessordnung haben viele Gemeinsamkeiten. Insbesondere die Änderungen zu den Voraussetzungen des verfahrenseinleitenden Antrags, zum Vermerk, der Möglichkeit eines Verweises vor einen Güterichter und des Vorschlags zu einer außergerichtlichen Konfliktbeilegung ähneln sich mit den Änderungen in der Zivilprozessordnung.

1096 So auch *Risse*, SchiedsVZ 2012, 244 [253].

1. Der verfahrenseinleitende Antrag

Der verfahrenseinleitende Antrag[1097] soll die Angabe enthalten, ob der Antragstellung der Versuch einer Mediation oder eines anderen Verfahrens der außergerichtlichen Konfliktbeilegung vorausgegangen ist sowie eine Äußerung dazu, ob dem Gründe entgegenstehen, § 23 Abs. 1 S. 3 FamFG. Ein Verstoß gegen diese Sollvorschrift macht den Antrag weder fehlerhaft oder unzulässig noch unwirksam.[1098]

§ 23 Abs. 1 S. 3 FamFG unterscheidet sich dahingehend von den entsprechenden Vorschriften in der Zivilprozessordnung, dass die Angabe im verfahrenseinleitenden Antrag nur ‚in geeigneten Fällen' erfolgen soll.[1099] Damit sollen die Angaben in den Verfahren, welche nach ihrem Gegenstand und ihrer Eigenart abstrakt für eine außergerichtliche Konfliktbeilegung ungeeignet sind, wie zum Beispiel bei Verfahren ohne widerstreitende Interessen, von vornherein nicht erfolgen.[1100]

2. Der Vermerk

Vergleichbar mit den Voraussetzungen für die Aufnahme eines Protokolls in der Güteverhandlung oder bei weiteren Güteversuchen vor einem Güterichter gemäß § 159 Abs. 2 ZPO benötigt auch in Verfahren in Familiensachen und in den Angelegenheiten der freiwilligen Gerichtsbarkeit der Güterichter gemäß § 28 Abs. 4 S. 3 FamFG für die Anfertigung eines Vermerks die Einverständniserklärung aller Parteien.[1101]

3. Der Verweis vor den Güterichter

Auch nach dem Gesetz über das Verfahren in Familiensachen und in den Angelegenheiten der freiwilligen Gerichtsbarkeit ist ein Verweis an einen nicht entscheidungsbefugten Güterichter möglich.[1102] Dieser kann als Methode die Mediation einsetzen, § 36 Abs. 5 S. 1 und 2 FamFG. Durch den Verweis auf § 36

1097 Vgl. zu den Änderungen in der Zivilprozessordnung gemäß § 253 Abs. 3 Nr. 1 ZPO Kapitel 3, A.

1098 MüKo-FamFG/*Ulrici*, § 23, Rn. 44.

1099 MüKo-FamFG/*Ulrici*, § 23, Rn. 37.

1100 MüKo-FamFG/*Ulrici*, § 23, Rn. 37.

1101 Vgl. Kapitel 3, G., II., 3.

1102 Vgl. die Regelung im Zivilprozess gemäß § 278 Abs. 5 ZPO Kapitel 3, G., II.

Abs. 1 bis 4 FamFG nach § 36 Abs. 5 S. 3 FamFG ist das Verfahren vor dem Güterichter zum Teil vorgegeben.

4. *Der Vorschlag zu einer außergerichtlichen Konfliktbeilegung*

Das Gericht kann den Parteien eine Mediation oder ein anderes Verfahren der außergerichtlichen Konfliktbeilegung vorschlagen, § 36a Abs. 1 S. 1 FamFG.[1103] Entscheiden sich die Parteien für die Durchführung eines solchen Verfahrens, ruht das Verfahren, § 36a Abs. 2 FamFG.[1104] Im Gegensatz zum Zivilprozess muss der Vorschlag nicht an alle Beteiligte gerichtet sein, auch ein Verweis an Einzelne ist möglich, § 36a Abs. 1 S. 1 FamFG. In Gewaltschutzsachen müssen schutzwürdige Belange der von der Gewalt betroffenen Personen bei dem Vorschlag berücksichtigt werden, § 36a Abs. 1 S. 2 FamFG. Gerichtliche Anordnungs- und Genehmigungsvorbehalte bleiben unberührt, § 36a Abs. 3 FamFG.

II. Unterschiede zum Zivilprozess

Die Änderungen in dem Gesetz über das Verfahren in Familiensachen und in den Angelegenheiten der freiwilligen Gerichtsbarkeit sowie in der Zivilprozessordnung unterscheiden sich insbesondere in zwei Punkten. So regelt der Gesetzgeber ein Beschleunigungsgebot in Kindschaftssachen und die Anordnung eines Informationsgesprächs.

1. *Beschleunigungsgebot bei Kindschaftssachen*

Bei einer Mediation in Kindschaftssachen, in denen das Kindeswohl gefährdet ist oder die das Umgangsrecht bzw. die Herausgabe des Kindes betreffen, nimmt das Gericht – soweit die Beteiligten keine einvernehmliche Regelung erzielen – das Gerichtsverfahren in der Regel nach drei Monaten wieder auf, § 155 Abs. 4 FamFG. Nach dem Wortlaut ‚in der Regel' gibt der Gesetzgeber dem Gericht mit dieser Regelung lediglich eine zeitliche Orientierung, es kann auch früher oder später das Verfahren wieder aufnehmen.[1105] Diese Regelung dient dem Schutz der Kinder. Durch eine Trennung der Eltern verlieren Kinder ihren psychologischen und emotionalen Rückhalt und können große Ängste vor der Zukunft entwickeln.[1106] Deshalb ist ein schnelles Verfahren für das Wohl und die

1103 Vgl. die Regelung im Zivilprozess gemäß § 278a Abs. 1 ZPO Kapitel 3, C.
1104 Vgl. dazu die Regelung im Zivilprozess gemäß § 278a Abs. 2 ZPO Kapitel 3, C.
1105 Vgl. MüKo-FamFG/*Heilmann*, § 155, Rn. 74.
1106 Büchner/u. a./*Groner*/*Winograd*, 324.

Entwicklung der Kinder in der Regel essentiell und darf durch ein aussichtsloses Mediationsverfahren nicht in die Länge gezogen werden.

2. *Anordnung eines Informationsgesprächs*

Der größte Unterschied zum Zivilprozess ist die Möglichkeit des Gerichts, Eltern einzeln oder gemeinsam die Teilnahme an einem kostenfreien Informationsgespräch über Mediation oder über eine sonstige Möglichkeit der außergerichtlichen Konfliktbeilegung bei einer vom Gericht benannten Person oder Stelle anzuordnen, § 156 Abs. 1 S. 3 FamFG. In Kindschaftssachen, welche das Umgangsrecht betreffen, regelt das Gericht durch einstweilige Anordnung den Umgang. Die Möglichkeit des Richters, ein Mediationsverfahren anzuordnen, wurde nicht gesetzlich geregelt, da eine erfolgreiche Mediation die Bereitschaft der Parteien zu einer einvernehmlichen Konfliktlösung voraussetzt.[1107] Entscheiden sich die Beteiligten für ein außergerichtliches Konfliktbeilegungsverfahren, setzt das Gericht das Verfahren aus, § 36a Abs. 2 FamFG. Die Anordnung kann ausweislich § 156 Abs. 1 S. 5 FamFG nicht angefochten oder durch Zwangsmittel durchgesetzt werden. Sofern die Beteiligten trotz richterlicher Anordnung ein Fernbleiben nicht ausreichend entschuldigen, sollen sie die Kosten des Verfahrens ganz oder teilweise tragen, § 81 Abs. 2 Nr. 5 FamFG.

B. Änderungen im Arbeitsgerichtsgesetz

In Artikel 4 des Gesetzes zur Förderung der Mediation und anderer Verfahren außergerichtlicher Konfliktbeilegung hat der Gesetzgeber Änderungen des Arbeitsgerichtsgesetzes geregelt. Diese Regelungen sind im Wesentlichen dieselben wie die Änderungen im Zivilprozess. Eine Abweichung ergibt sich jedoch dadurch, dass ausweislich § 54 Abs. 1 ArbGG die Güteverhandlung Teil der mündlichen Verhandlung ist, also dort auch stattfindet. Daraus könnte sich für den Güterichter in der Mediation eine richterliche Aufklärungspflicht – also auch eine Erörterung in rechtlicher Hinsicht – gemäß § 139 ZPO ergeben.[1108]

Gemäß § 54a Abs. 1 ArbGG kann das Gericht den Parteien eine Mediation oder ein anderes Verfahren der außergerichtlichen Konfliktbeilegung vorschlagen. Entscheiden sich die Parteien gemäß § 54a Abs. 2 S. 1 ArbGG für ein derartiges Verfahren, ordnet das Gericht das Ruhen des Verfahrens an.[1109] Auf Antrag

---

1107 MüKo-FamFG/*Schumann*, § 156, Rn. 12.

1108 *Thole*, ZZP 2014, 339 [354].

1109 Diese Regelung entspricht der Regelung § 278a ZPO im Zivilprozess, vgl. Kapitel 3, C.

einer Partei kann ein Termin zur mündlichen Verhandlung bestimmt werden. Im Gegensatz zum Zivilprozess nimmt im Übrigen das Gericht nach drei Monaten das Verfahren wieder von selbst auf, es sei denn, die Mediation wird nach übereinstimmender Erklärung noch betrieben, § 54a Abs. 2 S. 2 und 3 ArbGG.

Gemäß § 83a Abs. 1 ArbGG können die Parteien vor einem Güterichter einen Vergleich schließen, sofern sie über den Gegenstand des Vergleichs verfügen können.

§ 253 Abs. 3 Nr. 1 ZPO ist ausweislich § 46 Abs. 2 ArbGG entsprechend auch für das arbeitsgerichtliche Verfahren anwendbar.[1110] Damit soll auch vor den Arbeitsgerichten die Klageschrift die Angabe enthalten, ob vor dem Verfahren eine Mediation oder ein anderes Verfahren der außergerichtlichen Konfliktbeilegung vorausgegangen ist und die Angabe, ob dem Gründe entgegenstehen.[1111]

C. Änderungen im sozial-, verwaltungs- und finanzgerichtlichen Verfahren

In Artikel 5 bis 8 der Gesetze zur Förderung der Mediation und anderer Verfahren außergerichtlicher Konfliktbeilegung hat der Gesetzgeber Änderungen im Sozialgerichtsgesetz, in der Verwaltungsgerichtsordnung und in der Finanzgerichtsordnung vorgenommen. Mit diesen Änderungen können in diesen Verfahren die Regelungen zum Güteverfahren und zum Vorschlag eines außergerichtlichen Konfliktbeilegungsverfahrens gemäß §§ 278 Abs. 5, 278a ZPO angewendet werden.[1112] Damit kann zum einen das Gericht die Parteien für ein Güterichterverfahren an einen Güterichter verweisen, welcher als Methode auch die Mediation einsetzen kann.[1113] Zum anderen kann das Gericht den Parteien ein anderes Verfahren der außergerichtlichen Konfliktbeilegung vorschlagen.[1114]

Die Verweisungen auf § 278a ZPO in den öffentlich-rechtlichen Verfahren sind bemerkenswert. Damit können ausdrücklich öffentliche Hoheitsträger als Partei in einer Mediation einvernehmlich mit natürlichen Personen ihre Konflikte lösen.[1115] Die Verwaltung muss bei der Abschlussvereinbarung jedoch in diesem Fall den Grundsatz der Gesetzmäßigkeit der Verwaltung beachten.[1116]

1110 Natter/Gross/*Görg*, § 54a, Rn. 9.

1111 Vgl. Kapitel 3, A.

1112 Ausweislich § 202 S. 1 SGG, § 173 S. 1 VwGO, § 155 S. 1 FGO ist die Zivilprozessordnung einschließlich § 278 Abs. 5 und § 278a ZPO auf diese Verfahren anwendbar.

1113 Vgl. Kapitel 3, G., II.

1114 Vgl. Kapitel 3, C.

1115 *Risse*, SchiedsVZ 2012, 244 [253].

1116 Vgl. *Risse*, SchiedsVZ 2012, 244 [253].

Das Handeln der Verwaltung darf nicht mit dem Gesetz kollidieren, das Gesetz hat eine Vorrangwirkung und die Verwaltung muss sich an dem Grundsatz des Vorbehalts des Gesetzes orientieren.[1117]

D. Fazit

Das ‚neue' Güterichtermodell wurde mit den Regelungen in dem Gesetz über das Verfahren in Familiensachen und in den Angelegenheiten der freiwilligen Gerichtsbarkeit, im Arbeitsgerichtsgesetz, im Sozialgerichtsgesetz, in der Verwaltungsgerichtsordnung und in der Finanzgerichtsordnung in diese Gerichtsbarkeiten integriert. Damit ist es jetzt auch vor diesen Gerichten möglich, zum einen ein Güterichterverfahren mit der Mediation als Konfliktlösungsmethode auszuführen und zum anderen, statt des Gerichtsverfahrens eine außergerichtliche Mediation wahrzunehmen. Die Besonderheiten der Familiengerichtsbarkeit und der Arbeitsgerichtsbarkeit wurden dabei beachtet.

1117 Schmidt-Bleibtreu/Hofmann/Hopfauf/*Hofmann*, Art. 20, Rn. 83.

Kapitel 5 – Empirie

Um eine Etablierung der Mediation in Deutschland festzustellen, untersuchte der Verfasser in einer Begleitforschung zu dieser Dissertation die Anzahl von außergerichtlichen Mediationsverfahren in den Jahren 2011, 2012 und 2013. Ziel der Untersuchung war es, verlässliche Aussagen über eine Etablierung der außergerichtlichen Mediation in Deutschland zu treffen. Dafür wurden Mediatoren, die seit dem Jahr 2011 beruflich in verschiedenen Mediationsfeldern in Deutschland tätig gewesen sind und seitdem außergerichtliche Mediationsverfahren durchführen, aufgefordert, die Anzahl ihrer Mediationsverfahren im Jahr 2011, 2012 sowie 2013 anzugeben.

Die befragten Mediatoren wurden mithilfe der diversen Mediationsverbände in Deutschland ermittelt. Etwa 2 000 Mediatoren wurden mittels E-Mail gebeten, die Anzahl ihrer Mediationsverfahren anzugeben. Durch eine in der E-Mail angegebenen URL wurden die Mediatoren zu einem vorbereiteten Programm weitergeleitet. Dieses war so programmiert, dass drei Felder für Eingaben, wie viele Verfahren in den verschiedenen Jahren durchgeführt wurden, zur Verfügung standen. Neben den auszufüllenden Feldern war die jeweilige Jahreszahl groß angegeben, um möglichst irrtümliche, fehlerhafte Ausfüllungen zu vermeiden. Das Programm war weiterhin so programmiert, dass von jedem Computer nur einmal abgestimmt werden konnte, um die Möglichkeit einer Verfälschung der Ergebnisse durch mehrmaliges Abstimmen eines Mediators gering zu halten. Ob die Mediatoren ihre Zahlen bewusst oder irrtümlich falsch angegeben oder mehrmals, durch das Benutzen eines anderen Computers abgestimmt haben, lässt sich jedoch nicht mit Sicherheit ausschließen.

Die meisten der angesprochenen Mediatoren konnten die Umfrage aus verschiedenen Gründen nicht unterstützen. Einige Mediatoren beteiligten sich an der Umfrage, ohne jedoch in allen drei Jahren tätig gewesen zu sein. Diese Angaben wurden nicht ausgewertet, da aus ihnen keine Entwicklung der Mediationszahlen und mithin keine Etablierung der Mediation nachzuvollziehen wäre. 95 Mediatoren unterstützten die Umfrage und gaben die Anzahl ihrer Mediationsverfahren in den Jahren 2011, 2012 und 2013 an. Die Befragung erfolgte anonym. Ob die Mediation hauptberuflich angeboten wurde, inwieweit der Mediator auf dem Mediationsmarkt schon etabliert und in welchem Mediationsfeld er tätig war, lässt sich daher nicht feststellen.

Die Umfrage hat Folgendes ergeben:

Im Jahr 2011 haben 95 befragte Mediatoren 873 Mediationsverfahren durchgeführt, also im Durchschnitt etwa 9 Verfahren pro Mediator. Im Jahr 2012 haben dieselben 95 Mediatoren 985 Mediationsverfahren, also 112 Verfahren mehr als im Vorjahr, durchgeführt. Im Durchschnitt führte damit jeder Mediator etwa 10 Verfahren durch. Der größte Zuwachs an Mediationsverfahren erfolgte im Jahr 2013. Hier wurden von denselben 95 Mediatoren 1 208 Mediationsverfahren durchgeführt. Damit liegt ein Zuwachs von 223 Mediationsverfahren bezüglich des Vorjahres und 335 Mediationsverfahren bezüglich des Jahres 2011 vor. Durchschnittlich führte jeder der 95 Mediatoren im Jahr 2013 etwa 13 Verfahren durch (siehe *Abbildung 1*).

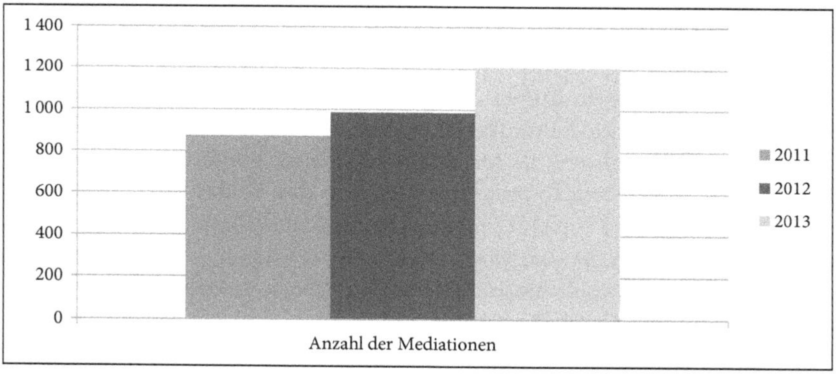

Abbildung 1.
Quelle: eigene Darstellung

Eine Etablierung der Mediation kann nach der Befragung nur vorsichtig bestätigt werden. Hinsichtlich der 95 befragten Mediatoren steht fest, dass die Anzahl der Mediationsverfahren insgesamt über die drei Jahre stetig angestiegen ist. Bei einer genaueren Betrachtung der Abstimmung lässt sich jedoch erkennen, dass dieser Anstieg nicht von allen freiberuflichen Mediatoren bestätigt werden konnte.

Immerhin bei 29,5 %[1118] der Mediatoren lässt sich der gleiche stetige Anstieg der Verfahren über die Jahre verzeichnen. Weitere 27,4 %[1119] der Mediatoren

1118 Bei 28 Mediatoren hat sich die Verfahrensanzahl seit dem Jahr 2011 Jahr pro Jahr vermehrt.

1119 26 Mediatoren haben im Jahr 2013 mehr Verfahren durchgeführt als im Jahr 2011.

hatten zwar im Jahr 2013 mehr Verfahren zu verbuchen als im Jahr 2011. Ein stetiger Anstieg war dabei nicht zu erkennen, da im Jahr 2012 entweder weniger Verfahren als im Jahr 2011 oder mehr Verfahren als im Jahr 2013 durchgeführt wurden. Immerhin ist bei knapp 57 % der befragten Mediatoren die Anzahl der Mediationsverfahren insgesamt angestiegen.

28,4 %[1120] der Mediatoren haben jedoch im Jahr 2011 insgesamt mehr Mediationsverfahren durchgeführt als im Jahr 2013. Bei 14,08 %[1121] dieser Mediatoren ist ein stetiger Rückgang in jedem Jahr zu verzeichnen.

Bei den restlichen 14,7 %[1122] ergibt sich zwischen den im Jahr 2011 und den im Jahr 2013 abgehaltenen Mediationsverfahren zahlenmäßig kein Unterschied. Bei knapp der Hälfte der Mediationsverfahren dieser Mediatoren hat sich die Anzahl in den gesamten drei Jahren nicht geändert (siehe *Abbildung 2*).

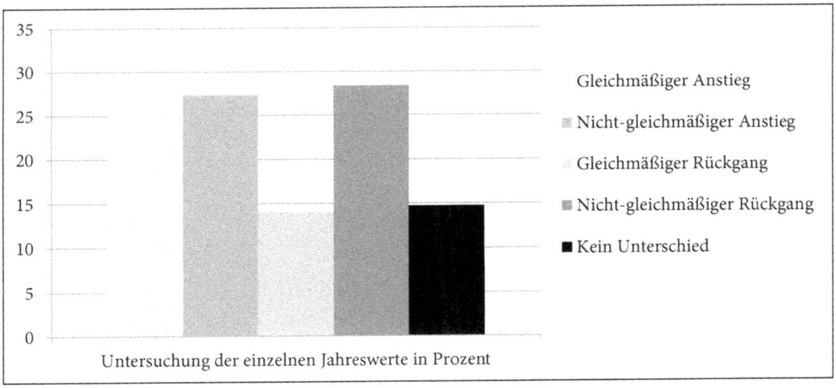

Abbildung 2.
Quelle: eigene Darstellung

Das Ergebnis der Befragung ist damit nicht einheitlich. Ein einheitlicher Anstieg der Mediationsverfahren hätte einen Rückschluss auf eine Etablierung ermöglicht. Über die Gründe für den Rückgang der Verfahren bei einigen Mediatoren lässt sich aufgrund der Anonymität der Umfrage lediglich mutmaßen. Denkbar ist es zwar, dass diejenigen Mediatoren, die einen Rückgang der

1120 27 Mediatoren haben im Jahr 2011 mehr Verfahren durchgeführt als im Jahr 2013.
1121 4 Mediatoren haben jedes Jahr weniger Mediationsverfahren durchgeführt.
1122 14 Mediatoren haben im Jahr 2011 genauso viele Mediationsverfahren geführt wie im Jahr 2013.

Verfahren zu verbuchen hatten, einen Ausstieg aus dem Beruf des Mediators im Jahr 2013 planten. Umgekehrt ist es aber auch möglich, dass diejenigen Mediatoren, bei denen ein deutlicher Anstieg von 2011 bis 2013 zu verbuchen war, sich im Laufe dieser Jahre erst auf dem Mediationsmarkt etablierten. Durch den Anstieg der Mediationsverfahren ist Deutschland mit der Förderung der Mediation zumindest aber insgesamt auf einem guten Weg.

Kapitel 6 – Ausblick

Das Gesetz zur Förderung der Mediation und anderer Verfahren außergerichtlicher Konfliktbeilegung ist eine Hinwendung Deutschlands zur alternativen Konfliktlösung, welche den Anschluss an eine weltweite Entwicklung ermöglicht. Die Förderung der außergerichtlichen Konfliktbeilegung ist durch einen harmonisierten Rechtsrahmen, durch Maßnahmen der Qualitätssicherung und durch eine stärkere Vernetzung von Gerichts- und Mediationsverfahren möglich.[1123]

Der Gesetzgeber hat einen einheitlichen Rechtsrahmen kreiert, der nach den bislang unzureichenden Regelungen die wesentlichen Fragen der Mediation und das Verhältnis von Mediation und Gerichtsverfahren klärt. Um die Qualität des Verfahrens zu sichern, wurden verfahrenskonkretisierende Regelungen, Regelungen für den Beruf des Mediators sowie die Festlegung seiner Aufgaben und Pflichten umgesetzt.[1124] Das Gesetz unterstützt damit neben der staatlichen Gerichtsbarkeit eine alternative Streitlösung, welche durch die Bevölkerung selbst erfolgt. Damit ist es möglich, dass nunmehr ohne die Hinzuziehung staatlicher Organe in einem rechtssichernden Gesetzesrahmen Bürger ihre Konflikte selber lösen.[1125]

Dieses Verfahren wird durch das Gesetz zur Förderung der Mediation und anderer Verfahren der außergerichtlichen Konfliktbeilegung gefördert. Es vermittelt der deutschen Bevölkerung Anreize für eine Mediation und verhindert Nachteile im Falle eines Scheiterns.[1126] Zusätzlich minimiert das Gesetz für die Bevölkerung durch die Regelungen der Rechte und Pflichten des Mediators sowie der Parteien im Mediationsgesetz die Angst vor dem Unbekannten. Durch das Mediationsgesetz wird das alternative Streitschlichtungsverfahren in dem Bewusstsein der deutschen Bevölkerung verankert. Damit wird die Akzeptanz der Mediation in der Bevölkerung verstärkt.[1127] Allein durch die Diskussion eines neuen Gesetzes hat die Mediation bereits an Bekanntheit gewonnen.[1128]

1123 Vgl. Kapitel 2, H.

1124 Vgl. zu den möglichen Qualitätssicherungsmaßnahmen *Carl*, ZKM 2010, 177 [177].

1125 Vgl. *Risse*, SchiedsVZ 2012, 244 [245]; vgl. auch *Risse/Bach*, SchiedsVZ 2011, 14 [16].

1126 Vgl. *Wozniewski*, NZG 2008, 410 [411].

1127 Siehe auch Greger/Unberath/*Greger*, Teil 1, Rn. 126.

1128 *Montada/Kals*, 21.

Die Möglichkeit des Gerichts, trotz Anhängigkeit eines Gerichtsverfahrens eine außergerichtliche Mediation vorzuschlagen, fördert die Mediation zusätzlich.

Dabei steht die Etablierung der Mediation in Deutschland erst am Anfang. Das Mediationsverfahren soll zwar nicht das Gerichtsverfahren ersetzen, da nicht alle Konflikte für ein Mediationsverfahren geeignet sind.[1129] Das Mediationsverfahren muss aber als gleichwertige Alternative neben dem Gerichtsverfahren verstanden werden, welches bei bestimmten Konflikten vorzugswürdig ist. Das Ziel muss daher sein, die deutsche Bevölkerung zu einem Umdenken zu bewegen. Bei vielen Streitigkeiten ist die Mediation im Gegensatz zu dem traditionellen Gerichtsverfahren die schnellere, günstigere und friedlichere[1130] Konfliktlösung. Um dieses Ziel zu erreichen, müssen sich aber sowohl die Rechtspflege als auch die Bevölkerung verändern.

Rechtsanwälte werden trotz gesetzlicher Förderung weiterhin einen Drang zur gerichtlichen Entscheidung haben. Sie haben während des Studiums die Anwendung des Rechts und nicht die Ausübung einer Mediation gelernt.[1131] Ausweislich § 5a Abs. 3 DRiG müssen seit 2003 zwar Qualifikationen, wie Verhandlungsmanagement, Streitschlichtung und Mediation, im Studium vermittelt werden.[1132] Diese Ausbildung spielt während des Studiums jedoch eine untergeordnete Rolle. Wünschenswert wäre es, diese Ausbildung zu verstärken und auch Abschlussprüfungen einzuführen.[1133] Auch eine praktische Ausbildungsstation im Referendariat ist denkbar. Ein Rechtsanwalt kann dann die Mediation als Handwerkzeug jederzeit verwenden.[1134] Mit dieser Ausbildung würden die Organe der Rechtspflege das Mediationsverfahren als Alternative zu dem Gerichtsprozess verstehen.

Auch weitere gerichtliche Förderungsmaßnahmen für die außergerichtliche Mediation sind denkbar. Die ordentlichen Gerichte haben durch die Änderungen in der Zivilprozessordnung die Möglichkeit, für eine außergerichtliche Konfliktbeilegung zu werben. Es wäre weitergehend jedoch zu begrüßen, Kostenanreize bei einer fehlgeschlagenen Mediation anzubieten, zum Beispiel durch niedrigere Gerichtsgebühren.[1135] Besonders begrüßenswert wäre die Berücksichtigung

---

1129 *Redmann*, 21.
1130 Vgl. Kapitel 3, A., I.
1131 Vgl. *von Daniels*, AnwBl 2011, 453 [455].
1132 Römermann/Paulus/*Paulus*, 5; vgl. auch Strempel/*Strempel*, 15.
1133 Vgl. Römermann/Paulus/*Dendorfer*, 294.
1134 Vgl. Römermann/Paulus/*Dendorfer*, 294.
1135 *Bundesrechtsanwaltskammer*, Stellungnahme, 17.

einer Mediationskostenhilfe nach dem Vorbild der Zivilprozessordnung.[1136] Wirtschaftlich Hilfsbedürftige werden unter den jetzigen Umständen lieber den Gang zum Gericht wählen, anstatt die Mediation aufzusuchen.[1137]

Für eine Etablierung der außergerichtlichen Mediation ist darüber hinaus auch eine bessere Information der Bevölkerung erforderlich.[1138] Bereits in der Schule sollte das Verfahren vorgestellt werden. Eine wichtige Informationsquelle hinsichtlich des Methodenverständnisses der Mediation wird auch das Güterichterverfahren sein, sofern die Mediation als Konfliktlösungsmethode angewendet wird.[1139] Dadurch ist gewährleistet, dass die Methoden des Mediators nicht auf Befremden stoßen, sondern wiedererkannt werden.

Am Ende werden belegbare Erfolge für die Etablierung der Mediation in Deutschland ausschlaggebend sein. Startschwierigkeiten sollte das Mediationsverfahren nicht haben. Misserfolge durch schlecht ausgebildete Mediatoren wären daher besonders schädlich. Es ist von besonderer Bedeutung, alle gesetzlichen Möglichkeiten zu nutzen, um der Mediation in Deutschland einen guten Start zu verschaffen.[1140]

Die Etablierung einer weiteren Konfliktbeilegungsmöglichkeit ermöglicht den Parteien, den für sie bestmöglichen Lösungsansatz für ihren Konflikt zu wählen.[1141] Ein großer Schritt für die Förderung ist damit getan. Allein die angesprochenen kleinen Weichenstellungen sollte der Gesetzgeber noch vornehmen, um die optimalen Mediationsverfahren in Deutschland zu garantieren. Es lohnt sich.

1136 Siehe Kapitel 2, F., 2.

1137 Vgl. *Bundesrechtsanwaltskammer*, Stellungnahme, 3.

1138 BT-Drucks.17/5335, Seite 28.

1139 Vgl. BT-Drucks. 17/5335, Seite 28.

1140 Vgl. auch *Horstmeier*, Rn. 14: Als mahnendes Beispiel können Österreich und Frankreich herangezogen werden. Dort gilt die Förderung der Mediation bereits als misslungen, *Horstmeier*, Rn. 14. Lediglich in England kam es zu einem fühlbaren Anstieg der außergerichtlichen Mediationsverfahren. Ursache dafür können aber auch die hohen Gerichtskosten sein.

1141 *Birner*, 41.

Literaturverzeichnis

Achterberg, Norbert, Allgemeines Verwaltungsrecht. Ein Lehrbuch, 2. Auflage, C.F. Müller Juristischer Verlag, Heidelberg 1986 (zit.: *Achterberg*, §, Rn.).

Ahrens, Martin, Mediationsgesetz und Güterichter – Neue gesetzliche Regelungen der gerichtlichen und außergerichtlichen Mediation, NJW 2012, 246 ff. (zit.: *Ahrens*, NJW 2012, 2465 [Seite]).

Ahrens, Martin/Lipp, Volker/Varga, István, Europäisches Zivilprozessrecht. Einfluss auf Deutschland und Ungarn. Erschienen in der Reihe „Göttinger Juristische Schriften", Band 11, Universitätsverlag Göttingen, Göttingen 2011 (zit.: Ahrens/Lipp/Varga/*Autor*, [Seite]).

Albin, Wolf, Güteverhandlung und Mediation. Evaluierung der ZPO-Reform von 2002, MV Wissenschaft, Münster 2007 (zit.: *Albin*, [Seite]).

Althammer, Christoph, Mediation als prozessuale Last, JZ 2006, 69 ff. (zit.: *Althammer*, JZ 2006, 69 [Seite]).

Arens, Peter, Willensmängel bei Parteihandlungen im Zivilprozess, Verlag Gehlen, Bad Homburg v.d.H./Berlin/Zürich 1968 (zit.: *Arens*, [Seite]).

Aschke, Manfred/Hase, Friedhelm/Schmidt-De Caluwe, Reimund, Selbstbestimmung und Gemeinwohl. Festschrift zum 70. Geburtstag von Professor Dr. Friedrich von Zezschwitz, Nomos Verlagsgesellschaft, Baden-Baden 2005 (zit.: Aschke/Hase/Schmidt-De Caluwe/*Autor* [Seite]).

Bader, Jochen Frank, Gerichtsinterne Mediation am Verwaltungsgericht, Jur. Diss. Univ. Mannheim 2009, Duncker & Humbold, Berlin 2009 (zit.: *Bader*, [Seite]).

Bader, Johann/Ronellenfitsch, Michael, Verwaltungsverfahrensgesetz, Kommentar, Verlag C.H. Beck, München 2010 (zit.: Bader/Ronellenfitsch/*Autor*, §, Rn.).

Baetge, Dietmar/von Hein, Jan/von Hinden, Michael, Die richtige Ordnung. Festschrift für Jan Kropholler zum 70. Geburtstag, Mohr Siebeck Verlag, Tübingen 2008 (zit.: Baetge/von Hein/von Hinden/*Autor*, [Seite]).

Bamberger, Heinz Georg/Roth, Herbert, Kommentar zum Bürgerlichen Gesetzbuch, Band 1, 3. Auflage, Verlag C.H. Beck, München 2013 (zit.: Bamberger/Roth/*Autor*, §, Rn.).

Battis, Ulrich, Allgemeines Verwaltungsrecht, 3. Auflage, C.F. Müller Verlag, Heidelberg 2002 (zit.: *Battis*, [Seite]).

Baumbach, Adolf/Lauterbach, Wolfgang/Albers, Jan/Hartmann, Peter, Beck'sche Kurz-Kommentare. Zivilprozessordnung, 71. Auflage, Verlag C.H. Beck, München 2015 (zit.: Baumbach/Lauterbach/Albers/*Hartmann*, §, Rn.).

Baumgärtel, Gottfried, Wesen und Begriff der Prozesshandlung einer Partei im Zivilprozess, Verlag Franz Vahlen GmbH, Berlin/Frankfurt am Main 1957 (zit.: *Baumgärtel*, [Seite]).

Bercher, Anne/Engel, Martin, Kostenanreize für eine Streitbeilegung durch Mediation, ZRP 2010, 126 ff. (zit.: *Bercher/Engel*, ZRP 2010, 126 [Seite]).

Bergschneider, Ludwig, Der Beschlussvergleich gemäß § 278 Abs. 6 ZPO und das Problem der Form, FamRZ 2013, 260 ff. (zit.: *Bergschneider*, FamRZ 2013, 260 [Seite]).

Bettermann, Karl, August/Nipperdey, Hans, Carl/Scheuner, Ulrich, Die Grundrechte. Handbuch der Theorie und Praxis der Grundrechte, Dritter Band, 2. Halbband, Duncker & Humblot Verlag, Berlin 1959 (zit.: Bettermann/Nipperdey/Scheuner/*Autor*, [Seite]).

Birner, Marietta, Das Multi-Door Courthouse. Ein Ansatz für multi-dimensionalen Konfliktbehandlung, Verlag Centrale für Mediation, Köln 2003 (zit.: *Birner*, [Seite]).

Blankenburg, Erhard/Gottwald, Walther/Strempel, Dieter, Rechtstatsachenforschung. Herausgegeben vom Bundesministerium der Justiz: Alternativen in der Ziviljustiz – Berichte, Analysen, Perspektiven – Bundesanzeiger, Köln 1982 (zit.: Blankenburg/Gottwald/Strempel/*Autor*, [Seite]).

Bleckmann, Albert, Staatsrecht II – Die Grundrechte, 4. Auflage, Carl Heymann Verlag, Köln/Berlin/Bonn/München 1997 (zit.: *Bleckmann*, §, Rn.).

Blobel, Felix/Späth, Patrick, Streitbeilegungsvereinbarungen im Schatten des europäischen Gemeinschaftsrechts. Ein rechtsvergleichender Überblick, ZEuP 2005, 784 ff. (zit.: *Blobel/Späth*, ZEuP 2005, 784 [Seite]).

Bötticher, Eduard, Prozessrecht und Materielles Recht. Rezensionsabhandlung über Wolfram Henckel, Prozessrecht und Materielles Recht, 1970, ZZP 1985, 1 ff. (zit.: *Bötticher*, ZZP 1985, 1 [Seite]).

Braun, Johann, Lehrbuch des Zivilprozeßrechts. Erkenntnisverfahren, Mohr Siebeck Verlag, Tübingen 2014 (zit.: *Braun*, [Seite]).

Breidenbach, Stephan, Mediation, Verlag Dr. Otto Schmidt KG, Köln 1995 (zit.: *Breidenbach*, [Seite]).

Breidenbach, Stephan/Henssler, Martin, Mediation für Juristen, Verlag Dr. Otto Schmidt, Köln 1997 (zit.: Breidenbach/Henssler/*Autor*, [Seite]).

Bruns, Alexander/Münch, Joachim/Stadler, Astrid, Die Zukunft des Zivilprozesses, Freiburg Symposium am 27. April 2013 anlässlich des 70. Geburtstages von Rolf Stürner, Mohr Siebeck Verlag, Tübingen 2014 (zit.: Bruns/Münch/Stadler/*Autor*, [Seite]).

Büchner, Sebastian/u. a., Außergerichtliche Streitbeilegung, 1. Auflage, Jehle Rehm Verlag, München 1998 (zit.: Büchner/u. a./*Autor*, [Seite]).

Bull, Hans, Peter/Mehde, Veith, Allgemeines Verwaltungsrecht mit Verwaltungslehre, 8. Auflage, C.F. Müller Verlag, Heidelberg 2009 (zit.: *Bull/Mehde*, §, Rn.).

Bundesrechtsanwaltskammer, Schriftenreihe der Bundesrechtsanwaltskammer. Band 16. Zivilprozessrechts-Symposium. Deregulation des Anwaltsmarktes – Gerichtsinterne Mediation – Einheitliche Rechtsprechung, Verlag C.H. Beck, München 2008 (zit.: Bundesrechtsanwaltskammer/*Autor*, [Seite]).

Bundesrechtsanwaltskammer, Stellungnahme der Bundesrechtsanwaltskammer zum Referentenentwurf eines Gesetzes zur Förderung der Mediation und anderer Verfahren der außergerichtlichen Konfliktbeilegung, Oktober 2010, abrufbar unter http://www.brak.de/zur-rechtspolitik/stellungnahme-pdf/stellungnahme-deutschland/2010/oktober/stellungnahme-der-brak-2010-27.pdf (zit.: *Bundesrechtsanwaltskammer*, Stellungnahme, [Seite]).

Carl, Eberhard, Qualitätssicherung im Referentenentwurf zum Mediationsgesetz, ZKM 2010, 177 ff. (zit.: Carl, ZKM 2010, 177 [Seite]).

Classen, Claus Dieter, Gesetzesvorbehalt und Dritte Gewalt, JZ 2003, 693 ff. (zit.: *Classen*, JZ 2003, 693 [Seite]).

Cooter, Robert/Ulen, Thomas, Law & Economics, Fifth Edition, Pearson Addison Wesley Verlag, Boston u. a. 2008 (zit.: *Cooter/Ulen*, [Seite]).

Creutz, Marcus, Risiken und Nebenwirkungen der gerichtsnahen Mediation, DRiZ 2007, 11 (zit.: *Creutz*, DRiZ 2007, 11).

Deutscher Anwaltverein, Stellungnahme zum Referentenentwurf eines Gesetzes zur Förderung der Mediation und anderer Verfahren der außergerichtlichen Konfliktbeilegung, September 2010, abrufbar unter http://www.anwaltverein.de/downloads/stellungnahmen/SN-10/SN-58-10.pdf (zit.: *Deutscher Anwaltverein*, [Seite]).

Deutscher Bundestag, Drucksache 17/5335. Gesetzesentwurf der Bundesregierung. Entwurf eines Gesetzes zur Förderung der Mediation und anderer Verfahren der außergerichtlichen Konfliktbeilegung, abrufbar unter http://dip21.bundestag.de/dip21/btd/17/053/1705331.pdf (zit.: BT-Drucks. 17/5335, Seite [Seite]).

Deutscher Bundestag, Drucksache 17/8058. Beschlussempfehlung und Bericht des Rechtsausschusses zu dem Gesetzesentwurf der Bundesregierung. Entwurf eines Gesetzes zur Förderung der Mediation und anderer Verfahren der außergerichtlichen Konfliktbeilegung, abrufbar unter http://dip21.bundestag.de/dip21/btd/17/080/1708051.pdf (zit.: BT-Drucks. 17/8058, Seite [Seite]).

Deutscher Notarverein, Stellungnahme zum Referentenentwurf eines Gesetzes zur Förderung der Mediation und anderer Verfahren der außergerichtlichen Konfliktbeilegung vom 30. September 2010, abrufbar unter http://www.dnotv.de/_files/Dokumente/Stellungnahmen/STN-Mediationsgesetz-fin.pdf (zit.: *Deutscher Notarverein*, [Seite]).

Deutscher Richterbund, Eckpunktepapier zur gerichtsinternen und gerichtsnahen Mediation im Zivilprozess und im Verfahren vor den Arbeitsgerichten vom November 2009, abrufbar unter http://www.drb.de/cms/fileadmin/docs/rechtspolitik_mediation_0911.pdf (zit.: *Deutscher Richterbund*, Eckpunktepapier, [Seite]).

Deutscher Richterbund, Stellungnahme zum Referentenentwurf eines Gesetzes zur Förderung der Mediation und anderer Verfahren der außergerichtlichen Konfliktbeilegung, September 2010, abrufbar unter http://www.bundesgerichtshof.de/ShareDocs/Downloads/DE/Bibliothek/Gesetzesmaterialien/17_wp/mediationsg/stellung_drb_refe.pdf?_blob=publicationFile (zit.: *Deutscher Richterbund*, Stellungnahme, [Seite]).

Deutscher Steuerberaterverband, Referentenentwurf eines Gesetzes zur Förderung der Mediation und anderer Verfahren der außergerichtlichen Konfliktbeilegung, 01. Oktober 2010, abrufbar unter http://www.bundesgerichtshof.de/ShareDocs/Downloads/DE/Bibliothek/Gesetzesmaterialien/17_wp/mediationsg/stellung_dstv_refe.pdf?_blob=publicationFile (zit.: *Deutscher Steuerberaterverband*, [Seite]).

Dürschke, Joachim, Güterichter statt Mediator – Güteverhandlung und Mediation im sozialgerichtlichen Verfahren, NZS 2013, 41 ff. (zit.: *Dürschke*, NZS 2013, 41 [Seite]).

Duve, Christian, Mediation und Vergleich im Prozess. Eine Darstellung am Beispiel des Special Master in den USA, Verlag Dr. Otto Schmidt, Köln 1999 (zit.: *Duve*, [Seite]).

Dreier, Horst, Grundgesetz. Kommentar, Band I, 3. Auflage, Mohr Siebeck Verlag, Tübingen 2013 (zit.: Dreier/*Autor*, Band I, Art., Rn.).

Dreier, Horst, Grundgesetz. Kommentar, Band II, 2. Auflage, Mohr Siebeck Verlag, Tübingen 2006 (zit.: Dreier/*Autor*, Band II, Art., Rn.).

Dreier, Horst, Grundgesetz. Kommentar, Band III, 2. Auflage, Mohr Siebeck Verlag, Tübingen 2008 (zit.: Dreier/*Autor*, Band III, Art., Rn.).

Dreyer, Heinrich/Lamm, Christian-Peter/Müller, Thomas, Rechtsdienstleistungsgesetz mit Einführungsgesetz und Rechtsdienstleistungsverordnung. Praxiskommentar, Erich Schmidt Verlag, Berlin 2009 (zit.: Dreyer/Lamm/Müller/*Autor*, §, Rn.).

Eckardt, Bernd/Dendorfer, Renate, Der Mediator zwischen Vertraulichkeit und Zeugnispflicht – Schutz durch Prozessvertrag, MDR 2001, 78 ff. (zit.: *Eckardt/ Dendorfer*, MDR 2001, 786 [Seite]).

Effer-Uhe, Daniel Oliver, Prozess- oder Verfahrenskostenhilfe für die gerichtsnahe Mediation, NJW 2013, 3333 ff. (zit.: *Effer-Uhe*, NJW 2013, 3333 [Seite]).

Eidenmüller, Horst, Vertrags- und Verfahrensrecht der Wirtschaftsmediation – Mediationsvereinbarung, Mediatorverträge, Mediationsvergleiche, Internationale Mediationsfälle, Verlag Dr. Otto Schmidt, Köln 2001 (zit.: *Eidenmüller*, [Seite]).

Eidenmüller, Horst/Prause, Matthias, Die europäische Mediationsrichtlinie – Perspektiven für eine gesetzliche Regelung der Mediation in Deutschland, NJW 2008, 2737 ff. (zit.: *Eidenmüller/Prause*, NJW 2008, 2737 [Seite]).

Ellwein, Thomas, Perioden und Probleme der deutschen Verwaltungsgeschichte, VerwArch. (87) 1996, 1 ff. (zit.: *Ellwein*, VerwArch. 1996, 1 [Seite]).

Engel, Martin/Hornuf, Lars, Vexierbild Richtermediation – Eine Studie zur Wahrnehmung verschiedener Mediationsformen in Deutschland, ZZP 2011, 505 ff. (zit.: *Engel/Hornuf*, ZZP 2011, 505 [Seite]).

Epping, Volker/Hillgruber, Christian, Grundgesetz. Kommentar, 2. Auflage, Verlag C.H. Beck, München 2013 (zit.: Epping/Hillgruber/*Autor*, GG, Art., Rn.).

Erb, Volker/Esser, Robert/Franke, Ulrich/Grahlmann-Scheerer, Kirsten/Hilger, Hans/Ignor, Alexander, Löwe-Rosenberg. Die Strafprozessordnung und das Gerichtsverfassungsgesetz. Großkommentar, 26. Auflage, Zehnter Band, GVG; EGGVG, De Gruyter Verlag, Berlin/New York 2010 (zit.: Erb/Esser/ Franke/Grahlmann-Scheerer/Hilger/Ignor/*Autor*, §, Rn.).

Erbguth, Wilfried, Allgemeines Verwaltungsrecht mit Verwaltungsprozess- und Staatshaftungsrecht, 7. Auflage, Nomos Verlag, Baden-Baden 2014 (zit.: *Erbguth*, §, Rn.).

Erichsen, Hans-Uwe/Ehlers, Dirk, Allgemeines Verwaltungsrecht, 14. Auflage, De Gruyter Verlag, Berlin/New York 2010 (zit.: Erichsen/Ehlers/*Autor*, §, Rn.).

Westermann, Peter/Grunewald, Barbara/Maier-Reimer, Georg, Erman. Bürgerliches Gesetzbuch. Handkommentar, 13. Auflage, Band I, Verlag Dr. Otto Schmidt KG, Köln 2011 (zit.: Erman/*Autor*, §, Rn.).

Fehling, Michael, Verwaltung zwischen Unparteilichkeit und Gestaltungsaufgabe, Mohr Siebeck Verlag, Tübingen 2001 (zit.: *Fehling*, [Seite]).

Feiber, Oskar, Umwelt und Recht. Justizverweigerung durch ein Gerichtspräsidium, NJW 1975, 2005 ff. (zit.: *Feiber*, NJW 1975, 2005 [Seite]).

Feuerich, Wilhelm/Weyland, Dag/Vossebürger, Albert/Böhnlein, Gregor/ Brüggemann, Rüdiger, Bundesrechtsanwaltsordnung. Berufsordnung, Fachanwaltsordnung, Partnerschaftsgesellschaftsgesetz, Recht für Anwälte aus dem Gebiet der Europäischen Union, Patentanwaltsordnung. Kommentar, 8. Auflage, Verlag Franz Vahlen, München 2012 (zit.: *Feuerich/Weyland/* Autor, §, Rn.).

Fischer, Christian/Unberath, Hannes, Das neue Mediationsgesetz. Rechtliche Rahmenbedingungen der Mediation. Tagung vom 7./8. Oktober 2011 in Jena, Verlag C.H. Beck, München 2013 (zit.: Fischer/Unberath/*Autor*, [Seite]).

Fleiner, Fritz, Institutionen des Deutschen Verwaltungsrechts, 8. Auflage, Verlag von J.C.B. Mohr (Paul Siebeck), Tübingen 1928 (zit.: *Fleiner*, [Seite]).

Fölsch, Peter, Das neue FamFG in Familiensachen, 2. Auflage, Deutscher Anwaltverlag, Bonn 2009 (zit.: *Fölsch*, §, Rn.).

Forsthoff, Ernst, Lehrbuch des Verwaltungsrechts, Band I, Allgemeiner Teil, 10. Auflage, C.H. Beck'sche Verlagsbuchhandlung, München 1973 (zit.: *Forsthoff*, [Seite]).

Frankewitsch, Annegret, Mediation in der Praxis. Der externe Verhandlungsleiter vor Großveranstaltungen, NVwZ 2012, 1514 ff. (zit.: *Frankewitsch*, NVwZ 2012, 1514 [Seite]).

Friauf, Karl, Heinrich/Höfling, Wolfram, Berliner Kommentar zum Grundgesetz, Band 4, Erich Schmidt Verlag, Berlin 2014 (zit.: Friauf/Höfling/*Autor*, Lfg., Art., Rn.).

Fritz, Roland/Krabbe, Heiner, Plädoyer für Qualität und Nachhaltigkeit der Güterichterausbildung, NVwZ 2013, 29 ff. (zit.: *Fritz/Krabbe*, NVwZ 2013, 29 [Seite]).

Fritz, Roland/Pielsticker, Dietrich, Mediationsgesetz. Kommentar. Handbuch. Mustertexte, Luchterhand Verlag, Köln 2013 (zit.: Fritz/Pielsticker/*Autor*, §, Rn).

Fritz, Roland/Schroeder, Hans-Patrick, Der Güterichter als Konfliktmanager im staatlichen Gerichtssystem. Aufgabenbereich und Methoden des Güterichters nach § 278 ZPO – Eine erste Bilanz, NJW 2014, 1910 ff. (zit.: *Fritz/Schroeder*, NJW 2014, 1910 [Seite])

Fürst, Walther/Mühl, Otto/Arndt, Horst, Richtergesetz. Kommentar und ergänzende Vorschriften, Erich Schmidt Verlag GmbH & Co, Berlin 1992 (zit.: *Fürst/Mühl/Arndt*, §, Rn.).

Gaier, Reinhard/Wolf, Christian/Göcken, Stephan, Anwaltliches Berufsrecht, BORA, BRAO, EMRK, EuRAG, FAO, GG, RDG, RDGEG, Anwaltshaftung, Kommentar, Verlag Dr. Otto Schmidt, Köln 2014 (zit.: Gaier/Wolf/Göcken/*Autor*, §, Rn.).

Gallwas, Hans-Ullrich/Lindner, Josef Franz/Wolff, Heinrich Amadeus, Bayrisches Polizei- und Sicherheitsrecht, 4. Auflage, Richard Boorberg Verlag, Stuttgart 2015 (zit.: Gallwas/Lindner/Wolff/*Autor*, Rn.).

Gerke, Gunthart, Die Schlichtung im chinesischen Recht, Verbund Stiftung Deutsches Übersee-Institut, Hamburg 1992 (zit.: *Gerke*, [Seite]).

Giese, Friedrich, Allgemeines Verwaltungsrecht. Vorlesungsgrundriß, Verlag J.C.B. Mohr (Paul Siebeck), Tübingen 1948 (zit.: *Giese*, [Seite]).

Gläßer, Ulla/Schroeter, Kirsten, Gerichtliche Mediation. Grundsatzfragen. Etablierungserfahrungen und Zukunftsperspektiven, Nomos Verlag, Baden-Baden 2011 (zit.: Gläßer/Schroeter/*Autor*, [Seite]).

Gloor, Prisca, Mediation. Ein Vermittlungsverfahren für familiäre Konflikte, Verlag pro juventute, Zürich 1993 (zit.: *Gloor*, [Seite]).

Gloria, Christian, Verfassungsrechtliche Anforderungen an die gerichtlichen Geschäftsverteilungspläne, DÖV 1988, 849 ff. (zit.: *Gloria*, DÖV 1988, 849 [Seite]).

Götsche, Frank, Die neue Verfahrenskostenhilfe nach dem FamFG, FamRZ 2009, 383 ff. (zit.: *Götsche*, FamRZ 2009, 383 [Seite]).

Goldberg, Stephen, B./Sander, Frank, E. A./Rogers, Nancy, H./Cole, Sarah, Rudolph, Dispute Resolution, Negotiation, Mediation, and Other Processes, Fourth Edition, Aspen Publishers, New York 2003 (zit.: *Goldberg/Sander/Rogers/Cole*, [Seite]).

Gottwald, Walther, Alternative Streitbeilegung (Alternative Dispute Resolution, ADR) in Deutschland – Wege, Umwege, Wegzeichen, FÜR 2004, 163 ff. (zit.: *Gottwald*, FÜR 2004, 163 [Seite]).

Graf-Schlicker, Marie Luise, Die EU-Richtlinie zur Mediation – zum Stand der Umsetzung, ZKM 2009, 83 ff. (zit.: *Graf-Schlicker*, ZKM 2009, 83 [Seite]).

Greger, Reinhard, Abschlussbericht zum Modellversuch der Güterichter, ZKM 2007, 180 ff. (zit.: *Greger*, ZKM 2007, 180 [Seite]).

Greger, Reinhard, Das Güterichtermodell – ein Lehrstück für alternative Konfliktlösungen. Erfahrungen und Perspektiven – auf dem Weg zu einem neuen Rollenverständnis der Anwaltschaft, AnwBl 2013, 504 ff. (zit.: *Greger*, AnwBl 2013, 504 [Seite]).

Greger, Reinhard, Der „zertifizierte Mediator" – Heilsbringer oder Schreckgespenst? ZKM 2012, 36 ff. (zit.: *Greger*, ZKM 2012, 36 [Seite]).

Greger, Reinhard, Die Legitimität der Gerichtsmediation im Lichte neuer Rechtsentwicklung, DRiZ 2008, 48 ff. (zit.: *Greger*, DRiZ 2008, 48 [Seite]).

Greger, Reinhard, Die Reglementierung der Selbstregulierung – Zum Referentenentwurf eines Mediationsgesetzes, ZRP 2010, 209 ff. (zit.: *Greger*, ZRP 2010, 209 [Seite]).

Greger, Reinhard, Einvernehmliche Streitbeilegung. Verweisung vor den Güterichter und andere Formen konsensorientierter Prozessleitung, MDR 2014, 993 ff. (zit.: *Greger*, MDR 2014, 993 [Seite]).

Greger, Reinhard, Erste Erfahrungen mit dem bayrischen Güterichterprojekt, ZKM 2006, 68 ff. (zit.: *Greger*, ZKM 2006, 68 [Seite]).

Greger, Reinhard, Gerichtsinterne Mediation auf dem Prüfstand, ZKM 2013, 9 ff. (zit.: *Greger*, ZKM 2013, 9 [Seite]).

Greger, Reinhard, Jutizreform – und nun? JZ 2002, 1020 ff. (zit.: *Greger*, JZ 2002, 1020 [Seite]).

Greger, Reinhard, Justiz und Mediation – Entwicklungslinien nach Abschluss der Modellprojekte, NJW 2007, 3258 ff. (zit.: *Greger*, NJW 2007, 3258, [Seite]).

Greger, Reinhard, Mediation im Gerichtsverfahren. Plädoyer für einen systemgerechten Einsatz innovativer Konfliktlösungen in der Rechtspflege, AnwBl 2008, 570 ff. (zit.: *Greger*, AnwBl 2008, 570 [Seite]).

Greger, Reinhard, Prozessinterne Mediation durch externe Mediatoren? ZKM 2007, 142 ff. (zit.: *Greger*, ZKM 2007, 142 [Seite]).

Greger, Reinhard/Unberath, Hannes, Die Zukunft der Mediation in Deutschland. Tagung vom 15./16. Februar 2008 in Jena, Verlag C.H. Beck, München 2008 (zit.: Greger/Unberath/*Autor*, Die Zukunft der Mediation in Deutschland, [Seite]).

Greger, Reinhard/Unberath, Hannes, MediationsG. Recht der alternativen Konfliktlösung. Kommentar, Verlag C.H. Beck, München 2012 (zit.: Greger/Unberath/*Autor*, §, Rn/Seite [Seite]).

Greger, Reinhard/von Münchhausen, Christine, Verhandlungs- und Konfliktmanagement für Anwälte, Verlag C.H. Beck, München 2010 (zit.: *Greger/von Münchhausen*, §, Rn.).

Greger, Reinhard/Weber, Harriet, Das neue Güterichterverfahren – Arbeitshilfe für Richter, Rechtsanwälte und Gerichtsverwaltung, MDR 2012, Heft 18, Sonderheft, 3 ff. (zit.: *Greger/Weber*, MDR 2012, Sonderheft, 3 [Seite]).

Gröpl, Christoph, Staatsrecht I. Staatsgrundlagen. Staatsorganisation, Verfassungsprozess mit einer Einführung in das juristische Lernen, 6. Auflage, Verlag C.H. Beck, München 2014 (zit.: *Gröpl*, Rn.).

Groth, Klaus-Martin/von Bubnoff, Daniela, Gibt es „gerichtsfeste Vertraulichkeit bei der Mediation?“ NJW 2001, Heft 5, 338 ff. (zit.: *Groth/von Bubnoff*, NJW 2001, 338 [Seite]).

Grundmann, Birgit, Grußwort zum Mediationsgesetz, SchiedsVZ 2012, 229 ff. (zit.: Grundmann, SchiedsVZ 2012, 229 [Seite]).

Guckelberger, Annette, Einheitliches Mediationsgesetz auch für verwaltungsrechtliche Konflikte? NVwZ 2011, 390 ff. (zit.: *Guckelberger*, NVwZ 2011, 390 [Seite]).

Haft, Fritjof/von Schlieffen, Katharina, Handbuch Mediation, 2. Auflage, Verlag C.H. Beck, München 2009 (zit.: Haft/Schlieffen/*Autor*, §, Rn.).

Hagen, Horst, Formzwang und Formzweck im Zivilprozess, JZ 1972, 505 ff. (zit.: *Hagen*, JZ 1972, 505 [Seite]).

Hager, Günther, Konflikt und Konsens. Überlegungen zu Sinn, Erscheinung und Ordnung der alternativen Streitschlichtung, Mohr Siebeck Verlag, Tübingen 2001 (zit: *Hager*, Konflikt und Konsens, [Seite]).

Hager, Günther, Mediation und Recht, ZKM 2003, 52 ff. (zit.: *Hager*, ZKM 2003, 52 [Seite]).

Hannich, Rolf, Karlsruher Kommentar zur Strafprozessordnung mit GVG EGGVG und EMRK, 7. Auflage, Verlag C.H. Beck, München 2013 (zit.: Hannich/*Autor*, §, Rn.).

Hartmann, Peter, Kostengesetze, 45. Auflage, Verlag C.H. Beck, München 2015 (zit.: *Hartmann*, §, Rn.).

Hartmann, Peter, Mediationsnovelle und Gericht, MDR 2012, 941 ff. (zit.: *Hartmann*, MDR 2012, 941 [Seite]).

Hartung, Wolfgang, Berufs- und Fachanwaltsordnung. Europäische Berufsregeln – CCBE. Bundesrechtsanwaltsordnung (§§ 43-59m BRAO). Kommentar, 5. Auflage, C.H. Beck, München 2012 (zit.: Hartung/*Autor*, §, Rn.).

Hehn, Marcus, Nicht gleich vor den Richter: Mediation und rechtsförmliche Konfliktreglung, Universitätsverlag Dr. N. Brockmeyer, Bochum 1996. (zit.: *Hehn*, [Seite]).

Hehn, Marcus/Rüssel, Ulrike, Institutionen im Bereich der Mediation in Deutschland, NJW 2001, 347 ff. (zit.: *Hehn/Rüssel*, NJW 2001, 347 [Seite]).

Henkel, Wolfram, Prozessrecht und Materielles Recht, Verlag Otto Schwarz & Co, Göttingen 1970 (zit.: *Henkel*, [Seite]).

Henning, Klaus, „Das ist noch mal gut gegangen!“, DRiZ 2012, 101 (zit.: *Henning*, DRiZ 2012, 101).

Henssler, Martin, Das anwaltliche Berufsgeheimnis, NJW 1994, 1817 ff. (zit.: *Henssler*, NJW 1994, 1817 [Seite]).

Henssler, Martin/Koch, Ludwig, Mediation in der Anwaltspraxis, 2. Auflage, Deutscher Anwalt Verlag, Bonn, 2004 (zit.: Henssler/Koch/*Autor*, §, Rn.).

Henssler, Martin/Prütting, Hanns, Bundesrechtsanwaltsordnung mit EuRAG, Eignungsprüfungsverordnung, Berufs- und Fachanwaltsordnung, Rechtsdienstleistungsgesetz, Partnerschaftsgesellschaftsgesetz und CCBE Berufsregeln.

Kommentar, 4. Auflage, Verlag C.H. Beck, München 2014 (zit.: Henssler/Prütting/*Autor*, §, Rn.).

Herdegen, Matthias, Europarecht, 17. Auflage, Verlag C.H. Beck, München 2015 (zit.: *Herdegen*, §, Rn.).

Hermes, Georg, Verfassungsrecht und einfaches Recht – Verfassungsgerichtsbarkeit und Fachgerichtsbarkeit, VVDStRL 61 (2002), 119 ff. (zit.: *Hermes*, VVDStRL 2002, 119 [Seite]).

Hess, Burkhard, Verbrauchermediation, ZZP 2005, 427 ff. (zit.: *Hess*, ZZP 2005, 427 [Seite]).

Hess, Burkhard, Perspektiven der gerichtsinternen Mediation in Deutschland, ZZP 2011, 137 ff. (zit.: *Hess*, ZZP 2011, 137 [Seite]).

Hilber, Marc, Die Sicherung der Vertraulichkeit des Mediationsverfahrens. Schriftenreihe Außergerichtliche Konfliktbeilegung, Band 3, Verlag Dr. Kovac, Hamburg 2006 (zit.: *Hilber*, [Seite]).

Hillgruber, Christian, Richterliche Rechtsfortbildung als Verfassungsproblem, JZ 1996, 118 ff. (zit.: Hillgruber, JZ 1996, 118 [Seite]).

Hillgruber, Christian/Goos, Christoph, Verfassungsprozessrecht, 4. Auflage, Verlag C.F. Müller, Heidelberg/München/Landsberg/Frechen/Hamburg 2015 (zit.: *Hillgruber/Goos*, Rn.).

Hoffmann-Riem, Wolfgang/Schmidt-Aßmann, Eberhard/Voßkuhle, Andreas, Grundlagen des Verwaltungsrechts. Band I. Methoden, Maßstäbe, Aufgaben, Organisation, Verlag C.H. Beck, München 2012 (zit.: Hoffmann-Riem/Schmidt-Aßmann/Voßkuhle/*Autor*, [Seite]).

Hofmann, Franz, Vertraulichkeit in der Mediation – Möglichkeiten und Grenzen vertraglicher Beweisverwertungsverbote, SchiedsVZ 2011, 148 ff. (zit.: *Hofmann*, SchiedsVZ 2011, 148 [Seite]).

Hofmann, Harald/Gerke, Jürgen, Allgemeines Verwaltungsrecht mit Bescheidungstechnik, Verwaltungsvollstreckung und Rechtsschutz, 10. Auflage, Kohlhammer, Deutscher Gemeindeverlag, Stuttgart 2010 (zit.: Hofmann/Gerke/*Autor*, Rn.).

Hopt, Klaus, J./Steffek, Felix, Mediation, Rechtstatsachen, Rechtsvergleich, Regelungen, Mohr Siebeck Verlag, Tübingen 2008 (zit.: *Hopt/Steffek*, [Seite]).

Hornung, Ulrike, Rechtliche Rahmenbedingungen für die Tätigkeit freier Mediatoren, Band 1, Carl Heymanns Verlag, Köln/Berlin/München 2006 (zit.: *Hornung*, [Seite]).

Horstmeier, Gerrit, Das neue Mediationsgesetz. Einführung in das neue Mediationsgesetz für Mediatoren und Mediananden, Verlag C.H. Beck, München 2013 (zit.: *Horstmeier*, Rn).

Huber, Peter-Michael, Konkurrenzschutz im Verwaltungsrecht. Schutzanspruch und Rechtsschutz bei Lenkungs- und Verteilungsentscheidungen der öffentlichen Verwaltung, J.C.B. Mohr (Paul Siebeck) Verlag, Tübingen 1991 (zit.: *Huber*, [Seite]).

Hübschmann, Walter/Hepp, Ernst/Spitaler, Armin, Abgabenordnung/Finanzgerichtsordnung. Kommentar, Verlag Dr. Otto Schmidt, Köln (zit.: Hübschmann/Hepp/Spitaler/*Autor*, Lfg., Datum, §, Rn.).

Hückstädt, Gerhard, , Gerichtliche Mediation beim Landgericht Rostock – ein Erfahrungsbericht, NJ 2005, 289 ff. (zit.: *Hückstädt*, NJ 2005, 289 [Seite]).

Huther, Edda, Gerichtsnahe Mediation aus der Sicht der Bayrischen Justiz, ZKM 2004, 247 ff. (zit.: *Huther*, ZKM 2004, 247 [Seite]).

Ipsen, Jörn, Staatsrecht I. Staatsorganisationsrecht, 26. Auflage, Verlag Franz Vahlen, München 2014 (zit.: *Ipsen*, Rn.).

Isensee, Josef/Kirchhof, Paul, Handbuch des Staatsrechts der Bundesrepublik Deutschland. Band II. Verfassungsstaat, C.F. Müller Verlag, Heidelberg 2004 (zit.: Isensee/Kirchhof/*Autor*, §, Rn.).

Isermann, Edgar, Richtermediation in Deutschland, RuP 2011/12, 9 ff. (zit.: *Isermann*, RuP 2011, 9 [Seite]).

Jahn, Joachim, Richter als Friedensstifter – das ist neu in Deutschland, AnwBl 6/2011, 451 ff. (zit.: *Jahn*, AnwBl 2011, 451, [Seite]).

Jarass, Hans/Pieroth, Bodo, Grundgesetz für die Bundesrepublik Deutschland, Kommentar, 13. Auflage, Verlag C.H. Beck, München 2014 (zit.: Jarass/Pieroth/*Autor*, Art., Rn.).

Jellinek, Georg, Allgemeine Staatslehre, 3. Auflage, Wissenschaftliche Buchgesellschaft, Darmstadt 1960 (zit.: *Jellinek*, [Seite]).

Jesch, Dietrich, Gesetz und Verwaltung. Eine Problemstudie zum Wandel des Gesetzmäßigkeitsprinzipes, 2. Auflage, J.C.B. Mohr (Paul Siebeck) Verlag, Tübingen 1961 (zit.: *Jesch*, [Seite]).

Jost, Fritz, Das Mediationsgesetz und die Haftungsfrage, ZKM 2011, 168 ff. (zit.: *Jost*, ZKM 2011, 168 [Seite]).

Kelsen, Hans, Reine Rechtslehre. Mit einem Anhang: Das Problem der Gerechtigkeit, 2. Auflage, Verlag Franz Deuticke Wien, Wien 1960 (zit.: *Kelsen*, [Seite]).

Kern, Eduard, Der gesetzliche Richter, Verlag von Otto Liebmann, Berlin 1927 (zit.: *Kern*, [Seite]).

Keydel, Birgit, Zum Prinzip der Freiwilligkeit der Mediation – Ein Diskussionsbeitrag zum Artikel von Ansgar Marx, ZKM 2011, 61 f. (zit.: *Keydel*, ZKM 2011, 61 [Seite]).

Kissel, Otto, Rudolf/Mayer, Herbert, Gerichtsverfassungsgesetz. Kommentar, 7. Auflage, Verlag C.H. Beck, München 2013 (zit.: *Kissel/Mayer*, §, Rn.).

Kleine-Cosack, Michael, Bundesrechtsanwaltsordnung mit Berufs- und Fachanwaltsordnung. Kommentar, 7. Auflage, Verlag C.H. Beck, München 2015 (zit.: *Kleine-Cosack*, §, Rn.).

Kloepfer, Michael, Verfassungsrecht I – Grundlagen, Staatsorganisationsrecht, Bezüge zum Völker- und Europarecht, C.H. Beck'sche Verlagsbuchhandlung, München 2011 (zit.: *Kloepfer*, §, Rn.).

Klose, Alexander, Rechtliche Hürden auf dem Weg zur gerichtsinternen Mediation, ZKM 2005, 146 ff. (zit.: *Klose*, ZKM 2005, 146 [Seite]).

Klowait, Jürgen/Gläßer, Ulla, Mediationsgesetz. Handkommentar, Nomos Verlagsgesellschaft, Baden-Baden 2014 (zit.: Klowait/Gläßer/*Autor*, [Seite]).

Koch, Harald, Gerichtliche Mediation – gerichtsverfassungs- und verfahrensrechtliche Rahmenbedingungen, NJ 2005, 97 ff. (zit.: *Koch*, NJ 2005, 97, [Seite]).

Koch, Hans-Joachim/Rubel, Rüdiger/Heselhaus, Sebastian, M., Allgemeines Verwaltungsrecht, 3. Auflage, Luchterhand Verlag, München/Unterschleißheim 2003 (zit.: *Koch/Rubel/Heselhaus*, §, Rn.).

Kopp, Ferdinand/Ramsauer, Ulrich, Verwaltungsverfahrensgesetz, Kommentar, 15. Auflage, Verlag C.H. Beck, München 2014 (zit.: *Kopp/Ramsauer*, §, Rn.).

Kopp, Ferdinand/Schenke, Wolf-Rüdiger/Schenke, Peter, Verwaltungsgerichtsordnung. Kommentar, 16. Auflage, Verlag C.H. Beck, München 2009 (zit.: *Kopp/Schenke* 2009, §, Rn.).

Kopp, Ferdinand/Schenke, Wolf-Rüdiger/Schenke, Peter, Verwaltungsgerichtsordnung. Kommentar, 21. Auflage, Verlag C.H. Beck, München 2015 (zit.: *Kopp/Schenke*, §, Rn.).

Krenzler, Michael, Rechtsdienstleistungsgesetz. Handkommentar, 1. Auflage 2010, Nomos Verlagsgesellschaft (zit.: Krenzler/*Autor*, RDG, §, Rn.).

Kriegel, Katharina, Mediationspflicht – eine Chance für mehr Autonomie? ZKM 2006, 52 ff (zit.: *Kriegel*, ZKM 2006, 52 [Seite]).

Krüger, Wolfgang/Rauscher, Thomas, Münchener Kommentar zur Zivilprozessordnung, Band 1, 4. Auflage, Verlag C.H. Beck, München 2013 (zit.: MüKo-ZPO/*Autor*, Band 1, §, Rn.).

Krüger, Wolfgang/Rauscher, Thomas, Münchener Kommentar zur Zivilprozessordnung, Band 2, 4. Auflage, Verlag C.H. Beck, München 2012 (zit.: MüKo-ZPO/*Autor*, Band 2, §, Rn.).

Kugelmann, Dieter, Polizei- und Ordnungsrecht, 2. Auflage, Springer Verlag, Berlin/Heidelberg 2012 (zit.: *Kugelmann*, Seite [Seite]).

Lackner, Karl/Kühl, Kristian, Strafgesetzbuch, Kommentar, 28. Auflage, Verlag C.H. Beck, München 2014 (zit.: Lackner/Kühl/*Autor*, §, Rn.).

Lahann, Tilmann, Die neue Mediationsrichtlinie, ZEuS 2008, 359 ff. (zit.: *Lahann*, ZEuS 2008, 359 [Seite]).

Lehner, Dieter, Der Vorbehalt des Gesetzes für die Übermittlung von Informationen im Wege der Amtshilfe, Verlag V. Florentz, München 1996 (zit.: *Lehner*, [Seite]).

Leibholz, Gerhard/Rinck, Hans-Justus/Hesselberger, Dieter/Burghart, Axel, Grundgesetz für die Bundesrepublik Deutschland. Kommentar. Rechtsprechung des Bundesverfassungsgerichts, Verlag Dr. Otto Schmidt, Köln Juli 2015 (zit.: *Leibholz/Rinck*, Lfg., Art, Rz.).

Leisner, Walter, Die undefinierbare Verwaltung. Zerfall der vollziehenden Gewalt, Duncker & Humblot Verlag, Berlin 2002 (zit.: *Leisner*, [Seite]).

Leiss, Myrto, Einzelgespräche – ein probates Mittel in der Mediation, ZKM 2006, 74 ff. (zit.: *Leiss*, ZKM 2006, 74 [Seite]).

Löer, Lambert, Einbindung von Mediation in den Zivilprozess – Teil 1 – Möglichkeiten und Auswirkungen richterlicher Mediation, ZKM 2005, 182 ff. (zit.: Löer, ZKM 2005, 182 [Seite]).

Löer, Lambert, Richterliche Mediation. Möglichkeit der Einbindung von Mediation in das Gerichtsverfahren am Beispiel des Zivilprozesses, ZZP 2006, 199 ff. (zit.: *Löer*, ZZP 2006, 199 [Seite]).

Luhmann, Niklas, Recht und Automation in der öffentlichen Verwaltung. eine verwaltungswissenschaftliche Untersuchung, 2. Auflage, Duncker & Humblot Verlag, Berlin 1997 (zit.: *Luhmann*, [Seite]).

Marx, Ansgar, Das Prinzip der Freiwilligkeit der Mediation – Empirische Daten und notwendige Kurskorrekturen, ZKM 2010, 132 ff. (zit.: *Marx*, ZKM 2010, 132 [Seite]).

Marx, Erwin, Der gesetzliche Richter im Sinne von Art. 101 Abs. 1 Satz 2 Grundgesetz, Walter de Gruyter & Co Verlag, Berlin 1969 (zit.: *Marx*, [Seite]).

Massari, Philipp/Rizzuto, Ernesto, Mediationspflicht in Italien – Der zweite Anlauf nach der Entscheidung des Verfassungsgerichts vom 6.12.2012, ZKM 2013, 185 ff. (zit.: *Massari/Rizzuto*, ZKM 2013, 185 [Seite]).

Maunz, Theodor/Dürig, Günther, Grundgesetz. Kommentar, Band II, Verlag C.H. Beck, 73. Lieferung, München 2014 (zit.: Maunz-Dürig/*Autor*, Band II, Lfg., Art., Rn.).

Maunz, Theodor/Dürig, Günther, Grundgesetz. Kommentar, Band III, Verlag C.H. Beck, 73. Lieferung, München 2014 (zit.: Maunz-Dürig/*Autor*, Band III, Lfg., Art., Rn.).

Maunz, Theodor/Dürig, Günther, Grundgesetz. Kommentar, Band VI, Verlag C.H. Beck, 73. Lieferung, München 2014 (zit.: Maunz-Dürig/*Autor*, Band VI, Lfg., Art., Rn.).

Maurer, Hartmut, Allgemeines Verwaltungsrecht, 18. Auflage, Verlag C.H. Beck, München 2011 (zit.: *Maurer*, Verwaltungsrecht, §, Rn.).

Maurer, Hartmut, Staatsrecht I. Grundlagen, Verfassungsorgane, Staatsfunktionen, 6. Auflage, Verlag C.H. Beck, München 2010 (zit.: *Maurer*, Staatsrecht, §, Rn.).

Mayer, Otto, Deutsches Verwaltungsrecht. I. und II. Band, Unveränderter Nachdruck der 1924 erschienenen 3. Auflage, Verlag Duncker & Humblot, Berlin 2004 (zit.: *Mayer*, [Seite]).

Mayer-Maly, Dorothea/Schambeck, Herbert/Grussmann, Wolf-Dietrich, Adolf Julius Merkl. Gesammelte Schriften. Zweiter Band. Verfassungsrecht, Völkerrecht, Erster Teilband, Duncker & Humblot Verlag, Berlin 1999 (zit.: Maly/Schambeck/Grussmann/*Merkl*, [Seite]).

Merten, Detlef/Papier, Hans-Jürgen, Handbuch der Grundrechte in Deutschland und Europa. Band V. Grundrechte in Deutschland: Einzelgrundrechte II, Verlag C.F. Müller, Heidelberg 2013 (zit.: Merten/Papier/*Autor*, §, Rn.).

Meyer, Dieter, GKG/FamGKG. Kommentar zum Gerichtskostengesetz (GKG) und zum Gesetz über Gerichtskosten in Familiensachen (FAmGKG), 14. Auflage, De Gruyter Verlag, Berlin/Boston 2014 (zit.: *Meyer*, §, Rn.).

Möllers, Christoph, Nachvollzug ohne Maßstabbildung: richterliche Rechtsfortbildung in der Rechtsprechung des Bundesverfassungsgerichts, JZ 2009, 668 ff. (zit.: *Möllers*, JZ 2009, 668 [Seite]).

Monßen, Hans-Georg, Anwaltmediation und Richtermediation – ein ungleicher Wettbewerb, ZKM 2006, 83 ff. (zit.: *Monßen*, ZKM 2006, 83 [Seite]).

Montada, Leo/Kals, Elisabeth, Mediation. Psychologische Grundlagen und Perspektiven, 3. Auflage, Beltz Verlag, Weinheim/Basel 2013 (zit.: *Montada/Kals*, [Seite]).

Müller-Teckhof, Alexander, Rechte und Pflichten des Gerichts beim Prozessvergleich nach § 278 Abs. 6 ZPO, MDR 2014, 249 ff. (zit.: *Müller-Teckhof*, MDR 2014, 249 [Seite]).

Müller, Gerda/Osterloh, Eilert/Stein, Torsten, Festschrift für Günter Hirsch zum 65. Geburtstag, Verlag C.H. Beck, München 2008 (zit.: Müller/Osterloh/Stein/*Autor*, [Seite]).

Musielak, Hans-Joachim/Voit, Wolfgang, Kommentar zur Zivilprozessordnung mit Gerichtsverfassungsgesetz, 12. Auflage, Verlag Franz Vahlen, München 2015 (zit.: Musielak/Voit/*Autor*, §, Rn.).

Natter, Eberhard/Gross, Roland, Arbeitsgerichtsgesetz. Handkommentar, 2. Auflage, Nomos Verlag, Baden-Baden 2013 (zit.: Natter/Gross/*Autor*, §, Rn.).

Nungeßer, Astrid, Vergleichen vergleichsweise schwierig. Formale und materiellrechtliche Hürden beim Vergleichsschluss nach § 278 VI ZPO, NZA 2005, 1027 ff. (zit.: *Nungeßer*, NZA 2005, 1027 [Seite]).

Oldenbruch, Hannah, Die Vertraulichkeit im Mediationsverfahren. Das Spannungsfeld zwischen Privatautonomie und Verfahrensrecht, Wissenschaftlicher Verlag Berlin, Berlin 2006 (zit.: *Oldenbruch*, [Seite]).

Ortloff, Karsten-Michael, Mediation außerhalb und innerhalb des Verwaltungsprozesses, NVwZ 2004, 385 ff. (zit.: *Ortloff*, NVwZ 2004, 385 [Seite]).

Ortloff, Karsten-Michael, Vom Gerichtsmediator zum Güterichter im Verwaltungsprozess, NVwZ 2012, 1056 ff. (zit.: Ortloff, NVwZ 2012, 1056 [Seite]).

Palandt, Palandt. Bürgerliches Gesetzbuch. Beck'sche Kurz-Kommentare, 74. Auflage, Verlag C.H. Beck, München 2015 (zit.: Palandt/*Autor*, §, Rn.).

Park, Jeong Hoon, Rechtsfindung im Verwaltungsrecht. Grundlegung einer Prinzipientheorie des Verwaltungsrechts als Methode der Verwaltungsrechtsdogmatik, Duncker & Humblot Verlag, Berlin 1999 (zit.: *Park*, [Seite]).

Paulus, Christoph G., Zivilprozessrecht. Erkenntnisverfahren. Zwangsvollstreckung und Europäisches Zivilrecht, 5. Auflage, Springer Verlag, Berlin/Heidelberg 2013 (zit.: *Paulus*, [Seite]).

Peine, Franz-Joseph, Allgemeines Verwaltungsrecht, 11. Auflage, Verlag C.F. Müller, Heidelberg/München/Landsberg/Frechen/Hamburg 2014 (zit.: *Peine*, §, Rn.).

Peters, Frank, Vertraulichkeit in der Mediation und in anderen Fällen gegenläufiger Interessen, JR 2009, 314 ff. (zit.: *Peters*, JR 2009, 314 [Seite]).

Peters, Hans, Lehrbuch der Verwaltung, Springer-Verlag, Berlin/Göttingen/Heidelberg 1949 (zit.: *Peters*, [Seite]).

Pewestorf, Adrian/Söllner, Sebastian/Tölle, Oliver, Praxishandbuch Polizei- und Ordnungsrecht, 1. Auflage, Carl Heymanns Verlag, Köln 2013 (zit.: Pewestorf/Söllner/Tölle/*Autor*, Seite [Seite]).

Pieroth, Bodo/Aubel, Tobias, Die Rechtsprechung des Bundesverfassungsgerichts zu den Grenzen richterlicher Entscheidungsfindung, JZ 2003, 504 ff. (zit.: *Pieroth/Aubel*, JZ 2003, 504 [Seite]).

Pieroth, Bodo/Schlink, Bernhard/Kingreen, Thorsten/Poscher, Ralf, Grundrechte. Staatsrecht II, 30. Auflage, Verlag C.F. Müller, Heidelberg/München/Landsberg/Frechen/Hamburg 2014 (zit.: *Pieroth/Schlink/Kingreen/Poscher*, Rn.).

Pieroth, Bodo/Schlink, Bernhard/Kniesel, Michael, Polizei- und Ordnungsrecht, mit Versammlungsrecht, 8. Auflage, Verlag C.H. Beck, München 2014 (zit.: *Pieroth/Schlink/Kniesel*, §, Rn.).

Plog, Ernst/Wiedow, Alexander, Bundesbeamtengesetz mit Beamtenstatusgesetz, Beamtenversorgungsgesetz, Bundesbesoldungsgesetz. Kommentar, Band 1, Luchterhand Verlag (zit.: Plog/Wiedow/*Autor*, Auflage, Erscheinungsdatum, §, Rn.)

Probst, Martin, Mediation und Recht, – zur Umsetzung der Mediationsrichtlinie, JR 2009, 265 ff. (zit.: *Probst*, JR 2009, 265 [Seite]).

Proksch, Roland, Reform des familienrechtlichen Verfahrens durch das FamFG – Möglichkeiten für Mediation, ZKM 2010, 39 ff. (zit.: *Proksch*, ZKM 2010, 39 [Seite]).

Prütting, Hanns, Das neue Mediationsgesetz. Konsensuale Streitbeilegung mit Überraschung, AnwBl 2012, 204 ff. (zit.: *Prütting*, AnwBl 2012, 204 [Seite]).

Prütting, Hanns, Ein Plädoyer gegen Gerichtsmediation, ZZP 2011, 163 ff. (zit.: *Prütting*, ZZP 2011, 163 [Seite]).

Prütting, Hanns, Mediation und weitere Verfahren konsensualer Streitbeilegung – Regelungsbedarf im Verfahrens und Berufsrecht? JZ 2008, 847 ff. (zit.: *Prütting*, JZ 2008, 847 [Seite]).

Prütting, Hanns, Mediation – Privileg der rechtsberatenden Berufe? Kammerforum. Rechtsanwaltskammer Köln 2009, 99 ff., abrufbar unter http://www.rak-koeln.de/index=22&download=1&id=958 (zit.: *Prütting*, Kammerforum der Rechtsanwaltskammer Köln 2009, 99 [Seite]).

Prütting, Hanns/Gehrlein, Markus, ZPO Kommentar, 7. Auflage, Luchterhand Verlag, Köln 2015 (zit.: Prütting/Gehrlein/*Autor*, §, Rn.).

Prütting, Hanns/Wegen, Gerhard/Weinreich, Gerd, BGB, Kommentar, 10. Auflage, Luchterhand Verlag, Köln 2015 (zit.: Prütting/Wegen/Weinreich/*Autor*, §, Rn.).

Rabe, Christine Susanne/Wode, Martin, Mediation; Grundlagen, Methoden, rechtlicher Rahmen, Springer-Verlag, Berlin/Heidelberg 2014 (zit.: *Rabe/Wode*, [Seite]).

Raeschke-Kessler, Hilmar, Mediation und Schiedsverfahren in Gesellschaftsstreitigkeiten, Schiedsverfahren und ADR-Verfahren (Alternative Dispute Resolution) als bessere Option zum Prozess, AnwBl 2011, 441 ff. (zit.: *Raeschke-Kessler*, AnwBl 2011, 441 [Seite]).

Rakete-Dombek, Ingeborg, Die Angst des Richters vor der Haftung. Mitteilungs- und Belehrungspflichten bei gerichtlichen Vergleichen, NJW 2012, 1689 ff. (zit.: *Rakete-Dombek*, NJW 2012, 1689 [Seite]).

Rakowsky, Rebekka, Obligatorische Mediation. Zulässigkeit und Zweckmäßigkeit im allgemeinen Zivilrecht sowie im elterlichen Scheidungskonflikt, Verlag Dr. Kovac, Hamburg 2013 (zit.: *Rakowsky*, [Seite]).

Rapp, Siegfried, Mediation, Konflikte anders lösen! winwinverlag, Ludwigsburg 2011 (zit.: Rapp/*Autor*, [Seite]).

Rauscher, Thomas, Münchener Kommentar zum FamFG. Gesetz über das Verfahren in Familiensachen und in den Angelegenheiten der freiwilligen Gerichtsbarkeit (FamFG) mit Internationalem und Europäischem Zivilverfahrensrecht in Familiensachen (IZVR, EuZVR), 2. Auflage, Verlag C.H. Beck, München 2013 (zit.: MüKo-FamFG/*Autor*, §, Rn.)

Redmann, Britta, Der erfolgreiche Anwalt. Mediation, Bund-Verlag, Frankfurt am Main 2003 (zit.: *Redmann*, [Seite]).

Reichling, Gerhart, Mediation als eine gerichtliche Betätigung eigener Art, DRiZ 2010, 44 ff. (zit.: *Reichling*, DRiZ 2010, 44 [Seite]).

Risse, Jörg, Das Mediationsgesetz – eine Kommentierung, SchiedsVZ 2012, Seite 244 ff. (zit.: *Risse*, SchiedsVZ 2012, 244 [Seite]).

Risse, Jörg, Wirtschaftsmediation, NJW 2000, 1614 ff. (zit.: *Risse*, NJW 2000, 1614 [Seite]).

Risse, Jörg/Bach, Ivo, Wie frei muss Mediation sein? – Von Politik, Ideologie, Gesetzgebern und Gerichten, SchiedsVZ 2011, 14 ff. (zit.: *Risse/Bach*, SchiedsVZ 2011, 14 [Seite]).

Römermann, Volker/Paulus, Christoph, Schlüsselqualifikationen für Jurastudium, Examen und Beruf, Verlag C.H. Beck, München 2003 (zit.: Römermann/Paulus/*Autor*, [Seite]).

Röthemeyer, Peter, Gerichtsmediation im Güterichterkonzept – Die Lösung des Vermittlungsausschusses, ZKM 2012, 116 ff. (zit.: *Röthemeyer*, ZKM 2012, 116 [Seite]).

Rosenberg, Leo/Schwab, Karl Heinz/Gottwald, Peter, Zivilprozessrecht, 17. Auflage, Verlag C.H. Beck, München 2010 (zit.: Rosenberg/Schwab/*Gottwald*, §, Rn.).

Roth, Thomas, Das Grundrecht auf den gesetzlichen Richter, Duncker & Humblot Verlag, Berlin 2000 (zit.: *Roth*, [Seite]).

Sachs, Michael, Grundgesetz. Kommentar, 7. Auflage, Verlag C.H. Beck, München 2014 (zit.: Sachs/*Autor*, Art., Rn.).

Säcker, Franz Jürgen/Rixecker, Roland/Oetker, Hartmut, Münchener Kommentar zum Bürgerlichen Gesetzbuch, 6. Auflage, Band 2, Verlag C.H. Beck, München 2012 (zit.: MüKo-BGB/*Autor*, Band 2, §, Rn.).

Säcker, Franz Jürgen/Rixecker, Roland, Münchener Kommentar zum Bürgerlichen Gesetzbuch, 6. Auflage, Band 3, Verlag C.H. Beck, München 2012 (zit.: MüKo-BGB/*Autor*, Band 3, §, Rn.).

Säcker, Franz Jürgen/Rixecker, Roland/Oetker, Hartmut, Münchener Kommentar zum Bürgerlichen Gesetzbuch, 6. Auflage, Band 4, Verlag C.H. Beck, München 2012 (zit.: MüKo-BGB/*Autor*, Band 4, §, Rn.).

Säcker, Franz Jürgen/Rixecker, Roland/Oetker, Hartmut, Münchener Kommentar zum Bürgerlichen Gesetzbuch, 6. Auflage, Band 5, Verlag C.H. Beck, München 2013 (zit.: MüKo-BGB/*Autor*, Band 5, §, Rn.).

Saenger, Ingo, Zivilprozessordnung. Familienverfahren. Gerichtsverfassung. Europäisches Verfahrensrecht. Handkommentar, 6. Auflage, Nomos Verlag, Baden-Baden 2015 (zit.: Saenger/*Autor*, §, Rn.).

Schäfer, Hartmut, Mediation. Die Grundlagen, Verlag Stephans-Buchhandlung, Retzbach 2004 (zit.: *Schäfer*, [Seite]).

Schellhammer, Kurt, Zivilprozess. Gesetz – Praxis – Fälle, 14. Auflage, Verlag C.F. Müller, Heidelberg/München/Landsberg/Frechen/Hamburg 2012 (zit.: *Schellhammer*, Rn.).

Schenke, Wolf-Rüdiger, Polizei und Ordnungsrecht, 8. Auflage, Verlag C.F. Müller, Heidelberg/München/Landsberg/Frechen/Hamburg 2013 (zit.: *Schenke*, Rn.).

Schiffer, Jan, Mandatspraxis. Schiedsverfahren und Mediation. Übersichten – Bewertungshilfen – Checklisten – Praxishinweise – Schiedsordnungen – Muster, 2. Auflage, Carl Heymanns Verlag, München 2005 (zit.: Schifffer/*Autor*, [Seite]).

Schlaich, Klaus Korioth, Stefan, Das Bundesverfassungsgericht. Stellung, Verfahren Entscheidungen. Ein Studienbuch, 10. Auflage, Verlag C.H. Beck, München 2015 (zit.: *Schlaich/Korioth*, Rn.).

Schmalfuß, Emil, „Das Mediationsgesetz – auf dem richtigen Weg!?“, SchlHA 2011, 253 ff. (*Schmalfuß*, SchlHA 2011, 253 [Seite]).

Schmelz-Buchhold, Andrea, Mediation bei Wettbewerbsstreitigkeiten. Chancen und Grenzen der Wirtschaftsmediation im Lauterkeits- und Immaterialgüterrecht, Herbert Utz Verlag, Diss., München, Univ., München 2010 (zit.: *Schmelz-Buchhold*, [Seite]).

Schmidt-Bleibtreu, Bruno/Klein, Franz/Hofmann, Hans/Hopfauf, Axel, GG. Kommentar zum Grundgesetz, 13. Auflage, Carl Heymanns Verlag, 2014 (zit.: Schmidt-Bleibtreu/Hofmann/Hopfauf/*Autor*, Art., Rn.).

Schmidt-Jortzig, Edzard, Effektiver Rechtsschutz als Kernstück des Rechtsstaatsprinzips nach dem Grundgesetz, NJW 1994, 2569 ff. (zit.: *Schmidt-Jortzig*, NJW 1994, 2569 [Seite]).

Schmidt-Räntsch, Günther/Schmidt-Räntsch, Jürgen, Deutsches Richtergesetz. Kommentar, 6. Auflage, Verlag C.H. Beck, München 2009 (zit.: *Schmidt-Räntsch*, §, Rn.).

Schüddekopf, Claas, Zur Nachhaltigkeit einvernehmlicher Konfliktbeilegung. Eine empirische Untersuchung von Mediation und Schiedsgerichtsbarkeit, Berliner Wissenschafts-Verlag, Berlin 2013 (zit.: *Schüddekopf*, [Seite]).

Schulze, Reiner/Zuleeg, Manfred/Kadelbach, Stefan, Europarecht, Handbuch für die deutsche Rechtspraxis, 3. Auflage, Nomos Verlag, Baden-Baden 2015 (zit.: Schulze/Zuleeg/Kadelbach/*Autor*, §, Rn.).

Schweickhardt, Rudolf/Vondung, Ute, Allgemeines Verwaltungsrecht, 9. Auflage, Verlag W. Kohlhammer, Stuttgart 2010 (zit.: *Schweickhardt/Vondung*, [Seite], Rn.).

Seibert, Max-Jürgen, Mediation in der Verwaltungsgerichtsbarkeit – Erfahrungen und Überlegungen zu einer alternativen Streitbeilegung, NVwZ 2008, 365 ff. (zit.: *Seibert*, NVwZ 2008, 365, [Seite]).

Siemon, Matthias, Der Vertragsschluss beim Beschlussvergleich, NJW 2011, 426 ff. (zit.: *Siemon*, NJW 2011, 426 [Seite]).

Söllner, Alfred, Der Richter als Ersatzgesetzgeber, ZG 1995, 1 ff. (zit.: *Söllner*, ZG 1995, 1 [Seite]).

Sowada, Christoph, Der gesetzliche Richter im Strafverfahren, Walter de Gruyter Verlag, Berlin/New York 2002 (zit.: *Sowada*, [Seite]).

Spindler, Gerald, Abschlussbericht zum Forschungsprojekt „Gerichtsnahe Mediation in Niedersachsen" – erstellt im Auftrag des Niedersächsischen Ministeriums für Justiz und des Ministeriums für Wissenschaft und Kultur, Göttingen 2006, abrufbar unter http://www.uni-goettingen.de/de/gutachten/308326.html (zit.: *Spindler*, Rn.).

Staats, Johann-Friedrich, Deutsches Richtergesetz, 1. Auflage, Nomos Verlag, Baden-Baden 2012 (zit.: *Staats*, §, Rn.).

Staudinger, J., Kommentar zum Bürgerlichen Gesetzbuch mit Einführungsgesetz und Nebengesetzen. Buch 2. Recht der Schuldverhältnisse. §§ 779–811 (Vergleich, Schuldverspechen, Anweisung, Schuldverschreibung), Neubearbeitung 2009, Sellier – de Gruyter Verlag, Berlin 2009 (zit.: Staudinger/*Marburger*, §, Rn.).

Steffek, Felix, Rechtsvergleichende Erfahrungen für die Regelung der Mediation, RabelsZ 2010, 841 ff. (zit.: *Steffek*, RabelsZ 2010, 841 [Seite]).

Steike, Jörn/Feller, Sabine, Das 1 x 1 des neuen Mediationsgesetzes. Mediation und andere Formen außergerichtlicher Konfliktbeilegung, Deutscher Anwaltverlag, Bonn 2012 (zit.: *Steike/Feller*, §, Rn.).

Steinberg, Georg, Richterliche Gewalt und Mediation, DRiZ 2012, 19 ff. (zit.: *Steinberg*, DRiZ 2012, 19 [Seite]).

Stein/Jonas, ZPO. Kommentar zur Zivilprozessordnung, 22. Auflage, Band 2, §§ 41–127a, Mohr Siebeck Verlag, Tübingen 2004 (zit.: Stein/Jonas/*Autor*, Band 2, §, Rn.).

Stein/Jonas, ZPO. Kommentar zur Zivilprozessordnung, 22. Auflage, Band 3, §§ 128–252, Mohr Siebeck Verlag, Tübingen 2005 (zit.: Stein/Jonas/*Autor*, Band 3, §, Rn.).

Stein/Jonas, ZPO. Kommentar zur Zivilprozessordnung, 22. Auflage, Band 4, §§253–327, Mohr Siebeck Verlag, Tübingen 2008 (zit.: Stein/Jonas/*Autor*, Band 4, §, Rn.).

Stein/Jonas, ZPO. Kommentar zur Zivilprozessordnung, 22. Auflage, Band 5, §§ 328–510b, Mohr Siebeck Verlag, Tübingen 2006 (zit.: Stein/Jonas/*Autor*, Band 5, §, Rn.).

Stein/Jonas, ZPO. Kommentar zur Zivilprozessordnung, 22. Auflage, Band 7, §§ 328–510b, Mohr Siebeck Verlag, Tübingen 2002 (zit.: Stein/Jonas/*Autor*, Band 7, §, Rn.).

Stelkens, Ulrich, Gegenstand der Verfassungsbeschwerde bei mehreren Entscheidungen in derselben Sache, DVBl 2004, 403 ff. (zit.: *Stelkens*, DVBl 2004, 403 [Seite]).

Stelkens, Paul,/Bonk, Heinz Joachim/Sachs, Michael, Verwaltungsverfahrensgesetz. Kommentar, 8. Auflage, Verlag C.H. Beck, München 2014 (zit.: Stelkens/Bonk/Sachs/*Autor*, VwVfG, §, Rn.).

Stern, Klaus, Das Staatsrecht der Bundesrepublik Deutschland. Band II. Staatsorgane, Staatsfunktionen, Finanz- und Haushaltsverfassung, Notstandsverfassung, C.H. Beck'sche Verlagsbuchhandlung, München 1980 (zit.: *Stern*, Band II, [Seite]).

Stern, Klaus/Sachs, Michael, Das Staatsrecht der Bundesrepublik Deutschland. Band III/2. Allgemeine Lehren der Grundrechte, C.H. Beck'sche Verlagsbuchhandlung, München 1994 (zit.: *Stern*, Band III/2, [Seite]).

Stern, Klaus/Becker, Florian, Grundrechte-Kommentar, Carl Heymanns Verlag, Köln 2010 (zit.: Stern/Becker/*Autor*, Art., Rn.).

Storr, Stefan/Schröder, Rainer, Allgemeines Verwaltungsrecht, Verlag W. Kohlhammer, Stuttgart 2010 (zit.: *Storr/Schröder*, §, Rn.).

Strempel, Dieter, Mediation für die Praxis: Recht, Verfahren, Trends, Haufe Berlin Verlag, Berlin 1998 (zit.: Strempel/*Autor*, [Seite]).

Sujecki, Bartosz, Die Europäische Mediationsrichtlinie, EuZW 2010, 7 ff. (zit.: *Sujecki*, EuZW 2010, 7, [Seite]).

Thiel, Markus, Polizei- und Ordnungsrecht, Nomos Verlag, 2. Auflage, Baden-Baden 2014 (zit.: *Thiel*, §, Rn.).

Thole, Christoph, Das neue Mediationsgesetz, Mediation im und an der Schnittstelle zum Zivilprozess, ZZP 2014, 339 ff. (zit.: *Thole*, ZZP 2014, 339 [Seite]).

Thomas, Heinz/Putzo, Hans/Reichold, Klaus/Hüßtege, Rainer/Seiler, Christian, Zivilprozessordnung. FamFG. Verfahren in Familiensachen. GVG, Einführungsgesetze, EU-Zivilverfahrensrecht. Kommentar, 36. Auflage, Verlag C.H. Beck, München 2015 (zit.: Thomas/Putzo/*Autor*, §, Rn.).

Tochtermann, Peter, Die Unabhängigkeit und Unparteilichkeit des Mediators, Mohr Siebeck Verlag, Tübingen 2008 (zit.: *Tochtermann*, [Seite]).

Tögel, Rainer/Rohlff, Daniel, Die Umsetzung der EU-Mediationsrichtlinie – Anforderungen an die Ausbildung von Mediatoren, ZKM 2010, 86 ff. (zit.: *Tögel/Rohlff*, ZKM 2010, 86 [Seite]).

Trams, Kai, Die Mediationsvereinbarung – eine vertragsrechtliche Analyse, Tectum Verlag, Hamburg 2008 (zit.: *Trams*, [Seite]).

Trappe, Johannes, Richter/Schiedsrichter als Schlichter? SchiedsVZ 2012, 79 ff. (zit.: *Trappe*, SchiedsVZ 2012, 79 [Seite]).

Trenczek, Thomas, ADR – Mediation: Faire Konfliktlösung vor Gericht, DS 2009, 66 ff. (zit.: *Trenczek*, DS 2009, 66, [Seite]).

Unberath, Hannes, Auf dem Weg zu einer differenzierten Streitkultur – Neue gesetzliche Rahmenbedingungen für die alternative Konfliktlösung, JZ 2010, 975 ff. (zit.: *Unberath*, JZ 2010, 975 [Seite]).

Volkmann, Judith, Mediation im Zivilprozess. Rechtliche Rahmenbedingungen für ein gerichtsinternes Mediationsangebot, Peter Lang – Europäischer Verlag der Wissenschaften, Frankfurt am Main 2006 (zit.: *Volkmann*, [Seite]).

Von Bargen, Jan Malte, Gerichtsinterne Mediation, Mohr Siebeck Verlag, Tübingen 2008 (zit.: *von Bargen*, [Seite]).

Von Daniels, Justus, Streitschlichtung in den USA: Das Recht verlässt die Richterbank, AnwBl 6/2011, 452 ff. (zit.: *von Daniels*, AnwBl 2011, 452, [Seite]).

Von der Groeben, Hans/Schwarze, Jürgen/Hatje, Armin, Europäisches Unionsrecht, Vertrag über die Europäische Union; Vertrag über die Arbeitsweise der Europäischen Union; Charta der Grundrechte der Europäischen Union, 7. Auflage, Band 2, Nomos Verlag, Baden-Baden 2015 (zit.: von der Groeben/Schwarze/Hatje/*Autor*, Art., Rn.).

Von Eicken, Kurt/Hellstab, Heinrich/Lappe, Friedrich/Madert, Wolfgang/Josef Dörndorfer, Die Kostenfestsetzung, 22. Auflage, Luchterhand Verlag, Köln 2015 (zit.: von Eicken/Hellstab/Lappe/Madert/Dörndorfer/*Autor*, [Seite]).

Von Mangoldt, Hermann/Klein, Friedrich/Starck, Christian, Kommentar zum Grundgesetz, 6. Auflage, Verlag C.H. Beck, München 2010 (zit.: von Mangoldt/Klein/Starck/*Autor*, Art., Rn./Fn.).

Von Marcard, Nikolaus, Das Berufsrecht des Mediators – mit besonderer Berücksichtigung des Rechtsberatungsgesetzes und der Berufsregeln der Rechtsanwälte, Notare, Psychologen (BDP), Diplom-Pädagogen (BDDP) und Sozialpädagogen (DBSH), Verlag Books on Demand GmbH, Norderstedt 2004 (zit.: *von Marcard*, [Seite]).

Von Moltke, Isabell, Die zivilprozessuale Güteverhandlung nach neuem Recht, Verlag Dr. Kovac, Hamburg 2006 (zit.: *von Moltke*, [Seite]).

Von Münch, Ingo/Kunig, Philip, Grundgesetz. Kommentar. Band 2: Art. 70 bis 146, 6. Auflage, Verlag C.H. Beck, München 2012 (zit.: von Münch/Kunig/*Autor*, Art., Rn.).

Von Münch, Ingo/Mager, Ute, Staatsrecht I. Staatsorganisationsrecht unter Berücksichtigung der europarechtlichen Bezüge, 7. Auflage, Verlag W. Kohlhammer, Stuttgart 2009 (zit.: *von Münch/Mager*, Rn.).

Von Olenhusen, Peter, Götz, Gerichtsmediation – Richterliche Konfliktvermittlung im Wandel, ZKM 2004, 104 ff. (zit.: *von Olenhusen*, ZKM 2004, 104 [Seite]).

Von Olenhusen, Peter, Götz, Mediation durch Richter, ein Projekt mit Zukunft, DRiZ 2003, 396 ff. (zit.: *von Olenhusen*, DRiZ 2003, 396 [Seite]).

Von Schlieffen, Katharina, Anforderungen an einen Mediator, ZKM 2000, 52 ff. (zit.: *von Schlieffen*, ZKM 2000, 52 [Seite]).

Von Seltmann, Julia, Der Regierungsentwurf eines Mediationsgesetzes, NJW-Spezial 2011, 126 ff. (zit.: *von Seltmann*, NJW-Spezial 2011, 226 [Seite]).

Voßkuhle, Andreas, Rechtsschutz gegen den Richter. Zur Integration der Dritten Gewalt in das verfassungsrechtliche Kontrollsystem vor dem Hintergrund des Art. 19 Abs. 4 GG, C.H. Becksche Verlagsbuchhandlung, München 1993 (zit.: *Voßkuhle*, [Seite]).

Wagner, Gerhard, Das neue Verjährungsrecht – Ein Segen für die außergerichtliche Streitbeilegung, ZKM 2002, 103 ff. (zit.: *Wagner*, ZKM 2002, 03 [Seite]).

Wagner, Gerhard, Grundstrukturen eines deutschen Mediationsgesetzes, RabelsZ 2010, 794 ff. (zit.: *Wagner*, RabelsZ 2010, 794 [Seite]).

Wagner, Gerhard, Prozessverträge, Privatautonomie im Verfahrensrecht, Mohr Siebeck Verlag, Tübingen 1998 (zit.: *Wagner*, [Seite]).

Wagner, Gerhard, Sicherung der Vertraulichkeit von Mediationsverfahren durch Vertrag, NJW 2001, Heft 19, 1398 ff. (zit.: *Wagner*, NJW 2001, 1398 [Seite]).

Wallerath, Maximilian, Allgemeines Verwaltungsrecht, Lehrbuch, 6. Auflage, Erich Schmidt Verlag, Berlin 2009 (zit.: *Wallerath*, [Seite]).

Walther, Harald, Mediation durch Verwaltungsgerichte, ZKM 2005, 53 ff. (zit.: *Walther*, ZKM 2005, 53 [Seite]).

Wassermann, Rudolf, Reihe Alternativkommentare. Kommentar zum Grundgesetz für die Bundesrepublik Deutschland, Band 2, 2. Auflage, Luchterhand Verlag, Neuwied 1989 (zit.: Wassermann/*Autor*, Art., Rn.).

Wegener, Susanne, Spezifische Anforderungen der gerichtsnahen Mediation, ZKM 2006, 140 ff. (zit.: *Wegener*, ZKM 2006, 140 [Seite]).

Weiler, Eva/Schlickum, Gunter, Praxisbuch Mediation. Falldokumentation und Methodik zur Konfliktlösung, 2. Auflage, Verlag C.H. Beck, München 2012 (zit.: *Weiler/Schlickum*, [Seite]).

Wenzel, Dennis, „Justitia ohne Schwert" – Die neuere Entwicklung der außergerichtlichen und gerichtsbezogenen Mediation in Deutschland, Verlag Dr. Kovac, Hamburg 2014 (zit.: *Wenzel*, [Seite]).

Wieczorek, Bernhard/Schütze, Rolf, Zivilprozessordnung und Nebengesetze. Großkommentar, Band 2/2, 4. Auflage, De Gruyter Verlag, Berlin/Boston 2015 (zit.: Wieczorek/Schütze/*Autor*, Band 2/2, §, Rn.).

Wieczorek, Bernhard/Schütze, Rolf, Zivilprozessordnung und Nebengesetze. Großkommentar, Band 5/1, 4. Auflage, De Gruyter Verlag, Berlin/Boston 2015 (zit.: Wieczorek/Schütze/*Autor*, Band 5/1, §, Rn.).

Wieczorek, Bernhard/Schütze, Rolf, Zivilprozessordnung und Nebengesetze. Großkommentar, Vierter Band, 4. Auflage, De Gruyter Verlag, Berlin/Boston 2013 (zit.: Wieczorek/Schütze/*Autor*, Band 4, §, Rn.).

Wieczorek, Bernhard/Schütze, Rolf, Zivilprozessordnung und Nebengesetze. Großkommentar, Siebter Band, 4. Auflage, De Gruyter Verlag, Berlin/Boston 2014 (zit.: Wieczorek/Schütze/*Autor*, Band 7, §, Rn.).

Wimmer, Raimund/Wimmer, Ulrich, Verfassungsrechtliche Aspekte richterlicher Mediation, NJW 2007, 3243 ff. (zit.: *Wimmer/Wimmer*, NJW 2007, 3243 [Seite]).

Woertge, Friederike, Unerfreuliche Entwicklung in der Ausbildungslandschaft der Mediations-Seminaranbieter, abrufbar unter www.bafm-mediation.de/wp-content/uploads/image/images/Diskussionsbeitrag.Zertifizierter-Mediator-2.pdf (zit.: *Woertge*, [Seite]).

Wolf, Christian, Zivilprozess versus außergerichtliche Konfliktlösung – Wandel der Streitkultur in Zahlen, NJW 2015, 1656 ff. (zit.: *Wolf*, NJW 2015, 1656 [Seite]).

Wolf, Manfred, Normative Aspekte richterlicher Vergleichstätigkeit, ZZP 1976, 260 ff. (zit.: *Wolf*, ZZP 1976, 260 [Seite]).

Wolff, Hans/Bachof, Otto/Stober, Rolf/Kluth, Winfried, Verwaltungsrecht I, ein Studienbuch, 12. Auflage, Verlag C.H. Beck, München 2007 (zit.: Wolff/Bachof/Stober/Kluth/*Autor*, §, Rn.).

Wozniewski, Harald, Die neue Mediationsrichtlinie der EU in der Praxis des Handels- und Gesellschaftsrechts, NZG 2008, 410 ff. (zit.: *Wozniewski*, NZG 2008, 410 [Seite]).

Würthwein, Martin, Umfang und Grenzen des Parteieinflusses auf die Urteilsgrundlagen im Zivilprozess. Schriften im Prozessrecht, Band 52, Duncker & Humblot Verlag, Berlin 1977 (zit.: *Würthwein*, [Seite]).

Zenk, Kati, Mediation im Rahmen des Rechts, 1. Auflage, Nomos Verlagsgesellschaft, Baden-Baden 2008 (zit.: *Zenk*, [Seite]).

Zenk, Kati/Strobl, Rainer/Böttger, Andreas, Sozialwissenschaftliche Aspekte der gerichtsnahen Mediation, ZKM 2006, 43 ff. (zit.: *Zenk/Strobl/Böttger*, ZKM 2006, 43 [Seite]).

Zimmermann, Walter, Zivilprozessordnung, mit FamFG (Allgemeiner Teil sowie Verfahren in Familiensachen), GVG, EGGVG, EGZPO, EU-Zivilverfahrensrecht, 9. Auflage, ZAP Verlag, 2011 (zit.: *Zimmermann*, §, Rn.).

Zöller, Richard, Zivilprozessordnung, 30. Auflage, Verlag Dr. Otto Schmidt, Köln 2014 (zit.: Zöller/*Autor*, ZPO, §, Rn.).

www.ingramcontent.com/pod-product-compliance
Ingram Content Group UK Ltd.
Pitfield, Milton Keynes, MK11 3LW, UK
UKHW021908290926
8980IPUK00015B/1134

9 783631 793022